生物入侵防控：
重要经济实蝇潜在经济损失研究

李志红　主编

中国农业大学出版社
·北京·

图书在版编目(CIP)数据

生物入侵防控：重要经济实蝇潜在经济损失研究 / 李志红主编. --北京：中国农业大学出版社，2022.7

ISBN 978-7-5655-2786-9

Ⅰ.①生… Ⅱ.①李… Ⅲ.①实蝇科-影响-园艺作物-作物经济-损失-研究②实蝇科-果树害虫-防治 Ⅳ.①F307.13②S436.6

中国版本图书馆 CIP 数据核字(2022)第 095398 号

书　　名	生物入侵防控：重要经济实蝇潜在经济损失研究		
作　　者	李志红　主编		
策划编辑	梁爱荣	**责任编辑**	梁爱荣
封面设计	郑　川		
出版发行	中国农业大学出版社		
社　　址	北京市海淀区圆明园西路 2 号	**邮政编码**	100193
电　　话	发行部 010-62733489，1190	读者服务部	010-62732336
	编辑部 010-62732617，2618	出　版　部	010-62733440
网　　址	http：// www.caupress.cn	**E-mail**	cbsszs@cau.edu.cn
经　　销	新华书店		
印　　刷	北京时代华都印刷有限公司		
版　　次	2022 年 7 月第 1 版　　2022 年 7 月第 1 次印刷		
规　　格	185 mm×260 mm　　16 开本　　18.75 印张　　465 千字		
定　　价	64.00 元		

图书如有质量问题本社发行部负责调换

编委会

前　言

生物入侵防控受到全球普遍关注。作为预防检疫性有害生物等外来有害生物传播，保护农业生产、人类健康和生态安全，促进经济贸易发展的一种强制性措施，植物检疫得到联合国粮食与农业组织、世界贸易组织以及各国(地区)的高度重视。《中华人民共和国生物安全法》于2020年10月17日公布并自2021年4月15日起施行，我国植物检疫等生物入侵防控工作正在砥砺前行。

实蝇科(Tephritidae)害虫在植物检疫等生物入侵防控工作中占有重要地位。重要经济实蝇是指可对水果及蔬菜生产构成严重危害、给进出口贸易带来严重影响的实蝇种类，主要以幼虫在果实内部取食，以成虫在果实表皮产卵形成孔洞为害，造成落果或整个果实腐烂。截至目前，全球重要经济实蝇主要隶属于果实蝇属(*Bactrocera*)、咔实蝇属(*Carpomya*)、小条实蝇属(*Ceratitis*)、寡鬃实蝇属(*Dacus*)、按实蝇属(*Anastrepha*)、绕实蝇属(*Rhagoletis*)和镞果实蝇(*Zeugodacus*)等类群。

有害生物风险分析(pest risk analysis，PRA)是植物检疫等生物入侵防控的重要工作内容和主要支撑技术，基于定量风险评估技术的重要经济实蝇潜在地理分布和潜在经济损失研究受到特别关注。2015年，在引进国际先进农业科学技术项目“重要农业害虫入侵风险定量评估技术的引进与示范应用”(2012-Z15)等资助下，由中国农业大学与原国家质量监督检验检疫总局、原广东出入境检验检疫局技术中心等合作完成的《生物入侵防控：重要经济实蝇潜在地理分布研究》出版。2016—2021年，在国家重点研发计划政府间国际科技创新合作重点专项“中欧粮果贸易重要仓储害虫入侵机制与检疫关键技术研究”(2018YFE0108700)及“十四五”重点研发计划“重大外来入侵物种前瞻性风险预警和实时控制关键技术研究”(2021YFC2600400)等资助下，中国农业大学与全国农业技术推广服务中心、中国检验检疫科学研究院等合作，开展了重要经济实蝇潜在经济损失研究。本研究在收集、整理重要经济实蝇潜在地理分布、寄主植物、危害损失与防控费用等基础上，通过构建实蝇潜在经济损失评估模型，采用@RISK预测了橘小实蝇、番石榴果实蝇、蜜柑大实蝇、樱桃绕实蝇、地中海实蝇、杧果小条实蝇等22种实蝇对我国柑橘、杧果、香蕉、苹果、梨、樱桃、番茄、西瓜等16种代表性寄主植物的潜在经济损失，并通过构建危害指数与防控效率指数综合分析了重要经济实蝇对我国寄主植物的潜在危害，提出了加强入侵防控工作的对策及措施建议，为我国植物检疫工作提供了一定的科学依据和决策支持。

本书包括十二章，第一章介绍了重要经济实蝇潜在经济损失研究的背景，第二章介绍了重要经济实蝇潜在经济损失研究的材料和方法，第三章至第十一章分别介绍了按实蝇属等 9 属 22 种代表性实蝇的潜在经济损失研究结果，第十二章综合分析了重要经济实蝇潜在危害并提出了加强其入侵防控的对策和措施建议。本书适用于我国植物检疫管理和技术服务部门、农业科研院所以及高等院校等工作人员和师生阅读。本团队目前所拥有的技术、数据和经验有限，本书内容定有不足之处，敬请读者斧正！

在本项研究及书稿的撰写过程中，得到了我国生物入侵防控领域诸多前辈和专家的悉心指点，得到了美国、澳大利亚等国外专家的热情帮助，得到了中国农业大学植物检疫与入侵生物学实验室全体成员的鼎力支持，在此特别致谢！

谨以此书敬献给在中国植物检疫与入侵生物学领域辛勤耕耘的劳动者！

谨以此书敬献给中国农业大学建校 117 周年！

2022 年 1 月 27 日

目　　录

第一章　重要经济实蝇及潜在经济损失研究背景

第一节　植物检疫、有害生物风险分析与定量评估技术体系

一、植物检疫与国际植物检疫措施标准

随着全球经济一体化、气候变化及植物有害生物进化的发展，生物入侵形势日益严峻，植物检疫(plant quarantine)是生物入侵防控的重要措施之一。作为预防检疫性有害生物(quarantine pest)和限定非检疫性有害生物(regulated non-quarantine pest)传播，保护农业生产、人类健康和生态安全，促进经济贸易发展的一种强制性措施，植物检疫受到世界各国(地区)以及相关国际组织的高度关注。为了促进全球植物检疫的发展，联合国粮食与农业组织(Food and Agriculture Organization of the United Nations，FAO)于1950年通过了《国际植物保护公约》(International Plant Protection Convention，IPPC)(图1-1-1)；IPPC是存放于FAO总干事之

图1-1-1　FAO-IPPC主页(https://www.ippc.int/en/)

处的多边条约,同时也被认为是全球协调植物卫生的措施,该公约由设在 FAO 植物保护局的 IPPC 秘书处负责管理(李志红和杨汉春,2021)。在 FAO、区域植物保护组织(Regional Plant Protection Organizations,RPPOs)、国家植物保护组织(National Plant Protection Organizations,NPPOs)以及高等院校、科研机构、技术推广部门、企业等的共同努力下,IPPC 在全球得以实施,在外来有害生物入侵防控中发挥着重要作用。

植物检疫具有五个基本属性,即预防性、法制性、技术性、国际性和综合性。植物检疫技术,主要包括风险分析技术(risk analysis techniques)、检测鉴定技术(detection and identification techniques)、检疫处理技术(treatment techniques)和疫情监测技术(surveillance techniques),为检疫准入、现场查验、实验室检测、检疫处理、检疫出证、疫情监测等具体工作提供技术支持,为植物检疫措施的实施提供技术保障。IPPC 制定了一系列的国际植物检疫措施标准(international standards for phytosanitary measures,ISPMs),涉及植物检疫术语、植物检疫出证、有害生物风险分析、检测鉴定、检疫处理和疫情监测等。截至 2022 年 1 月,IPPC 共有 45 项 ISPMs 被通过并实施(表 1-1-1)。

表 1-1-1　FAO-IPPC 通过并实施的国际植物检疫措施标准

标准序号	批准与修订时间	英文标题	中文标题
第 1 号	1993 年批准,2006 年修订	ISPM 1 Phytosanitary principles for the protection of plants and the application of phytosanitary measures in international trade	关于植物保护在国际贸易中应用植物检疫措施的植物检疫原则
第 2 号	1995 年批准,2007 年修订	ISPM 2 Framework for pest risk analysis	有害生物风险分析框架
第 3 号	1995 年批准,2005 年修订	ISPM 3 Guidelines for the export,shipment,import and release of biological control agents and the beneficial organisms	生物防控物和其他有益生物的输出、运输、输入和释放准则
第 4 号	1995 年批准	ISPM 4 Requirements for the establishment of pest free areas	有害生物监督建立非疫区的要求
第 5 号	1994 年以后多次修订	ISPM 5 Glossary of phytosanitary terms(updated as needed)	植物检疫术语表
第 5 号补编 1	2012 年批准	Supplement 1: Guidelines on the interpretation and application of the concept of "official control" and "not widely distributed"	补编第 1 号:官方防控限定有害生物概念的解释和适用准则
第 5 号补编 2	2003 年批准	Supplement 2: Guidelines on the understanding of "potential economic importance" and related terms including reference to environmental considerations	补编第 2 号:潜在经济重要性和有关术语,包括环境问题术语的理解准则

续表 1-1-1

标准序号	批准与修订时间	英文标题	中文标题
第5号补编2附录1	2009年批准	Appendix 1: Terminology of the Convention on Biological Diversity in relation to the Glossary of phytosanitary terms	补编2附录1:生物多样性公约中与植物检疫术语表有关的术语
第6号	1997年批准 2018年修订	ISPM 6 Surveillance	监测准则
第7号	1997年批准,2011年修订	ISPM 7 Phytosanitary certification system	植物检疫认证系统
第8号	1998年批准,2021年修订	ISPM 8 Determination of pest status in an area	某一地区有害生物状况的确定
第9号	1998年批准	ISPM 9 Guidelines for pest eradication programmes	有害生物根除计划准则
第10号	1999年批准	ISPM 10 Requirements for the establishment of pest free places of production and pest free production sites	建立非疫区产地和非疫生产点的要求
第11号	2001年批准,200年及2013年修订	ISPM 11 Pest risk analysis for quarantine pests	检疫性有害生物风险分析,包括环境风险和活体转基因生物分析
第12号	2001年批准,2011年修订	ISPM 12 Phytosanitary certificates	植物检疫证书准则
第12号附录1	2014年批准	Appendix 1: Electronic phytosanitary certificates, information on standard XML schemas and exchange mechanisms	附录1:电子植物检疫证书,有关标准的XML计划和交换机制的信息
第13号	2001年批准	ISPM 13 Guidelines for the notification of non-compliance and emergency action	违规和紧急行动通报准则
第14号	2002年批准	ISPM 14 The use of integrated measures in a systems approach for pest risk management	系统方法在有害生物风险管理中的综合应用
第15号	2002年批准,2009年修订,2013年和2018年修订附录1和2	ISPM 15 Regulation of wood packaging material in international trade	国际贸易中木质包装材料管理准则
第16号	2002年批准	ISPM 16 Regulated non-quarantine pests: concept and application	限定非检疫性有害生物:概念及应用
第17号	2002年批准	ISPM 17 Pest reporting	有害生物报告

续表 1-1-1

标准序号	批准与修订时间	英文标题	中文标题
第 18 号	2003 年批准	ISPM 18 Guidelines for the use of irradiation as a phytosanitary measure	辐照处理作为检疫处理措施的准则
第 19 号	2003 年批准	ISPM 19 Guidelines on lists of regulated pests	限定有害生物名录准则
第 20 号	2004 年批准，2017 年修订	ISPM 20 Guidelines for a phytosanitary import regulatory system	植物检疫进境管理系统准则
第 20 号附件 1	2017 年批准	Annex 1: Arrangements for verification of compliance of consignments by the importing country in the exporting country	附件 1：输入国在输出国内查验货物合规性的安排
第 21 号	2004 年批准	ISPM 21 Pest risk analysis for regulated non-quarantine pests	限定性非检疫有害生物风险分析
第 22 号	2005 年批准	ISPM 22 Requirements for the establishment of areas of low pest prevalence	建立有害生物低度流行区的要求
第 23 号	2005 年批准	ISPM 23 Guidelines for inspection	查验准则
第 24 号	2005 年批准	ISPM 24 Guidelines for the determination and recognition of equivalence of phytosanitary measures	植物检疫措施等同性的确定和认可准则
第 25 号	2006 年批准	ISPM 25 Consignments in transit	过境货物
第 26 号	2006 年批准	ISPM 26 Establishment of pest free areas for fruit flies(Tephritidae)	实蝇(实蝇科 Tephritidae)非疫区的建立
	2011 年批准	Appendix 1: Fruit fly trapping	附录 1:实蝇诱集
	2014 年批准	Annex 2: Control measures for an outbreak within a fruit fly-pest free area	附录 2:实蝇非疫区内暴发的控制措施
	2015 年批准	Annex 3: Phytosanitary procedures for fruit fly management	管理实蝇的植物检疫程序
第 27 号	2006 年批准	ISPM 27 Diagnostic protocols for regulated pests	限定有害生物诊断规程
第 27 号附件 1	2010 年批准	-DP 1: Diagnostic protocol for *Thrips palmi* Karny	棕榈蓟马(*Thrips palmi* Karny)诊断规程
第 27 号附件 2	2012 年批准，2018 年修订	-DP 2: Diagnostic protocol for Plum pox virus	李痘病毒(Plum pox virus)诊断规程
第 27 号附件 3	2012 年批准	-DP 3: Diagnostic protocol for *Trogoderma granarium* Everts	谷斑皮蠹(*Trogoderma granarium* Everts)诊断规程
第 27 号附件 4	2014 年批准	-DP 4: Diagnostic protocol for *Tilletia indica Mitra*	小麦印度腥黑穗病菌(*Tilletia indica* Mitra)诊断规程

续表 1-1-1

标准序号	批准与修订时间	英文标题	中文标题
第 27 号附件 5	2014 年批准	-DP 5：Diagnostic protocol for *Phyllosticta citricarpa* (McAlpine) Aa on fruit	水果上的柑橘叶点霉菌[*Phyllosticta citricarpa* (McAlpine)] 诊断规程
第 27 号附件 6	2014 年批准	-DP 6：Diagnostic protocol for *Xanthomonas citri* subsp. Citri	柑橘溃疡病菌(*Xanthomonas citri* subsp. Citri)诊断规程
第 27 号附件 7	2015 年批准	-DP 7：Diagnostic protocol for Potato spindle tuber viroid	马铃薯纺锤形块茎类病毒(Potato spindle tuber viroid) 诊断规程
第 27 号附件 8	2015 年批准	-DP 8：Diagnostic protocol for *Ditylenchus dipsaci* and *Ditylenchus destructor*	马铃薯腐烂茎线虫/鳞球茎茎线虫(*Ditylenchus destructor*, *D. dipsaci*)诊断规程
第 27 号附件 9	2015 年批准	-DP 9：Diagnostic protocol for Genus *Anastrepha Schiner*	按实蝇属(*Anastrepha*) 诊断规程
第 27 号附件 10	2016 年批准	-DP 10：Diagnostic protocol for *Bursaphelenchus xylophilus*	松材线虫(*Bursaphelenchus xylophilus*)诊断规程
第 27 号附件 11	2016 年批准	-DP 11：Diagnostic protocol for *Xiphinema americanum sensulato*	广义美洲剑线虫(*Xiphinema americanum sensulato*)诊断规程
第 27 号附件 12	2016 年批准	-DP 12：Diagnostic protocol for *Phytoplasmas*	植原体(*Phytoplasma*)诊断规程
第 27 号附件 13	2016 年批准	-DP 13：Diagnostic protocol for *Erwinia amylovora*	梨火疫病菌(*Erwinia amylovora*)诊断规程
第 27 号附件 14	2018 年批准	-DP 14：Diagnostic protocol for *Xanthomonas fragariae*	草莓角斑病菌(*Xanthomonas fragariae*)诊断规程
第 27 号附件 15	2019 年批准	-DP 15：Diagnostic protocol for *Citrus tristeza virus*	柑橘衰退病毒(*Citrus tristeza virus*)诊断规程
第 27 号附件 16	2018 年批准	-DP 16：Diagnostic protocol for Genus *Liriomyza*	斑潜蝇属(*Liriomyza*)诊断规程
第 27 号附件 17	2016 年批准	-DP 17：Diagnostic protocol for *Aphelenchoides besseyi*, *A. fragariae* and *A. ritzemabosi*	水稻干尖线虫(*Aphelenchoides besseyi*)草莓芽线虫(*A. fragariae*)和菊花叶芽线虫(*A. ritzemabosi*)诊断规程
第 27 号附件 18	2017 年批准	-DP 18：Diagnostic protocol for *Anguina* spp.	小麦粒线虫(*Anguina* spp.)诊断规程
第 27 号附件 19	2017 年批准	-DP 19：Diagnostic protocol for *Sorghum halepense*	石茅(*Sorghum halepense*)诊断规程
第 27 号附件 20	2017 年批准	-DP 20：Diagnostic protocol for *Dendroctonus ponderosae*	中欧山松大小蠹(*Dendroctonus ponderosae*)诊断规程
第 27 号附件 21	2017 年批准	-DP 21：Diagnostic protocol for '*Candidatus Liberibacter solanacearum*'	马铃薯斑纹片病菌(*Candidatus Liberibacter solanacearum*)诊断规程

续表 1-1-1

标准序号	批准与修订时间	英文标题	中文标题
第 27 号附件 22	2017 年批准	-DP 22：Diagnostic protocol for *Fusarium circinatum*	松树脂溃疡病菌（*Fusarium circinatum*）诊断规程
第 27 号附件 23	2017 年批准	-DP 23：Diagnostic protocol for *Phytophthora ramorum*	栎树猝死病菌（*Phytophthora ramorum*）诊断规程
第 27 号附件 24	2017 年批准	-DP 24：Diagnostic protocol for Tomato spotted wilt virus，Impatiens necrotic spot virus and Watermelon silver mottle virus	番茄斑萎病毒（Tomato spotted wilt virus），凤仙花坏死斑病毒（Impatiens necrotic spot virus）和西瓜银斑病毒（Watermelon silver mottle virus）诊断规程
第 27 号附件 25	2017 年批准	-DP 25：Diagnostic protocol for *Xylella fastidiosa*	叶缘焦枯病菌（*Xylella fastidiosa*）诊断规程
第 27 号附件 26	2018 年批准	DP 26：Diagnostic protocol for *Austropuccinia psidii*	桃金娘科锈病（*Austropuccinia psidii*）诊断规程
第 27 号附件 27	2018 年批准	-DP 27：Diagnostic protocol for *Ips* spp.	齿小蠹（*Ips* spp.）诊断规程
第 27 号附件 28	2018 年批准	-DP 28：Diagnostic protocol for *Conotrachelus nenuphar*	李象（*Conotrachelus nenuphar*）诊断规程
第 27 号附件 29	2019 年批准	-DP 29：Diagnostic protocol for *Bactrocera dorsalis*	橘小实蝇（*Bactrocera dorsalis*）诊断规程
第 27 号附件 30	2021 年批准	DP 30：Diagnostic protocol for *Striga* spp.	*Striga* spp. 诊断规程
第 28 号	2007 年批准	ISPM 28 Phytosanitary treatments for regulated pests	管制性有害生物的植物检疫处理
第 28 号附件 1	2009 年批准	-PT 1：Irradiation treatment for *Anastrepha ludens*	墨西哥按实蝇（*Anastrepha ludens*）辐照处理
第 28 号附件 2	2009 年批准	-PT 2：Irradiation treatment for *Anastrepha obliqua*	西印度按实蝇（*Anastrepha obliqua*）辐照处理
第 28 号附件 3	2009 年批准	-PT 3：Irradiation treatment for *Anastrepha serpentina*	暗色实蝇（*Anastrepha serpentina*）辐照处理
第 28 号附件 4	2009 年批准	-PT 4：Irradiation treatment for *Bactrocera jarvisi*	扎氏果实蝇（*Bactrocera jarvisi*）辐照处理
第 28 号附件 5	2009 年批准	-PT 5：Irradiation treatment for *Bactrocera tryoni*	昆士兰果实蝇（*Bactrocera tryoni*）辐照处理
第 28 号附件 6	2009 年批准	-PT 6：Irradiation treatment for *Cydia pomonella*	苹果蠹蛾（*Cydia pomonella*）辐照处理
第 28 号附件 7	2009 年批准	-PT 7：Irradiation treatment for fruit flies of the family Tephritidae（generic）	实蝇科（Tephritidae）辐照处理

续表 1-1-1

标准序号	批准与修订时间	英文标题	中文标题
第 28 号附件 8	2009 年批准	-PT 8：Irradiation treatment for *Rhagoletis pomonella*	苹果实蝇（*Rhagoletis pomonella*）辐照处理
第 28 号附件 9	2010 年批准	-PT 9：Irradiation treatment for *Conotrachelus nenuphar*	李象（*Conotrachelus nenuphar*）辐照处理
第 28 号附件 10	2010 年批准	-PT 10：Irradiation treatment for *Grapholita molesta*	梨小食心虫（*Grapholita molesta*）辐照处理
第 28 号附件 11	2010 年批准	-PT 11：Irradiation treatment for *Grapholita molesta* under hypoxia	缺氧条件下梨小食心虫（*Grapholita molesta*）辐照处理
第 28 号附件 12	2011 年批准	-PT 12：Irradiation treatment for *Cylas formicarius elegantulus*	甘薯小象甲（*Cylas formicarius elegantulus*）辐照处理
第 28 号附件 13	2011 年批准	-PT 13：Irradiation treatment for *Euscepes postfasciatus*	西印度甘薯象甲（*Euscepes postfasciatus*）辐照处理
第 28 号附件 14	2011 年批准	-PT 14：Irradiation treatment for *Ceratitis capitata*	地中海实蝇（*Ceratitis capitata*）辐照处理
第 28 号附件 15	2014 年批准	-PT 15：Vapour heat treatment for *Bactrocera cucurbitae* on *Cucumis melo* var. *reticulatus*	网纹甜瓜（*Cucumis melo* var. *reticulatus*）瓜实蝇（*Bactocera cucurbitae*）蒸热处理
第 28 号附件 16	2015 年批准	- PT 16：Coldtreatment for *Bactrocera tryoni* on *Citrus sinensis*	针对昆士兰实蝇（*Bactrocera tryoni*）的脐橙（*Citrus sinensis*）冷处理
第 28 号附件 17	2015 年批准	-PT 17：Cold treatment for *Bactrocera tryoni* on *Citrus reticulata* × *C. sinensis*	柑橘（*Citrus reticulata* × *C. sinensis*）昆士兰实蝇（*Bactrocera tryoni*）冷处理
第 28 号附件 18	2015 年批准	-PT 18：Cold treatment for *Bactrocera tryoni* on *Citrus limon*	柠檬（*Citrus limon*）昆士兰实蝇（*Bactrocera tryoni*）冷处理
第 28 号附件 19	2015 年批准	-PT 19：Irradiation treatment for *Dysmicoccus neobrevipes*, *Planococcus lilacinus* and *Planococcus minor*	新菠萝灰粉蚧（*Dysmicoccus neobrevipes*）、南洋臀纹粉蚧（*Planococcus lilacinus*）、大洋臀纹粉蚧（*Planococcus minor*）的辐照处理
第 28 号附件 20	2016 年批准	-PT 20：Irradiation treatment for *Ostrinia nubilalis*	欧洲玉米螟（*Ostrinia nubilalis*）的辐照处理
第 28 号附件 21	2016 年批准	-PT 21：Vapour heat treatment for *Bactrocera melanotus* and *Bactrocera xanthodes* on *Carica papaya*	针对库克果实蝇（*Bactrocera melanotus*）和黄侧条果实蝇（*Bactrocera xanthodes*）的番木瓜（*Carica papaya*）蒸汽热处理
第 28 号附件 22	2017 年批准	-PT 22：Sulfuryl fluoride fumigation treatment for insects in debarked wood	针对昆虫的去皮木材硫酰氟熏蒸

续表 1-1-1

标准序号	批准与修订时间	英文标题	中文标题
第 28 号附件 23	2017 年批准	-PT 23: Sulfuryl fluoride fumigation treatment for nematodes and insects in debarked wood	针对线虫和昆虫的去皮木材硫酰氟熏蒸
第 28 号附件 24	2017 年批准	-PT 24: Cold treatment for *Ceratitis capitata* on *Citrus sinensis*	针对地中海实蝇(*Ceratitis capitata*)的橙子(*Citrus sinensis*)冷处理
第 28 号附件 25	2017 年批准	-PT 25: Cold treatment for *Ceratitis capitata* on *Citrus reticulata* × *C. sinensis*	针对地中海实蝇(*Ceratitis capitata*)的柑橘和橙子(*Citrus reticulata* × *C. sinensis*)杂交种冷处理
第 28 号附件 26	2017 年批准	-PT 26: Cold treatment for *Ceratitis capitata* on *Citrus limon*	针对地中海实蝇(*Ceratitis capitata*)的柠檬(*Citrus limon*)冷处理
第 28 号附件 27	2017 年批准	-PT 27: Cold treatment for *Ceratitis capitata* on *Citrus paradisi*	针对地中海实蝇(*Ceratitis capitata*)的葡萄柚(*Citrus paradisi*)冷处理
第 28 号附件 28	2017 年批准	-PT 28: Cold treatment for *Ceratitis capitata* on *Citrus reticulata*	针对地中海实蝇(*Ceratitis capitata*)的柑橘(*Citrus reticulata*)冷处理
第 28 号附件 29	2017 年批准	-PT 29: Cold treatment for *Ceratitis capitata* on *Citrus clementina*	针对地中海实蝇(*Ceratitis capitata*)的克里曼丁橘(*Citrus clementina*)冷处理
第 28 号附件 30	2017 年批准	-PT 30: Vapour heat treatment for *Ceratitis capitata* on *Mangifera indica*	针对地中海实蝇(*Ceratitis capitata*)的杧果(*Mangifera indica*)蒸汽热处理
第 28 号附件 31	2017 年批准	-PT 31: Vapour heat treatment for *Bactrocera tryoni* on *Mangifera indica*	针对昆士兰实蝇(*Bactrocera tryoni*)的杧果(*Mangifera indica*)蒸热处理
第 28 号附件 32	2018 年批准	-PT 32: Vapour heat treatment for *Bactrocera dorsalis* on *Carica papaya*	针对橘小实蝇(*Bactrocera dorsalis*)的番木瓜(*Carica papaya*)蒸热处理
第 28 号附件 33	2021 年批准	-PT 33: Irradiation treatment for *Bactrocera dorsalis*	橘小实蝇(*Bactrocera dorsalis*)的辐照热处理
第 28 号附件 34	2021 年批准	-PT 34: Cold treatment for *Ceratitis capitata* on *Prunus avium*, *Prunus salicina* and *Prunus persica*	针对地中海实蝇(*Ceratitis capitata*)的樱桃(*Prunus avium*)、日本李(*Prunus salicina*)及桃(*Prunus persica*)低温处理
第 28 号附件 35	2021 年批准	-PT 35: Cold treatment for *Bactrocera tryoni* on *Prunus avium*, *Prunus salicina* and *Prunus persica*	甜樱桃(*Prunus avium*)、日本李(*Prunus salicina*)和桃(*Prunus persica*)昆士兰实蝇(*Bactrocera tryoni*)低温处理
第 28 号附件 36	2021 年批准	-PT 36: Cold treatment for *Ceratitis capitata* on *Vitisvinifera*	欧亚种葡萄(*Vitis vinifera*)地中海实蝇(*Ceratitis capitata*)的低温处理

续表 1-1-1

标准序号	批准与修订时间	英文标题	中文标题
第 28 号附件 37	2021 年批准	-PT 37：Cold treatment for *Bactrocera tryoni* on *Vitis vinifera*	针对昆士兰实蝇（*Bactrocera tryoni*）的欧亚种葡萄（*Vitis vinifera*）低温处理
第 28 号附件 38	2021 年批准	-PT 38：Irradiation treatment for *Carposina sasakii*	桃小食心虫（*Carposina sasakii*）辐照处理
第 28 号附件 39	2021 年批准	-PT 39：Irradiation treatment for the genus *Anastrepha*	按实蝇属（*Anastrepha*）的辐照处理
第 29 号	2007 年批准	ISPM 29 Recognition of pest free areas and areas of low pest prevalence	非疫区和有害生物低度流行区的认可
第 30 号	2008 年批准，目前已废止，2018 年作为为第 35 号的附件插入	ISPM 30 Revoked. Establishment of areas of low pest prevalence for fruit flies（Tephritidae）	实蝇（实蝇科 Tephritidae）低度流行区的建立
第 31 号	2008 年批准	ISPM 31 Methodologies for sampling of consignments	货物抽样方法
第 32 号	2009 年批准	ISPM 32 Categorization of commodities according to their pest risk	基于有害生物风险的商品分类
第 33 号	2010 年批准	ISPM 33 Pest free potato（*Solanum* spp.）micropropagative material and minitubers for international trade	国际贸易中的脱毒马铃薯（茄属）微繁材料和微型薯
第 34 号	2010 年批准	ISPM 34 Design and operation of post-entry quarantine stations for plants	入境后植物检疫站的设计和操作
第 35 号	2012 年批准	ISPM 35 Systems approach for pest risk management of fruit flies（Tephritidae）	实蝇（实蝇科 Tephritidae）有害生物风险管理系统方法
第 36 号	2012 年批准	ISPM 36 Integrated measures for plants for planting	种植用植物综合措施
第 37 号	2016 年批准	ISPM 37 Determination of host status of fruit to fruit flies（Tephritidae）	水果实蝇（Tephritidae）寄主地位的确定
第 38 号	2017 年批准	ISPM 38 International movement of seeds	种子的国际运输
第 39 号	2017 年批准	ISPM 39 International movement of wood	木材的国际运输
第 40 号	2017 年批准	ISPM 40 International movement of growing media in association with plants for planting	种植用植物相关生长介质的国际运输

续表 1-1-1

标准序号	批准与修订时间	英文标题	中文标题
第 41 号	2017 年批准	ISPM 41 International movement of used vehicles, machinery and equipment	使用过的车辆、机械和设备的国际运输
第 42 号	2018 年批准	ISPM 42 Requirements for the use of temperature treatments as phytosanitary measures	控温处理作为植物检疫措施的要求
第 43 号	2019 年批准	ISPM 43 Requirements for the use of fumigation as a phytosanitary measure	熏蒸处理作为植物检疫措施的要求
第 44 号	2021 年批准	ISPM 44 Requirements for the use of modified atmosphere treatments as phytosanitary measures	使用气调处理作为植物检疫措施的要求
第 45 号	2021 年批准	ISPM 45 Requirements for national plant protection organizations if authorizing entities to perform phytosanitary actions	国家植物保护机构如授权实体执行植物检疫行动时的要求

二、有害生物风险分析与定量评估技术体系

有害生物风险分析(pest risk analysis,PRA)是植物检疫的重要内容,也是植物检疫的主要支撑技术。PRA 是制订检疫性有害生物名录的基础,也是进出境植物检疫及国内植物检疫工作中对某一植物和植物产品(如粮食、水果、蔬菜、花卉、木材、种子种苗等繁殖材料等)实施具体检疫措施的根据。2021 年 3 月,ISPM 第 5 号《植物检疫术语表》修订版由 IPPC 植物检疫措施委员会第十五届会议通过。在该标准中,将有害生物风险分析定义为"评价生物或其他科学和经济证据以确定一个生物体是否为有害生物,该生物体是否应被限定,以及为此采取任何植物检疫措施的力度的过程"(The process of evaluating biological or other scientific and economic evidence to determine whether an organism is a pest, whether it should be regulated, and the strength of any phytosanitary measures to be taken against it.)。

在现已通过和实施的 ISPMs 中,与 PRA 直接相关的标准有 6 个,即 ISPM 第 2 号《有害生物危险性分析框架》(ISPM 2:Framework for pest risk analysis)、ISPM 第 11 号《检疫性有害生物风险分析》(ISPM 11:Pest risk analysis for quarantine pests)、ISPM 第 21 号《非检疫性限定有害生物风险分析》(ISPM 21:Pest risk analysis for regulated non-quarantine pests)、ISPM 第 32 号《基于有害生物风险的商品分类》(ISPM 32:Categorization of commodities according to their pest risk)、ISPM 第 14 号《采用系统综合措施进行有害生物风险治理》(ISPM 14:The use of integrated measures in a systems approach for pest risk management)、ISPM 第 35 号《实蝇(Tephritidae)有害生物风险管理系统方法》[ISPM 35:Systems approach for pest risk management of fruit flies(Tephritidae)]。

依据 ISPMs,PRA 包括开始(initiation)、风险评估(pest risk assessment)和风险管理(pest risk management)三个阶段。其中,风险评估是 PRA 的关键阶段,其方法包括定性评估(qualitative assessment)和定量评估(quantitative assessment)。在定性评估方法中,美国的专

家打分法、澳大利亚的合并矩阵法等是典型代表；在定量评估方法中，美国的基于@RISK 的场景分析法等具有代表性。2018 年 9 月，《植物保护》庆祝创刊 55 周年专稿——方法与技术篇发表了题为《有害生物风险分析定量评估模型及其比较》的特邀综述（李志红和秦誉嘉，2018）。该综述在收集、分析国内外 PRA 文献等的基础上，针对有害生物风险分析定量评估模型的研究与应用进行了系统性的回顾、比较和总结，并提出了进一步加强我国有害生物风险分析工作的建议。

该综述指出，30 余年来国内外研究、报道了多种有害生物风险分析定量评估模型和软件，主要包括用于入侵可能性评估的多指标综合评判模型、@RISK 场景模型以及 SOM 模型，用于潜在地理分布预测的 CLIMEX 地点比较模型、MaxEnt 模型、DIVA-GIS 之 BIOCLIM 模型、GARP 模型以及生物实验模型，用于潜在损失评估的@RISK 场景模型；这些模型和软件均有其产生的时代背景和技术基础，针对有害生物风险分析定量评估的不同内容，各具特色、各有优势和不足；在开展 PRA 实际工作时要根据以下三条选用模型和软件：①根据 PRA 工作的要求和需求；②把握各个定量评估模型和软件的特点；③依据对各个定量评估模型和软件的熟练程度。同时，该综述在 20 余年从事 PRA 研究和应用经验的基础上，综合考虑有害生物入侵过程、现有定量风险评估模型和软件的适合性以及定量风险评估的现实需求，提出了现阶段适合于我国的有害生物风险分析定量评估集成技术体系（图 1-1-2）。该技术体系包括 5 个

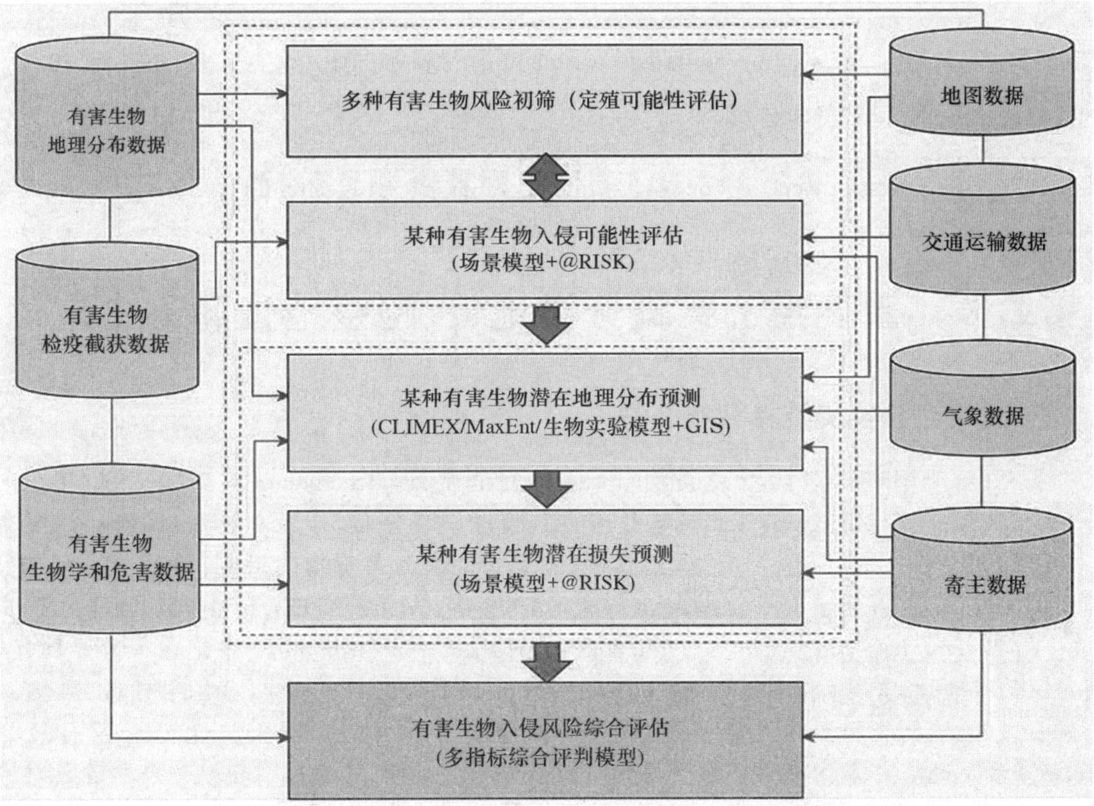

图 1-1-2　有害生物风险分析定量评估集成技术体系

（引自李志红、秦誉嘉，2018）

定量评估模块，即：①针对多种有害生物的定殖可能性评估模块；②针对某种有害生物的入侵可能性评估模块；③针对某种有害生物的潜在地理分布预测模块；④针对某种有害生物的潜在损失模块；⑤针对有害生物的入侵风险综合评估模块。第一至第五模块依次相接，每一模块均有可供选择的定量评估模型和软件作为技术支撑，第一至第四模块的评估结果为第五模块提供具体风险信息，同时有害生物地理分布、检疫截获、生物和为害、寄主、地图、交通运输以及气象等 7 个基础数据库为各评估模块提供必要的数据支撑。如果 PRA 的起点是某一植物或植物产品，可选择第一至第五模块依次进行评估；如果 PRA 的起点是某一有害生物，可选择第二至第五模块依次完成评估。该集成技术体系贯穿了有害生物入侵的全过程，能够实现全方位的定量风险评估。

参考文献

李志红，秦誉嘉. 有害生物风险分析定量评估模型及其比较. 植物保护，2018，44(5)：134-145.

李志红，杨汉春. 动植物检疫概论. 北京：中国农业大学出版社，2021.

ISPM 2：Framework for pest risk analysis(https：//www.ippc.int/en/)

ISPM 5：Glossary of phytosanitary terms(https：//www.ippc.int/en/)

ISPM 11：Pest risk analysis for quarantine pests(https：//www.ippc.int/en/)

ISPM 14：The use of integrated measures in a systems approach for pest risk management(https：//www.ippc.int/en/)

ISPM 21：Pest risk analysis for regulated non-quarantine pests(https：//www.ippc.int/en/)

ISPM 32：Categorization of commodities according to their pest risk(https：//www.ippc.int/en/)

ISPM 35：Systems approach for pest risk management of fruit flies(Tephritidae)(https：//www.ippc.int/en/)

第二节　重要经济实蝇分类地位、检疫地位和寄主地位

一、重要经济实蝇及其分类地位

实蝇(fruit flies)，隶属双翅目(Diptera)，短角亚目(Brachycera)，实蝇总科(Tephritoidea)，实蝇科(Tephritidae)。实蝇物种丰富且全球广泛分布，分为 6 亚科 29 族，约 500 属 4500 种。经济性实蝇，即有经济意义的实蝇，主要指能够为害植物的果实、种子、花、叶、茎等组织的实蝇类害虫，可造成一定的经济损失。1992 年，White 和 Elson-Harris 合著的 *Fruit Flies of Economic Significance：Their Identification and Bionomics* 中记述了世界具有经济意义的实蝇计 26 属 233 种(White 和 Elson-Harris，1992)。2009 年，我国吴佳教、梁帆、梁广勤合著的《实蝇类重要害虫鉴定图册》一书中，描述了 34 属 193 种经济性实蝇(吴佳教等，2009)。重要经济实蝇，指的是能够对果蔬生产构成严重为害，给进出口贸易带来严重影响，并造成重大经济损失的实蝇类害虫；主要以幼虫在水果、蔬菜的果实内部取食为害，以成虫在果实表皮产卵形成孔洞为害，造成落果或整个果实腐烂；截至目前，全球约 70 种实蝇被认为是具有代表性的重要经济实蝇，主要隶属于 7 个属，即果实蝇属(*Bactrocera*)、镞果实蝇(*Zeugoda-*

cus)、小条实蝇属(*Ceratitis*)、寡鬃实蝇属(*Dacus*)、按实蝇属(*Anastrepha*)、绕实蝇属(*Rhagoletis*)和咔实蝇属(*Carpomya*)(李志红等,2013; 李志红,2015; 张岳,2021)。

果实蝇属,主要分布于亚洲和大洋洲地区,大多数种类为多食性。该属有40余种实蝇被认为是重要经济实蝇,橘小实蝇(*Bactrocera dorsalis*)、番石榴果实蝇(*Bactrocera correcta*)、桃果实蝇(*Bactrocera zonata*)、蜜柑大实蝇(*Bactrocera tsuneonis*)、橘大实蝇(*Bactrocera minax*)、昆士兰果实蝇(*Bactrocera tryoni*)、油橄榄果实蝇(*Bactrocera oleae*)等是被全球关注的重要经济实蝇种类。

镞果实蝇,主要分布于亚洲地区,主要为害葫芦科植物。该属原为果实蝇属中的一个亚属,近年来基于分子系统发育证据,被从果实蝇属分离出来成为一个新属(Doorenweerd et al.,2018),属名为(*Zeugodacus*)。其中,瓜实蝇(*Zeugodacus cucurbitae*)和南亚果实蝇(*Zeugodacus tau*)等为镞果实蝇重要经济实蝇种类。

小条实蝇属,主要分布于非洲和欧洲地区,截至目前除地中海实蝇(*Ceratitis capitata*)外均局限分布于非洲地区,为多食性害虫。地中海实蝇、非洲杧果实蝇(*Ceratitis cosyra*)和小条实蝇属FARQ复合体(*Ceratitis* FARQ complex)等为重要经济实蝇种类,小条实蝇属FARQ复合体包括带腹小条实蝇(*Ceratitis fasciventris*),黑羽小条实蝇(*Ceratitis anonae*),纳塔尔实蝇(*Ceratitis rosa*)和奎氏小条实蝇(*Ceratitis quilicii*),其中纳塔尔实蝇和奎氏小条实蝇是该复合体中最重要的害虫(张岳,2021)。近年来,小条实蝇属FARQ复合体的种类界定问题,即四种实蝇是否为独立的物种,备受全球实蝇工作者关注。2021年,在国家重点研发计划项目《高频跨境生物多目标高精准检测技术研究》等支持下,中国农业大学李志红教授团队与比利时中非皇家博物馆Marc De Meyer博士等合作研究了该问题,通过基于全基因组785,484个SNPs的物种界定分析,支持小条实蝇属FARQ复合体四种实蝇为独立的物种,而线粒体基因组无法对其进行有效的种类区分(Zhang et al.,2021)。

寡鬃实蝇属,主要分布于非洲地区,主要为害葫芦科作物。其中,11种被列为重要经济实蝇(White and Elson-Harris,1992),大南瓜实蝇(*Dacus bivittatus*)和小南瓜实蝇(*Dacus ciliatus*)是为害最为严重的种类。

按实蝇属,主要分布于美洲地区,多食性害虫。White和Elson-Harris(1992)列出了15种为按实蝇属重要经济实蝇,其中为害最为严重的是墨西哥按实蝇(*Anastrepha ludens*)、西印度按实蝇(*Anastrepha obliqua*)和南美实蝇复合体(*Anastrepha fraterculus* complex)。

绕实蝇属,主要分布于欧洲和美洲地区,多食性害虫。其中,17种被列为重要经济实蝇(White and Elson-Harris,1992)。苹果实蝇(*Rhagoletis pomonella*)、欧洲樱桃实蝇(*Rhagoletis cerasi*)、东部樱桃实蝇(*Rhagoletis cingulata*)等为代表性种类。

咔实蝇属,主要分布于亚洲和欧洲地区,主要为害鼠李科和葫芦科等植物。其中,枣实蝇(*Carpomya vesuviana*)、甜瓜迷实蝇(*Carpomya pardalina*)等为代表性种类。甜瓜迷实蝇的学名曾用(*Myiopardalis pardalina*),近年来已订正。

二、重要经济实蝇的检疫地位

实蝇类害虫与果蔬生产及国际贸易密切相关,重要经济实蝇的植物检疫等入侵防控工作得到FAO、RPPOs及NPPOs的特别关注。在已通过并实施的45个ISPMs中,多个标准与实蝇检疫措施直接相关,如ISPM第26号《建立实蝇(Tephritidae)非疫区》[ISPM 26 Establishment of pest free areas for fruit flies(Tephritidae)]、ISPM 第 37 号《判定水果的实蝇(Tephritidae)寄主地位》[ISPM 37 Determination of host status of fruit to fruit flies(Tephritidae)]以及 ISPM 第 27 号《限定有害生物诊断规程》(ISPM 27 Diagnostic protocols for regulated pests)和 ISPM 第 28 号《限定有害生物的植物检疫处理》(ISPM 28 Phytosanitary treatments for regulated pests)中的多个附件。

我国高度重视重要经济实蝇的入侵防控工作。我国植物检疫性有害生物名录共有 3 个，即《中华人民共和国进境植物检疫性有害生物名录》《全国农业植物检疫性有害生物名录》和《全国林业植物检疫性有害生物名录》。如表 1-2-1 所示，当前正在实施的三个检疫性有害生物名录中，涉及进境检疫性实蝇、全国农业检疫性实蝇及全国林业检疫性实蝇，包含多个重要经济实蝇的属和种。

表 1-2-1　我国检疫性有害生物名录中涉及的重要经济实蝇

名录	名录中涉及的实蝇种类	备注
中华人民共和国进境植物检疫性有害生物名录	按实蝇属(*Anastrepha* Schiner)	
	果实蝇属(*Bactrocera* Macquart)	该属中的原镞果实蝇亚属分类地位发生变化，调整为镞果实蝇(*Zeugodacus*)
	小条实蝇属(*Ceratitis* Macleay)	
	寡鬃实蝇(非中国种)(*Dacus* spp.)(non-Chinese)	
	绕实蝇(非中国种)(*Rhagoletis* spp.)(non-Chinese)	
	欧非枣实蝇(*Carpomya incompleta*)(Becker)	
	枣实蝇(*Carpomya vesuviana* Costa)	
	橘实锤腹实蝇(*Monacrostichus citricola* Bezzi)	
	甜瓜迷实蝇[*Myiopardalis pardalina* (Bigot)]	甜瓜迷实蝇的学名已调整为 *Carpomya pardalina*
	番木瓜长尾实蝇(*Toxotrypana curvicauda* Gerstaecker)	
全国农业植物检疫性有害生物名录	蜜柑大实蝇[*Bactrocera tsuneonis* (Miyake)]	
全国林业植物检疫性有害生物名录	枣实蝇(*Carpomya vesuviana* Costa)	

我国口岸检疫部门从进境旅客携带物及果蔬货物中经常截获重要经济实蝇，包括多种检疫性有害生物。2003—2016 年的实蝇类害虫进境截获数据显示，总计 3.4 万余批次，如图 1-2-1 所示，我国年截获实蝇批次数整体呈增加趋势，2016 年增加显著。截获方式主要涉及旅客携带物检疫和货物检疫，分别为 2.3 万余批次和 9000 余批次；截获进境检疫性实蝇种类包括果实蝇属 21 种实蝇计 2.9 万余批次、镞果实蝇属 5 种实蝇计 3000 余批次、小条实蝇属 9 种实蝇近 400 批次、寡鬃实蝇属 4 种实蝇 50 余批次、按实蝇属 2 种实蝇 20 余批次、绕实蝇属 2 种实蝇 3 批次、枣实蝇 6 批次及甜瓜迷实蝇 1 批次。

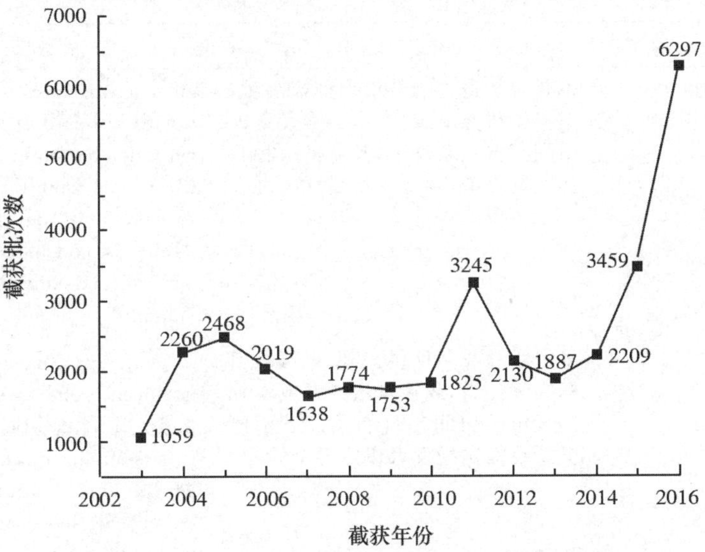

图 1-2-1 我国口岸 2003—2016 年截获实蝇类害虫批次数

此外,2013 年 2 月原农业部发布了《国家重点管理外来物种名录(第一批)》(第 1897 号公告),该名录中包括 52 种已对我国生物多样性和生态环境造成严重为害的外来入侵物种,涉及实蝇类害虫计 3 种,即橘小实蝇、瓜实蝇和枣实蝇。2022 年,农业农村部将在全国范围内组织开展农业外来入侵物种普查,橘小实蝇、瓜实蝇、枣实蝇、蜜柑大实蝇等为需重点调查的重要经济实蝇种类。

三、重要经济实蝇的寄主地位

实蝇类害虫种类丰富,其寄主范围多样化,从一种寄主到上百种寄主。如何判断一种植物是否为某一种实蝇的寄主?是哪类寄主?FAO-IPPC 通过并实施的 ISPM 第 37 号《判定水果的实蝇(Tephritidae)寄主地位》[ISPM 37 Determination of host status of fruit to fruit flies (Tephritidae)],正是有关实蝇寄主地位判定的国际标准。在该标准中,对寄主地位(host status)、自然寄主(natural host)、条件寄主(conditional host)、非寄主(non-host)有明确的界定(表 1-2-2),同时规定了判定步骤(图 1-2-2)。

表 1-2-2 ISPM 37 中重要经济实蝇寄主相关术语定义

术语	中文定义	英文定义
寄主地位(水果对实蝇)	将某植物种或品种归类为一种实蝇的自然寄主、条件寄主或非寄主	Classification of a plant species or cultivar as being a natural host, conditional host or non-host for a fruit fly species
自然寄主(水果对实蝇)	科学研究发现在自然条件下可被一种目标实蝇侵染,且可支持其发育成可育个体的某植物种或品种	A plant species or cultivar that has been scientifically found to be infested by the target fruit fly species under natural conditions and able to sustain its development to viable adults

续表 1-2-2

术语	中文定义	英文定义
条件寄主(水果对实蝇)	不是自然寄主的某植物种或品种,但科学研究显示,在本标准设定的田间半自然条件下,其可被一种目标实蝇侵染,且能支持目标实蝇发育成可育个体	A plant species or cultivar that is not a natural host but has been scientifically demonstrated to be infested by the target fruit fly species and able to sustain its development to viable adults as concluded from the semi-natural field conditions set out in this standard
非寄主(水果对实蝇)	某植物种或品种,从未发现可被目标实蝇侵染,或在自然条件或本标准设定的田间半自然条件下不能支持目标实蝇发育成可育个体	A plant species or cultivar that has not been found to be infested by the target fruit fly species or is not able to sustain its development to viable adults under natural conditions or under the semi-natural field conditions set out in this standard

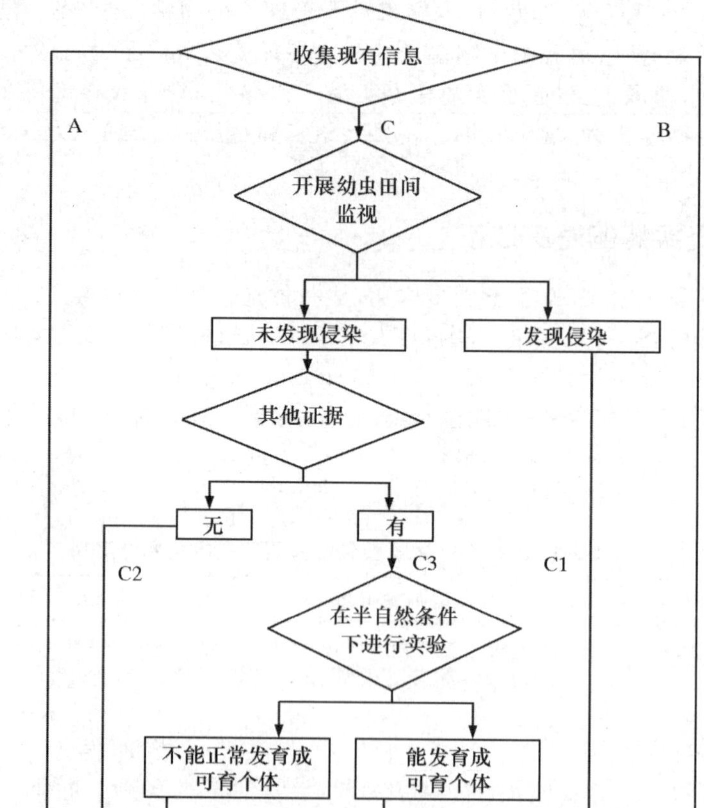

图 1-2-2 ISPM 所规定的水果实蝇寄主地位判定步骤

(引自 ISPM 37)

从我国已发表的与实蝇寄主相关的文献来看，一般统称为寄主和非寄主，没有具体划分为自然寄主和条件寄主。其中，有极少数文献是基于田间调查与室内饲养相结合的结果，经分析可界定为自然寄主和条件非寄主；大部分文献是关于室内条件下实蝇寄主选择性的研究，并描述为某种实蝇的寄主、嗜好寄主、普通寄主等，按照 ISPM 37 的规定，这些文献不能作为判断实蝇寄主的依据；另有少数文献，尽管是田间条件或半田间条件下开展的调查，但其基于的仅是实蝇成虫诱捕的结果，按照 ISPM 37 的规定，这些文献有关实蝇寄主的结论是错误的。2022 年 1 月 17—28 日，IPPC 秘书处组织召开 ISPM 37 附件（ISPM 37 ANNEX 1：Criteria for determining host status of fruit to fruit flies based on available information）专家工作组会议，中国农业大学李志红教授作为中国代表参会，并与来自 FAO-IPPC、联合国原子能机构以及美国、澳大利亚、新西兰、德国、南非、日本等国家（地区）的专家一起完成相关工作。这次会议，将进一步促进我国实蝇工作者更多地关注实蝇寄主地位的研究，进一步促进国际植物检疫措施标准在我国的实施，进一步提高我国果蔬植物检疫和实蝇入侵防控的工作水平。

参考文献

李志红，姜帆，马兴莉，等．实蝇科害虫入侵防控研究进展．植物检疫，2013，27(2)：1-10.

李志红．生物入侵防控：重要经济实蝇潜在地理分布研究．北京：中国农业大学出版社，2015.

吴佳教，梁帆，梁广勤．实蝇类重要害虫鉴定图册．广州：广东科技出版社，2009.

张岳．重要经济性实蝇分子系统发育与橘小实蝇入侵溯源研究．北京：中国农业大学博士学位论文，2021.

Doorenweerd C，Leblanc L，Norrbom A L，et al．A global checklist of the 932 fruit fly species in the tribe Dacini(Diptera，Tephritidae)．ZooKey，2018，730：19-56.

ISPM 37：Determination of host status of fruit to fruit flies(Tephritidae).

White I M，Elson-Harris M M．Fruit flies of economic significance：Their identification and bionomics．CABI Publishing CAB International，1992.

Zhang Y，Meyer M D，Virgilio M，et al．Phylogenomic resolution of the *Ceratitis* FARQ complex(Diptera：Tephritidae)．Molecular Phylogenetics and Evolution，2021，161：107160.

第三节　重要经济实蝇潜在经济损失相关研究进展

一、@RISK 与有害生物入侵可能性及潜在损失评估

在植物检疫领域，@RISK 是开展有害生物风险分析定量评估的重要工具。如前所述，在有害生物定量风险评估集成体系中，@RISK 主要用来开展入侵可能性和潜在经济损失评估。@RISK 是美国 Palisade 公司开发的 Decision Tools Suite 工具包中的软件，属商业软件。在有害生物入侵路径分析的基础上，运用@RISK 在 Excel 中建立场景模型，并选择适宜的概率分布（常用的概率分布有 Beta 分布、Pert 分布、Triang 分布、Uniform 分布、Binomial 分布等），然后以随机模拟方法（如 Monte Carlo 模拟、拉丁超立方体抽样等）进行模拟，进而得出风险的发生概率，实现定量评估；同时运用@RISK 可以完成灵敏度分析，确定有害生物入侵风险构成因子中的关键控制点，从而有针对性地采取风险管理措施来降低风险。运用@RISK 进行

某一种有害生物传入可能性分析时，准确划分相关的风险因子以及建立适宜的场景模型是最为关键的。2018年，李志红和秦誉嘉对有害生物定量风险评估模型和软件进行了比较，其中针对@RISK及其国内外植物检疫领域的应用进行了分析（李志红和秦誉嘉，2018），现摘录如下。

在国外，基于@RISK和场景模型的实例主要来自美国，用于多种有害生物的入侵风险评估，涉及传入（包括进入和定殖）、扩散和暴发过程中的风险。自20世纪90年代以来，美国研发的@RISK软件成为PRA领域开展入侵可能性评估的重要工具，例如美国农业部（USDA）利用@RISK等针对我国进口美国带有小麦矮腥黑穗病菌（*Tilletia cotroversa*）的磨粉用小麦开展了入侵风险评估。自2001年起，美国农业部利用@RISK软件和所建立的场景模型对墨西哥Hass鳄梨进行了系列评估，其中特别对可能携带的8种检疫性有害生物进行了暴发频度的分析，通过评估放宽了墨西哥Hass鳄梨输美的限制条件，促进了国际贸易。除了关注国与国之间有害生物入侵风险评估外，美国也非常关注有害生物在其国内的扩散风险评估。此外，美国农业部动植物检疫局CPHIST专家多次在美国等地举办技术培训，为基于@RISK和场景模型的入侵可能性评估技术推广做了大量的工作，例如2012年在我国"948"项目支持下，中国农业大学与全国农业技术推广服务中心合作，邀请美国专家来华对我国植物检疫工作人员和高校师生进行了@RISK原理与应用的专题培训。我国对基于@RISK和场景模型的入侵可能性评估格外关注，近20年来，先后引进@RISK软件和相关技术，并不断开展相关研究和应用。自2002年起，我国多位学者陆续开展了针对小麦矮腥黑穗病菌、梨火疫病菌（*Erwinia amylovora*）、松材线虫病（*Bursaphelen chusxylophilus*）、橘小实蝇、红脂大小蠹（*Dendroctonus valens*）、地中海实蝇等三种小条实蝇、番石榴果实蝇等的入侵风险定量评估。由于有害生物扩散、暴发等过程复杂、缺少基础数据等原因，截至目前，我国基于@RISK和场景模型的入侵可能性评估多集中在进入或传入可能性上。

在国外，针对基于随机模型的有害生物潜在损失预测近年来逐渐受到关注，澳大利亚学者进行了卓有成效的探索。2011年，澳大利亚学者Cook等运用@RISK针对梨火疫病菌可能造成的病害，从市场损失、控制成本、检查成本和根除成本四个方面，评估了澳大利亚进口新西兰苹果的潜在经济损失，结果表明，每年梨火疫病的潜在经济损失为（2378±1506）万美元（Cook et al.，2011）；这是全球首次将@RISK用于有害生物潜在损失评估，具有一定的引领作用。2012年，Cook等从损益平衡式的收益成本角度出发，利用@RISK对香蕉束顶病毒Banana bunchy top virus进行了潜在经济损失分析，并预测该病毒每年对澳大利亚潜在经济损失为15.9万～270万澳元（Cook et al.，2012）。最新的研究报道显示，Darbro等（2017）通过@RISK预测每年防控白纹伊蚊（*Aedes albopictus*）需要投入的费用，研究结果表明，一旦白纹伊蚊定殖，政府每年投入公共卫生的费用为0.5～1.3澳元/头（Darbro et al.，2017）。近5年来，我国学者开展了基于随机模型的有害生物潜在损失预测探索。中国农业大学从澳大利亚引进相关技术，在Cook博士的指导下，采用@RISK针对实蝇类害虫、入侵杂草等进行了潜在损失研究。2015年，方焱等建立了南亚果实蝇（*Zegodacus tau*）对我国南瓜产业的潜在经济损失评估模型，从直接经济损失、间接经济损失（包括籽用、种用及食品加工产业）和防控费用进行了评估，结果显示，该虫每年对我国适生区南瓜产业造成的潜在经济损失总值为3741.50万～2315783.08万元（方焱等，2015）；这是我国学者运用@RISK进行基于随机模型的有害生物潜在损失预测的首次报道。随后，分别针对刺萼龙葵、紫茎泽兰对中国玉米和花生产业的潜在经济损失进行了评估(吴志刚等,2015;方焱等,2015)。2017—2018 年,全国农业技术推广服务中心与中国农业大学合作,基于@RISK 及随机模型,正在开展针对国外玉米种子输华可能带来的重要病害的潜在损失分析,涉及防控和不防控两个场景,将更有利于检疫管理措施的制订。

二、重要经济实蝇潜在经济损失研究方法及主要进展

有害生物潜在损失(potential loss),包括潜在经济损失和潜在非经济影响,在潜在经济损失中涉及直接经济损失、间接经济损失和防控费用,在非经济影响中主要涉及生态影响、人身安全影响及心理影响等(李志红和秦誉嘉,2018)。针对重要经济实蝇来说,鉴于其对生态及人身安全影响有限,其潜在损失主要为潜在经济损失。在重要经济实蝇潜在地理分布预测的基础上,可利用确定模型或随机模型进行其潜在经济损失评估。基于确定模型的实蝇潜在经济损失评估,通常是先分析实蝇可能造成的各项损失,进而建立一个综合的评价指标体系和确定模型,然后再预测实蝇的潜在经济损失;基于随机模型的实蝇潜在经济损失评估,可借助@RISK 等软件工具,首先分析实蝇可能造成损失的场景和节点,随后确定这些场景的概率分布和随机模型,最后模拟出实蝇的潜在经济损失。基于随机模型的实蝇潜在经济损失评估比基于确定模型的评估更具优势,对今后有害生物定量风险分析等植物检疫相关研究和应用将产生更大的影响。自 2012 年起,在国际先进农业科学技术项目“重要农业害虫入侵风险定量评估技术的引进与示范应用”(2012-Z15)及国家重点研发计划项目“重大外来入侵物种前瞻性风险预警和实时控制关键技术研究”(2021YFC2600400)等资助下,中国农业大学与全国农业技术推广服务中心、中国检验检疫科学研究院、广州海关技术中心等合作,开展基于重要经济实蝇潜在地理分布和潜在经济损失研究探索。

在重要经济实蝇潜在地理分布研究方面,国内外相关研究进展显示,以 CLIMEX 地点比较模型和 MaxEnt 模型的相关报道为多,近年来预测当前及未来气候变化条件下的实蝇潜在地理分布已成为研究热点。在国外,澳大利亚、新西兰等国家和地区的学者首先应用 CLIMEX 地点比较模型进行了地中海实蝇(Worner,1988;Vera et al.,2002)的潜在地理分布研究。在我国,2015 年李志红教授主编的《生物入侵防控:重要经济实蝇潜在地理分布研究》是代表性较高的研究,该研究在广泛收集重要经济实蝇国内外相关资料及深入分析其寄主为害、地理分布、环境因子影响等生物生态学特性的基础上,采用 CLIMEX 地点比较模型预测与 ArcGIS 插值分析相结合的方法,针对 42 种重要经济实蝇的潜在地理分布进行了较为系统的研究,明确了其在我国的适生范围和适生程度,并提出了实蝇类害虫入侵防控措施建议(李志红,2015)。近年来,国内外应用 CLIMEX 或 MaxEnt 对橘小实蝇(De Villiers et al.,2016; Qin et al.,2019)、辣椒果实蝇(*Bactrocera latifrons*)(黄振等,2017)、沙棘绕实蝇(*Rhagoletis batava*)(何佳遥等,2017)、樱桃绕实蝇(Wakie et al.,2018)、甜瓜迷实蝇(Qin et al.,2021)等重要经济实蝇进行了未来气候条件下的潜在地理分布报道。这些报道为重要经济实蝇潜在经济损失研究提供了支持数据,促进了重要经济实蝇潜在经济损失研究的开展。

在基于@RISK 的重要经济实蝇潜在经济损失研究方面,中国农业大学植物检疫与入侵生物学实验室与有关单位合作,在李志红教授带领下开展了一系列研究。如前所述,2015 年方焱等在收集、分析国内外相关资料的基础上,首次采用@RISK 软件随机模拟的方法,从直接经济损失、间接经济损失和防控费用 3 个方面建立了南亚果实蝇对中国南瓜产业可能造成

的潜在经济损失评估模型，并预测了潜在经济损失(方焱等，2015)。基于上述研究，2018年孙宏禹等对瓜实蝇对我国苦瓜的潜在经济损失进行了评估，与前人研究方法相比，该研究将防控和未防控场景下可能造成的经济损失分开，以此确定可挽回的经济损失，即防控措施可能带来的效益(孙宏宇等，2018)。以此研究方法为基础，2019年康德琳等预测了辣椒实蝇对我国辣椒产业的潜在经济损失(康德琳等，2019)，2019年及2021年秦誉嘉等分别预测了一旦樱桃绕实蝇、桃果实蝇入侵我国将会给甜樱桃、桃产业带来的潜在经济损失(秦誉嘉等，2019；Qin et al.，2021)。上述研究报道为本专著奠定了坚实的基础，相关内容同时被收录入本专著的相应章节。

参考文献

方焱，李志红，秦萌，等. 南亚果实蝇对我国南瓜产业的潜在经济损失评估. 植物检疫，2015，29(3)：28-33.

方焱，秦萌，李志红，等. 紫茎泽兰对我国花生产业造成的潜在经济损失评估. 中国农业大学学报，2015，20(6)：146-151.

何佳遥，赵继羽，赵紫华，等. 基于最大熵模型的沙棘绕实蝇适生性研究. 植物检疫，2017，31(2)：22-29.

黄振，吴淇铭，黄可辉. 应用MaxEnt模型预测辣椒果实蝇在中国的潜在地理分布. 武夷科学，2017(00)：28-34.

康德琳，孙宏禹，秦誉嘉，等. 基于@RISK辣椒果实蝇对我国辣椒产业的潜在经济损失评估. 应用昆虫学报，2019，56(3)：500-507.

李志红，秦誉嘉. 有害生物风险分析定量评估模型及其比较. 植物保护，2018，44(5)：134-145.

秦誉嘉，卢国彩，刘玮琦，等. 樱桃绕实蝇对我国甜樱桃产业的潜在经济损失评估. 植物检疫，2019，33(6)：59-62.

孙宏禹，秦誉嘉，方焱，等. 基于@RISK的瓜实蝇对我国苦瓜产业的潜在经济损失评估. 植物检疫，2018，32(6)：64-69.

吴志刚，方焱，秦萌，等. 刺萼龙葵对中国玉米产业造成的潜在经济损失评估. 中国农业大学学报，2015，20(6)：138-145.

Cook D C，Carrasco L R，Paini D R，et al. Estimating the social welfare effects of New Zealand apple imports. Australian Journal of Agricultural and Resource Economics，2011，55(4)：599-620.

Cook D C，Liu S，Edwards J，et al. Predicting the benefits of banana bunchy top virus exclusion from commercial plantations in Australia. PLOS ONE，2012，7(8)：e42391.

Darbro J，Halasa Y，Montgomery B，et al. An economic analysis of the threats posed by the establishment of *Aedes albopictus* in Brisbane，Queensland. Ecological Economics，2017，142：203-213.

De Villiers M，Hattingh V，Kriticos D J，et al. The potential distribution of *Bactrocera dorsalis*：considering phenology and irrigation patterns. Bulletin of Entomological Research，2016，106(1)：19-33.

Qin Y，Wang C，Zhao Z，et al. Climate change impacts on the global potential geographical distribution of the agricultural invasive pest, *Bactrocera dorsalis* (Hendel)(Diptera: Tephritidae). Climatic Change, 2019: https://doi.org/10.1007/s10584-019-02460-3.

Qin Y, Zhang Y, Clarke A R, et al. Including host availability and climate change impacts on the global risk area of *Carpomya pardalina* (Diptera: Tephritidae). Frontiers in Ecology and Evolution, 2021, 9: 724441.

Qin Y, Farman U, Fang Y, et al. Prediction of potential economic impact of *Bactrocera zonata* (Diptera: Tephritidae) in China: Peaches as the example hosts. Journal of Asia-Pacific Entomology, 2021, 24(4): 1101-1106. DOI: 10.1016/j.aspen.2021.10.004.

Vera M T, Rodriguez R, Segura D F, et al. Potential geographical distribution of the Mediterranean fruit fly, *Ceratitis capitata* (Diptera: Tephritidae), with emphasis on Argentina and Australia. Environmental Entomology, 2002, 31(6): 1009-1022.

Wakie T T, Yee W L, Neven L G. Assessing the risk of establishment of *Rhagoletis cerasi* (Diptera: Tephritidae) in the United States and globally. Journal of Economic Entomology, 2018, 111(3): 1275-1284.

Worner S P. Ecoclimatic assessment of potential establishment of exotic pests. Journal of Economic Entomology, 1988, 81(4): 973-983.

第四节　研究内容、目的意义及技术路线

一、研究内容

本研究在《生物入侵防控：重要经济实蝇潜在地理分布研究》的基础上，采用@RISK 软件，针对代表性重要经济实蝇对我国主要寄主植物的潜在经济损失进行系统性研究，研究内容包括四个方面：

(1)对模型场景提出假设，构建两种场景下的重要经济实蝇潜在经济损失基本模型；

(2)建立重要经济实蝇对我国主要寄主植物的潜在经济损失评估模型；

(3)预测代表性重要经济实蝇对我国主要寄主植物的潜在经济损失；

(4)比较分析重要经济实蝇对主要寄主植物的潜在经济损失，提出入侵防控措施建议。

二、研究目的与意义

本研究的主要目的包括：

(1)构建重要经济实蝇潜在经济损失评估模型和研究方法；

(2)预测代表性重要经济实蝇对我国主要寄主植物的潜在经济损失；

(3)提出防控重要经济实蝇入侵我国的措施建议。

本研究的主要意义包括：

(1)通过本研究，能够构建重要经济实蝇潜在经济损失评估模型和研究方法，能够促进其他外来有害生物类群的潜在损失研究，能够进一步优化有害生物定量风险评估技术体系，对进一步提高全球有害生物风险分析研究水平具有较为突出的理论价值；

(2)通过本研究，能够明确代表性重要经济实蝇对我国主要寄主植物的潜在经济损失，能

够进一步明确重要经济实蝇入侵防控的主要措施,能够为FAO-IPPC、RPPOs及NPPOs开展植物检疫等入侵防控工作提供科学依据和决策支持,对防入侵、保安全、促发展具有较为突出的实践意义。

三、技术路线

本研究以重要经济实蝇潜在地理分布研究结果为依据,在明确代表性重要经济实蝇及其寄主植物种类的基础上,运用@RISK软件开展重要经济实蝇潜在经济损失研究。本研究的技术路线如图1-4-1所示,首先构建重要经济实蝇潜在经济损失基本模型,然后针对具体实蝇种类建立其对寄主植物的潜在经济损失评估模型,并预测不防控场景和防控场景下的潜在经济损失及可挽回的经济损失,最后开展重要经济实蝇潜在经济损失比较及风险管理措施分析。其中,重要经济实蝇潜在经济损失评估模型的建立是本研究的技术关键,预测代表性重要经济实蝇对我国主要寄主植物的潜在经济损失是本研究的核心任务,提出重要经济实蝇入侵防控措施建议是本研究的主要目的。

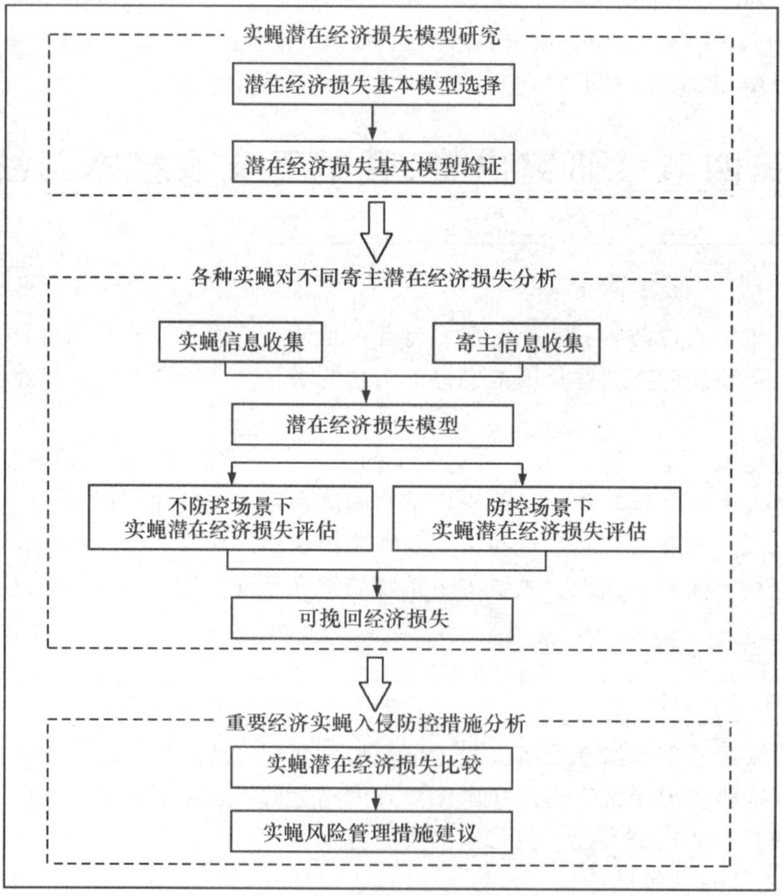

图1-4-1 本研究的技术路线

第二章　重要经济实蝇潜在经济损失研究材料与方法

第一节　研究材料

一、重要经济实蝇资料

本研究根据国内外重要经济实蝇研究进展、我国实蝇类害虫检疫防控工作实际需求以及潜在经济损失基础数据获取可能性等，选取了 22 种具有代表性的重要经济实蝇进行潜在经济损失研究。如表 2-1-1 所示，这 22 种重要经济实蝇分属按实蝇属、果实蝇属、咔实蝇属、小条实蝇属、寡鬃实蝇属、绕实蝇属、镞实蝇属、新小条实蝇属和长尾实蝇属。

本研究涉及的实蝇资料主要有实蝇在我国的潜在地理分布（也称适生区），主要参考 2015 年李志红主编《生物入侵防控：重要经济实蝇潜在地理分布研究》等近年所发表的文献；实蝇对寄主的为害率、寄主受实蝇为害后产量损失率，主要参考国内外文献资料等。

表 2-1-1　本研究所涉及的 22 种重要经济实蝇基本信息

序号	属名	拉丁学名	中文名
1	按实蝇属（*Anastrepha*）	*Anastrepha ludens*	墨西哥按实蝇
2		*Anastrepha obliqua*（Macquart）	西印度按实蝇
3	果实蝇属（*Bactrocera*）	*Bactrocera correcta*（Bezzi）	番石榴果实蝇
4		*Bactrocera dorsalis*（Hendel）	橘小实蝇
5		*Bactrocera latifrons*（Hendel）	辣椒果实蝇
6		*Bactrocera minax*（Enderlein）	橘大实蝇
7		*Bactrocera occipitalis*（Bezzi）	杧果实蝇
8		*Bactrocera oleae* Gmelin	油橄榄果实蝇
9		*Bactrocera tryoni*（Froggatt）	昆士兰果实蝇
10		*Bactrocera tsuneonis*（Miyake）	蜜柑大实蝇
11		*Bactrocera zonata*（Saunders）	桃果实蝇
12	咔实蝇属（*Carpomya*）	*Carpomya vesuviana* Costa	枣实蝇
13	小条实蝇属（*Ceratitis*）	*Ceratitis capitata*（Wiedemann）	地中海实蝇
14		*Ceratitis cosyra*（Walker）	杧果小条实蝇
15		*Ceratitis rosa* Karsch	纳塔尔小条实蝇
16	寡鬃实蝇属（*Dacus*）	*Dacus ciliatus*（Loew）	埃塞俄比亚寡鬃实蝇
17	绕实蝇属（*Rhagoletis*）	*Rhagoletis cerasi*（L.）	樱桃绕实蝇

续表 2-1-1

序号	属名	拉丁学名	中文名
18		*Rhagoletis pomonella* (Walsh)	苹绕实蝇
19	镞实蝇属(*Zeugodacus*)	*Zeugodacus cucurbitae* (Coquillett)	瓜实蝇
20		*Zeugodacus tau* (Walker)	南亚果实蝇
21	新小条实蝇属(*Neoceratitis*)	*Neoceratitis cyanescens* (Bezzi)	番茄实蝇
22	长尾实蝇属(*Toxotrypana*)	*Toxotrypana curvicauda* Gerstaecker	番木瓜长尾实蝇

二、寄主资料

根据上述22种重要经济实蝇的寄主与为害,本研究选取了16种我国已有栽培的水果和蔬菜。如表2-1-2和表2-1-3所示,每种重要经济实蝇可为害一至多种水果和蔬菜,每种水果和蔬菜可被一至多种重要经济实蝇为害。本研究针对22种重要经济实蝇对我国16种主要果蔬寄主开展潜在经济损失研究。

本研究涉及的寄主资料主要有寄主的年产量、寄主的种植面积、寄主的市场价格水平。资料数据主要来源于FAO数据库(http://www.fao.org/faostat/en/#data)、国家统计局(http://www.stats.gov.cn/)(原农业农村部种植业管理司数据库)、全国农产品商务信息公共服务平台(http://nc.mofcom.gov.cn)、文献资料等。

表 2-1-2 本研究所涉及的22种重要经济实蝇及其寄主植物

序号	实蝇种类	寄主植物
1	墨西哥按实蝇	柑橘
2	西印度按实蝇	杧果
3	番石榴果实蝇	柑橘、杧果、香蕉、苹果、桃、梨、番茄
4	橘小实蝇	柑橘、杧果、香蕉、苹果、桃、梨、番茄
5	辣椒果实蝇	辣椒
6	橘大实蝇	柑橘
7	杧果实蝇	杧果
8	油橄榄果实蝇	油橄榄
9	昆士兰果实蝇	柑橘、杧果、香蕉、苹果、桃、梨、番茄
10	蜜柑大实蝇	柑橘
11	桃果实蝇	桃
12	枣实蝇	枣
13	地中海实蝇	柑橘、杧果、香蕉、苹果、桃、梨、番茄
14	杧果小条实蝇	杧果
15	纳塔尔小条实蝇	柑橘、杧果、香蕉、苹果、桃、梨、番茄
16	埃塞俄比亚寡鬃实蝇	苦瓜、黄瓜、南瓜、西瓜
17	樱桃绕实蝇	樱桃

续表 2-1-2

序号	实蝇种类	寄主植物
18	苹绕实蝇	苹果
19	瓜实蝇	苦瓜、黄瓜、南瓜、西瓜
20	南亚果实蝇	苦瓜、黄瓜、南瓜、西瓜
21	番茄实蝇	番茄
22	番木瓜长尾实蝇	木瓜

表 2-1-3 本研究所涉及的 16 种主要寄主植物及相关实蝇

序号	寄主植物	实蝇种类
1	柑橘	墨西哥按实蝇、番石榴果实蝇、橘小实蝇、橘大实蝇、昆士兰果实蝇、蜜柑大实蝇、地中海实蝇、纳塔尔小条实蝇
2	杧果	西印度按实蝇、番石榴果实蝇、橘小实蝇、杧果实蝇、昆士兰果实蝇、地中海实蝇、杧果小条实蝇、纳塔尔小条实蝇
3	油橄榄	油橄榄果实蝇
4	香蕉	番石榴果实蝇、橘小实蝇、昆士兰果实蝇、地中海实蝇、纳塔尔小条实蝇
5	苹果	番石榴果实蝇、橘小实蝇、昆士兰果实蝇、地中海实蝇、纳塔尔小条实蝇、苹绕实蝇
6	桃	番石榴果实蝇、橘小实蝇、昆士兰果实蝇、桃果实蝇、地中海实蝇、纳塔尔小条实蝇
7	梨	番石榴果实蝇、橘小实蝇、昆士兰果实蝇、地中海实蝇、纳塔尔小条实蝇
8	樱桃	樱桃绕实蝇
9	枣	枣实蝇
10	番茄	番石榴果实蝇、橘小实蝇、昆士兰果实蝇、地中海实蝇、纳塔尔小条实蝇、番茄实蝇
11	辣椒	辣椒果实蝇
12	苦瓜	埃塞俄比亚寡鬃实蝇、瓜实蝇、南亚果实蝇
13	黄瓜	埃塞俄比亚寡鬃实蝇、瓜实蝇、南亚果实蝇
14	南瓜	埃塞俄比亚寡鬃实蝇、瓜实蝇、南亚果实蝇
15	西瓜	埃塞俄比亚寡鬃实蝇、瓜实蝇、南亚果实蝇
16	木瓜	番木瓜长尾实蝇

三、其他资料

此外，本研究还涉及的其他资料主要有疫区单位寄主防控成本、防控效果和效益校正系数，资料数据来源于田间调查、文献资料等。

四、软件工具

本研究采用美国 Palisade 公司开发的@RISK7.5 进行重要经济实蝇潜在经济损失研究，中国农业大学植物检疫与入侵生物学实验室已购置了@RISK 正版软件。

参考文献

李志红．生物入侵防控：重要经济实蝇潜在地理分布研究．北京：中国农业大学出版社，2015.
Palisade corporation. 2005/2017.9.11. https://www.palisade.com.

第二节　研究方法

一、重要经济实蝇潜在经济损失评估通用模型的建立

（一）模型假设

1. 不防控场景下的潜在经济损失模型假设

不防控场景下的潜在经济损失，指实蝇为害作物后造成作物的经济损失。包括产量、品质下降引起的经济损失。

假设：F_1为不防控场景下的潜在经济损失总量，F_{11}为产量下降引起的经济损失，F_{12}为品质下降引起的经济损失，其模型为：

$$F_1 = F_{11} + F_{12}$$

2. 防控场景下的潜在经济损失模型假设

防控场景下的潜在经济损失，指在进行防控措施后，寄主产量损失达到经济损害允许水平(economic injury level，EIL)，保证防控有意义的场景下的经济损失。包括两方面内容，即防控费用投入量和投入防控后经济损失量。

假设：F_2为防控场景下的潜在经济损失总量，F_{21}为防控费用支出量，F_{22}为投入防控后的经济损失，其模型为：

$$F_2 = F_{21} + F_{22}$$

挽回经济损失模型为：

$$F_3 = F_1 - F_2$$

式中，F_3为投入防控后挽回的潜在经济损失总量。

（二）模型建立

1. 不防控场景下的潜在经济损失总量模型

在作物收获时，人们获得的产量是已经损失后的实际产量，而实际产量加上损失产量等于总产量。为获得作物总产量，假设将作物产区产量分为三部分，即感染后损失部分 IRQ，感染后未损失部分 $I(1-R)Q$ 以及未感染部分$(1-I)Q$。

那么

$$Q_1 = I(1-R)Q + (1-I)Q$$

$$\downarrow$$

$$Q = Q_1/(1-IR)$$

(1)产量变化而引起的经济损失量的计算模型为：

$$F_{11}=Q\times I\times R\times P_c$$

$$\downarrow$$

$$F_{11}=\frac{Q_1\times I\times R\times P_c}{(1-IR)}$$

式中，Q 为总产量；Q_1 为实蝇适生区的作物产量(实际产量)；I 为实蝇对作物的为害率；R 为作物受实蝇为害后产量损失率；P_c 为作物的市场价格水平

式中，Q_1 为在中国实蝇适生区作物年产量。I 为每单位作物种植面积中，作物被实蝇为害的面积占作物总面积的比例。R 为被实蝇为害的作物单位种植面积产量与为害前产量的比。P_c 为作物在没有受到实蝇侵染时的市场价格水平。

(2)品质下降作物产量为：

$$Q_2=Q\times I\times(1-R)$$

作物被实蝇为害后，品质变化而产生的经济损失计算模型为：

$$F_{12}=Q_2\times(P_c-P_2)$$

$$\downarrow$$

$$F_{12}=\frac{Q_1\times I\times(1-R)(P_c-P_2)}{(1-IR)}$$

式中，Q_2 为单位面积疫区品质下降作物产量；P_2 由于实蝇的为害，导致作物品质下降时的价格。对于在中国未分布的实蝇，作物的实际产量等于总产量。因此，实蝇为害作物后引起的作物产量变化而产生的经济损失量的计算模型为：

$$F_{11}=Q_1\times I\times R\times P_c$$

实蝇为害作物后引起的作物质量变化而产生的经济损失量的计算模型为：

$$F_{12}=Q_1\times I\times(1-R)(P_c-P_2)$$

经济损失总量计算模型为：

$$F_{11}=Q_1\times I\times R\times P_c+Q_1\times I\times(1-R)(P_c-P_2)$$

2.防控场景下的潜在经济损失总量模型

(1)防控费用支出量(F_{21})　为防控实蝇，投入的防控费用支出量的经济损失量计算模型为：

$$F_{21}=S\times I\times C$$

式中，S 为实蝇适生区中作物种植面积；C 为单位面积作物疫区防控成本，指用于防控实蝇单位作物面积支出的成本，包括劳务、农药、机械折旧等。

(2)投入防控后的经济损失量(F_{22})　假设投入防控后的损失仍然包括两部分损失(产量损失＋品质损失)。为确保投入防控有效，假设投入防控后，可将作物被实蝇为害后的损失率降低到经济损害允许水平，那么，此时的损失率等于实蝇的经济为害允许水平，即

$$E = \frac{C}{(A \times P_c \times M)} \times D \times 100\ \%$$

式中,E 即 EIL,为实蝇为害作物的经济损害允许水平;A 为实蝇适生区单位作物面积产量;M 为防控效果;D 为效益校正系数。

经济损害允许水平,通常指会造成经济损失的最低种群密度。经济损害允许水平可以包含“受害水平”和“害虫密度”两方面含义(Pedigo et al.,1986)。前者以农作物所表现的受害程度为单位,后者以害虫种群密度为单位(高乔婉,1996)。在本研究中,我们将经济损害允许水平作为采取防控措施后苦瓜受害后产量损失率的临界值。实蝇适生区单位作物面积产量指单位适生区面积产量,即 $A=Q_1/S$。防控效果指采取不同防控措施的单项防控效果和所有防控措施的综合防效。D 为效益校正系数,一般以收益是支出的 2 倍为宜。

那么投入防控后经济损失总量计算模型为:

$$F_{22} = \frac{Q_1 \times I \times E \times P_c}{(1 - IE)} + \frac{Q_1 \times I \times (1 - E)(P_c - P_2)}{(1 - IE)}$$

对于在中国未分布的实蝇,投入防控后经济损失总量计算模型为:

$$F_{22} = Q_1 \times I \times E \times P_c + Q_1 \times I \times (1 - E)(P_c - P_2)$$

(三)模型指标体系的确立

1.不防控场景下模型指标体系

根据以上模型推导过程,获得不防控场景下,实蝇对寄主造成的潜在经济损失模型指标体系(表 2-2-1)。

表 2-2-1 不防控场景下实蝇潜在经济损失评估模型指标体系

一级指标	模型公式	二级指标	模型公式	三级指标
F_1	$F_1 = F_{11} + F_{12}$	F_{11}	$F_{11} = \frac{Q_1 \times I \times R \times P_c}{(1 - IR)}$ 或 $F_{11} = Q_1 \times I \times R \times P_c$	Q_1
				I
				R
				P_c
		F_{12}	$F_{12} = \frac{Q_1 \times I \times (1 - R)(P_c - P_2)}{(1 - IR)}$ 或 $F_{12} = Q_1 \times I \times (1-R)(P_c - P_2)$	Q_2
				P_2

2.防控场景下模型指标体系

防控场景下,实蝇对寄主造成的潜在经济损失模型指标体系(表 2-2-2)。

表 2-2-2 防控场景下实蝇潜在经济损失评估模型指标体系

一级指标	模型公式	二级指标	模型公式	三级指标	模型公式	四级指标	模型公式	五级指标
F_2	$F_2=F_{21}+F_{22}$	F_{21}	$F_{21}=S\times I\times C$	S				
				C				
		F_{22}	$F_{22}=F'+F''$	F'	$F'=\frac{Q_1\times I\times E\times P_c}{(1-IE)}$ 或 $F'=Q_1\times I\times E\times P_c$	E	$E=C/(A\times P_c\times M)\times D\times 100\%$	A
				F''	$F''=\frac{Q_1\times I\times(1-E)(P_c-P_2)}{(1-IE)}$ 或 $F''=Q_1\times I\times(1-E)(P_c-P_2)$			M
								D
F_3	$F_3=F_1-F_2$	F_1						
		F_2						

二、重要经济实蝇潜在经济损失评估通用模型的验证

模型验证是测定标定后的模型预测未来数据可信度的过程(杨广文,2005)。根据实际情况和需求,可用的验证方法主要有:①灵敏性分析,确保模型的预测值不会背离期望值以及模型与假设条件充分协调;②拟合度分析,即校核观测值与预测值的吻合程度。本研究使用第二种方法对模型进行验证,利用此模型对一个已经造成经济损失的有害生物进行潜在经济损失评估,将预测结果与实际经济损失进行对比,如果实际损失在预测经济损失区间内,说明模型预测结果准确。

本研究使用橘大实蝇来验证模型的准确性。2008 年的"柑橘蛆虫"事件,导致湖北省损失达 15 亿元左右(大风号,2008)。经鉴定,该虫为橘大实蝇。本研究构建了橘大实蝇对湖北省柑橘造成的潜在经济损失模型,推测该虫对湖北省柑橘造成损失值在 4.74 亿～25.42 亿元,平均值为 13.02 亿元。实际损失在此范围内且接近平均值,说明模型预测的结果具有准确性。因此,可以利用该模型对重要经济实蝇进行潜在经济损失评估预测。

三、重要经济实蝇潜在经济损失评估综合分析方法

根据 22 种重要经济实蝇的潜在经济损失结果进行综合分析。构建为害指数与防控效率 2 个参数。为害指数高或者防控效率低都会导致实蝇的经济损失增加,对实蝇的为害指数和防控效率进行排序,根据排序筛选出具有重大为害的重要经济实蝇种类。

为害指数是指实蝇对寄主的潜在经济损失在不防控场景下和防控场景下的比值,即 $D_{i,j}=\frac{L_{i,j}}{l_{i,j}}$,$D_{i,j}$ 为为害指数,$L_{i,j}$ 为不防控场景下的潜在经济损失,$l_{i,j}$ 为防控场景下的潜在经济损失。使用本研究所评估的重要经济实蝇潜在经济损失平均值来计算为害指数。

防控效率是指实蝇防控过程中可挽回的潜在经济损失与防控成本的比值,即 $E_{i,j}=\frac{R_{i,j}}{C_{i,j}}$,$E_{i,j}$ 为为害指数,$R_{i,j}$ 为实蝇防控过程中可挽回的潜在经济损失,$C_{i,j}$ 为实蝇防控过程中的防控成本。使用本研究所评估的可挽回潜在经济损失与防控成本平均值来计算防控效率。

参考文献

大风号. 四川柑橘蛆虫事件. 2008-10-22/2017-5-31. http://wemedia.ifeng.com/40288027/wemedia.shtml.

方焱，李志红，秦萌，等. 南亚果实蝇对我国南瓜产业的潜在经济损失评估. 植物检疫，2015，29：28-33.

蓝帅. 地中海实蝇与纳塔尔小条实蝇在中国的潜在经济损失评估. 北京：中国农业大学硕士学位论文，2020.

孙宏禹. 基于@RISK的重要经济实蝇对中国瓜类潜在经济损失评估. 北京：中国农业大学硕士学位论文，2019.

杨广文. 交通大辞典. 上海：上海交通大学出版社，2005.

第三章　按实蝇属重要种类的潜在经济损失

第一节　墨西哥按实蝇

一、墨西哥按实蝇概况

墨西哥按实蝇[*Anastrepha ludens* (Loew)],隶属于双翅目(Diptera),实蝇科(Tephritidae),按实蝇属(*Anastrepha*),被我国列为进境检疫性有害生物(李志红,2015)。

墨西哥按实蝇主要分布在美洲地区、加勒比地区和大洋洲,包括墨西哥、美国(亚利桑那州、加利福尼亚州、佛罗里达州、得克萨斯州)、伯里兹城、哥斯达黎加、萨尔瓦多、危地马拉、洪都拉斯、尼加拉瓜、巴拿马、阿根廷、哥伦比亚、新西兰(李志红,2015;CABI,2019)。墨西哥按实蝇在我国的潜在地理分布研究显示,至 2020 年,其在我国的适生区北界将向北移动至 31.25°N,江西、湖南、四川、重庆的适生区扩大,四川、重庆部分地区成为高度适生区,适生区的面积增加至 15.43%(李志红,2015)。墨西哥按实蝇寄主为柑橘类、核果类等,如甜橙、苹果、梨、杧果、桃、李、杨桃、鳄梨等(吴佳教等,2009;陈乃中,2009;CABI, 2019)。根据中华人民共和国农业农村部种植业管理司数据库显示(中华人民共和国农业农村部,2018),柑橘种植区分布在我国上海、江苏、浙江、安徽、福建、江西、河南、湖北、湖南、广东、广西、海南、重庆、四川、贵州、云南、陕西等地。

本研究评估墨西哥按实蝇对我国柑橘的潜在经济损失。

二、墨西哥按实蝇对我国柑橘产业的潜在经济损失评估

(一)主要数据与来源

1. 不防控场景下墨西哥按实蝇对我国柑橘产业的经济损失模型数据与来源

(1)墨西哥按实蝇适生区柑橘年产量(Q_1)　据中华人民共和国农业农村部种植业管理司数据库 2012—2016 年柑橘产量数据,墨西哥按实蝇适生区年产量最小值为 18363445.23 吨,均值为 20526960.16 吨,最大值为 22518696.47 吨。

(2)墨西哥按实蝇对柑橘的为害率(I)　墨西哥按实蝇对水果的为害率一般在 2.00%~75.00%,平均值在 37.00%左右(Crawford et al. ,1927; Vanoye-Eligio et al. ,2015)。本研究参考墨西哥按实蝇对水果的综合为害率数据。

(3)柑橘受墨西哥按实蝇为害后产量损失率(R)　墨西哥按实蝇在危地马拉可使橙子损失 70.00%~80.00%(陈乃中等,2002;耿建等,2008)。本研究参考橙子受墨西哥按实蝇为害后产量损失率数据,最小值和最大值可根据为害后不损失和完全损失设置为 0.00 和 100.00%。

(4)柑橘市场价格水平(P_c)　根据全国农产品商务信息公共服务平台,收集 2017 年墨西

哥按实蝇适生区各省份所有市场的柑橘月平均价格，共计 301 个价格数据（全国农产品商务信息公共服务平台，2018）。经分析，得出柑橘市场价格最小值为 1.55 元/千克，平均值为 6.36 元/千克，最大值为 15.69 元/千克。

(5)品质下降柑橘价格水平(P_2)　我们采取柑橘市场价格的一半作为品质下降柑橘市场价格水平数据集，得出品质下降柑橘市场价格最小值为 1.55 元/千克，平均值为 4.00 元/千克，最大值为 5.05 元/千克。

2.防控场景下墨西哥按实蝇对我国柑橘产业的经济损失模型数据与来源

(1)墨西哥按实蝇适生区中柑橘种植面积(S)　同墨西哥按实蝇适生区柑橘产量类似，根据中华人民共和国农业农村部种植业管理司数据库（中华人民共和国农业农村部，2018），得出 2012—2016 年墨西哥按实蝇适生区柑橘种植面积最小值为 1300660.00 公顷，平均值为 1434760.00 公顷，最大值为 1546540.00 公顷。

(2)单位面积柑橘疫区防控成本　因防控成本主要考虑农药、劳务、机械折旧等费用，本研究参考瓜实蝇对中国苦瓜产业的潜在经济损失评估，单位面积柑橘疫区防控费用为 7500.00 元/公顷。

(3)防控效果　参考瓜实蝇对中国苦瓜产业的潜在经济损失评估，防控费用为 7500.00 元/公顷时，达到的防控效果为 85.00%。

(二)评估模型与参数设置

墨西哥按实蝇对中国柑橘产业的潜在经济损失评估模型及参数设置如表 3-1-1 所示。

表 3-1-1　墨西哥按实蝇对中国柑橘产业的潜在经济损失评估模型及参数

模型		输入变量	模型参数
不防控场景	产量下降引起的潜在经济损失 F_{11}	墨西哥按实蝇适生区柑橘产量(Q_1)	Pert (18363445.23,20526960.16,22518696.47)吨
		墨西哥按实蝇对柑橘为害率(I)	Pert(2.00%,37.00%,75.00%)
		柑橘受墨西哥按实蝇为害后产量损失率(R)	Pert(0.00,75.00%,100.00%)
		柑橘市场价格水平(P_c)	Pert(1.55,6.36,15.69)元
		产量下降引起的潜在经济损失(F_{11})	$F_{11}=\frac{Q_1\times I\times R\times P_c}{(1-IR)}$
	质量下降引起的潜在经济损失 F_{12}	疫区单位面积品质下降柑橘产量(Q_2)	$Q_2=\frac{Q_1\times I\times(1-R)}{(1-IR)}$
		品质下降柑橘价格水平(P_2)	Pert(1.55,4.00,5.05)元
		质量下降引起的潜在经济损失(F_{12})	$F_{12}=\frac{Q_1\times I\times(1-R)(P_c-P_2)}{(1-IR)}$
		不防控场景下潜在经济损失总量(F_1)	$F_1=F_{11}+F_{12}$

续表 3-1-1

	模型	输入变量	模型参数
防控场景	防控费用 F_{21}	墨西哥按实蝇适生区中柑橘种植面积(S)	Pert (1300660.00,1434760.00,1546540.00)公顷
		单位柑橘疫区防控成本(C)	7500.00 元/公顷
		防控费用支出量(F_{21})	$F_{21} = S \times I \times C$
	投入防控潜在经济损失 F_{22}	单位适生区面积产量(A)	$A = \frac{Q_1}{S}$
		防控效果(M)	0.85
		效益校正系数(D)	2.00
		经济损害允许水平(E)	$E = \frac{C}{(A \times P_c \times M)} \times D \times 100\%$
		投入防控后潜在经济损失(F_{22})	$F_{22} = \frac{Q_1 \times I \times E \times P_c}{(1 - IE)} + \frac{Q_1 \times I \times (1 - E)(P_c - P_2)}{(1 - IE)}$
		防控场景下潜在经济损失总量(F_2)	$F_{22} = \frac{Q_1 \times I \times E \times P_c}{(1 - IE)} + \frac{Q_1 \times I \times (1 - E)(P_c - P_2)}{(1 - IE)}$
可挽回潜在经济损失		可挽回潜在经济损失(F_3)	$F_3 = F_1 - F_2$

(三)潜在经济损失

在不防控场景下,柑橘产量下降引起的墨西哥按实蝇潜在经济损失在 83151.55 万～56583013.15 万元,柑橘质量下降引起的墨西哥按实蝇潜在经济损失在 12.83 万～12614843.22 万元,墨西哥按实蝇对柑橘的潜在经济损失总量在 155758.51 万～58035189.47 万元(表 3-1-2)。在不防控场景下,墨西哥按实蝇对柑橘的为害率是影响墨西哥按实蝇对我国柑橘产业潜在经济损失的最大变量,柑橘市场价格水平、柑橘受墨西哥按实蝇为害后产量损失率次之,墨西哥按实蝇适生区柑橘年产量和品质下降柑橘价格水平的影响最小(图 3-1-1)。

在防控场景下,墨西哥按实蝇防控费用支出量在 28330.35 万～402488.41 万元,投入防控后墨西哥按实蝇对柑橘的潜在经济损失在 101516.04 万～18750655.56 万元,墨西哥按实蝇对柑橘的潜在经济损失总量在 138375.60 万～19465474.58 万元(表 3-1-3)。在防控场景下,墨西哥按实蝇对我国柑橘产业潜在经济损失影响最大的变量是柑橘市场价格水平,其次是墨西哥按实蝇对柑橘的为害率、品质下降柑橘价格水平和墨西哥按实蝇适生区柑橘年产量、墨西哥按实蝇适生区中柑橘种植面积(图 3-1-2)。

投入防控后,可挽回的经济损失在－2278225.58 万～2970829.38 万元(表 3-1-4)。对投入防控后可挽回经济损失影响最大的变量是柑橘受墨西哥按实蝇为害后产量损失率和柑橘市场价格水平(图 3-1-3)。

表 3-1-2 不防控场景下墨西哥按实蝇对我国柑橘产业的潜在经济损失 万元

标记	输出项	公式	最小值	平均值	最大值
F_{11}	产量下降引起的潜在经济损失	$F_{11}=\frac{Q_1\times I\times R\times P_c}{(1-IR)}$	83151.55	5408882.03	56583013.15
F_{12}	质量下降引起的潜在经济损失	$F_{12}=\frac{Q_1\times I\times(1-R)(P_c-P_2)}{(1-IR)}$	12.83	1331131.06	12614843.22
F_1	潜在经济损失总量	$F_1=F_{11}+F_{12}$	155758.51	7092477.71	58035189.47

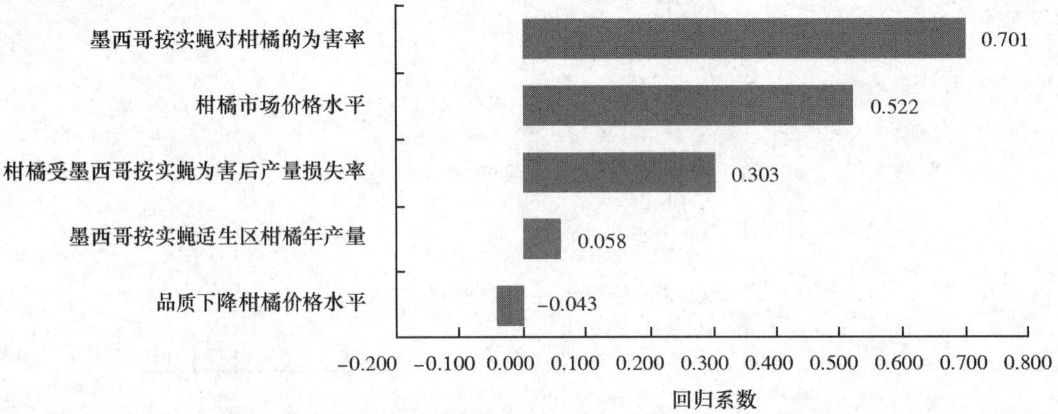

图 3-1-1 不防控场景下墨西哥按实蝇对我国柑橘产业潜在经济损失的变量灵敏性

表 3-1-3 防控场景下墨西哥按实蝇对我国柑橘产业的潜在经济损失 万元

标记	输出项	公式	最小值	平均值	最大值
F_{21}	防控费用支出量	$F_{21}=S\times I\times C$	28330.35	847847.26	402488.41
F_{22}	投入防控后潜在经济损失	$F_{22}=\frac{Q_1\times I\times E\times P_c}{(1-IE)}+\frac{Q_1\times I\times(1-E)(P_c-P_2)}{(1-IE)}$	101516.04	3719056.26	18750655.56
F_2	潜在经济损失总量	$F_2=F_{21}+F_{22}$	138375.60	4121648.33	19465474.58

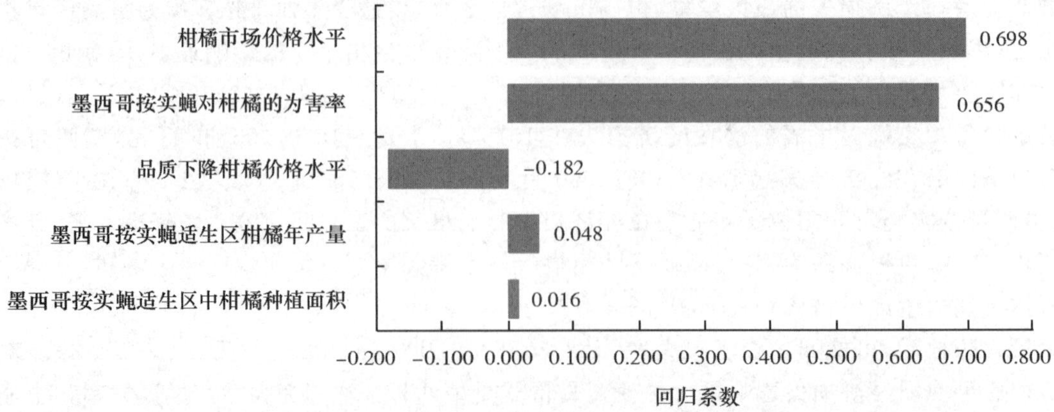

图 3-1-2 防控场景下墨西哥按实蝇对我国柑橘产业的潜在经济损失的变量灵敏性

表 3-1-4　投入防控后可挽回墨西哥按实蝇对我国柑橘产业的潜在经济损失　　万元

场景	标记	输出项	公式	最小值	平均值	最大值
可挽回潜在经济损失	F_3	可挽回潜在经济损失总量	$F_3=F_1-F_2$	−2278225.58	44178971.34	2970829.38

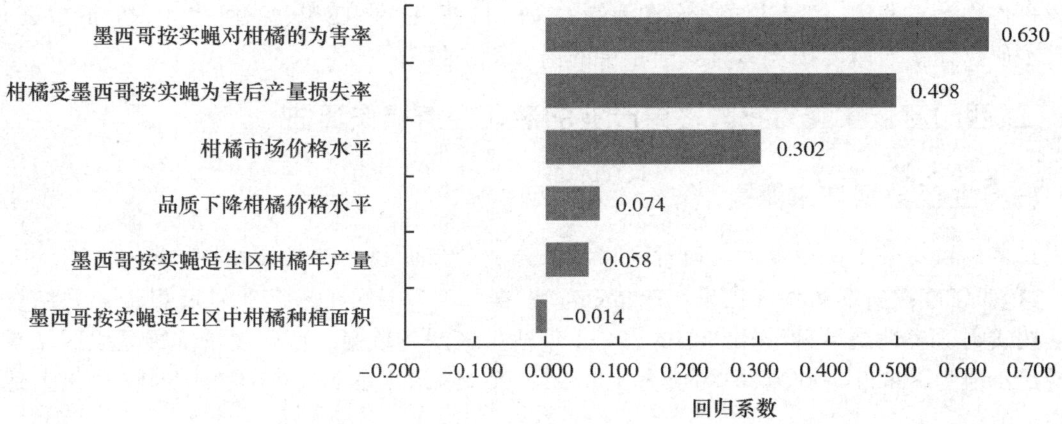

图 3-1-3　投入防控后可挽回墨西哥按实蝇对我国柑橘产业潜在经济损失的变量灵敏性

参考文献

陈乃中. 中国进境植物检疫性有害生物(昆虫卷). 北京：中国农业出版社,2009.

陈乃中,沈佐锐.水果果实害虫.北京:中国农业科学技术出版社,2002.

耿建,李志红,万方浩,等. 墨西哥按实蝇在我国的适生性分析. 植物保护,2008(4):93-98.

李志红. 生物入侵防控:重要经济实蝇潜在地理分布研究. 北京:中国农业大学出版社,2015.

全国农产品商务信息公共服务平台. 2018. http://nc.mofcom.gov.cn

吴佳教,梁帆,梁广勤.实蝇类重要害虫鉴定图册. 广州：广东科技出版社,2009.

中华人民共和国农业农村部. 2018. http://202.127.42.157/moazzys/shucai_cx.aspx.

CABI. 2019. https://www.cabi.org/ISC/datasheet/8726.

Crawford D L. Investigation of Mexican fruit fly(*Anastrepha ludens* Loew) in Mexico . Month Bull Dept Agric California,1927,16(8): 422-445.

Vanoye-Eligio V,Barrientos-Lozano L,Perez-Castaneda R,et al. Population dynamics of *Anastrepha ludens* (Loew)(Diptera: Tephritidae) on Citrus areas in Southern Tamaulipas,Mexico. Neotropical Entomology,2015,44(6): 565-573.

第二节　西印度按实蝇

一、西印度按实蝇概况

西印度按实蝇[*Anatrepha obliqua* (Macquart)],隶属于双翅目(Diptera),实蝇科(Tephritidae),按实蝇属(*Anastrepha*),被我国列为进境检疫性有害生物。

西印度按实蝇主要分布在美洲，如特立尼达和多巴哥共和国、哥斯达黎加、多米尼加、墨西哥、哥伦比亚、巴拿马、巴西、伯利兹、尼加拉瓜、波多黎各和美国等国家(GBIF，2018)。该有害生物在我国尚无分布，但在进境检疫中有截获记录。西印度按实蝇在我国的潜在地理分布研究显示，至2020年，其适生区北界达甘肃南部、陕西南部及上海，适生区的面积增加至全国面积的21.15%(李志红，2015)。西印度按实蝇为害17个属的水果，其中主要为害杧果和其他漆树科作物。在我国，杧果主要分布在海南、广东、广西、云南、四川、福建、贵州(胡祎，2015)。

本研究评估西印度按实蝇对我国杧果的潜在经济损失。

二、西印度按实蝇对我国杧果产业的潜在经济损失评估

(一)主要数据与来源

1.不防控场景下西印度按实蝇对我国杧果产业的经济损失模型数据与来源

(1)西印度按实蝇适生区杧果年产量(Q_1)　据《2017中国杧果产业发展报告》，并结合西印度按实蝇适生性结果，折算出2010—2014年适生区产量数据。西印度按实蝇适生区杧果年产量最小值为866290.00吨，平均值为1069920.00吨，最大值为1369040.00吨(神州土地研究院，2018)。

(2)西印度按实蝇对杧果的为害率(I)　据*Faunal analysis of the species Anastrepha in the fruit growing complex Gavião River*一文，按实蝇属对杧果的为害率为4.55%～100%，平均值为49.00%(Ricardo Falcão，2012)。

(3)杧果受实蝇为害后产量损失率(R)　据《墨西哥按实蝇在我国的适生性分析》一文，杧果受实蝇为害后产量损失率为10.00%～80.00%，平均值为45.00%(耿建，2008)。

(4)杧果市场价格水平(P_c)　根据全国农产品商务信息公共服务平台，收集2017年全国所有市场的杧果月平均价格，共325个价格数据。得出杧果市场价格最小值为2.13元/千克，平均值为11.00元/千克，最大值为23.39元/千克。

(5)品质下降的杧果价格水平(P_2)　我们采取杧果市场价格的一半作为品质下降的杧果市场价格水平数据集，得出品质下降的杧果市场价格最小值为2.13元/千克，平均值为8.99元/千克，最大值为11.00元/千克。

2.防控场景下西印度按实蝇对我国杧果产业的经济损失数据与来源

(1)西印度按实蝇适生区中杧果种植面积(S)　据《2017中国杧果产业发展报告》，并结合西印度按实蝇适生性结果，折算出2010—2014年适生区杧果种植面积数据。西印度按实蝇适生区中杧果种植面积最小值为118240.00公顷，平均值为132820.00公顷，最大值为158720.00公顷。

(2)单位面积实蝇疫区防控成本　不同防控方法成本不同，根据张小亚等在《柑橘大实蝇诱杀方法研究及防治效果初步评估》一文中所述，结合套袋成本市场价格，单位面积疫区实蝇防控成本为495.00～2190.00元/公顷(张小亚，2007)。

(3)防控效果　不同防控方法对实蝇防控效果不同，综合多篇文献，防控效果约为0.85(张小亚，2007；廖宪成，2013；潘飞，2014；胡光灿，2014；李磊，2015；赖敏，2016)。

(二)评估模型与参数设置

西印度按实蝇对中国杧果产业的潜在经济损失评估模型及参数设置如表3-2-1所示。

表 3-2-1 西印度按实蝇对中国杧果产业的潜在经济损失评估模型及参数

模型		输入变量	模型参数
不防控场景	产量下降引起的潜在经济损失(F_{11})	西印度按实蝇适生区杧果产量(Q_1)	Pert (866290.00,1069920.00,1369040.00)吨
		西印度按实蝇对杧果为害率(I)	Pert(4.55%,49.00%,100.00%)
		杧果受西印度按实蝇为害后产量损失率(R)	Pert(10.00%,45.00%,80.00%)
		杧果市场价格水平(P_c)	Pert(2.13,11.00,23.39)元
		产量下降引起的潜在经济损失(F_{11})	$F_{11}=\dfrac{Q_1\times I\times R\times P_c}{(1-IR)}$
	质量下降引起的潜在经济损失(F_{12})	疫区单位面积品质下降杧果产量(Q_2)	$Q_2=\dfrac{Q_1\times I\times(1-R)}{(1-IR)}$
		品质下降杧果价格水平(P_2)	Pert(2.13,8.99,11.00)元
		质量下降引起的潜在经济损失(F_{12})	$F_{12}=\dfrac{Q_1\times I\times(1-R)(P_c-P_2)}{(1-IR)}$
		不防控场景下潜在经济损失总量(F_1)	$F_1=F_{11}+F_{12}$
防控场景	防控费用(F_{21})	西印度按实蝇适生区中杧果种植面积(S)	Pert (118240.00,132820.00,158720.00)公顷
		单位杧果疫区防控成本(C)	495.00～2190.00元/公顷
		防控费用支出量(F_{21})	$F_{21}=S\times I\times C$
	投入防控潜在经济损失(F_{22})	单位适生区面积产量(A)	$A=\dfrac{Q_1}{S}$
		防控效果(M)	0.85
		效益校正系数(D)	2.00
		经济损害允许水平(E)	$E=\dfrac{C}{(A\times P_c\times M)}\times D\times 100\%$
		投入防控后潜在经济损失(F_{22})	$F_{22}=\dfrac{Q_1\times I\times E\times P_c}{(1-IE)}+\dfrac{Q_1\times I\times(1-E)(P_c-P_2)}{(1-IE)}$
		防控场景下潜在经济损失总量(F_2)	$F_{22}=\dfrac{Q_1\times I\times E\times P_c}{(1-IE)}+\dfrac{Q_1\times I\times(1-E)(P_c-P_2)}{(1-IE)}$
可挽回潜在经济损失		可挽回潜在经济损失(F_3)	$F_3=F_1-F_2$

(三)潜在经济损失

在不防控场景下，杧果产量下降引起的西印度按实蝇潜在经济损失在 80490.72 万～1022114.18 万元，杧果质量下降引起的西印度按实蝇潜在经济损失在 14602.64 万～560199.34 万元，西印度按实蝇对杧果的潜在经济损失总量在 152673.88 万～1544801.07 万元(表 3-2-2)。在不防控场景下，西印度按实蝇对杧果的为害率是影响西印度按实蝇对我国杧果产业潜在经济损失的最大变量，杧果市场价格水平、杧果受西印度按实蝇为害后产量损失率次之，品质下降杧果价格水平的影响可忽略不计(图 3-2-1)。

在防控场景下，西印度按实蝇防控费用支出量在 2750.62 万～18245.53 万元，投入防控后西印度按实蝇对杧果的潜在经济损失在 39711.79 万～730279.37 万元，西印度按实蝇对杧果的潜在经济损失总量在 46561.89 万～743204.70 万元(表 3-2-3)。在防控场景下，西印度按实蝇对我国杧果产业潜在经济损失影响最大的变量是杧果市场价格，其次是西印度按实蝇对杧果的为害率，西印度按实蝇适生区杧果种植面积对结果影响可以忽略不计(图 3-2-2)。

投入防控后，可挽回的经济损失在 63387.28 万～926511.19 万元(表 3-2-4)。对投入防控后可挽回经济损失影响最大的变量是西印度按实蝇对杧果的为害率和杧果受西印度按实蝇为害后产量损失率(图 3-2-3)。

表 3-2-2 不防控场景下西印度按实蝇对我国杧果产业的潜在经济损失 万元

标记	输出项	公式	最小值	平均值	最大值
F_{11}	产量下降引起的潜在经济损失	$F_{11}=\frac{Q_1\times I\times R\times P_c}{(1-IR)}$	80490.72	314824.77	1022114.18
F_{12}	质量下降引起的潜在经济损失	$F_{12}=\frac{Q_1\times I\times(1-R)(P_c-P_2)}{(1-IR)}$	14602.64	154283.98	560199.34
F_1	潜在经济损失总量	$F_1=F_{11}+F_{12}$	152673.88	545829.94	1544801.07

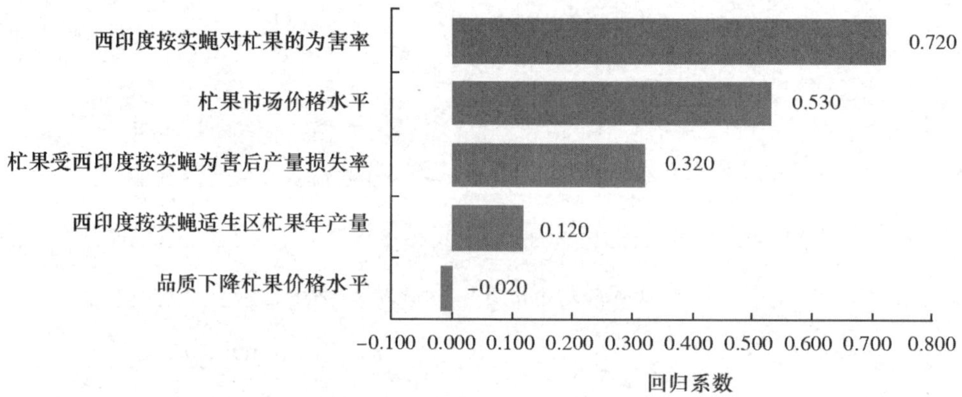

图 3-2-1 不防控场景下西印度按实蝇对我国杧果产业潜在经济损失的变量灵敏性

表 3-2-3　防控场景下西印度按实蝇对我国杧果产业的潜在经济损失　　万元

标记	输出项	公式	最小值	平均值	最大值
F_{21}	防控费用支出量	$F_{21}=S\times I\times C$	2750.62	8187.41	18245.53
F_{22}	投入防控后潜在经济损失	$F_{22}=\dfrac{Q_1\times I\times E\times P_c}{(1-IE)}+\dfrac{Q_1\times I\times(1-E)(P_c-P_2)}{(1-IE)}$	39711.79	242756.10	730279.37
F_2	潜在经济损失总量	$F_2=F_{21}+F_{22}$	46561.89	251514.99	743204.70

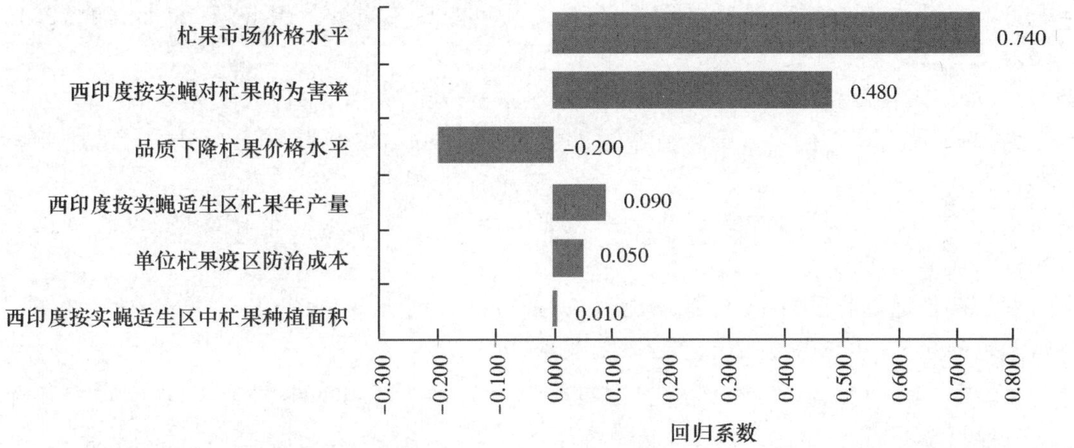

图 3-2-2　防控场景下西印度按实蝇对我国杧果产业的潜在经济损失的变量灵敏性

表 3-2-4　投入防控后可挽回西印度按实蝇对我国杧果产业的潜在经济损失　　万元

场景	标记	输出项	公式	最小值	平均值	最大值
可挽回潜在经济损失	F_3	可挽回潜在经济损失总量	$F_3=F_1-F_2$	63387.28	268935.37	926511.19

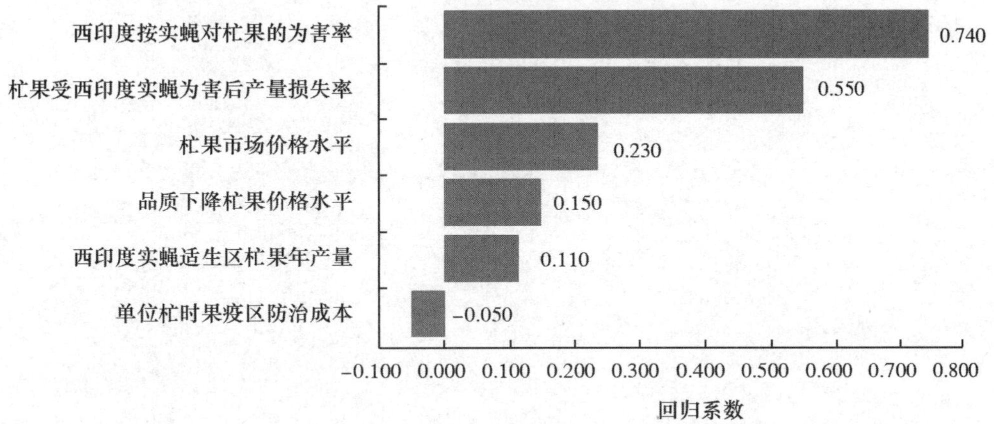

图 3-2-3　投入防控后可挽回西印度按实蝇对我国杧果产业潜在经济损失的变量灵敏性

参考文献

耿建，李志红，万方浩，等. 墨西哥按实蝇在我国的适生性分析. 植物保护，2008(4)：93-98.

胡光灿，李萍，易继平，等. 不同防控方式对柑橘大实蝇防治效果比较. 中国植保导刊，2014，34(6)：23-25.

胡祎，张德生，刘康德. 中国杧果产业发展变迁及影响因素研究. 中国农业资源与区划，2015，36(6)：53-59.

赖敏，曾东强，刘晓亮. 溴氰菊酯和氯氰菊酯作为产卵驱避剂在瓜实蝇防治中的应用技术研究. 植物检疫，2016，30(6)：21-26.

李磊，陈泰运，牛黎明，等. 苦瓜套袋防治瓜实蝇和南瓜实蝇的效果评价. 植物保护，2015，41(6)：225-229.

李志红. 生物入侵防控：重要经济实蝇潜在地理分布研究. 北京：中国农业大学出版社，2015.

廖宪成，谢培超，卢进才，等. 五种防控措施对柑桔园桔小实蝇的防治效果观察. 广西植保，2013，26(3)：10-11.

潘飞，肖彤斌，秦双. 等. 瓜实蝇为害对苦瓜产量的影响及其防治指标研究. 中国植保导刊，2014，34(10)：12-15.

全国农产品信息公共服务平台. 2018，http：//nc.mofcom.gov.cn/.

神州土地研究院. 2017 中国杧果产业发展报告. 2018.

张小亚，张长禹，韩庆海，等. 柑橘大实蝇诱杀方法研究及防治效果初步评估. 中国植保导刊，2007(1)：5-8.

中华人民共和国农业农村部. 2018. http：//202.127.42.157/moazzys/shucai_cx.aspx.

GBIF. 2018. https：//www.gbif.org/occurrence/search? taxon_key=1625082.

第四章　果实蝇属重要种类的潜在经济损失

第一节　番石榴果实蝇

一、番石榴果实蝇概况

番石榴果实蝇[*Bactrocera correcta* (Bezzi)]，隶属于双翅目(Diptera)，实蝇科(Tephritidae)，果实蝇属(*Bactrocera*)，是多种热带、亚热带水果和蔬菜的重要害虫，被我国列为进境检疫性有害生物。

番石榴果实蝇主要分布在东南亚地区，如泰国、越南、缅甸、尼泊尔、印度、巴基斯坦、斯里兰卡等地(刘佳琪等，2009)，已入侵我国云南和台湾等地(吕文刚等，2010)。番石榴果实蝇在我国的潜在地理分布研究显示，至2020年，其适生区北界达山东南部、河南中北部及陕西中部，适生区的面积增加至全国面积的近1/3(李志红，2015)。该虫起源于亚洲热带和亚热带地区，寄主广泛，以热带和亚热带果蔬为主，包括番石榴、杧果、樱桃、枣、柑橘、辣椒等30科60余种瓜果蔬菜(吕文刚等，2010)，主要为害的水果包括柑橘、杧果、番石榴、香蕉、苹果、桃、梨、番茄等。根据中华人民共和国农业农村部种植业管理司数据库，柑橘种植区分布在我国浙江、江西、四川、福建等省份，主要集中在华南地区；杧果、番石榴、香蕉种植区主要有广东、广西、福建、海南；苹果在全国均有种植分布，其主要产区在陕西、新疆、山东等省；桃在全国均有种植，主要分布在河北、山东、河南；梨在全国均有种植，主要分布在河北、辽宁、新疆等地；番茄在全国均有种植，主要分布在新疆、河北、河南、山东等地。

本研究分别评估番石榴果实蝇对我国柑橘、杧果、番石榴、香蕉、苹果、桃、梨、番茄产业的潜在经济损失。

二、番石榴果实蝇对我国柑橘产业的潜在经济损失评估

(一) 主要数据与来源

1. 不防控场景下番石榴果实蝇对我国柑橘产业的经济损失模型数据与来源

(1)番石榴果实蝇适生区柑橘年产量(Q_1)　据中华人民共和国农业农村部种植业管理司数据库2012—2016年柑橘产量数据，番石榴果实蝇适生区年产量最小值为29951670.00吨，平均值为33347590.00吨，最大值为37589330.00吨。

(2)番石榴果实蝇对柑橘的为害率(I)　根据刘晓飞等对番石榴果实蝇相关研究得知番石榴果实蝇对果实的为害率在60.00%～80.00%，平均值为70.00%(刘晓飞等，2005)。

(3)柑橘受番石榴果实蝇为害后产量损失率(R)　番石榴果实蝇为害果实后，水果产量损失率>20.00%，严重时达60.00%～100.00%，平均值为80.00%(黄振等，2014)。

(4)柑橘市场价格水平(P_c)　根据全国农产品商务信息公共服务平台，收集2017年番石

榴果实蝇适生区各省份所有市场的柑橘月平均价格，共计 300 个价格数据。经分析，得出柑橘市场价格最小值为 1.55 元/千克，平均值为 6.36 元/千克，最大值为 15.69 元/千克。

(5)品质下降柑橘价格水平(P_2)　我们采取柑橘市场价格的一半作为品质下降柑橘市场价格水平数据集，得出品质下降柑橘市场价格最小值为 1.55 元/千克，平均值为 4.06 元/千克，最大值为 5.09 元/千克。

2. 防控场景下番石榴果实蝇对我国柑橘产业的经济损失模型数据与来源

(1)番石榴果实蝇适生区中柑橘种植面积(S)　同番石榴果实蝇适生区柑橘产量类似，根据中华人民共和国农业农村部种植业管理司数据库，得出 2012—2016 年番石榴果实蝇适生区柑橘种植面积最小值为 2167570.00 公顷，平均值为 2323790.00 公顷，最大值为 2417250.00 公顷。

(2)单位面积柑橘疫区防控成本　本研究未能收集到番石榴果实蝇防控成本的准确数据，其防控与橘小实蝇相近，因此采用了橘小实蝇的防控成本数据。以广东省调查结果为例，橘小实蝇的单位面积疫区防控成本为 1200.00 元/公顷(马兴莉等，2013)。

(二)评估模型与参数设置

番石榴果实蝇对中国柑橘产业的潜在经济损失评估模型及参数设置如表 4-1-1 所示。

表 4-1-1　番石榴果实蝇对中国柑橘产业的潜在经济损失评估模型及参数

模型		输入变量	模型参数
不防控场景	产量下降引起的潜在经济损失(F_{11})	番石榴果实蝇适生区柑橘产量(Q_1)	Pert(29951670.00，33347590.00，37589300.00)吨
		番石榴果实蝇对柑橘为害率(I)	Pert(60.00%，70.00%，80.00%)
		柑橘受番石榴果实蝇为害后产量损失率(R)	Pert(20.00%，60.00%，100.00%)
		柑橘市场价格水平(P_c)	Pert(1.55，6.36，15.69)元
		产量下降引起的潜在经济损失(F_{11})	$F_{11}=\dfrac{Q_1\times I\times R\times P_c}{(1-IR)}$
	质量下降引起的潜在经济损失(F_{12})	疫区单位面积品质下降柑橘产量(Q_2)	$Q_2=\dfrac{Q_1\times I\times(1-R)}{(1-IR)}$
		品质下降柑橘价格水平(P_2)	Pert(1.55，4.06，5.09)元
		质量下降引起的潜在经济损失(F_{12})	$F_{12}=\dfrac{Q_1\times I\times(1-R)(P_c-P_2)}{(1-IR)}$
		不防控场景下潜在经济损失总量(F_1)	$F_1=F_{11}+F_{12}$
防控场景	防控费用(F_{21})	番石榴果实蝇适生区中柑橘种植面积(S)	Pert(2167570.00，2323790.00，2417250.00)公顷
		单位柑橘疫区防控成本(C)	1200.00 元/公顷
		防控费用支出量(F_{21})	$F_{21}=S\times I\times C$

续表 4-1-1

模型		输入变量	模型参数
	投入防控潜在经济损失(F_{22})	单位适生区面积产量(A)	$A=\frac{Q_1}{S}$
		防控效果(M)	0.85
		效益校正系数(D)	2.00
		经济损害允许水平(E)	$E=\frac{C}{(A\times P_c\times M)}\times D\times 100\%$
		投入防控后潜在经济损失(F_{22})	$F_{22}=\frac{Q_1\times I\times E\times P_c}{(1-IE)}+\frac{Q_1\times I\times(1-E)(P_c-P_2)}{(1-IE)}$
		防控场景下潜在经济损失总量(F_2)	$F_{22}=\frac{Q_1\times I\times E\times P_c}{(1-IE)}+\frac{Q_1\times I\times(1-E)(P_c-P_2)}{(1-IE)}$
可挽回潜在经济损失		可挽回潜在经济损失(F_3)	$F_3=F_1-F_2$

(三)潜在经济损失

在不防控场景下，柑橘产量下降引起的番石榴果实蝇潜在经济损失在 1385349.93～111640085.28 元，柑橘质量下降引起的番石榴果实蝇潜在经济损失在 68.40 万～27044090.60 万元，番石榴果实蝇对柑橘的潜在经济损失总量在 2437415.94 万～117221661.77 万元(表 4-1-2)。在不防控场景下，柑橘市场价格水平是影响番石榴果实蝇对我国柑橘产业潜在经济损失的最大变量，柑橘受番石榴果实蝇为害后产量损失率、番石榴果实蝇适生区柑橘年产量次之，品质下降柑橘价格水平的影响可忽略不计(图 4-1-1)。

在防控场景下，番石榴果实蝇防控费用支出量在 160716.63 万～228386.74 万元，投入防控后番石榴果实蝇对柑橘的潜在经济损失在 421994.57 万～31517382.47 万元，番石榴果实蝇对柑橘的潜在经济损失总量在 592758.60 万～31725337.57 万元(表 4-1-3)。在防控场景下，番石榴果实蝇对我国柑橘产业潜在经济损失影响最大的变量是柑橘市场价格，其次是品质下降柑橘价格水平，番石榴果实蝇适生区柑橘种植面积对结果影响可以忽略不计(图 4-1-2)。

投入防控后，可挽回的经济损失是 1334361.04 万～16515666.00 万元(表 4-1-4)。对投入防控后可挽回经济损失影响最大的变量是柑橘受番石榴果实蝇为害后产量损失率和柑橘市场价格水平(图 4-1-3)。

表 4-1-2　不防控场景下番石榴果实蝇对我国柑橘产业的潜在经济损失　　万元

标记	输出项	公式	最小值	平均值	最大值
F_{11}	产量下降引起的潜在经济损失	$F_{11}=\frac{Q_1\times I\times R\times P_c}{(1-IR)}$	1385349.93	18839798.70	111640085.28
F_{12}	质量下降引起的潜在经济损失	$F_{12}=\frac{Q_1\times I\times(1-R)(P_c-P_2)}{(1-IR)}$	68.40	5960605.35	27044090.60
F_1	潜在经济损失总量	$F_1=F_{11}+F_{12}$	2437415.94	26070941.44	117221661.77

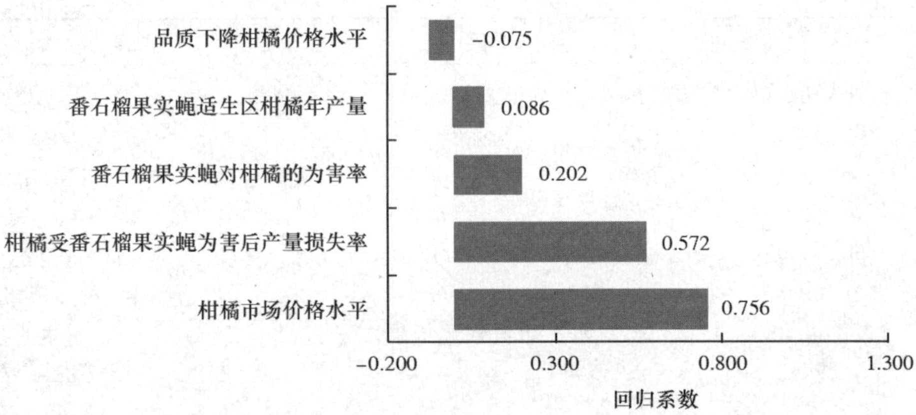

图 4-1-1 不防控场景下番石榴果实蝇对我国柑橘产业潜在经济损失的变量灵敏性

表 4-1-3 防控场景下番石榴果实蝇对我国柑橘产业的潜在经济损失 万元

标记	输出项	公式	最小值	平均值	最大值
F_{21}	防控费用支出量	$F_{21}=S\times I\times C$	160716.63	194319.63	228386.74
F_{22}	投入防控后潜在经济损失	$F_{22}=\frac{Q_1\times I\times E\times P_c}{(1-IE)}+\frac{Q_1\times I\times(1-E)(P_c-P_2)}{(1-IE)}$	421994.57	9360947.40	31517382.47
F_2	潜在经济损失总量	$F_2=F_{21}+F_{22}$	592758.60	9555275.44	31725337.57

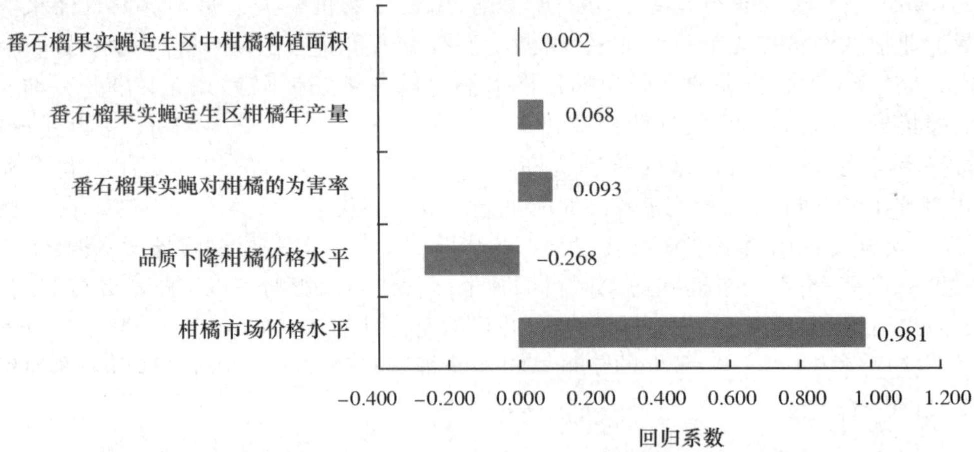

图 4-1-2 防控场景下番石榴果实蝇对我国柑橘产业的潜在经济损失的变量灵敏性

表 4-1-4 投入防控后可挽回番石榴果实蝇对我国柑橘产业的潜在经济损失 万元

场景	标记	输出项	公式	最小值	平均值	最大值
可挽回潜在经济损失	F_3	可挽回潜在经济损失总量	$F_3=F_1-F_2$	1334361.04	94320771.68	16515666.00

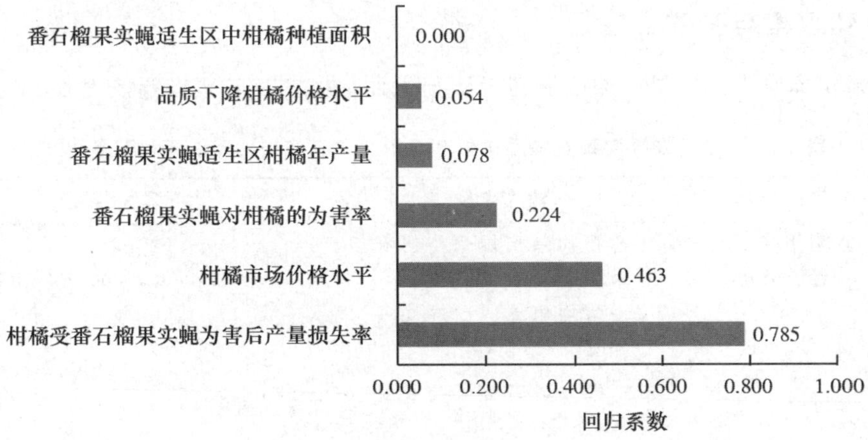

图 4-1-3　投入防控后可挽回番石榴果实蝇对我国柑橘产业潜在经济损失的变量灵敏性

三、番石榴果实蝇对我国杧果产业的潜在经济损失评估

(一)主要数据与来源

1.不防控场景下番石榴果实蝇对我国杧果产业的经济损失模型数据与来源

(1)番石榴果实蝇适生区杧果年产量(Q_1)　据中华人民共和国农业农村部种植业管理司数据库2012—2016年杧果产量数据，番石榴果实蝇适生区年产量最小值为881740.00吨，平均值为1089000.00吨，最大值为1393460.00吨。

(2)番石榴果实蝇对杧果的为害率(I)　根据刘晓飞等对番石榴果实蝇相关研究得知番石榴果实蝇对果实的为害率在60.00%～80.00%，平均值为70.00%(刘晓飞等，2005)。

(3)杧果受番石榴果实蝇为害后产量损失率(R)　番石榴果实蝇为害果实后，水果产量损失率＞20.00%，严重时达60.00%～100.00%，平均值为80.00%(黄振等，2014)。

(4)杧果市场价格水平(P_c)　根据全国农产品商务信息公共服务平台，收集2017年番石榴果实蝇适生区各省份所有市场的杧果月平均价格。经分析，得出杧果市场价格最小值为2.13元/千克，平均值为11.00元/千克，最大值为23.39元/千克。

(5)品质下降杧果价格水平(P_2)　我们采取杧果市场价格的一半作为品质下降杧果市场价格水平数据集，得出品质下降杧果市场价格最小值为2.13元/千克，平均值为8.99元/千克，最大值为11.00元/千克。

2.防控场景下番石榴果实蝇对我国杧果产业的经济损失模型数据与来源

(1)番石榴果实蝇适生区中杧果种植面积(S)　同番石榴果实蝇适生区杧果产量类似，根据中华人民共和国农业农村部种植业管理司数据库，得出2012—2016年番石榴果实蝇适生区杧果种植面积最小值为121260.00公顷，平均值为136220.00公顷，最大值为162780.00公顷。

(2)单位面积杧果疫区防控成本　本研究未能收集到番石榴果实蝇防控成本的准确数据，其防控与橘小实蝇相近，因此采用了橘小实蝇的防控成本数据。以广东省调查结果为例，橘小实蝇的单位面积疫区防控成本为1200.00元/公顷(马兴莉等，2013)。

(二)评估模型与参数设置

番石榴果实蝇对中国杧果产业的潜在经济损失评估模型及参数设置如表 4-1-5 所示。

表 4-1-5　番石榴果实蝇对中国杧果产业的潜在经济损失评估模型及参数

	模型	输入变量	模型参数
不防控场景	产量下降引起的潜在经济损失(F_{11})	番石榴果实蝇适生区杧果产量(Q_1)	Pert (881740.00,1089000.00,1393460.00)吨
		番石榴果实蝇对杧果为害率(I)	Pert(60.00%,70.00%,80.00%)
		杧果受番石榴果实蝇为害后产量损失率(R)	Pert(20.00%,60.00%,100.00%)
		杧果市场价格水平(P_c)	Pert(2.13,11.00,23.39)元
		产量下降引起的潜在经济损失(F_{11})	$F_{11}=\dfrac{Q_1\times I\times R\times P_c}{(1-IR)}$
	质量下降引起的潜在经济损失(F_{12})	疫区单位面积品质下降杧果产量(Q_2)	$Q_2=\dfrac{Q_1\times I\times(1-R)}{(1-IR)}$
		品质下降杧果价格水平(P_2)	Pert(2.13,8.99,11.00)元
		质量下降引起的潜在经济损失(F_{12})	$F_{12}=\dfrac{Q_1\times I\times(1-R)(P_c-P_2)}{(1-IR)}$
		不防控场景下潜在经济损失总量(F_1)	$F_1=F_{11}+F_{12}$
防控场景	防控费用(F_{21})	番石榴果实蝇适生区中杧果种植面积(S)	Pert(121260.00, 136220.00, 162780.00)公顷
		单位杧果疫区防控成本(C)	1200.00 元/公顷
		防控费用支出量(F_{21})	$F_{21}=S\times I\times C$
	投入防控潜在经济损失(F_{22})	单位适生区面积产量(A)	$A=\dfrac{Q_1}{S}$
		防控效果(M)	0.85
		效益校正系数(D)	2.00
		经济损害允许水平(E)	$E=\dfrac{C}{(A\times P_c\times M)}\times D\times 100\%$
		投入防控后潜在经济损失(F_{22})	$F_{22}=\dfrac{Q_1\times I\times E\times P_c}{(1-IE)}+\dfrac{Q_1\times I\times(1-E)(P_c-P_2)}{(1-IE)}$
		防控场景下潜在经济损失总量(F_2)	$F_{22}=\dfrac{Q_1\times I\times E\times P_c}{(1-IE)}+\dfrac{Q_1\times I\times(1-E)(P_c-P_2)}{(1-IE)}$
可挽回潜在经济损失		可挽回潜在经济损失(F_3)	$F_3=F_1-F_2$

(三)潜在经济损失

在不防控场景下，杧果产量下降引起的番石榴果实蝇潜在经济损失在53395.57万～6504483.91万元，杧果质量下降引起的番石榴果实蝇潜在经济损失在4.31万～1368298.40万元，番石榴果实蝇对杧果的潜在经济损失总量在123858.08万～6658491.12万元(表4-1-6)。在不防控场景下，杧果市场价格水平是影响番石榴果实蝇对我国杧果产业潜在经济损失的最大变量，杧果受番石榴果实蝇为害后产量损失率、番石榴果实蝇适生区杧果年产量次之，品质下降杧果价格水平的影响可忽略不计(图4-1-4)。

在防控场景下，番石榴果实蝇防控费用支出量在8958.50万～14908.42万元，投入防控后番石榴果实蝇对杧果的潜在经济损失在23669.08万～1601315.83万元，番石榴果实蝇对杧果的潜在经济损失总量在123858.08万～6658491.12万元(表4-1-7)。在防控场景下，番石榴果实蝇对我国杧果产业潜在经济损失影响最大的变量是杧果市场价格，其次是品质下降杧果价格水平，番石榴果实蝇适生区杧果种植面积对结果影响可以忽略不计(图4-1-5)。

投入防控后，可挽回的经济损失在74578.91万～5741542.94万元(表4-1-8)。对投入防控后可挽回经济损失影响最大的变量是杧果受番石榴果实蝇为害后产量损失率和杧果市场价格水平(图4-1-6)。

表4-1-6　不防控场景下番石榴果实蝇对我国杧果产业的潜在经济损失　　万元

标记	输出项	公式	最小值	平均值	最大值
F_{11}	产量下降引起的潜在经济损失	$F_{11}=\dfrac{Q_1\times I\times R\times P_c}{(1-IR)}$	53395.57	1013261.20	6504483.91
F_{12}	质量下降引起的潜在经济损失	$F_{12}=\dfrac{Q_1\times I\times(1-R)(P_c-P_2)}{(1-IR)}$	4.31	262000.28	1368298.40
F_1	潜在经济损失总量	$F_1=F_{11}+F_{12}$	123858.08	1404549.11	6658491.12

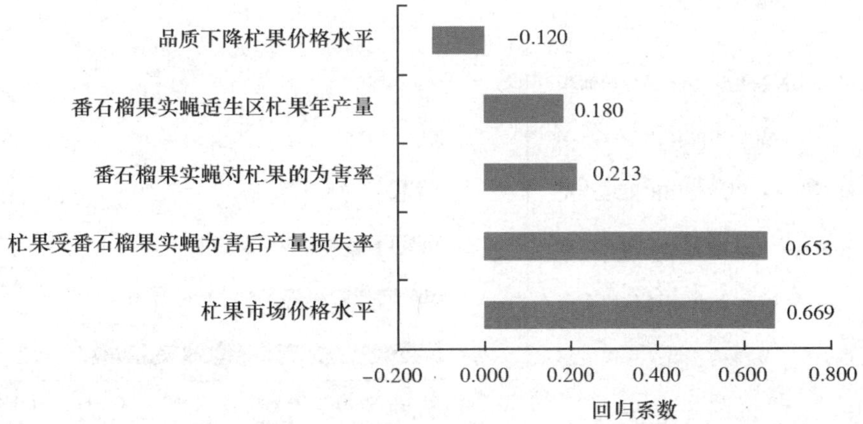

图4-1-4　不防控场景下番石榴果实蝇对我国杧果产业潜在经济损失的变量灵敏性

表 4-1-7 防控场景下番石榴果实蝇对我国杧果产业的潜在经济损失 万元

标记	输出项	公式	最小值	平均值	最大值
F_{21}	防控费用支出量	$F_{21}=S\times I\times C$	8958.50	11605.04	14908.42
F_{22}	投入防控后潜在经济损失	$F_{22}=\dfrac{Q_1\times I\times E\times P_c}{(1-IE)}+\dfrac{Q_1\times I\times(1-E)(P_c-P_2)}{(1-IE)}$	23669.08	418793.99	1601315.83
F_2	潜在经济损失总量	$F_2=F_{21}+F_{22}$	33401.98	430400.37	1613453.30

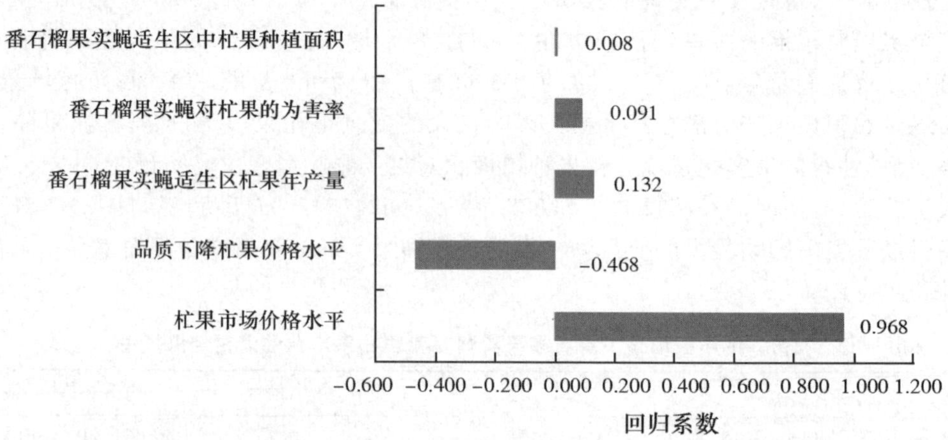

图 4-1-5 防控场景下番石榴果实蝇对我国杧果产业的潜在经济损失的变量灵敏性

表 4-1-8 投入防控后可挽回番石榴果实蝇对我国杧果产业的潜在经济损失 万元

场景	标记	输出项	公式	最小值	平均值	最大值
可挽回潜在经济损失	F_3	可挽回潜在经济损失总量	$F_3=F_1-F_2$	74578.91	974148.74	5741542.94

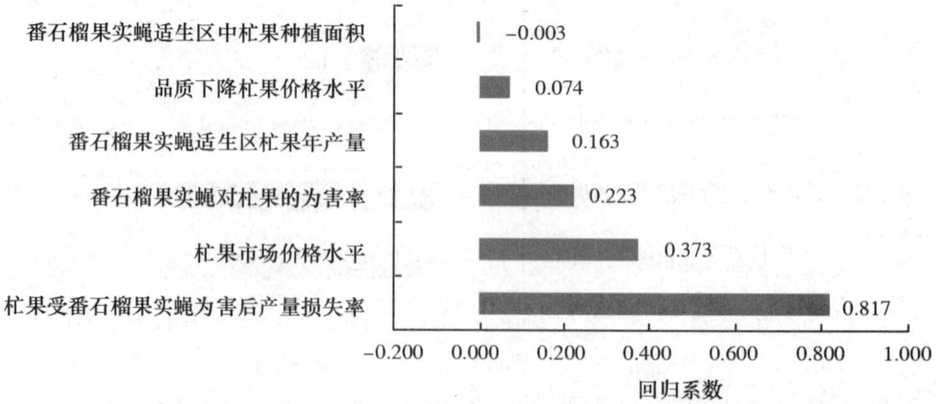

图 4-1-6 投入防控后可挽回番石榴果实蝇对我国杧果产业潜在经济损失的变量灵敏性

四、番石榴果实蝇对我国香蕉产业的潜在经济损失评估

(一)主要数据与来源

1. 不防控场景下番石榴果实蝇对我国香蕉产业的经济损失模型数据与来源

(1)番石榴果实蝇适生区香蕉年产量(Q_1) 据中华人民共和国农业农村部种植业管理司数据库,2012—2016 年香蕉产量数据,番石榴果实蝇适生区年产量最小值为 11432830.00 吨,平均值为 12038030.00 吨,最大值为 12842810.00 吨。

(2)番石榴果实蝇对香蕉的为害率(I) 根据刘晓飞等对番石榴果实蝇相关研究得知番石榴果实蝇对果实的为害率在 60.00%~80.00%,平均值为 70.00%(刘晓飞等,2005)。

(3)香蕉受番石榴果实蝇为害后产量损失率(R) 番石榴果实蝇为害果实后,水果产量损失率>20.00%,严重时达 60.00%~100.00%,平均值为 80.00%(黄振等,2014)。

(4)香蕉市场价格水平(P_c) 根据全国农产品商务信息公共服务平台,收集 2017 年番石榴果实蝇适生区各省份所有市场的香蕉月平均价格,共计 600 个价格数据。经分析,得出香蕉市场价格最小值为 2.53 元/千克,平均值为 4.27 元/千克,最大值为 6.96 元/千克。

(5)品质下降香蕉价格水平(P_2) 我们采取香蕉市场价格的一半作为品质下降香蕉市场价格水平数据集,得出品质下降香蕉市场价格最小值为 2.53 元/千克,平均值为 3.52 元/千克,最大值为 4.17 元/千克。

2. 防控场景下番石榴果实蝇对我国香蕉产业的经济损失模型数据与来源

(1)番石榴果实蝇适生区中香蕉种植面积(S) 同番石榴果实蝇适生区香蕉产量类似,根据中华人民共和国农业农村部种植业管理司数据库,得出 2012—2016 年番石榴果实蝇适生区香蕉种植面积最小值为 386820.00 公顷,平均值为 394480.00 公顷,最大值 403390.00 公顷。

(2)单位面积香蕉疫区防控成本 以广东省调查结果为例,橘小实蝇的单位面积疫区防控成本为 1200.00 元/公顷(马兴莉等,2013)(由于番石榴果实蝇防控成本并未查到准确数据,故以同属的橘小实蝇防控成本代替)。

(二)评估模型与参数设置

番石榴果实蝇对中国香蕉产业的潜在经济损失评估模型及参数设置如表 4-1-9 所示。

表 4-1-9 番石榴果实蝇对中国香蕉产业的潜在经济损失评估模型及参数

模型		输入变量	模型参数
不防控场景	产量下降引起的潜在经济损失(F_{11})	番石榴果实蝇适生区香蕉产量(Q_1)	Pert(11432830.00,12038030.00,12842810.00)吨
		番石榴果实蝇对香蕉为害率(I)	Pert(60.00%,70.00%,80.00%)
		香蕉受番石榴果实蝇为害后产量损失率(R)	Pert(20.00%,60.00%,100.00%)
		香蕉市场价格水平(P_c)	Pert(2.53,4.27,6.96)元
		产量下降引起的潜在经济损失(F_{11})	$F_{11}=\dfrac{Q_1\times I\times R\times P_c}{(1-IR)}$

续表 4-1-9

	模型	输入变量	模型参数
	质量下降引起的潜在经济损失(F_{12})	疫区单位面积品质下降香蕉产量(Q_2)	$Q_2 = \dfrac{Q_1 \times I \times (1-R)}{(1-IR)}$
		品质下降香蕉价格水平(P_2)	Pert(2.53,3.52,4.17)元
		质量下降引起的潜在经济损失(F_{12})	$F_{12} = \dfrac{Q_1 \times I \times (1-R)(P_c - P_2)}{(1-IR)}$
		不防控场景下潜在经济损失总量(F_1)	$F_1 = F_{11} + F_{12}$
防控场景	防控费用(F_{21})	番石榴果实蝇适生区中香蕉种植面积(S)	Pert (386820.00,394480.00,403390.00)公顷
		单位香蕉疫区防控成本(C)	1200.00 元/公顷
		防控费用支出量(F_{21})	$F_{21} = S \times I \times C$
	投入防控潜在经济损失(F_{22})	单位适生区面积产量(A)	$A = \dfrac{Q_1}{S}$
		防控效果(M)	0.85
		效益校正系数(D)	2.00
		经济损害允许水平(E)	$E = \dfrac{C}{(A \times P_c \times M)} \times D \times 100\%$
		投入防控后潜在经济损失(F_{22})	$F_{22} = \dfrac{Q_1 \times I \times E \times P_c}{(1-IE)} + \dfrac{Q_1 \times I \times (1-E)(P_c - P_2)}{(1-IE)}$
		防控场景下潜在经济损失总量(F_2)	$F_{22} = \dfrac{Q_1 \times I \times E \times P_c}{(1-IE)} + \dfrac{Q_1 \times I \times (1-E)(P_c - P_2)}{(1-IE)}$
可挽回潜在经济损失		可挽回潜在经济损失(F_3)	$F_3 = F_1 - F_2$

(三)潜在经济损失

在不防控场景下，香蕉产量下降引起的番石榴果实蝇潜在经济损失在 628146.85 万～19332335.93 万元，香蕉质量下降引起的番石榴果实蝇潜在经济损失在 3.94 万～2973320.17 万元，番石榴果实蝇对香蕉的潜在经济损失总量在 860049.54 万～19951042.15 万元(表 4-1-10)。在不防控场景下，香蕉市场价格水平是影响番石榴果实蝇对我国香蕉产业潜在经济损失的最大变量，香蕉受番石榴果实蝇为害后产量损失率、番石榴果实蝇适生区香蕉年产量次之，品质下降香蕉价格水平的影响可忽略不计(图 4-1-7)。

在防控场景下，番石榴果实蝇防控费用支出量在 28266.19 万～38222.28 万元，投入防控后番石榴果实蝇对香蕉的潜在经济损失在 70277834.70 万～4142949.35 万元，番石榴果实蝇对香蕉的潜在经济损失总量在 99658.04 万～4179419.60 万元(表 4-1-11)。在防控场景下，番石榴果实蝇对我国香蕉产业潜在经济损失影响最大的变量是香蕉市场价格，其次是品质下降香蕉价格水平，番石榴果实蝇适生区香蕉种植面积对结果影响可以忽略不计(图 4-1-8)。

投入防控后，可挽回的经济损失在 570508.07 万～17588169.99 万元(表 4-1-12)。对投入防控后可挽回经济损失影响最大的变量是香蕉受番石榴果实蝇为害后产量损失率和香蕉市场价格水平(图 4-1-9)。

表 4-1-10　不防控场景下番石榴果实蝇对我国香蕉产业的潜在经济损失　　万元

标记	输出项	公式	最小值	平均值	最大值
F_{11}	产量下降引起的潜在经济损失	$F_{11}=\dfrac{Q_1\times I\times R\times P_c}{(1-IR)}$	628146.85	4225994.05	19332335.93
F_{12}	质量下降引起的潜在经济损失	$F_{12}=\dfrac{Q_1\times I\times(1-R)(P_c-P_2)}{(1-IR)}$	3.94	670917.55	2973320.17
F_1	潜在经济损失总量	$F_1=F_{11}+F_{12}$	860049.54	5080420.84	19951042.15

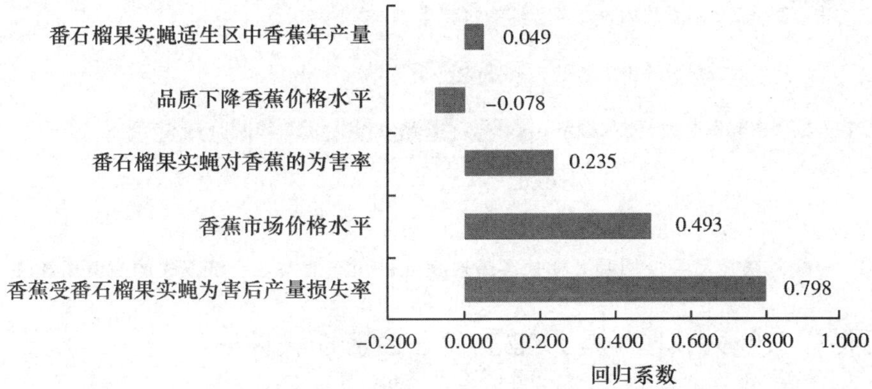

图 4-1-7　不防控场景下番石榴果实蝇对我国香蕉产业潜在经济损失的变量灵敏性

表 4-1-11　防控场景下番石榴果实蝇对我国香蕉产业的潜在经济损失　　万元

标记	输出项	公式	最小值	平均值	最大值
F_{21}	防控费用支出量	$F_{21}=S\times I\times C$	28266.19	33154.33	38222.28
F_{22}	投入防控后潜在经济损失	$F_{22}=\dfrac{Q_1\times I\times E\times P_c}{(1-IE)}+\dfrac{Q_1\times I\times(1-E)(P_c-P_2)}{(1-IE)}$	70277834.70	1081366.37	4142949.35
F_2	潜在经济损失总量	$F_2=F_{21}+F_{22}$	99658.04	1114520.60	4179419.60

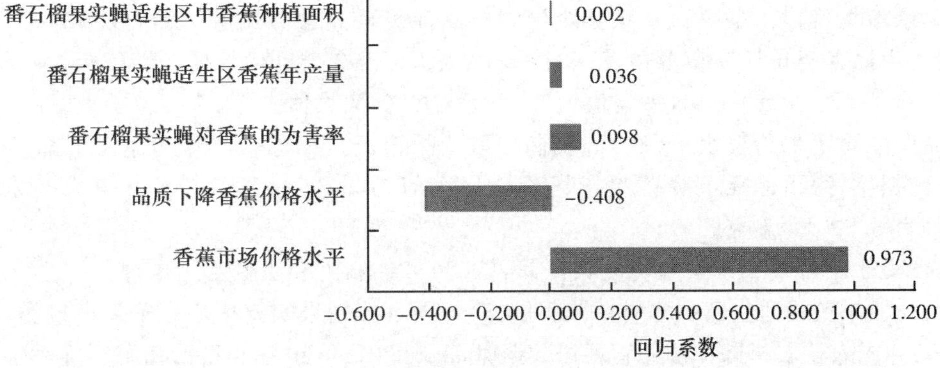

图 4-1-8　防控场景下番石榴果实蝇对我国香蕉产业的潜在经济损失的变量灵敏性

表 4-1-12　投入防控后可挽回番石榴果实蝇对我国香蕉产业的潜在经济损失　　万元

场景	标记	输出项	公式	最小值	平均值	最大值
可挽回潜在经济损失	F_3	可挽回潜在经济损失总量	$F_3=F_1-F_2$	570508.07	3965900.24	17588169.99

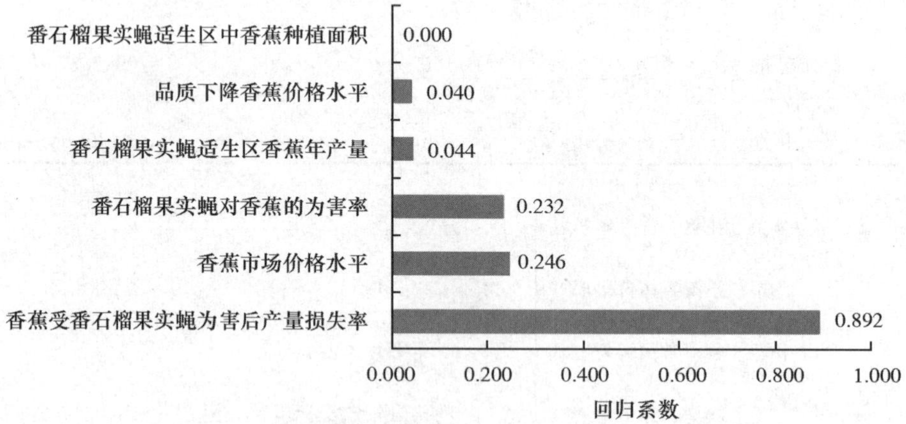

图 4-1-9　投入防控后可挽回番石榴果实蝇对我国香蕉产业潜在经济损失的变量灵敏性

五、番石榴果实蝇对我国苹果产业的潜在经济损失评估

(一)主要数据与来源

1.不防控场景下番石榴果实蝇对我国苹果产业的经济损失模型数据与来源

(1)番石榴果实蝇适生区苹果年产量(Q_1)　据中华人民共和国农业农村部种植业管理司数据库2012—2016年苹果产量数据,番石榴果实蝇适生区年产量最小值为10639490.00吨,平均值为11116640.00吨,最大值为11617590.00吨。

(2)番石榴果实蝇对苹果的为害率(I)　根据刘晓飞等对番石榴果实蝇相关研究得知番石榴果实蝇对果实的为害率在60.00%~80.00%,平均值为70.00%(刘晓飞等,2005)。

(3)苹果受番石榴果实蝇为害后产量损失率(R)　番石榴果实蝇为害果实后,水果产量损失率>20.00%,严重时达60.00%~100.00%,平均值为80.00%(黄振等,2014)。

(4)苹果市场价格水平(P_c)　根据全国农产品商务信息公共服务平台,收集2017年番石榴果实蝇适生区各省份所有市场的苹果月平均价格,共592个价格数据。经分析,得出苹果市场价格最小值为2.82元/千克,平均值为6.69元/千克,最大值为11.76元/千克。

(5)品质下降苹果价格水平(P_2)　我们采取苹果市场价格的一半作为品质下降苹果市场价格水平数据集,得出品质下降苹果市场价格最小值为2.82元/千克,平均值为5.20元/千克,最大值为6.53元/千克。

2.防控场景下番石榴果实蝇对我国苹果产业的经济损失模型数据与来源

(1)番石榴果实蝇适生区中苹果种植面积(S)　同番石榴果实蝇适生区苹果产量类似,根据中华人民共和国农业农村部种植业管理司数据库,得出2012—2016年番石榴果实蝇适生区苹果种植面积最小值为608730.00公顷,平均值为661220.00公顷,最大值为771620.00公顷。

(2)单位面积苹果疫区防控成本　以广东省调查结果为例，橘小实蝇的单位面积疫区防控成本为 1200.00 元/公顷(马兴莉等，2013)(由于番石榴果实蝇防控成本并未查到准确数据，故以同属的橘小实蝇防控成本代替)。

(二)评估模型与参数设置

番石榴果实蝇对中国苹果产业的潜在经济损失评估模型及参数设置如表 4-1-13 所示。

表 4-1-13　番石榴果实蝇对中国苹果产业的潜在经济损失评估模型及参数

	模型	输入变量	模型参数
不防控场景	产量下降引起的潜在经济损失(F_{11})	番石榴果实蝇适生区苹果产量(Q_1)	Pert (10639490.00,11116640.00,11617590.00)吨
		番石榴果实蝇对苹果为害率(I)	Pert(60.00%,70.00%,80.00%)
		苹果受番石榴果实蝇为害后产量损失率(R)	Pert(20.00%,60.00%,100.00%)
		苹果市场价格水平(P_c)	Pert(2.82,6.69,11.76)元
		产量下降引起的潜在经济损失(F_{11})	$F_{11}=\frac{Q_1\times I\times R\times P_c}{(1-IR)}$
	质量下降引起的潜在经济损失(F_{12})	疫区单位面积品质下降苹果产量(Q_2)	$Q_2=\frac{Q_1\times I\times(1-R)}{(1-IR)}$
		品质下降苹果价格水平(P_2)	Pert(2.82,5.20,6.53)元
		质量下降引起的潜在经济损失(F_{12})	$F_{12}=\frac{Q_1\times I\times(1-R)(P_c-P_2)}{(1-IR)}$
		不防控场景下潜在经济损失总量(F_1)	$F_1=F_{11}+F_{12}$
防控场景	防控费用 F_{21}	番石榴果实蝇适生区中苹果种植面积(S)	Pert(608730.00，661220.00，771620.00)公顷
		单位苹果疫区防控成本(C)	1200.00 元/公顷
		防控费用支出量(F_{21})	$F_{21}=S\times I\times C$
	投入防控潜在经济损失(F_{22})	单位适生区面积产量(A)	$A=\frac{Q_1}{S}$
		防控效果(M)	0.85
		效益校正系数(D)	2.00
		经济损害允许水平(E)	$E=\frac{C}{(A\times P_c\times M)}\times D\times 100\%$
		投入防控后潜在经济损失(F_{22})	$F_{22}=\frac{Q_1\times I\times E\times P_c}{(1-IE)}+\frac{Q_1\times I\times(1-E)(P_c-P_2)}{(1-IE)}$
		防控场景下潜在经济损失总量(F_2)	$F_{22}=\frac{Q_1\times I\times E\times P_c}{(1-IE)}+\frac{Q_1\times I\times(1-E)(P_c-P_2)}{(1-IE)}$
可挽回潜在经济损失		可挽回潜在经济损失(F_3)	$F_3=F_1-F_2$

(三)潜在经济损失

在不防控场景下,苹果产量下降引起的番石榴果实蝇潜在经济损失在677594.35万~31157375.97万元,苹果质量下降引起的番石榴果实蝇潜在经济损失在35.51万~5396996.93万元,番石榴果实蝇对苹果的潜在经济损失总量在1122517.94万~32032735.52万元(表4-1-14)。在不防控场景下,苹果市场价格水平是影响番石榴果实蝇对我国苹果产业潜在经济损失的最大变量,苹果受番石榴果实蝇为害后产量损失率、番石榴果实蝇适生区苹果年产量次之,品质下降苹果价格水平的影响可忽略不计(图4-1-10)。

在防控场景下,番石榴果实蝇防控费用支出量在44969.18万~71413.35万元,投入防控后番石榴果实蝇对苹果的潜在经济损失在118154.13万~6627764.34万元,番石榴果实蝇对苹果的潜在经济损失总量在166992.14万~6683394.31万元(表4-1-15)。在防控场景下,番石榴果实蝇对我国苹果产业潜在经济损失影响最大的变量是苹果市场价格,其次是品质下降苹果价格水平,番石榴果实蝇适生区苹果种植面积对结果影响可以忽略不计(图4-1-11)。

投入防控后,可挽回的经济损失在762087.90万~26971173.49万元(表4-1-16)。对投入防控后可挽回经济损失影响最大的变量是苹果受番石榴果实蝇为害后产量损失率和苹果市场价格水平(图4-1-12)。

表4-1-14 不防控场景下番石榴果实蝇对我国苹果产业的潜在经济损失 万元

标记	输出项	公式	最小值	平均值	最大值
F_{11}	产量下降引起的潜在经济损失	$F_{11}=\frac{Q_1\times I\times R\times P_c}{(1-IR)}$	677594.35	6059459.67	31157375.97
F_{12}	质量下降引起的潜在经济损失	$F_{12}=\frac{Q_1\times I\times(1-R)(P_c-P_2)}{(1-IR)}$	35.51	1240851.21	5396996.93
F_1	潜在经济损失总量	$F_1=F_{11}+F_{12}$	1122517.94	7689534.70	32032735.52

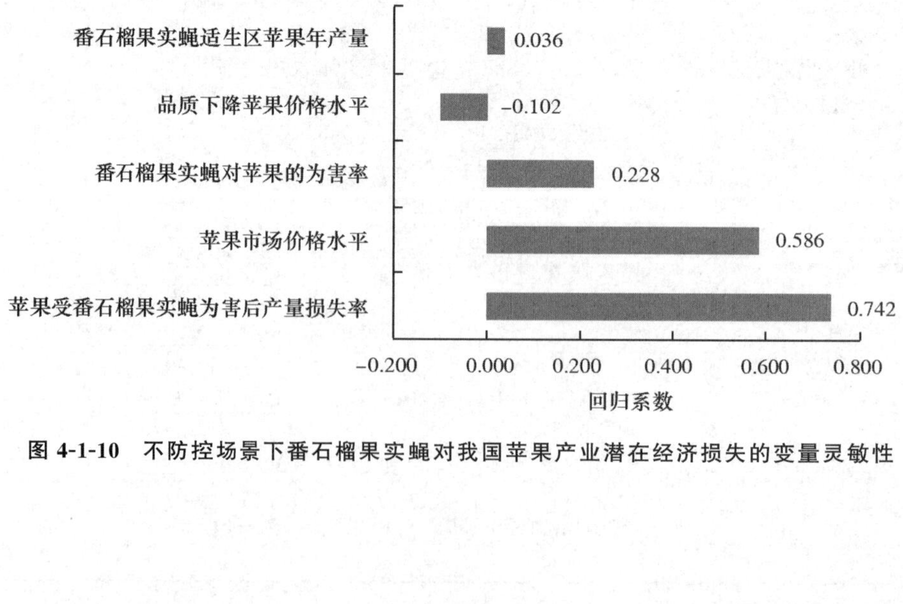

图4-1-10 不防控场景下番石榴果实蝇对我国苹果产业潜在经济损失的变量灵敏性

表 4-1-15　防控场景下番石榴果实蝇对我国苹果产业的潜在经济损失　　万元

标记	输出项	公式	最小值	平均值	最大值
F_{21}	防控费用支出量	$F_{21}=S\times I\times C$	44969.18	56353.36	71413.35
F_{22}	投入防控后潜在经济损失	$F_{22}=\frac{Q_1\times I\times E\times P_c}{(1-IE)}+\frac{Q_1\times I\times(1-E)(P_c-P_2)}{(1-IE)}$	118154.13	1985905.98	6627764.34
F_2	潜在经济损失总量	$F_2=F_{21}+F_{22}$	166992.14	2042263.36	6683394.31

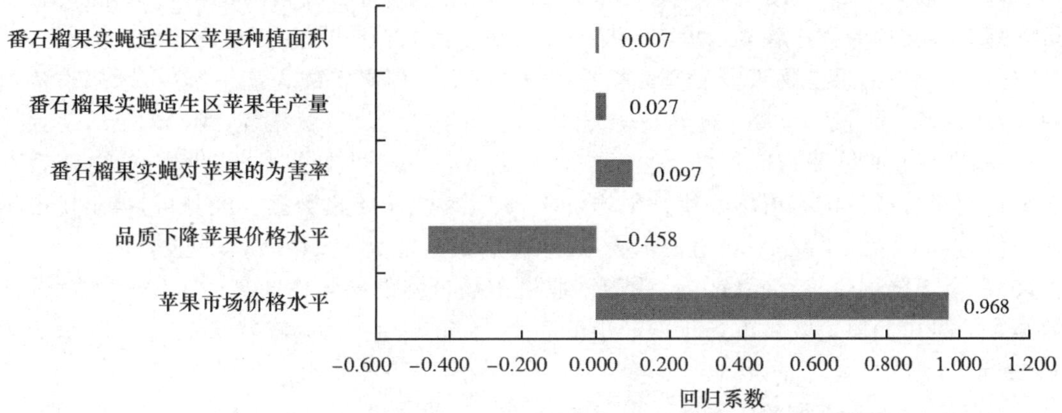

图 4-1-11　防控场景下番石榴果实蝇对我国苹果产业的潜在经济损失的变量灵敏性

表 4-1-16　投入防控后可挽回番石榴果实蝇对我国苹果产业的潜在经济损失　　万元

场景	标记	输出项	公式	最小值	平均值	最大值
可挽回潜在经济损失	F_3	可挽回潜在经济损失总量	$F_3=F_1-F_2$	762087.90	5647271.34	26971173.49

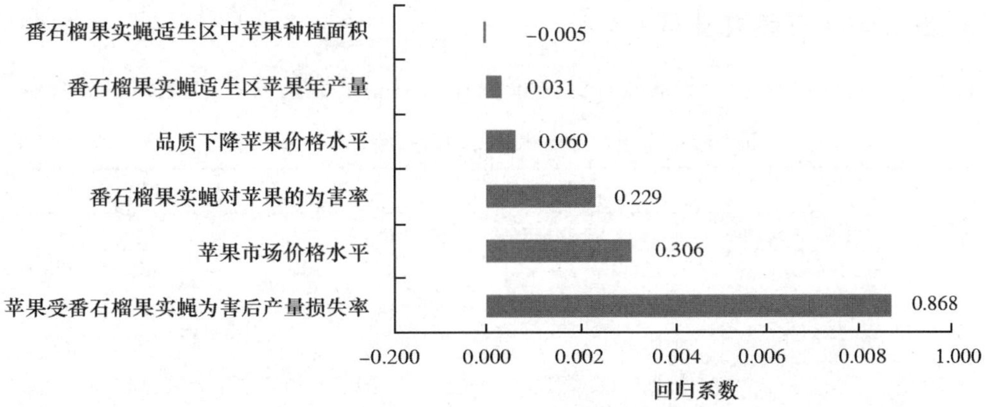

图 4-1-12　投入防控后可挽回番石榴果实蝇对我国苹果产业潜在经济损失的变量灵敏性

六、番石榴果实蝇对我国桃产业的潜在经济损失评估

(一)主要数据与来源

1. 不防控场景下番石榴果实蝇对我国桃产业的经济损失模型数据与来源

(1)番石榴果实蝇适生区桃年产量(Q_1)　据中华人民共和国农业农村部种植业管理司2012—2016年桃产量数据,番石榴果实蝇适生区年产量最小值为5187420.00吨,平均值为5796220.00吨,最大值为6463660.00吨。

(2)番石榴果实蝇对桃的为害率(I)　根据刘晓飞等对番石榴果实蝇相关研究得知,番石榴果实蝇对果实的为害率在60.00%～80.00%,平均值为70.00%(刘晓飞等,2005)。

(3)桃受番石榴果实蝇为害后产量损失率(R)　番石榴果实蝇为害果实后,水果产量损失率>20.00%,严重时达60.00%～100.00%,平均值为80.00%(黄振等,2014)。

(4)桃市场价格水平(P_c)　根据全国农产品商务信息公共服务平台,收集2017年番石榴果实蝇适生区各省份所有市场的桃月平均价格,共计241个价格数据。经分析,得出桃市场价格最小值为2.64元/千克,平均值为7.63元/千克,最大值为14.49元/千克。

(5)品质下降桃价格水平(P_2)　我们采取桃市场价格的一半作为品质下降桃市场价格水平数据集。得出品质下降桃市场价格最小值为2.64元/千克,平均值为4.64元/千克,最大值为6.29元/千克。

2. 防控场景下番石榴果实蝇对我国桃产业的经济损失模型数据与来源

(1)番石榴果实蝇适生区中桃种植面积(S)　同番石榴果实蝇适生区桃产量类似,根据中华人民共和国农业农村部种植业管理司数据库,得出2012—2016年番石榴果实蝇适生区桃种植面积最小值为428230.00公顷,平均值为462900.00公顷,最大值为498980.00公顷。

(2)单位面积桃疫区防控成本　本研究未能收集到番石榴果实蝇防控成本的准确数据,其防控与橘小实蝇相近,因此采用了橘小实蝇的防控成本数据。以广东省调查结果为例,橘小实蝇的单位面积疫区防控成本为1200.00元/公顷(马兴莉等,2013)。

(二)评估模型与参数设置

番石榴果实蝇对中国桃产业的潜在经济损失评估模型及参数设置如表4-1-17所示。

表4-1-17　番石榴果实蝇对中国桃产业的潜在经济损失评估模型及参数

模型		输入变量	模型参数
不防控场景	产量下降引起的潜在经济损失(F_{11})	番石榴果实蝇适生区桃产量(Q_1)	Pert(5187420.00,5796220.00,6463660.00)吨
		番石榴果实蝇对桃为害率(I)	Pert(60.00%,70.00%,80.00%)
		桃受番石榴果实蝇为害后产量损失率(R)	Pert(20.00%,60.00%,100.00%)
		桃市场价格水平(P_c)	Pert(2.64,7.63,14.49)元
		产量下降引起的潜在经济损失(F_{11})	$F_{11}=\dfrac{Q_1\times I\times R\times P_c}{(1-IR)}$

续表 4-1-17

	模型	输入变量	模型参数
	质量下降引起的潜在经济损失(F_{12})	疫区单位面积品质下降桃产量(Q_2)	$Q_2=\dfrac{Q_1\times I\times(1-R)}{(1-IR)}$
		品质下降桃价格水平(P_2)	Pert(2.64,4.64,6.29)元
		质量下降引起的潜在经济损失(F_{12})	$F_{12}=\dfrac{Q_1\times I\times(1-R)(P_c-P_2)}{(1-IR)}$
		不防控场景下潜在经济损失总量(F_1)	$F_1=F_{11}+F_{12}$
防控场景	防控费用(F_{21})	番石榴果实蝇适生区中桃种植面积(S)	Pert(428230.00，462900.00，498980.00)公顷
		单位桃疫区防控成本(C)	1200.00 元/公顷
		防控费用支出量(F_{21})	$F_{21}=S\times I\times C$
	投入防控潜在经济损失(F_{22})	单位适生区面积产量(A)	$A=\dfrac{Q_1}{S}$
		防控效果(M)	0.85
		效益校正系数(D)	2.00
		经济损害允许水平(E)	$E=\dfrac{C}{(A\times P_c\times M)}\times D\times 100\%$
		投入防控后潜在经济损失(F_{22})	$F_{22}=\dfrac{Q_1\times I\times E\times P_c}{(1-IE)}+\dfrac{Q_1\times I\times(1-E)(P_c-P_2)}{(1-IE)}$
		防控场景下潜在经济损失总量(F_2)	$F_{22}=\dfrac{Q_1\times I\times E\times P_c}{(1-IE)}+\dfrac{Q_1\times I\times(1-E)(P_c-P_2)}{(1-IE)}$
可挽回潜在经济损失		可挽回潜在经济损失(F_3)	$F_3=F_1-F_2$

(三)潜在经济损失

在不防控场景下，桃产量下降引起的番石榴果实蝇潜在经济损失在 327491.61 万～19277286.38 万元，桃质量下降引起的番石榴果实蝇潜在经济损失在 2.77 万～4092921.57 万元，番石榴果实蝇对桃的潜在经济损失总量在 464166.45 万～20432208.75 万元(表 4-1-18)。在不防控场景下，桃市场价格水平是影响番石榴果实蝇对我国桃产业潜在经济损失的最大变量，桃受番石榴果实蝇为害后产量损失率、番石榴果实蝇适生区桃年产量次之，品质下降桃价格水平的影响可忽略不计(图 4-1-13)。

在防控场景下，番石榴果实蝇防控费用支出量在 31846.26 万～46984.28 万元，投入防控后番石榴果实蝇对桃的潜在经济损失在 81553.82 万～4661223.46 万元，番石榴果实蝇对桃的潜在经济损失总量在 115044.08 万～4702873.38 万元(表 4-1-19)。在防控场景下，番石榴果实蝇对我国桃产业潜在经济损失影响最大的变量是桃市场价格，其次是品质下降桃价格水平，番石榴果实蝇适生区桃种植面积对结果影响可以忽略不计(图 4-1-14)。

投入防控后，可挽回的经济损失在 318302.48 万～16594858.08 万元(表 4-1-20)。对投入防控后可挽回经济损失影响最大的变量是桃受番石榴果实蝇为害后产量损失率和桃市场价格水平（图 4-1-15）。

表 4-1-18　不防控场景下番石榴果实蝇对我国桃产业的潜在经济损失　　万元

标记	输出项	公式	最小值	平均值	最大值
F_{11}	产量下降引起的潜在经济损失	$F_{11}=\dfrac{Q_1\times I\times R\times P_c}{(1-IR)}$	327491.61	3646347.92	19277286.38
F_{12}	质量下降引起的潜在经济损失	$F_{12}=\dfrac{Q_1\times I\times(1-R)(P_c-P_2)}{(1-IR)}$	2.77	995440.90	4092921.57
F_1	潜在经济损失总量	$F_1=F_{11}+F_{12}$	464166.45	4771908.88	20432208.75

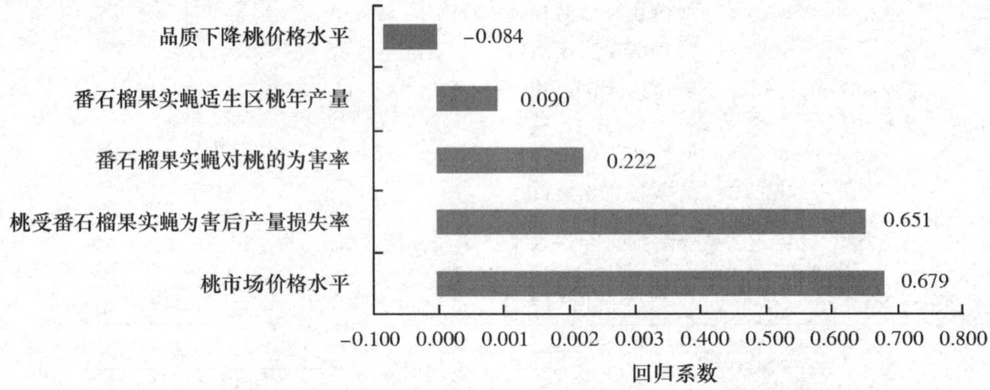

图 4-1-13　不防控场景下番石榴果实蝇对我国桃产业潜在经济损失的变量灵敏性

表 4-1-19　防控场景下番石榴果实蝇对我国桃产业的潜在经济损失　　万元

标记	输出项	公式	最小值	平均值	最大值
F_{21}	防控费用支出量	$F_{21}=S\times I\times C$	31846.26	38903.49	46984.28
F_{22}	投入防控后潜在经济损失	$F_{22}=\dfrac{Q_1\times I\times E\times P_c}{(1-IE)}+\dfrac{Q_1\times I\times(1-E)(P_c-P_2)}{(1-IE)}$	81553.82	1577628.77	4661223.46
F_2	潜在经济损失总量	$F_2=F_{21}+F_{22}$	115044.08	1616531.78	4702873.38

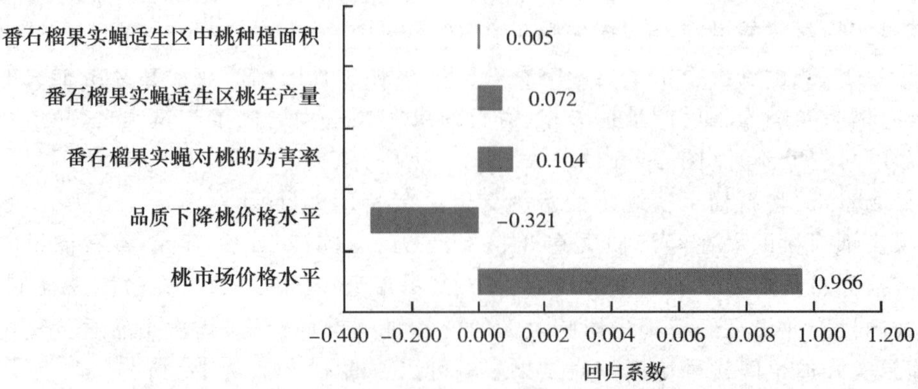

图 4-1-14　防控场景下番石榴果实蝇对我国桃产业的潜在经济损失的变量灵敏性

表 4-1-20　投入防控后可挽回番石榴果实蝇对我国桃产业的潜在经济损失　　万元

场景	标记	输出项	公式	最小值	平均值	最大值
可挽回潜在经济损失	F_3	可挽回潜在经济损失总量	$F_3=F_1-F_2$	318302.48	3155377.10	16594858.08

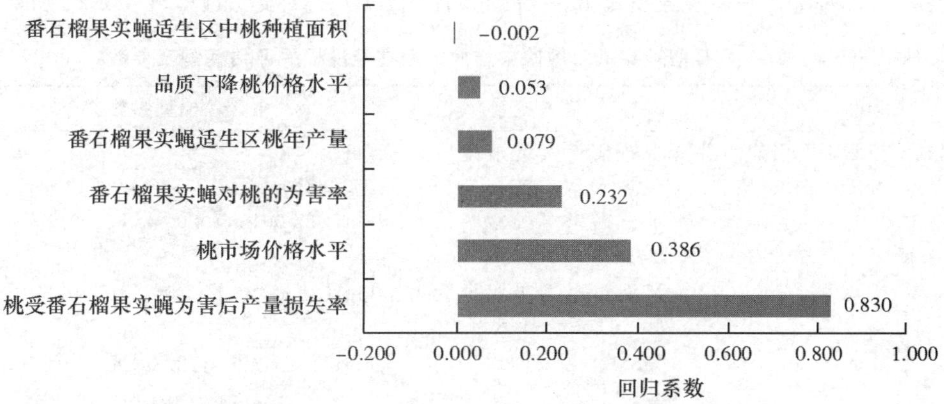

图 4-1-15　投入防控后可挽回番石榴果实蝇对我国桃产业潜在经济损失的变量灵敏性

七、番石榴果实蝇对我国梨产业的潜在经济损失评估

(一)主要数据与来源

1.不防控场景下番石榴果实蝇对我国梨产业的经济损失模型数据与来源

(1)番石榴果实蝇适生区梨年产量(Q_1)　据中华人民共和国农业农村部种植业管理司2012—2016年梨产量数据，番石榴果实蝇适生区年产量最小值为6308820.00吨，平均值为6797460.00吨，最大值为7186260.00吨。

(2)番石榴果实蝇对梨的为害率(I)　根据刘晓飞等对番石榴果实蝇相关研究得知，番石榴果实蝇对果实的为害率在60.00%～80.00%，平均值为70.00%(刘晓飞等，2005)。

(3)梨受番石榴果实蝇为害后产量损失率(R)　番石榴果实蝇为害果实后，水果产量损失率＞20.00%，严重时达60.00%～100.00%，平均值为80.00%(黄振等，2014)。

(4)梨市场价格水平(P_c)　根据全国农产品商务信息公共服务平台，收集2017年番石榴果实蝇适生区各省份所有市场的梨月平均价格，共计448个价格数据。经分析，得出梨市场价格最小值为1.95元/千克，平均值为4.64元/千克，最大值为12.39元/千克。

(5)品质下降梨价格水平(P_2)　我们采取梨市场价格的一半作为品质下降梨市场价格水平数据集，得出品质下降梨市场价格最小值为1.95元/千克，平均值为3.36元/千克，最大值为5.08元/千克。

2.防控场景下番石榴果实蝇对我国梨产业的经济损失模型数据与来源

(1)番石榴果实蝇适生区中梨种植面积(S)　同番石榴果实蝇适生区梨产量类似，根据中华人民共和国农业农村部种植业管理司数据库，得出2012—2016年番石榴果实蝇适生区梨种植面积最小值为498800.00公顷，平均值为508730.00公顷，最大值为514280.00公顷。

(2)单位面积梨疫区防控成本　本研究未能收集到番石榴果实蝇防控成本的准确数据,其防控与橘小实蝇相近,因此采用了橘小实蝇的防控成本数据。以广东省调查结果为例,橘小实蝇的单位面积疫区防控成本为 1200.00 元/公顷(马兴莉等,2013)。

(二)评估模型与参数设置

番石榴果实蝇对中国梨产业的潜在经济损失评估模型及参数设置如表 4-1-21 所示。

表 4-1-21　番石榴果实蝇对中国梨产业的潜在经济损失评估模型及参数

模型		输入变量	模型参数
不防控场景	产量下降引起的潜在经济损失(F_{11})	番石榴果实蝇适生区梨产量(Q_1)	Pert (6308820.00,6797490.00,7186260.00)吨
		番石榴果实蝇对梨为害率(I)	Pert(60.00%,70.00%,80.00%)
		梨受番石榴果实蝇为害后产量损失率(R)	Pert(20.00%,60.00%,100.00%)
		梨市场价格水平(P_c)	Pert(1.95,4.64,12.39)元
		产量下降引起的潜在经济损失(F_{11})	$F_{11}=\dfrac{Q_1\times I\times R\times P_c}{(1-IR)}$
	质量下降引起的潜在经济损失(F_{12})	疫区单位面积品质下降梨产量(Q_2)	$Q_2=\dfrac{Q_1\times I\times(1-R)}{(1-IR)}$
		品质下降梨价格水平(P_2)	Pert(1.95,3.36,5.08)元
		质量下降引起的潜在经济损失(F_{12})	$F_{12}=\dfrac{Q_1\times I\times(1-R)(P_c-P_2)}{(1-IR)}$
		不防控场景下潜在经济损失总量(F_1)	$F_1=F_{11}+F_{12}$
防控场景	防控费用(F_{21})	番石榴果实蝇适生区中梨种植面积(S)	Pert(498800.00,508730.00,514280.00)公顷
		单位梨疫区防控成本(C)	1200.00 元/公顷
		防控费用支出量(F_{21})	$F_{21}=S\times I\times C$
	投入防控潜在经济损失(F_{22})	单位适生区面积产量(A)	$A=\dfrac{Q_1}{S}$
		防控效果(M)	0.85
		效益校正系数(D)	2.00
		经济损害允许水平(E)	$E=\dfrac{C}{(A\times P_c\times M)}\times D\times 100\%$
		投入防控后潜在经济损失(F_{22})	$F_{22}=\dfrac{Q_1\times I\times E\times P_c}{(1-IE)}+\dfrac{Q_1\times I\times(1-E)(P_c-P_2)}{(1-IE)}$
		防控场景下潜在经济损失总量(F_2)	$F_{22}=\dfrac{Q_1\times I\times E\times P_c}{(1-IE)}+\dfrac{Q_1\times I\times(1-E)(P_c-P_2)}{(1-IE)}$
可挽回潜在经济损失		可挽回潜在经济损失(F_3)	$F_3=F_1-F_2$

(三)潜在经济损失

在不防控场景下,梨产量下降引起的番石榴果实蝇潜在经济损失在 290196.23 万～18803189.78 万元,梨质量下降引起的番石榴果实蝇潜在经济损失在 51.26 万～3934185.38 万元,番石榴果实蝇对梨的潜在经济损失总量在 443850.54 万～19553927.19 万元(表 4-1-22)。在不防控场景下,梨市场价格水平是影响番石榴果实蝇对我国梨产业潜在经济损失的最大变量,梨受番石榴果实蝇为害后产量损失率、番石榴果实蝇适生区梨年产量次之,品质下降梨价格水平的影响可忽略不计(图 4-1-16)。

在防控场景下,番石榴果实蝇防控费用支出量在 36367.12 万～48981.40 万元,投入防控后番石榴果实蝇对梨的潜在经济损失在 92408.73 万～4731250.55 万元,番石榴果实蝇对梨的潜在经济损失总量在 129483.41 万～4775742.72 万元(表 4-1-23)。在防控场景下,番石榴果实蝇对我国梨产业潜在经济损失影响最大的变量是梨市场价格,其次是品质下降梨价格水平,番石榴果实蝇适生区梨种植面积对结果影响可以忽略不计(图 4-1-17)。

投入防控后,可挽回的经济损失在 183608.38 万～16337371.27 万元(表 4-1-24)。对投入防控后可挽回经济损失影响最大的变量是梨受番石榴果实蝇为害后产量损失率和梨市场价格水平(图 4-1-18)。

表 4-1-22　不防控场景下番石榴果实蝇对我国梨产业的潜在经济损失　　万元

标记	输出项	公式	最小值	平均值	最大值
F_{11}	产量下降引起的潜在经济损失	$F_{11}=\dfrac{Q_1\times I\times R\times P_c}{(1-IR)}$	290196.23	2939358.75	18803189.78
F_{12}	质量下降引起的潜在经济损失	$F_{12}=\dfrac{Q_1\times I\times(1-R)(P_c-P_2)}{(1-IR)}$	51.26	805754.75	3934185.38
F_1	潜在经济损失总量	$F_1=F_{11}+F_{12}$	443850.54	3970032.03	19553927.19

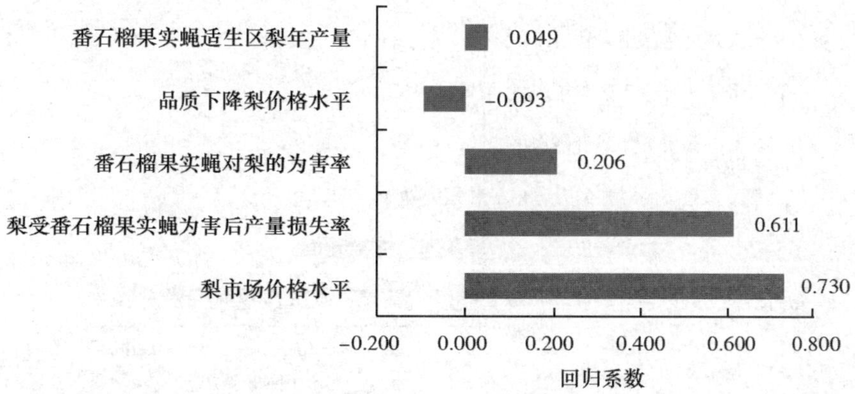

图 4-1-16　不防控场景下番石榴果实蝇对我国梨产业潜在经济损失的变量灵敏性

表 4-1-23　防控场景下番石榴果实蝇对我国梨产业的潜在经济损失　　万元

标记	输出项	公式	最小值	平均值	最大值
F_{21}	防控费用支出量	$F_{21}=S\times I\times C$	36367.12	42673.47	48981.40
F_{22}	投入防控后潜在经济损失	$F_{22}=\frac{Q_1\times I\times E\times P_c}{(1-IE)}+\frac{Q_1\times I\times(1-E)(P_c-P_2)}{(1-IE)}$	92408.73	1302028.63	4731250.55
F_2	潜在经济损失总量	$F_2=F_{21}+F_{22}$	129483.41	1344700.17	4775742.72

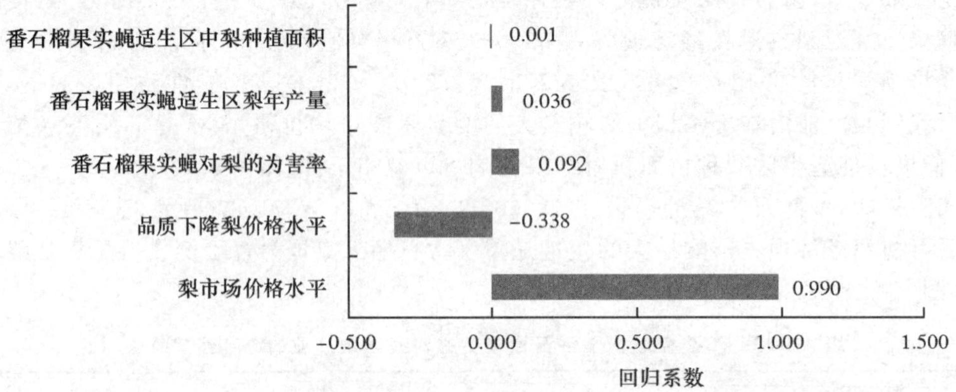

图 4-1-17　防控场景下番石榴果实蝇对我国梨产业的潜在经济损失的变量灵敏性

表 4-1-24　投入防控后可挽回番石榴果实蝇对我国梨产业的潜在经济损失　　万元

场景	标记	输出项	公式	最小值	平均值	最大值
可挽回潜在经济损失	F_3	可挽回潜在经济损失总量	$F_3=F_1-F_2$	183608.38	2625331.86	16337371.27

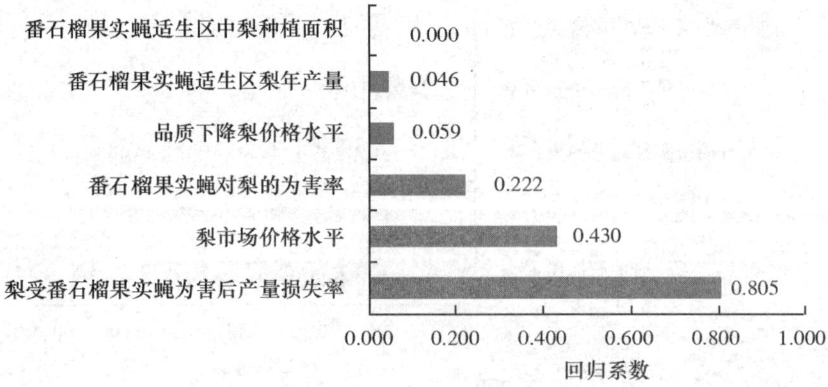

图 4-1-18　投入防控后可挽回番石榴果实蝇对我国梨产业潜在经济损失的变量灵敏性

八、番石榴果实蝇对我国番茄产业的潜在经济损失评估

(一)主要数据与来源

1. 不防控场景下番石榴果实蝇对我国番茄产业的经济损失模型数据与来源

(1)番石榴果实蝇适生区番茄年产量(Q_1)　据中华人民共和国农业农村部种植业管理司2012—2016年番茄产量数据，番石榴果实蝇适生区年产量最小值为17039840.00吨，平均值为18182400.00吨，最大值为19236860.00吨。

(2)番石榴果实蝇对番茄的为害率(I)　根据刘晓飞等对番石榴果实蝇相关研究得知，番石榴果实蝇对果实的为害率在60.00%～80.00%，平均值为70.00%(刘晓飞等,2005)。

(3)番茄受番石榴果实蝇为害后产量损失率(R)　番石榴果实蝇为害果实后，水果产量损失率>20.00%，严重时达60.00%～100.00%，平均值为80.00%(黄振等,2014)。

(4)番茄市场价格水平(P_c)　根据全国农产品商务信息公共服务平台，收集2017年番石榴果实蝇适生区各省份所有市场的番茄月平均价格。经分析，得出番茄市场价格最小值为0.80 /千克，平均值为4.01元/千克，最大值为10.57元/千克。

(5)品质下降番茄价格水平(P_2)　我们采取番茄市场价格的一半作为品质下降番茄市场价格水平数据集。得出品质下降番茄市场价格最小值为1.80元/千克，平均值为2.96元/千克，最大值为4.00元/千克。

2. 防控场景下番石榴果实蝇对我国番茄产业的经济损失模型数据与来源

(1)番石榴果实蝇适生区中番茄种植面积(S)　同番石榴果实蝇适生区番茄产量类似，根据中华人民共和国农业农村部种植业管理司数据库，得出2012—2016年番石榴果实蝇适生区番茄种植面积最小值为457930.00公顷，平均值为490620.00公顷，最大值为530700.00公顷。

(2)单位面积番茄疫区防控成本　本研究未能收集到番石榴果实蝇防控成本的准确数据，其防控与橘小实蝇相近，因此采用了橘小实蝇的防控成本数据。以广东省调查结果为例，橘小实蝇的单位面积疫区防控成本为1200.00元/公顷(马兴莉等,2013)。

(二)评估模型与参数设置

番石榴果实蝇对中国番茄产业的潜在经济损失评估模型及参数设置如表4-1-25所示。

表4-1-25　番石榴果实蝇对中国番茄产业的潜在经济损失评估模型及参数

模型		输入变量	模型参数
不防控场景	产量下降引起的潜在经济损失(F_{11})	番石榴果实蝇适生区番茄产量(Q_1)	Pert(17039840.00,18182400.00,19236860.00)吨
		番石榴果实蝇对番茄为害率(I)	Pert(60.00%,70.00%,80.00%)
		番茄受番石榴果实蝇为害后产量损失率(R)	Pert(20.00%,60.00%,100.00%)
		番茄市场价格水平(P_c)	Pert(0.80,4.01,10.57)元
		产量下降引起的潜在经济损失(F_{11})	$F_{11}=\frac{Q_1\times I\times R\times P_c}{(1-IR)}$

续表 4-1-25

模型	输入变量	模型参数	
	质量下降引起的潜在经济损失(F_{12})	疫区单位面积品质下降番茄产量(Q_2)	$Q_2=\frac{Q_1\times I\times(1-R)}{(1-IR)}$
		品质下降番茄价格水平(P_2)	Pert(1.80,2.96,4.00)元
		质量下降引起的潜在经济损失(F_{12})	$F_{12}=\frac{Q_1\times I\times(1-R)(P_c-P_2)}{(1-IR)}$
		不防控场景下潜在经济损失总量(F_1)	$F_1=F_{11}+F_{12}$
防控场景	防控费用(F_{21})	番石榴果实蝇适生区中番茄种植面积(S)	Pert(457930.00,490620.00,530700.00)公顷
		单位番茄疫区防控成本(C)	1200.00 元/公顷
		防控费用支出量(F_{21})	$F_{21}=S\times I\times C$
	投入防控潜在经济损失(F_{22})	单位适生区面积产量(A)	$A=\frac{Q_1}{S}$
		防控效果(M)	0.85
		效益校正系数(D)	2.00
		经济损害允许水平(E)	$E=\frac{C}{(A\times P_c\times M)}\times D\times 100\%$
		投入防控后潜在经济损失(F_{22})	$F_{22}=\frac{Q_1\times I\times E\times P_c}{(1-IE)}+\frac{Q_1\times I\times(1-E)(P_c-P_2)}{(1-IE)}$
		防控场景下潜在经济损失总量(F_2)	$F_{22}=\frac{Q_1\times I\times E\times P_c}{(1-IE)}+\frac{Q_1\times I\times(1-E)(P_c-P_2)}{(1-IE)}$
可挽回潜在经济损失		可挽回潜在经济损失(F_3)	$F_3=F_1-F_2$

(三)潜在经济损失

在不防控场景下,番茄产量下降引起的番石榴果实蝇潜在经济损失在 392948.86 万~53771325.86 万元,番茄质量下降引起的番石榴果实蝇潜在经济损失在 31.80 万~8886241.64 万元,番石榴果实蝇对番茄的潜在经济损失总量在 953330.56 万~55108611.96 万元(表 4-1-26)。在不防控场景下,番茄市场价格水平是影响番石榴果实蝇对我国番茄产业潜在经济损失的最大变量,番茄受番石榴果实蝇为害后产量损失率、番石榴果实蝇适生区番茄年产量次之,品质下降番茄价格水平的影响可忽略不计(图 4-1-19)。

在防控场景下,番石榴果实蝇防控费用支出量在 33581.13 万~50250.61 万元,投入防控后番石榴果实蝇对番茄的潜在经济损失在 85289.96 万~11181469.14 万元,番石榴果实蝇对番茄的潜在经济损失总量在 120741.31 万~11225602.66 万元(表 4-1-27)。在防控场景下,番石榴果实蝇对我国番茄产业潜在经济损失影响最大的变量是番茄市场价格,其次是品质下降番茄价格水平,番石榴果实蝇适生区番茄种植面积对结果影响可以忽略不计(图 4-1-20)。

投入防控后,可挽回的经济损失在 699756.27 万~45112601.53 万元(表 4-1-28)。对投入防控后可挽回经济损失影响最大的变量是番茄受番石榴果实蝇为害后产量损失率和番茄市场价格水平(图 4-1-21)。

表 4-1-26　不防控场景下番石榴果实蝇对我国番茄产业的潜在经济损失　万元

标记	输出项	公式	最小值	平均值	最大值
F_{11}	产量下降引起的潜在经济损失	$F_{11}=\frac{Q_1\times I\times R\times P_c}{(1-IR)}$	392948.86	6569096.55	53771325.86
F_{12}	质量下降引起的潜在经济损失	$F_{12}=\frac{Q_1\times I\times(1-R)(P_c-P_2)}{(1-IR)}$	31.80	1917767.28	8886241.64
F_1	潜在经济损失总量	$F_1=F_{11}+F_{12}$	953330.56	9352019.39	55108611.96

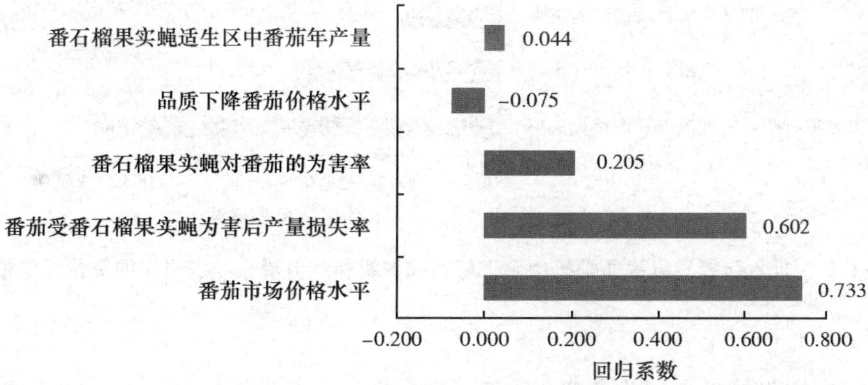

图 4-1-19　不防控场景下番石榴果实蝇对我国番茄产业潜在经济损失的变量灵敏性

表 4-1-27　防控场景下番石榴果实蝇对我国番茄产业的潜在经济损失　万元

标记	输出项	公式	最小值	平均值	最大值
F_{21}	防控费用支出量	$F_{21}=S\times I\times C$	33581.13	41315.70	50250.61
F_{22}	投入防控后潜在经济损失	$F_{22}=\frac{Q_1\times I\times E\times P_c}{(1-IE)}+\frac{Q_1\times I\times(1-E)(P_c-P_2)}{(1-IE)}$	85289.96	2969864.70	11181469.14
F_2	潜在经济损失总量	$F_2=F_{21}+F_{22}$	120741.31	3011176.94	11225602.66

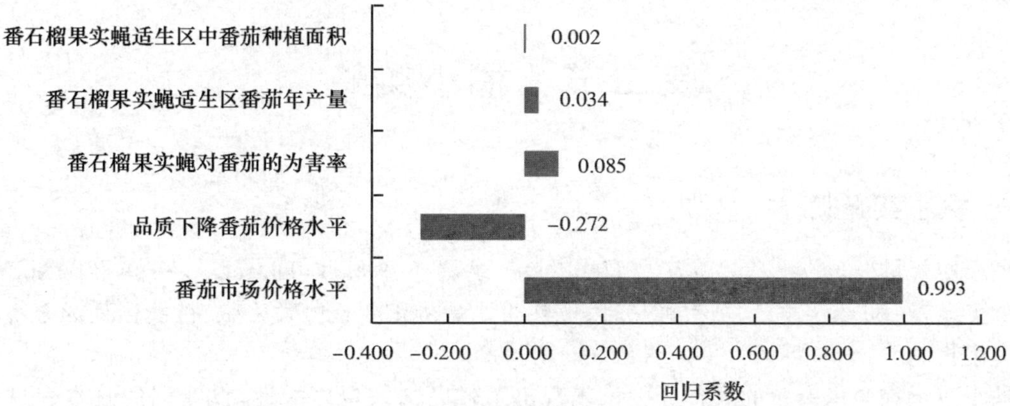

图 4-1-20　防控场景下番石榴果实蝇对我国番茄产业的潜在经济损失的变量灵敏性

表 4-1-28 投入防控后可挽回番石榴果实蝇对我国番茄产业的潜在经济损失 万元

场景	标记	输出项	公式	最小值	平均值	最大值
可挽回潜在经济损失	F_3	可挽回潜在经济损失总量	$F_3 = F_1 - F_2$	699756.27	6340842.44	45112601.53

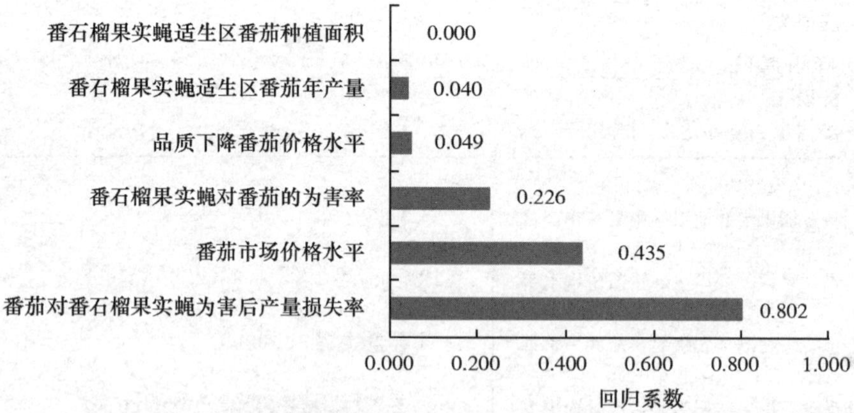

图 4-1-21 投入防控后可挽回番石榴果实蝇对我国番茄产业潜在经济损失的变量灵敏性

参考文献

黄振,郭琼霞,吴淇铭,等. 番石榴果实蝇形态、为害与入侵中国的风险. 江西农业学报,2014,26(4).

李志红. 生物入侵防控:重要经济实蝇潜在地理分布研究. 北京:中国农业大学出版社,2015.

刘佳琪,邓裕亮,李志红,等. 番石榴果实蝇分子生物学研究进展. 植物保护,2009,35(2):11-14.

刘晓飞,王大明,叶辉. 番石榴实蝇研究概况. 热带农业科技,2005,28(4):30-33.

吕文刚,邓裕亮,李志红,等. 番石榴果实蝇在我国的潜在地理分布. 植物保护学报,2010,37(6):529-534.

马兴莉,李志红,胡学难,等. 橘小实蝇、瓜实蝇和南亚果实蝇对广东省造成的经济损失评估. 植物检疫,2013,27(3):50-56.

第二节 橘小实蝇

一、橘小实蝇概况

橘小实蝇[*Bactrocera dorsalis* (Hendel)],隶属于双翅目(Diptera),实蝇科(Tephritidae),果实蝇属(*Bactrocera*),是为害热带、亚热带水果的重要检疫性害虫,被我国列为进境检疫性有害生物。

橘小实蝇在尚未定殖的大部分国家表现出了较高的入侵可能性,在亚洲的日本、也门,非洲的佛得角、马达加斯加、马拉维,南美洲的智利、乌拉圭,以及大洋洲的澳大利亚,橘小实蝇在

177 种实蝇中的定殖概率均排在第一位，而且地理临近的国家通常具有相似的实蝇集合体，更应严加防范（刘刚，2017）。橘小实蝇在我国的潜在地理分布研究显示，至 2020 年，其适生区北界达辽宁、河北及山西，适生区的面积增加至全国面积的近 1/2（李志红，2015）。最新研究报道显示该虫起源于印度（张岳，2021），寄主广泛，人类能食用的水果都可以作为它的寄主（刘元明，2018），主要为害的水果包括柑橘、杧果、番石榴、香蕉、苹果、桃、梨、番茄等。根据中华人民共和国农业农村部种植业管理司数据库，柑橘种植区分布在我国浙江、江西、四川、福建等省份，主要集中在华南地区；杧果、番石榴及香蕉种植区主要有广东、广西、福建、海南；苹果在全国均有种植分布，其主要产区在陕西、新疆、山东等省；桃在全国均有种植，主要分布在河北、山东、河南；梨在全国均有种植，主要分布在河北、辽宁、新疆等地；番茄在全国均有种植，主要分布在新疆、河北、河南、山东等地。

本研究分别评估橘小实蝇对我国柑橘、杧果、番石榴、香蕉、苹果、桃、梨、番茄产业的潜在经济损失。

二、橘小实蝇对我国柑橘产业的潜在经济损失评估

（一）主要数据与来源

1. 不防控场景下橘小实蝇对我国柑橘产业的经济损失模型数据与来源

（1）橘小实蝇适生区柑橘年产量（Q_1）　据中华人民共和国农业农村部种植业管理司数据库 2012—2016 年柑橘产量数据，橘小实蝇适生区年产量最小值为 31051190.00 吨，平均值为 34225010.00 吨，最大值为 37073120.00 吨。

（2）橘小实蝇对柑橘的为害率（I）　根据雷艳梅等对橘小实蝇相关研究得知，橘小实蝇对果实的为害率在 40.00%～100.00%，平均值为 70.00%（雷艳梅等，2007）。

（3）柑橘受橘小实蝇为害后产量损失率（R）　橘小实蝇为害果实后，水果产量损失率＞20.00%，严重时绝收，平均值为 60.00%（查国贤等，2012）。

（4）柑橘市场价格水平（P_c）　根据全国农产品商务信息公共服务平台，收集 2017 年橘小实蝇适生区各省份所有市场的柑橘月平均价格，共计 300 个价格数据。经分析，得出柑橘市场价格最小值为 1.55 元/千克，平均值为 6.36 元/千克，最大值为 15.69 元/千克。

（5）品质下降柑橘价格水平（P_2）　对于品质下降柑橘市场价格水平，我们采取柑橘市场价格的一半作为数据集，得出品质下降柑橘市场价格最小值为 1.55 元/千克，平均值为 4.06 元/千克，最大值为 5.09 元/千克。

2. 防控场景下橘小实蝇对我国柑橘产业的经济损失模型数据与来源

（1）橘小实蝇适生区中柑橘种植面积（S）　同橘小实蝇适生区柑橘产量类似，根据农业农村部种植业管理司数据库，得出 2012—2016 年橘小实蝇适生区柑橘种植面积最小值为 2278930.00 公顷，平均值为 2436930.00 公顷，最大值为 2532480.00 公顷。

（2）单位面积柑橘疫区防控成本　以广东省调查结果为例，橘小实蝇的单位面积疫区防控成本为 1200.00 元/公顷（马兴莉等，2013）。

（二）评估模型与参数设置

橘小实蝇对中国柑橘产业的潜在经济损失评估模型及参数设置如表 4-2-1 所示。

表 4-2-1 橘小实蝇对中国柑橘产业的潜在经济损失评估模型及参数

模型	输入变量	模型参数	
不防控场景	产量下降引起的潜在经济损失(F_{11})	橘小实蝇适生区柑橘产量(Q_1)	Pert(31051190.00,34225010.00,37073120.00)吨
		橘小实蝇对柑橘为害率(I)	Pert(40.00%,70.00%,100.00%)
		柑橘受橘小实蝇为害后产量损失率(R)	Pert(20.00%,60.00%,100.00%)
		柑橘市场价格水平(P_c)	Pert(1.55,6.36,15.69)元
		产量下降引起的潜在经济损失(F_{11})	$F_{11}=\frac{Q_1\times I\times R\times P_c}{(1-IR)}$
	质量下降引起的潜在经济损失(F_{12})	疫区单位面积品质下降柑橘产量(Q_2)	$Q_2=\frac{Q_1\times I\times(1-R)}{(1-IR)}$
		品质下降柑橘价格水平(P_2)	Pert(1.55,4.06,5.09)元
		质量下降引起的潜在经济损失(F_{12})	$F_{12}=\frac{Q_1\times I\times(1-R)(P_c-P_2)}{(1-IR)}$
		不防控场景下潜在经济损失总量(F_1)	$F_1=F_{11}+F_{12}$
防控场景	防控费用(F_{21})	橘小实蝇适生区中柑橘种植面积(S)	Pert(2278930.00,2436930.00,2532480.00)公顷
		单位柑橘疫区防控成本(C)	1200.00 元/公顷
		防控费用支出量(F_{21})	$F_{21}=S\times I\times C$
	投入防控潜在经济损失(F_{22})	单位适生区面积产量(A)	$A=\frac{Q_1}{S}$
		防控效果(M)	0.85
		效益校正系数(D)	2.00
		经济损害允许水平(E)	$E=\frac{C}{(A\times P_c\times M)}\times D\times 100\%$
		投入防控后潜在经济损失(F_{22})	$F_{22}=\frac{Q_1\times I\times E\times P_c}{(1-IE)}+\frac{Q_1\times I\times(1-E)(P_c-P_2)}{(1-IE)}$
		防控场景下潜在经济损失总量(F_2)	$F_{22}=\frac{Q_1\times I\times E\times P_c}{(1-IE)}+\frac{Q_1\times I\times(1-E)(P_c-P_2)}{(1-IE)}$
可挽回潜在经济损失		可挽回潜在经济损失(F_3)	$F_3=F_1-F_2$

(三)潜在经济损失

在不防控场景下,柑橘产量下降引起的橘小实蝇潜在经济损失在 868569.60 万～27949436.60 万元,柑橘质量下降引起的橘小实蝇潜在经济损失在 221.98 万～36308847.34 万元,橘小实蝇对柑橘的潜在经济损失总量在 1982949.00 万～292950948.69 万元(表 4-2-2)。在不防控场景下,柑橘市场价格水平是影响橘小实蝇对我国柑橘产业潜在经济损失的最大变量,柑橘受橘小实蝇为害后产量损失率、橘小实蝇适生区柑橘年产量次之,品质下降柑橘价格水平的影响可忽略不计(图 4-2-1)。

在防控场景下，橘小实蝇防控费用支出量在 116187.43 万～296132.79 万元，投入防控后橘小实蝇对柑橘的潜在经济损失在 333925.35 万～3861053.20 万元，橘小实蝇对柑橘的潜在经济损失总量在 1982949.00 万～292950948.69 万元(表 4-2-3)。在防控场景下，橘小实蝇对我国柑橘产业潜在经济损失影响最大的变量是柑橘市场价格，其次是品质下降柑橘价格水平，橘小实蝇适生区柑橘种植面积对结果影响可以忽略不计(图 4-2-2)。

投入防控后，可挽回的经济损失在 939918.65 万～269297726.53 万元(表 4-2-4)。对投入防控后可挽回经济损失影响最大的变量是柑橘受橘小实蝇为害后产量损失率和柑橘市场价格水平(图 4-2-3)。

表 4-2-2　不防控场景下橘小实蝇对我国柑橘产业的潜在经济损失　万元

标记	输出项	公式	最小值	平均值	最大值
F_{11}	产量下降引起的潜在经济损失	$F_{11}=\frac{Q_1\times I\times R\times P_c}{(1-IR)}$	868569.60	20190108.46	27949436.60
F_{12}	质量下降引起的潜在经济损失	$F_{12}=\frac{Q_1\times I\times(1-R)(P_c-P_2)}{(1-IR)}$	221.98	6291867.56	36308847.34
F_1	潜在经济损失总量	$F_1=F_{11}+F_{12}$	1982949.00	27850268.85	292950948.69

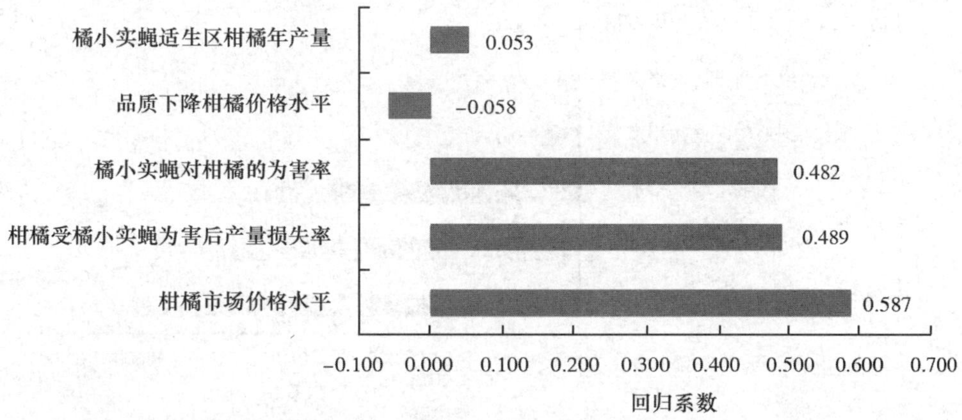

图 4-2-1　不防控场景下橘小实蝇对我国柑橘产业潜在经济损失的变量灵敏性

表 4-2-3　防控场景下橘小实蝇对我国柑橘产业的潜在经济损失　万元

标记	输出项	公式	最小值	平均值	最大值
F_{21}	防控费用支出量	$F_{21}=S\times I\times C$	116187.43	203828.95	296132.79
F_{22}	投入防控后潜在经济损失	$F_{22}=\frac{Q_1\times I\times E\times P_c}{(1-IE)}+\frac{Q_1\times I\times(1-E)(P_c-P2)}{(1-IE)}$	333925.35	957801.10	3861053.20
F_2	潜在经济损失总量	$F_2=F_{21}+F_{22}$	469897.38	978182.60	38876930.85

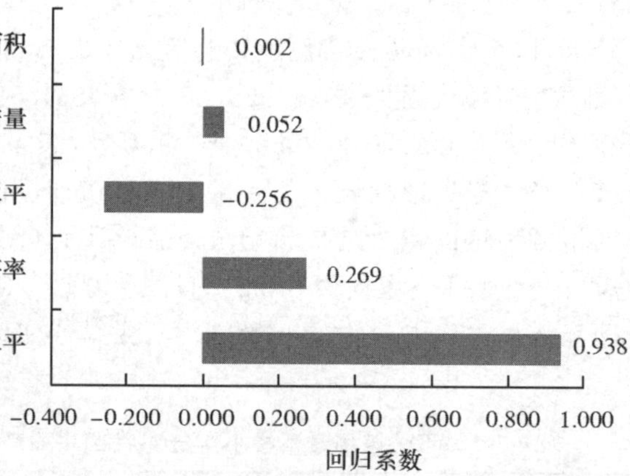

图 4-2-2 防控场景下橘小实蝇对我国柑橘产业的潜在经济损失的变量灵敏性

表 4-2-4 投入防控后可挽回橘小实蝇对我国柑橘产业的潜在经济损失 万元

场景	标记	输出项	公式	最小值	平均值	最大值
可挽回潜在经济损失	F_3	可挽回潜在经济损失总量	$F_3 = F_1 - F_2$	939918.65	18068442.99	269297726.53

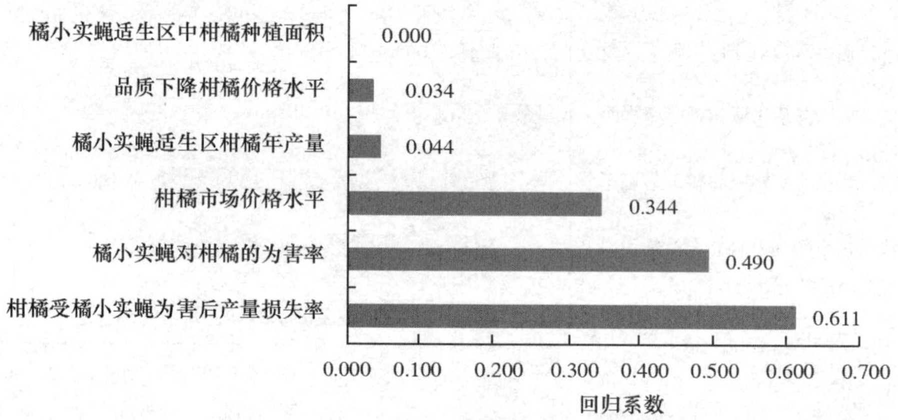

图 4-2-3 投入防控后可挽回橘小实蝇对我国柑橘产业潜在经济损失的变量灵敏性

三、橘小实蝇对我国杧果产业的潜在经济损失评估

(一)主要数据与来源

1. 不防控场景下橘小实蝇对我国杧果产业的经济损失模型数据与来源

(1)橘小实蝇适生区杧果年产量(Q_1) 根据中华人民共和国农业农村部种植业管理司数据库 2012—2016 年杧果产量数据,得出橘小实蝇适生区杧果的年产量最小值为 415570.00 吨,最大值为 656740.00 吨,平均值为 513240.00 吨。

(2)橘小实蝇对杧果的为害率(I) 根据雷艳梅等对橘小实蝇相关研究得知,橘小实蝇对果实的为害率在 40.00%～100.00%,平均值为 70.00%(雷艳梅等,2007)。

(3)杧果受橘小实蝇为害后产量损失率(R)　橘小实蝇为害果实后，水果产量损失率>20.00%，严重时绝收，平均值为60.00%(查国贤等，2012)。

(4)杧果市场价格水平(P_c)　据全国农产品商务信息公共服务平台，收集到2017年全国各市场的杧果月平均价格。分析的杧果市场价格最小值为2.13元/千克，最大值为23.39元/千克，平均值为11.00元/千克。

(5)品质下降杧果价格水平(P_2)　对于品质下降杧果市场价格水平，我们采取杧果市场价格的一半作为数据集。得出品质下降杧果市场价格最小值为2.13元/千克，平均值为8.99元/千克，最大值为11.00元/千克。

2.防控场景下橘小实蝇对我国杧果产业的经济损失模型数据与来源

(1)橘小实蝇适生区中杧果种植面积(S)　与橘小实蝇适生区杧果产量类似，根据中华人民共和国农业农村部种植业管理司数据库，得出2012—2016年橘小实蝇适生区杧果种植面积最小值为58850.00公顷，平均值为66110.00公顷，最大值为79000.00公顷。

(2)单位面积杧果疫区防控成本　以广东省调查结果为例，橘小实蝇的单位面积疫区防控成本为1200.00元/公顷(马兴莉等，2013)。

(二)评估模型与参数设置

橘小实蝇对中国杧果产业的潜在经济损失评估模型及参数设置如表4-2-5所示。

表4-2-5　橘小实蝇对中国杧果产业的潜在经济损失评估模型及参数

模型		输入变量	模型参数
不防控场景	产量下降引起的潜在经济损失(F_{11})	橘小实蝇适生区杧果产量(Q_1)	Pert(415570.00,513240.00,656740.00)吨
		橘小实蝇对杧果为害率(I)	Pert(40.00%,70.00%,100.00%)
		杧果受橘小实蝇为害后产量损失率(R)	Pert(20.00%,60.00%,100.00%)
		杧果市场价格水平(P_c)	Pert(2.13,11.00,23.39)元
		产量下降引起的潜在经济损失(F_{11})	$F_{11}=\dfrac{Q_1\times I\times R\times P_c}{(1-IR)}$
	质量下降引起的潜在经济损失(F_{12})	疫区单位面积品质下降杧果产量(Q_2)	$Q_2=\dfrac{Q_1\times I\times(1-R)}{(1-IR)}$
		品质下降杧果价格水平(P_2)	Pert(2.13,8.99,11.00)元
		质量下降引起的潜在经济损失(F_{12})	$F_{12}=\dfrac{Q_1\times I\times(1-R)(P_c-P_2)}{(1-IR)}$
		不防控场景下潜在经济损失总量(F_1)	$F_1=F_{11}+F_{12}$
防控场景	防控费用(F_{21})	橘小实蝇适生区中杧果种植面积(S)	Pert(58850.00,66110.00,79000.00)公顷
		单位杧果疫区防控成本(C)	1200.00元/公顷

续表 4-2-5

模型	输入变量	模型参数
投入防控潜在经济损失(F_{22})	防控费用支出量(F_{21})	$F_{21}=S\times I\times C$
	单位适生区面积产量(A)	$A=\frac{Q_1}{S}$
	防控效果(M)	0.85
	效益校正系数(D)	2.00
	经济损害允许水平(E)	$E=\frac{C}{(A\times P_c\times M)}\times D\times 100\%$
	投入防控后潜在经济损失(F_{22})	$F_{22}=\frac{Q_1\times I\times E\times P_c}{(1-IE)}+\frac{Q_1\times I\times(1-E)(P_c-P_2)}{(1-IE)}$
	防控场景下潜在经济损失总量(F_2)	$F_{22}=\frac{Q_1\times I\times E\times P_c}{(1-IE)}+\frac{Q_1\times I\times(1-E)(P_c-P_2)}{(1-IE)}$
可挽回潜在经济损失	可挽回潜在经济损失(F_3)	$F_3=F_1-F_2$

(三)潜在经济损失

在不防控的场景下,杧果产量下降引起的橘小实蝇对杧果的潜在经济损失在 21949.49 万~12197913.78 万元,杧果质量下降引起的橘小实蝇对杧果的潜在经济损失在 4.63 万~861061.20 万元,橘小实蝇对杧果的潜在经济损失总量在 53556.40 万~12402468.10 万元(表 4-2-6)。在不防控的场景下,杧果受橘小实蝇为害后的产量损失率是影响橘小实蝇对杧果的潜在经济损失的最大变量,其次为杧果的市场价格水平和橘小实蝇对杧果的为害率,橘小实蝇适生区的年产量和品质下降杧果价格水平的影响较小(图 4-2-4)。

在防控场景下,橘小实蝇防控费用支出量在 3045.80 万~8919.62 万元,投入防控后橘小实蝇对杧果的潜在经济损失在 8508.67 万~932855.35 万元,橘小实蝇对杧果的潜在经济损失总量在 12039.13 万~940506.35 万元(表 4-2-7)。在防控场景下,杧果市场价格水平是影响橘小实蝇对我国杧果产业潜在经济损失最大的变量,其次是橘小实蝇对杧果的为害率,橘小实蝇适生区杧果种植面积对结果影响可以忽略不计,品质下降杧果价格水平的影响回归系数为负值(图 4-2-5)。

投入防控后,可挽回的经济损失在 25201.49 万~12039827.91 万元(表 4-2-8)。对投入防控后可挽回经济损失影响最大的变量是橘小实蝇对杧果的为害率和杧果受橘小实蝇为害后产量损失率(图 4-2-6)。

表 4-2-6　不防控场景下橘小实蝇对我国杧果产业的潜在经济损失　　万元

标记	输出项	公式	最小值	平均值	最大值
F_{11}	产量下降引起的潜在经济损失	$F_{11}=\frac{Q_1\times I\times R\times P_c}{(1-IR)}$	21949.49	501703.92	12197913.78
F_{12}	质量下降引起的潜在经济损失	$F_{12}=\frac{Q_1\times I\times(1-R)(P_c-P_2)}{(1-IR)}$	4.63	127286.80	869061.20
F_1	潜在经济损失总量	$F_1=F_{11}+F_{12}$	53556.40	691698.05	12402468.10

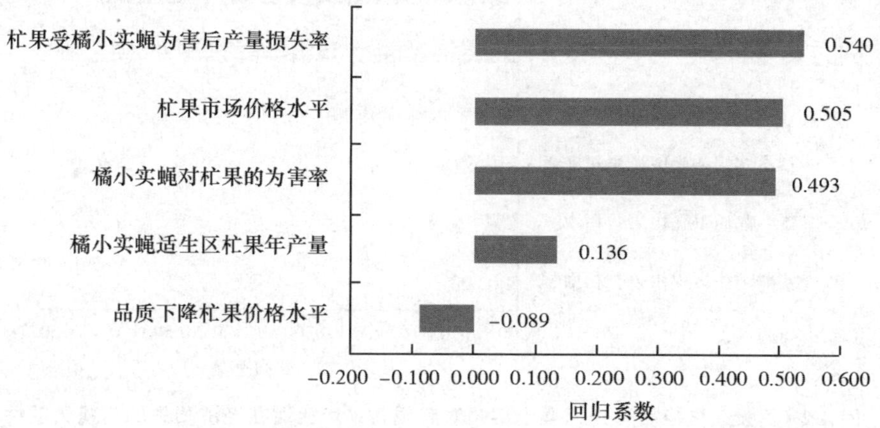

图 4-2-4　不防控场景下橘小实蝇对我国杧果产业潜在经济损失的变量灵敏性

表 4-2-7　防控场景下橘小实蝇对我国杧果产业的潜在经济损失　万元

标记	输出项	公式	最小值	平均值	最大值
F_{21}	防控费用支出量	$F_{21} = S \times I \times C$	3045.80	5632.09	8919.62
F_{22}	投入防控后潜在经济损失	$F_{22} = \frac{Q_1 \times I \times E \times P_c}{(1 - IE)} + \frac{Q_1 \times I \times (1 - E)(P_c - P_2)}{(1 - IE)}$	8508.67	197458.35	932855.35
F_2	潜在经济损失总量	$F_2 = F_{21} + F_{22}$	12039.13	203090.91	940506.35

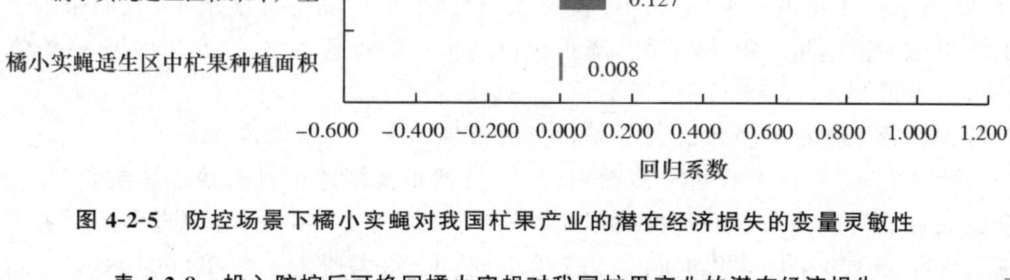

图 4-2-5　防控场景下橘小实蝇对我国杧果产业的潜在经济损失的变量灵敏性

表 4-2-8　投入防控后可挽回橘小实蝇对我国杧果产业的潜在经济损失　万元

场景	标记	输出项	公式	最小值	平均值	最大值
可挽回潜在经济损失	F_3	可挽回潜在经济损失总量	$F_3 = F_1 - F_2$	25201.49	488607.14	12039827.91

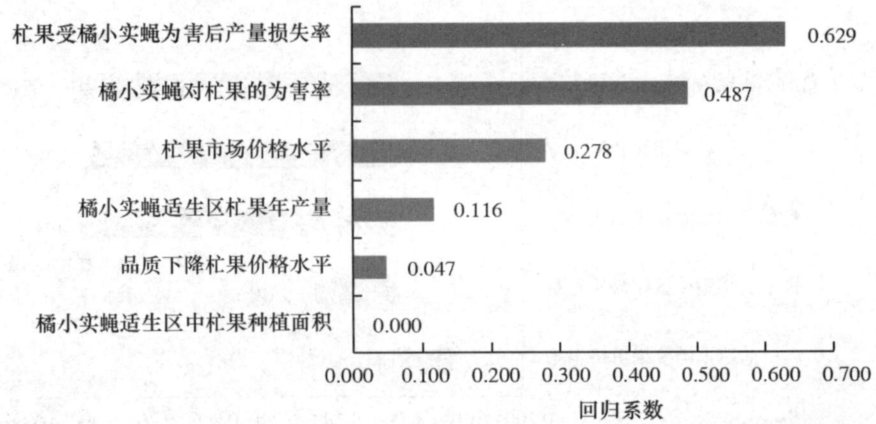

图 4-2-6 投入防控后可挽回橘小实蝇对我国杧果产业潜在经济损失的变量灵敏性

四、橘小实蝇对我国香蕉产业的潜在经济损失评估

(一)主要数据与来源

1. 不防控场景下橘小实蝇对我国香蕉产业的经济损失模型数据与来源

(1)橘小实蝇适生区香蕉年产量(Q_1) 根据中华人民共和国农业农村部种植业管理司数据库2012—2016年香蕉产量数据，得出橘小实蝇适生区香蕉的年产量最小值为11553960.00吨，最大值为12992190.00吨，平均值为12173390.00吨。

(2)橘小实蝇对香蕉的为害率(I) 根据雷艳梅等对橘小实蝇相关研究得知，橘小实蝇对果实的为害率在40.00%～100.00%，平均值为70.00%(雷艳梅等，2007)。

(3)香蕉受橘小实蝇为害后产量损失率(R) 橘小实蝇为害果实后，水果产量损失率＞20.00%，严重时绝收，平均值为60.00%(查国贤等，2012)。

(4)香蕉市场价格水平(P_c) 据全国农产品商务信息公共服务平台，收集到2017年全国各市场的香蕉月平均价格，共计590个数据。分析的香蕉市场价格最小值为2.53元/千克，最大值为6.96元/千克，平均值为4.27元/千克。

(5)品质下降香蕉价格水平(P_2) 对于品质下降香蕉市场价格水平，我们采取香蕉市场价格的一半作为数据集。得出品质下降香蕉市场价格最小值为2.53元/千克，平均值为3.52元/千克，最大值为4.17元/千克。

2. 防控场景下橘小实蝇对我国香蕉产业的经济损失模型数据与来源

(1)橘小实蝇适生区中香蕉种植面积(S) 与橘小实蝇适生区香蕉产量类似，根据中华人民共和国农业农村部种植业管理司数据库，得出2012—2016年橘小实蝇适生区香蕉种植面积最小值为391860.00公顷，平均值为399730.00公顷，最大值为408950.00公顷。

(2)单位面积香蕉疫区防控成本 以广东省的调查结果为例，橘小实蝇的单位面积疫区防控成本为1200.00元/公顷(马兴莉等，2013)。

(二)评估模型与参数设置

橘小实蝇对中国香蕉产业的潜在经济损失评估模型及参数设置如表4-2-9所示。

表 4-2-9　橘小实蝇对中国香蕉产业的潜在经济损失评估模型及参数

模型		输入变量	模型参数
不防控场景	产量下降引起的潜在经济损失(F_{11})	橘小实蝇适生区香蕉产量(Q_1)	Pert (11553960.00,12173390.00,12992190.00)吨
		橘小实蝇对香蕉为害率(I)	Pert(40.00%,70.00%,100.00%)
		香蕉受橘小实蝇为害后产量损失率(R)	Pert(20.00%,60.00%,100.00%)
		香蕉市场价格水平(P_c)	Pert(2.53,4.27,6.96)元
		产量下降引起的潜在经济损失(F_{11})	$F_{11}=\frac{Q_1\times I\times R\times P_c}{(1-IR)}$
	质量下降引起的潜在经济损失(F_{12})	疫区单位面积品质下降香蕉产量(Q_2)	$Q_2=\frac{Q_1\times I\times(1-R)}{(1-IR)}$
		品质下降香蕉价格水平(P_2)	Pert(2.53,3.52,4.17)元
		质量下降引起的潜在经济损失(F_{12})	$F_{12}=\frac{Q_1\times I\times(1-R)(P_c-P_2)}{(1-IR)}$
		不防控场景下潜在经济损失总量(F_1)	$F_1=F_{11}+F_{12}$
防控场景	防控费用(F_{21})	橘小实蝇适生区中香蕉种植面积(S)	Pert（391860.00，399730.00，408950.00）公顷
		单位香蕉疫区防控成本(C)	1200.00 元/公顷
		防控费用支出量(F_{21})	$F_{21}=S\times I\times C$
	投入防控潜在经济损失(F_{22})	单位适生区面积产量(A)	$A=\frac{Q_1}{S}$
		防控效果(M)	0.85
		效益校正系数(D)	2.00
		经济损害允许水平(E)	$E=\frac{C}{(A\times P_c\times M)}\times D\times 100\%$
		投入防控后潜在经济损失(F_{22})	$F_{22}=\frac{Q_1\times I\times E\times P_c}{(1-IE)}+\frac{Q_1\times I\times(1-E)(P_c-P_2)}{(1-IE)}$
		防控场景下潜在经济损失总量(F_2)	$F_{22}=\frac{Q_1\times I\times E\times P_c}{(1-IE)}+\frac{Q_1\times I\times(1-E)(P_c-P_2)}{(1-IE)}$
可挽回潜在经济损失		可挽回潜在经济损失(F_3)	$F_3=F_1-F_2$

(三)潜在经济损失

在不防控的场景下，香蕉产量下降引起的橘小实蝇对香蕉的潜在经济损失在 458765.22 万～89034609.52 万元，香蕉质量下降引起的橘小实蝇对香蕉的潜在经济损失在 4.96 万～4144649.63 万元，橘小实蝇对香蕉的潜在经济损失总量在 539552.99 万～91104169.41 万元(表 4-2-10)。在不防控的场景下，香蕉受橘小实蝇为害后的产量损失率是影响橘小实蝇对香蕉的潜在经济损失的最大变量,其次为橘小实蝇对香蕉的为害率和香蕉的市场价格水平,橘小实蝇适生区的年产量和品质下降香蕉价格水平的影响较小(图 4-2-7)。

在防控场景下,橘小实蝇防控费用支出量在 19378.55 万～48192.49 万元,投入防控后橘小实蝇对香蕉的潜在经济损失在 48775.70 万～4401086.21 万元,橘小实蝇对香蕉的潜在经济损失总量在 70348.45 万～4446504.99 万元(表 4-2-11)。在防控场景下,香蕉市场价格水平是影响橘小实蝇对我国香蕉产业潜在经济损失最大的变量,其次是品质下降香蕉价格水平,橘小实蝇适生区香蕉种植面积对结果影响可以忽略不计(图 4-2-8)。

投入防控后,可挽回的经济损失在 435118.62 万～88177945.48 万元(表 4-2-12)。对投入防控后可挽回经济损失影响最大的变量是香蕉受橘小实蝇为害后产量损失率和橘小实蝇对香蕉的为害率(图 4-2-9)。

表 4-2-10　不防控场景下橘小实蝇对我国香蕉产业的潜在经济损失　　万元

标记	输出项	公式	最小值	平均值	最大值
F_{11}	产量下降引起的潜在经济损失	$F_{11}=\frac{Q_1\times I\times R\times P_c}{(1-IR)}$	458765.22	4498671.79	89034609.52
F_{12}	质量下降引起的潜在经济损失	$F_{12}=\frac{Q_1\times I\times(1-R)(P_c-P_2)}{(1-IR)}$	4.96	700147.02	4144649.63
F_1	潜在经济损失总量	$F_1=F_{11}+F_{12}$	539552.99	5398983.33	91104169.41

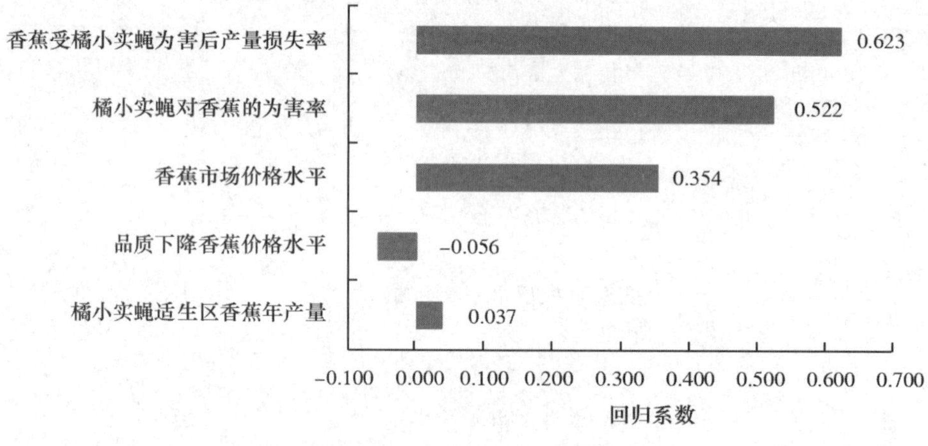

图 4-2-7　不防控场景下橘小实蝇对我国香蕉产业潜在经济损失的变量灵敏性

表 4-2-11　防控场景下橘小实蝇对我国香蕉产业的潜在经济损失　　万元

标记	输出项	公式	最小值	平均值	最大值
F_{21}	防控费用支出量	$F_{21}=S\times I\times C$	19378.55	33595.93	48192.49
F_{22}	投入防控后潜在经济损失	$F_{22}=\frac{Q_1\times I\times E\times P_c}{(1-IE)}+\frac{Q_1\times I\times(1-E)(P_c-P_2)}{(1-IE)}$	49775.70	1094042.55	4401086.21
F_2	潜在经济损失总量	$F_2=F_{21}+F_{22}$	70349.45	1127629.43	4446504.99

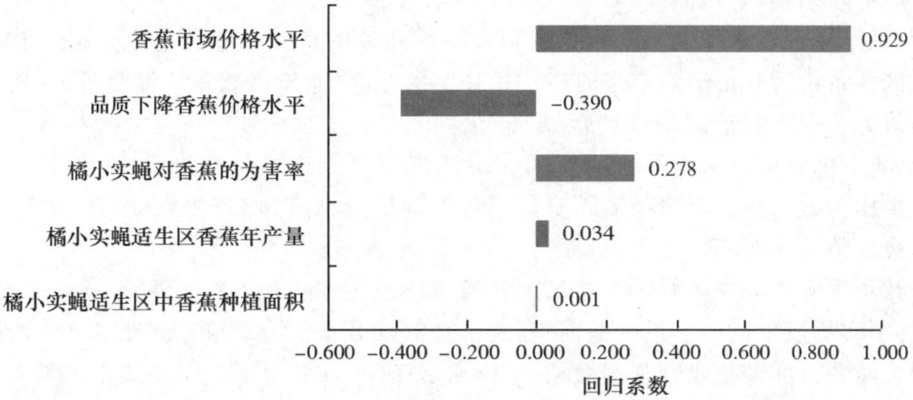

图 4-2-8　防控场景下橘小实蝇对我国香蕉产业的潜在经济损失的变量灵敏性

表 4-2-12　投入防控后可挽回橘小实蝇对我国香蕉产业的潜在经济损失　万元

场景	标记	输出项	公式	最小值	平均值	最大值
可挽回潜在经济损失	F_3	可挽回潜在经济损失总量	$F_3 = F_1 - F_2$	435118.62	4271353.90	88177945.48

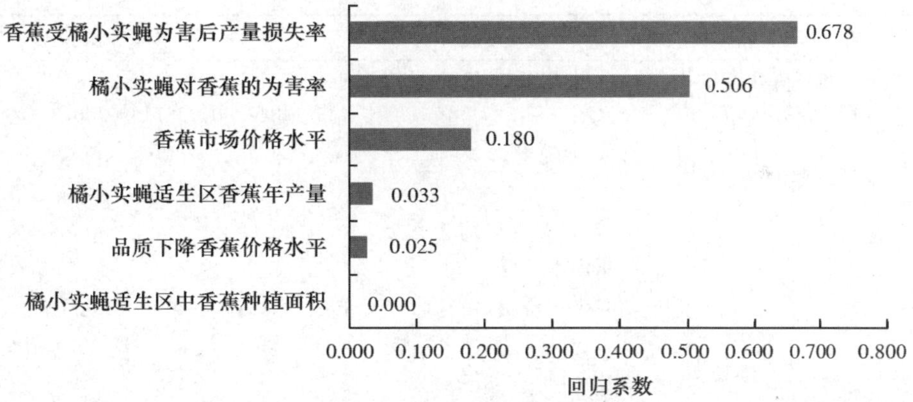

图 4-2-9　投入防控后可挽回橘小实蝇对我国香蕉产业潜在经济损失的变量灵敏性

五、橘小实蝇对我国苹果产业的潜在经济损失评估

(一)主要数据与来源

1. 不防控场景下橘小实蝇对我国苹果产业的经济损失模型数据与来源

(1)橘小实蝇适生区苹果年产量(Q_1)　据中华人民共和国农业农村部种植业管理司数据库2012—2016年苹果产量数据，橘小实蝇适生区年产量最小值为33714840.00吨，平均值为35671690.00吨，最大值为37703020.00吨。

(2)橘小实蝇对苹果的为害率(I)　根据雷艳梅等对橘小实蝇相关研究得知，橘小实蝇对果实的为害率在40.00%～100.00%，平均值为70.00%(雷艳梅等，2007)。

(3)苹果受橘小实蝇为害后产量损失率(R)　橘小实蝇为害果实后，水果产量损失率>

20.00%，严重时绝收，平均值为60.00%（查国贤等，2012）。

（4）苹果市场价格水平（P_c） 根据全国农产品商务信息公共服务平台，收集2017年橘小实蝇适生区各省份所有市场的苹果月平均价格，共计592个价格数据。经分析，得出苹果市场价格最小值为2.82元/千克，平均值为6.69元/千克，最大值为11.76元/千克。

（5）品质下降苹果价格水平（P_2） 对于品质下降苹果市场价格水平，我们采取苹果市场价格的一半作为数据集。得出品质下降苹果市场价格最小值为2.82元/千克，平均值为5.20元/千克，最大值为6.53元/千克。

2. 防控场景下橘小实蝇对我国苹果产业的经济损失模型数据与来源

（1）橘小实蝇适生区中苹果种植面积（S） 同橘小实蝇适生区苹果产量类似，根据中华人民共和国农业农村部种植业管理司数据库，得出2012—2016年橘小实蝇适生区苹果种植面积最小值为1569630.00公顷，平均值为1629010.00公顷，最大值为1754020.00公顷。

（2）单位面积苹果疫区防控成本 以广东省调查结果为例，橘小实蝇的单位面积疫区防控成本为1200.00元/公顷（马兴莉等，2013）。

（二）评估模型与参数设置

橘小实蝇对中国苹果产业的潜在经济损失评估模型及参数设置如表4-2-13所示。

表4-2-13 橘小实蝇对中国苹果产业的潜在经济损失评估模型及参数

	模型	输入变量	模型参数
不防控场景	产量下降引起的潜在经济损失（F_{11}）	橘小实蝇适生区苹果产量（Q_1）	Pert（33714840.00，35671690.00，37703020.00）吨
		橘小实蝇对苹果为害率（I）	Pert（40.00%，70.00%，100.00%）
		苹果受橘小实蝇为害后产量损失率（R）	Pert（20.00%，60.00%，100.00%）
		苹果市场价格水平（P_c）	Pert（2.82，6.69，11.76）元
		产量下降引起的潜在经济损失（F_{11}）	$F_{11}=\dfrac{Q_1\times I\times R\times P_c}{(1-IR)}$
	质量下降引起的潜在经济损失（F_{12}）	疫区单位面积品质下降苹果产量（Q_2）	$Q_2=\dfrac{Q_1\times I\times(1-R)}{(1-IR)}$
		品质下降苹果价格水平（P_2）	Pert（2.82，5.20，6.53）元
		质量下降引起的潜在经济损失（F_{12}）	$F_{12}=\dfrac{Q_1\times I\times(1-R)(P_c-P_2)}{(1-IR)}$
		不防控场景下潜在经济损失总量（F_1）	$F_1=F_{11}+F_{12}$
防控场景	防控费用（F_{21}）	橘小实蝇适生区中苹果种植面积（S）	Pert（1569630.00，1629010.00，1754020.00）公顷
		单位苹果疫区防控成本（C）	1200.00元/公顷

续表 4-2-13

模型	输入变量	模型参数
投入防控潜在经济损失(F_{22})	防控费用支出量(F_{21})	$F_{21}=S\times I\times C$
	单位适生区面积产量(A)	$A=\frac{Q_1}{S}$
	防控效果(M)	0.85
	效益校正系数(D)	2.00
	经济损害允许水平(E)	$E=\frac{C}{(A\times P_c\times M)}\times D\times 100\%$
	投入防控后潜在经济损失(F_{22})	$F_{22}=\frac{Q_1\times I\times E\times P_c}{(1-IE)}+\frac{Q_1\times I\times(1-E)(P_c-P_2)}{(1-IE)}$
	防控场景下潜在经济损失总量(F_2)	$F_{22}=\frac{Q_1\times I\times E\times P_c}{(1-IE)}+\frac{Q_1\times I\times(1-E)(P_c-P_2)}{(1-IE)}$
可挽回潜在经济损失	可挽回潜在经济损失(F_3)	$F_3=F_1-F_2$

(三)潜在经济损失

在不防控场景下，苹果产量下降引起的橘小实蝇潜在经济损失在 1684932.76 万～351897308.20 万元，苹果质量下降引起的橘小实蝇潜在经济损失在 76.70 万～25468567.50 万元，橘小实蝇对苹果的潜在经济损失总量在 2067462.80 万～357335.04 万元(表 4-2-14)。在不防控场景下，苹果市场价格水平是影响橘小实蝇对我国苹果产业潜在经济损失的最大变量，苹果受橘小实蝇为害后产量损失率、橘小实蝇适生区苹果年产量次之，品质下降苹果价格水平的影响可忽略不计(图 4-2-10)。

在防控场景下，橘小实蝇防控费用支出量在 78524.88 万～202682.43 万元，投入防控后橘小实蝇对苹果的潜在经济损失在 211607.89 万～26157756.19 万元，橘小实蝇对苹果的潜在经济损失总量在 299174.45 万～26348087.95 万元(表 4-2-15)。在防控场景下，橘小实蝇对我国苹果产业潜在经济损失影响最大的变量是苹果市场价格，其次是品质下降苹果价格水平，橘小实蝇适生区苹果种植面积对结果影响可以忽略不计(图 4-2-11)。

投入防控后，可挽回的经济损失在 1488965.89 万～345128624.65 万元(表 4-2-16)。对投入防控后可挽回经济损失影响最大的变量是苹果受橘小实蝇为害后产量损失率和苹果市场价格水平(图 4-2-12)。

表 4-2-14　不防控场景下橘小实蝇对我国苹果产业的潜在经济损失　万元

标记	输出项	公式	最小值	平均值	最大值
F_{11}	产量下降引起的潜在经济损失	$F_{11}=Q_1\times I\times R\times P_c/(1-IR)$	1684932.76	20490396.40	351897308.20
F_{12}	质量下降引起的潜在经济损失	$F_{12}=\frac{Q_1\times I\times(1-R)(P_c-P_2)}{(1-IR)}$	76.70	4118322.15	25468567.50
F_1	潜在经济损失总量	$F_1=F_{11}+F_{12}$	2067462.80	25947773.80	357335.04

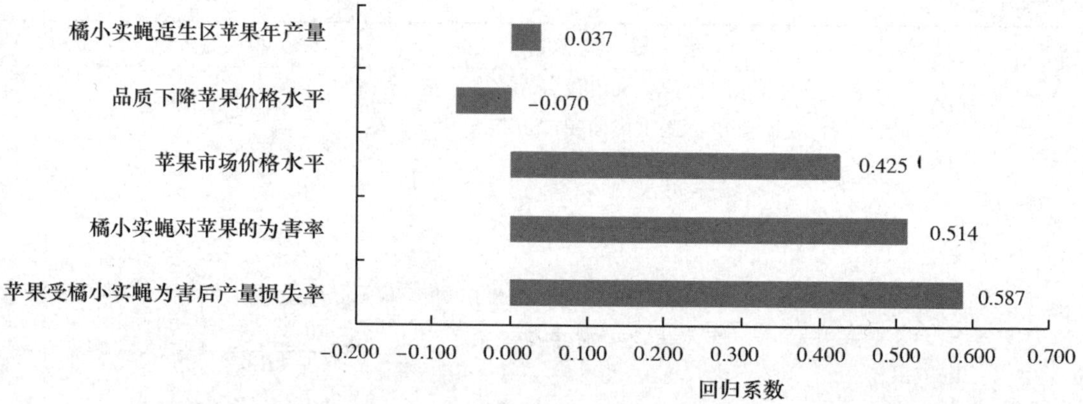

图 4-2-10　不防控场景下橘小实蝇对我国苹果产业潜在经济损失的变量灵敏性

表 4-2-15　防控场景下橘小实蝇对我国苹果产业的潜在经济损失　　万元

标记	输出项	公式	最小值	平均值	最大值
F_{21}	防控费用支出量	$F_{21}=S\times I\times C$	78524.88	137754.01	202682.43
F_{22}	投入防控后潜在经济损失	$F_{22}=\dfrac{Q_1\times I\times E\times P_c}{(1-IE)}+\dfrac{Q_1\times I\times(1-E)(P_c-P_2)}{(1-IE)}$	211607.89	6291203.50	26157756.19
F_2	潜在经济损失总量	$F_2=F_{21}+F_{22}$	299174.45	6428987.87	26348087.95

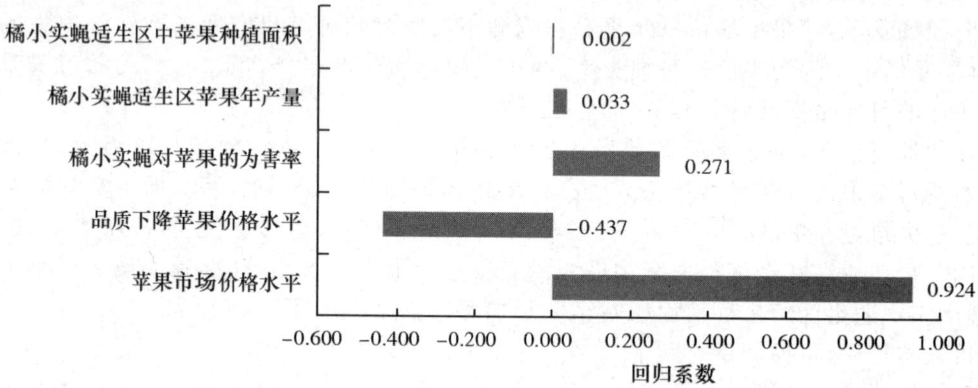

图 4-2-11　防控场景下橘小实蝇对我国苹果产业的潜在经济损失的变量灵敏性

表 4-2-16　投入防控后可挽回橘小实蝇对我国苹果产业的潜在经济损失　　万元

场景	标记	输出项	公式	最小值	平均值	最大值
可挽回潜在经济损失	F_3	可挽回潜在经济损失总量	$F_3=F_1-F_2$	1488965.89	19518785.96	345128624.65

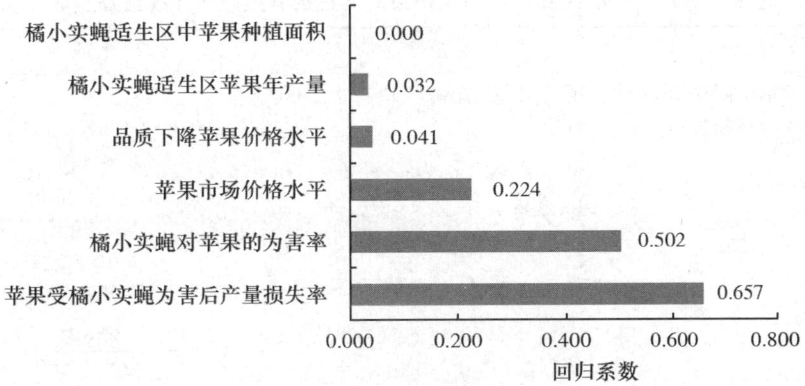

图 4-2-12　投入防控后可挽回橘小实蝇对我国苹果产业潜在经济损失的变量灵敏性

六、橘小实蝇对我国桃产业的潜在经济损失评估

(一)主要数据与来源

1. 不防控场景下橘小实蝇对我国桃产业的经济损失模型数据与来源

(1)橘小实蝇适生区桃年产量(Q_1)　根据中华人民共和国农业农村部种植业管理司数据库 2012—2016 年桃产量数据，得出橘小实蝇适生区桃的年产量最小值为 10654330.00 吨，最大值为 13321880.00 吨，平均值为 11961020.00 吨。

(2)橘小实蝇对桃的为害率(I)　根据雷艳梅等对橘小实蝇相关研究得知，橘小实蝇对果实的为害率在 40.00%～100.00%，平均值为 70.00%(雷艳梅等，2007)。

(3)桃受橘小实蝇为害后产量损失率(R)　橘小实蝇为害果实后，水果产量损失率＞20.00%，严重时绝收，平均值为 60.00%(查国贤等，2012)。

(4)桃市场价格水平(P_c)　据全国农产品商务信息公共服务平台，收集到 2017 年全国各市场的桃月平均价格，共计 241 个数据。分析的桃市场价格最小值为 2.64 元/千克，最大值为 14.49 元/千克，平均值为 7.63 元 /千克。

(5)品质下降桃价格水平(P_2)　对于品质下降桃市场价格水平，我们采取桃市场价格的一半作为数据集，得出品质下降桃市场价格最小值为 2.64 元/千克，平均值为 4.64 元/千克，最大值为 6.29 元/千克。

2. 防控场景下橘小实蝇对我国桃产业的经济损失模型数据与来源

(1)橘小实蝇适生区中桃种植面积(S)　与橘小实蝇适生区桃产量类似，根据中华人民共和国农业农村部种植业管理司数据库，得出 2012—2016 年橘小实蝇适生区桃种植面积最小值为 695940.00 公顷，平均值为 749920.00 公顷，最大值为 801950.00 公顷。

(2)单位面积桃疫区防控成本　以广东省调查结果为例，橘小实蝇的单位面积疫区防控成本为 1200.00 元/公顷(马兴莉等，2013)。

(二)评估模型与参数设置

橘小实蝇对中国桃产业的潜在经济损失评估模型及参数设置如表 4-2-17 所示。

表 4-2-17　橘小实蝇对中国桃产业的潜在经济损失评估模型及参数

	模型	输入变量	模型参数
不防控场景	产量下降引起的潜在经济损失(F_{11})	橘小实蝇适生区桃产量(Q_1)	Pert(10654330.00,11961020.00,13321880.00)吨
		橘小实蝇对桃为害率(I)	Pert(40.00%,70.00%,100.00%)
		桃受橘小实蝇为害后产量损失率(R)	Pert(20.00%,60.00%,100.00%)
		桃市场价格水平(P_c)	Pert(2.64,7.63,14.49)元
		产量下降引起的潜在经济损失(F_{11})	$F_{11}=\dfrac{Q_1\times I\times R\times P_c}{(1-IR)}$
	质量下降引起的潜在经济损失(F_{12})	疫区单位面积品质下降桃产量(Q_2)	$Q_2=\dfrac{Q_1\times I\times(1-R)}{(1-IR)}$
		品质下降桃价格水平(P_2)	Pert(2.64,4.64,6.29)元
		质量下降引起的潜在经济损失(F_{12})	$F_{12}=\dfrac{Q_1\times I\times(1-R)(P_c-P_2)}{(1-IR)}$
		不防控场景下潜在经济损失总量(F_1)	$F_1=F_{11}+F_{12}$
防控场景	防控费用(F_{21})	橘小实蝇适生区中桃种植面积(S)	Pert(695940.00,749920.00,801950.00)公顷
		单位桃疫区防控成本(C)	1200.00 元/公顷
		防控费用支出量(F_{21})	$F_{21}=S\times I\times C$
	投入防控潜在经济损失(F_{22})	单位适生区面积产量(A)	$A=\dfrac{Q_1}{S}$
		防控效果(M)	0.85
		效益校正系数(D)	2.00
		经济损害允许水平(E)	$E=\dfrac{C}{(A\times P_c\times M)}\times D\times 100\%$
		投入防控后潜在经济损失(F_{22})	$F_{22}=\dfrac{Q_1\times I\times E\times P_c}{(1-IE)}+\dfrac{Q_1\times I\times(1-E)(P_c-P_2)}{(1-IE)}$
		防控场景下潜在经济损失总量(F_2)	$F_{22}=\dfrac{Q_1\times I\times E\times P_c}{(1-IE)}+\dfrac{Q_1\times I\times(1-E)(P_c-P_2)}{(1-IE)}$
可挽回潜在经济损失		可挽回潜在经济损失 F_3	$F_3=F_1-F_2$

(三)潜在经济损失

在不防控的场景下，桃产量下降引起的橘小实蝇对桃的潜在经济损失在 532527.49 万～154468707.41 万元，桃质量下降引起的橘小实蝇对桃的潜在经济损失在 26.92 万～11297490.78 万元，橘小实蝇对桃的潜在经济损失总量在 835428.72 万～156580404.56 万元(表 4-2-18)。在不防控的场景下，对桃的潜在经济损失影响最大的是桃受橘小实蝇为害后的产量损失率、桃的市场价格水平和橘小实蝇对桃的为害率，橘小实蝇适生区的年产量和品质下降桃价格水平的影响较小(图 4-2-13)。

在防控场景下,橘小实蝇防控费用支出量在 35297.36 万～92806.17 万元,投入防控后橘小实蝇对桃的潜在经济损失在 104763.54 万～11810177.70 万元,橘小实蝇对桃的潜在经济损失总量在 146439.07 万～11891294.54 万元(表 4-2-19)。在防控场景下,桃市场价格水平是影响橘小实蝇对我国桃产业潜在经济损失最大的变量,其次是品质下降桃价格水平,橘小实蝇适生区桃种植面积对结果影响可以忽略不计(图 4-2-14)。

投入防控后,可挽回的经济损失是 568290.29 万～149262457.72 万元(表 4-2-20)。对投入防控后可挽回经济损失影响最大的变量是桃受橘小实蝇为害后产量损失率和橘小实蝇对桃的为害率(图 4-2-15)。

表 4-2-18　不防控场景下橘小实蝇对我国桃产业的潜在经济损失　　万元

标记	输出项	公式	最小值	平均值	最大值
F_{11}	产量下降引起的潜在经济损失	$F_{11}=\dfrac{Q_1\times I\times R\times P_c}{(1-IR)}$	532527.49	7911434.54	154468707.41
F_{12}	质量下降引起的潜在经济损失	$F_{12}=\dfrac{Q_1\times I\times(1-R)(P_c-P_2)}{(1-IR)}$	26.92	2117318.75	11297490.78
F_1	潜在经济损失总量	$F_1=F_{11}+F_{12}$	835428.72	10310116.60	156580404.56

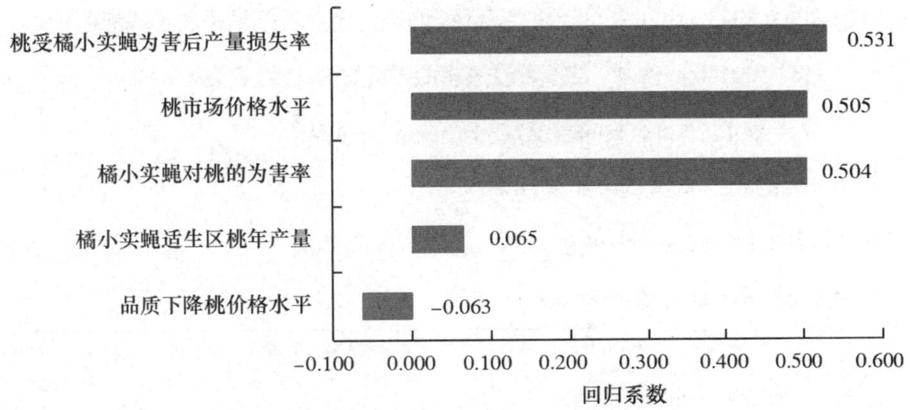

图 4-2-13　不防控场景下橘小实蝇对我国桃产业潜在经济损失的变量灵敏性

表 4-2-19　防控场景下橘小实蝇对我国桃产业的潜在经济损失　　万元

标记	输出项	公式	最小值	平均值	最大值
F_{21}	防控费用支出量	$F_{21}=S\times I\times C$	35297.36	62966.07	92806.17
F_{22}	投入防控后潜在经济损失	$F_{22}=\dfrac{Q_1\times I\times E\times P_c}{(1-IE)}+\dfrac{Q_1\times I\times(1-E)(P_c-P_2)}{(1-IE)}$	104763.54	3217904.56	11810177.70
F_2	潜在经济损失总量	$F_2=F_{21}+F_{22}$	146439.07	3280866.42	11891294.54

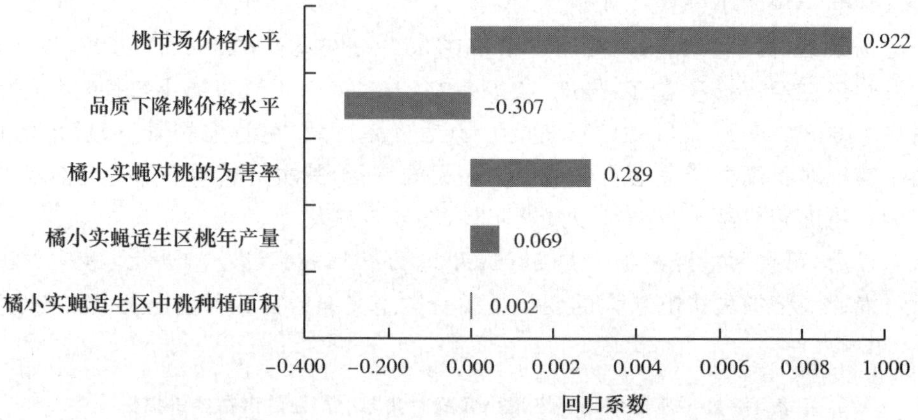

图 4-2-14 防控场景下橘小实蝇对我国桃产业的潜在经济损失的变量灵敏性

表 4-2-20 投入防控后可挽回橘小实蝇对我国桃产业的潜在经济损失 万元

场景	标记	输出项	公式	最小值	平均值	最大值
可挽回潜在经济损失	F_3	可挽回潜在经济损失总量	$F_3 = F_1 - F_2$	568290.29	7029250.18	149262457.72

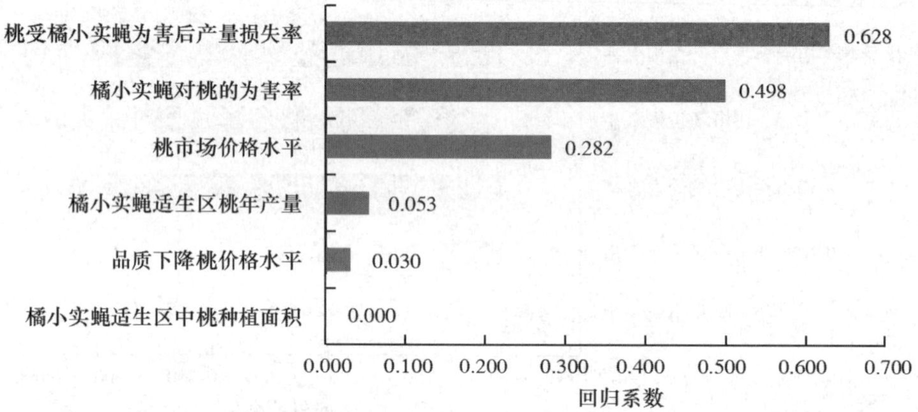

图 4-2-15 投入防控后可挽回橘小实蝇对我国桃产业潜在经济损失的变量灵敏性

七、橘小实蝇对我国梨产业的潜在经济损失评估

(一)主要数据与来源

1. 不防控场景下橘小实蝇对我国梨产业的经济损失模型数据与来源

(1)橘小实蝇适生区梨年产量(Q_1) 据中华人民共和国农业农村部种植业管理司数据库2012—2016年梨产量数据，橘小实蝇适生区年产量最小值为14242680.00吨，平均值为15090720.00吨，最大值为15791818.00吨。

(2)橘小实蝇对梨的为害率(I) 根据雷艳梅等对橘小实蝇相关研究得知，橘小实蝇对果实的为害率在40.00%～100.00%，平均值为70.00%(雷艳梅等，2007)。

(3)梨受橘小实蝇为害后产量损失率(R) 橘小实蝇为害果实后,水果产量损失率>20.00%,严重时绝收,平均值为60.00%(查国贤等,2012)。

(4)梨市场价格水平(P_c) 根据全国农产品商务信息公共服务平台,收集2017年橘小实蝇适生区各省份所有市场的梨月平均价格,共计448个价格数据。经分析,得出梨市场价格最小值为1.95元/千克,平均值为4.64元/千克,最大值为12.39元/千克。

(5)品质下降梨价格水平(P_2) 品质下降梨市场价格水平,我们采取梨市场价格的一半作为数据集。得出品质下降梨市场价格最小值为1.95元/千克,平均值为3.36元/千克,最大值为5.08元/千克。

2.防控场景下橘小实蝇对我国梨产业的经济损失模型数据与来源

(1)橘小实蝇适生区中梨种植面积(S) 同橘小实蝇适生区梨产量类似,根据中华人民共和国农业农村部种植业管理司数据库,得出2012—2016年橘小实蝇适生区梨种植面积最小值为916010.00公顷,平均值为920770.00公顷,最大值为928790.00公顷。

(2)单位面积梨疫区防控成本 以广东省调查结果为例,橘小实蝇的单位面积疫区防控成本为1200.00元/公顷(马兴莉等,2013)。

(二)评估模型与参数设置

橘小实蝇对中国梨产业的潜在经济损失评估模型及参数设置如表4-2-21所示。

表4-2-21 橘小实蝇对中国梨产业的潜在经济损失评估模型及参数

模型		输入变量	模型参数
不防控场景	产量下降引起的潜在经济损失(F_{11})	橘小实蝇适生区梨产量(Q_1)	Pert(14242680.00,15090720.00,15791818.00)吨
		橘小实蝇对梨为害率(I)	Pert(40.00%,70.00%,100.00%)
		梨受橘小实蝇为害后产量损失率(R)	Pert(20.00%,60.00%,100.00%)
		梨市场价格水平(P_c)	Pert(1.95,4.64,12.39)元
		产量下降引起的潜在经济损失(F_{11})	$F_{11}=\frac{Q_1\times I\times R\times P_c}{(1-IR)}$
	质量下降引起的潜在经济损失(F_{12})	疫区单位面积品质下降梨产量(Q_2)	$Q_2=\frac{Q_1\times I\times(1-R)}{(1-IR)}$
		品质下降梨价格水平(P_2)	Pert(1.95,3.36,5.08)元
		质量下降引起的潜在经济损失(F_{12})	$F_{12}=\frac{Q_1\times I\times(1-R)(P_c-P_2)}{(1-IR)}$
		不防控场景下潜在经济损失总量(F_1)	$F_1=F_{11}+F_{12}$
防控场景	防控费用(F_{21})	橘小实蝇适生区中梨种植面积(S)	Pert(916010.00,920770.00,928790.00)公顷
		单位梨疫区防控成本(C)	1200.00元/公顷
		防控费用支出量(F_{21})	$F_{21}=S\times I\times C$

续表 4-2-21

模型		输入变量	模型参数
	投入防控潜在经济损失(F_{22})	单位适生区面积产量(A)	$A=\frac{Q_1}{S}$
		防控效果(M)	0.85
		效益校正系数(D)	2.00
		经济损害允许水平(E)	$E=\frac{C}{(A\times P_c\times M)}\times D\times 100\%$
		投入防控后潜在经济损失(F_{22})	$F_{22}=\frac{Q_1\times I\times E\times P_c}{(1-IE)}+\frac{Q_1\times I\times(1-E)(P_c-P_2)}{(1-IE)}$
		防控场景下潜在经济损失总量(F_2)	$F_{22}=\frac{Q_1\times I\times E\times P_c}{(1-IE)}+\frac{Q_1\times I\times(1-E)(P_c-P_2)}{(1-IE)}$
可挽回潜在经济损失		可挽回潜在经济损失(F_3)	$F_3=F_1-F_2$

(三)潜在经济损失

在不防控场景下,梨产量下降引起的橘小实蝇潜在经济损失在 523252.52 万～136932277.80 万元,梨质量下降引起的橘小实蝇潜在经济损失在 10.53 万～12310384.90 万元,橘小实蝇对梨的潜在经济损失总量在 817953.88 万～143602080.40 万元(表 4-2-22)。在不防控场景下,梨市场价格水平是影响橘小实蝇对我国梨产业潜在经济损失的最大变量,梨受橘小实蝇为害后产量损失率、橘小实蝇适生区梨年产量次之,品质下降梨价格水平的影响可忽略不计(图 4-2-16)。

在防控场景下,橘小实蝇防控费用支出量在 44839.00 万～110437.60 万元,投入防控后橘小实蝇对梨的潜在经济损失在 126248.40 万～13107694.66 万元,橘小实蝇对梨的潜在经济损失总量在 176843.70 万～13207346.90 万元(表 4-2-23)。在防控场景下,橘小实蝇对我国梨产业潜在经济损失影响最大的变量是梨市场价格,其次是品质下降梨价格水平,橘小实蝇适生区梨种植面积对结果影响可以忽略不计(图 4-2-17)。

投入防控后,可挽回的经济损失在 51099.10 万～13323685.40 万元(表 4-2-24)。对投入防控后可挽回经济损失影响最大的变量是梨受橘小实蝇为害后产量损失率和梨市场价格水平(图 4-2-18)。

表 4-2-22　不防控场景下橘小实蝇对我国梨产业的潜在经济损失　　万元

标记	输出项	公式	最小值	平均值	最大值
F_{11}	产量下降引起的潜在经济损失	$F_{11}=\frac{Q_1\times I\times R\times P_c}{(1-IR)}$	523252.52	8158249.60	136932277.80
F_{12}	质量下降引起的潜在经济损失	$F_{12}=\frac{Q_1\times I\times(1-R)(P_c-P_2)}{(1-IR)}$	10.53	2405468.08	12310384.90
F_1	潜在经济损失总量	$F_1=F_{11}+F_{12}$	817953.88	1082827.60	143602080.40

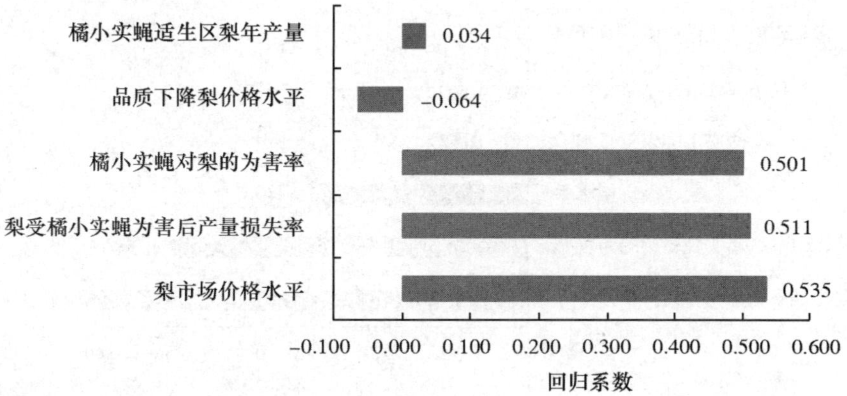

图 4-2-16　不防控场景下橘小实蝇对我国梨产业潜在经济损失的变量灵敏性

表 4-2-23　防控场景下橘小实蝇对我国梨产业的潜在经济损失　　万元

标记	输出项	公式	最小值	平均值	最大值
F_{21}	防控费用支出量	$F_{21}=S\times I\times C$	44839.00	77390.57	110437.60
F_{22}	投入防控后潜在经济损失	$F_{22}=\frac{Q_1\times I\times E\times P_c}{(1-IE)}+\frac{Q_1\times I\times(1-E)(P_c-P_2)}{(1-IE)}$	126248.40	3665669.90	13107694.66
F_2	潜在经济损失总量	$F_2=F_{21}+F_{22}$	176843.70	3743073.50	13207346.90

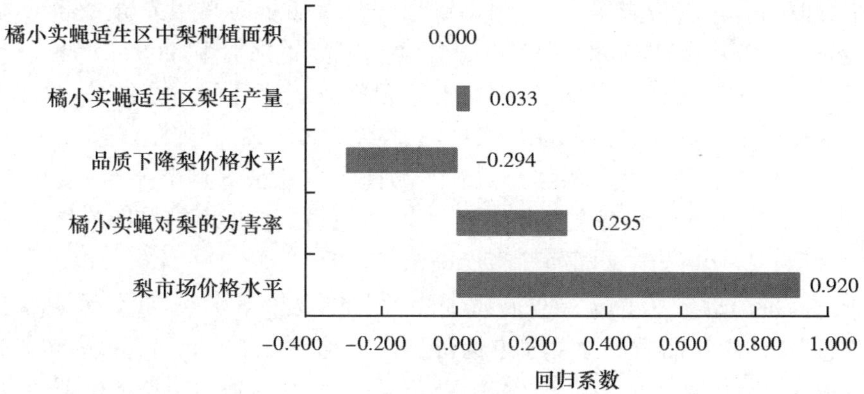

图 4-2-17　防控场景下橘小实蝇对我国梨产业的潜在经济损失的变量灵敏性

表 4-2-24　投入防控后可挽回橘小实蝇对我国梨产业的潜在经济损失　　万元

场景	标记	输出项	公式	最小值	平均值	最大值
可挽回潜在经济损失	F_3	可挽回潜在经济损失总量	$F_3=F_1-F_2$	51099.10	708520.20	13323685.40

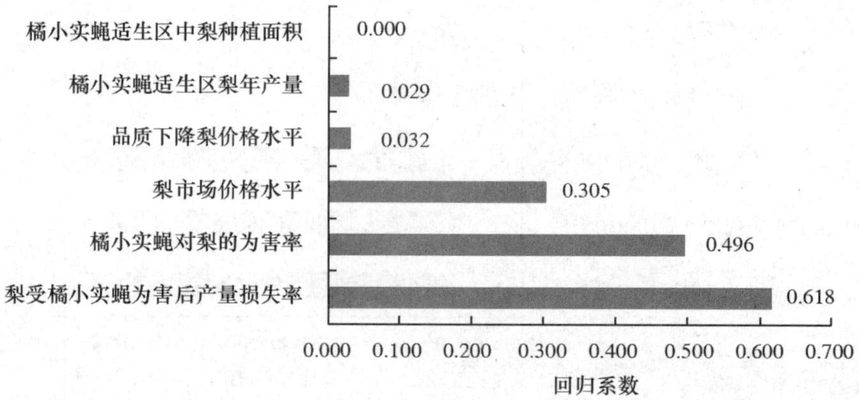

图 4-2-18 投入防控后可挽回橘小实蝇对我国梨产业潜在经济损失的变量灵敏性

八、橘小实蝇对我国番茄产业的潜在经济损失评估

(一)主要数据与来源

1. 不防控场景下橘小实蝇对我国番茄产业的经济损失模型数据与来源

(1)橘小实蝇适生区番茄年产量(Q_1) 据中华人民共和国农业农村部种植业管理司数据库2012—2016年番茄产量数据，橘小实蝇适生区年产量最小值为14242680.00吨，平均值为15090720.00吨，最大值为15791820.00吨。

(2)橘小实蝇对番茄的为害率(I) 根据雷艳梅等对橘小实蝇相关研究得知，橘小实蝇对果实的为害率在40.00%～100.00%，平均值为70.00%(雷艳梅等，2007)。

(3)番茄受橘小实蝇为害后产量损失率(R) 根据查国贤等的研究结果，橘小实蝇为害果实后，水果产量损失率>20.00%，严重时绝收，平均值为60.00%(查国贤等，2012)。

(4)番茄市场价格水平(P_c) 根据全国农产品商务信息公共服务平台，收集2017年橘小实蝇适生区各省份所有市场的番茄月平均价格。经分析，得出番茄市场价格最小值为0.80元/千克，平均值为4.01元/千克，最大值为10.57元/千克。

(5)品质下降番茄价格水平(P_2) 品质下降番茄市场价格水平，我们采取番茄市场价格的一半作为数据集。得出品质下降番茄市场价格最小值为1.80元/千克，平均值为2.96元/千克，最大值为4.00元/千克。

2. 防控场景下橘小实蝇对我国番茄产业的经济损失模型数据与来源

(1)橘小实蝇适生区中番茄种植面积(S) 同橘小实蝇适生区番茄产量类似，根据中华人民共和国农业农村部种植业管理司数据库，得出2012—2016年橘小实蝇适生区番茄种植面积最小值为763860.00公顷，平均值为813160.00公顷，最大值为854010.00公顷。

(2)单位面积番茄疫区防控成本 以广东省调查结果为例，橘小实蝇的单位面积疫区防控成本为1200.00元/公顷(马兴莉等，2013)。

(二)评估模型与参数设置

橘小实蝇对中国番茄产业的潜在经济损失评估模型及参数设置如表4-2-25所示。

表 4-2-25 橘小实蝇对中国番茄产业的潜在经济损失评估模型及参数

	模型	输入变量	模型参数
不防控场景	产量下降引起的潜在经济损失(F_{11})	橘小实蝇适生区番茄产量(Q_1)	Pert(14242680.00,15090720.00,15791820.00)吨
		橘小实蝇对番茄为害率(I)	Pert(40.00%,70.00%,100.00%)
		番茄受橘小实蝇为害后产量损失率(R)	Pert(20.00%,60.00%,100.00%)
		番茄市场价格水平(P_c)	Pert(0.80,4.01,10.57)元
		产量下降引起的潜在经济损失(F_{11})	$F_{11}=\frac{Q_1\times I\times R\times P_c}{(1-IR)}$
	质量下降引起的潜在经济损失(F_{12})	疫区单位面积品质下降番茄产量(Q_2)	$Q_2=\frac{Q_1\times I\times(1-R)}{(1-IR)}$
		品质下降番茄价格水平(P_2)	Pert(1.80,2.96,4.00)元
		质量下降引起的潜在经济损失(F_{12})	$F_{12}=\frac{Q_1\times I\times(1-R)(P_c-P_2)}{(1-IR)}$
		不防控场景下潜在经济损失总量(F_1)	$F_1=F_{11}+F_{12}$
防控场景	防控费用(F_{21})	橘小实蝇适生区中番茄种植面积(S)	Pert(763860.00,813160.00,854010.00)公顷
		单位番茄疫区防控成本(C)	1200.00 元/公顷
		防控费用支出量(F_{21})	$F_{21}=S\times I\times C$
	投入防控潜在经济损失(F_{22})	单位适生区面积产量(A)	$A=\frac{Q_1}{S}$
		防控效果(M)	0.85
		效益校正系数(D)	2.00
		经济损害允许水平(E)	$E=\frac{C}{(A\times P_c\times M)}\times D\times 100\%$
		投入防控后潜在经济损失(F_{22})	$F_{22}=\frac{Q_1\times I\times E\times P_c}{(1-IE)}+\frac{Q_1\times I\times(1-E)(P_c-P_2)}{(1-IE)}$
		防控场景下潜在经济损失总量(F_2)	$F_{22}=\frac{Q_1\times I\times E\times P_c}{(1-IE)}+\frac{Q_1\times I\times(1-E)(P_c-P_2)}{(1-IE)}$
可挽回潜在经济损失		可挽回潜在经济损失(F_3)	$F_3=F_1-F_2$

(三)潜在经济损失

在不防控场景下，番茄产量下降引起的橘小实蝇潜在经济损失在 482242.30 万～25203114.90 万元，番茄质量下降引起的橘小实蝇潜在经济损失在 15.24 万～24130892.18 万元，橘小实蝇对番茄的潜在经济损失总量在 167131.90 万～256172829.50 万元(表 4-2-26)。

在不防控场景下,番茄市场价格水平是影响橘小实蝇对我国番茄产业潜在经济损失的最大变量,番茄受橘小实蝇为害后产量损失率、橘小实蝇适生区番茄年产量次之,品质下降番茄价格水平的影响可忽略不计(图 4-2-19)。

在防控场景下,橘小实蝇防控费用支出量在 38647.68 万~98705.16 万元,投入防控后橘小实蝇对番茄的潜在经济损失在 113949.90 万~25172528.10 万元,橘小实蝇对番茄的潜在经济损失总量在 157131.90 万~25268249.80 万元(表 4-2-27)。在防控场景下,橘小实蝇对我国番茄产业潜在经济损失影响最大的变量是番茄市场价格,其次是品质下降番茄价格水平,橘小实蝇适生区番茄种植面积对结果影响可以忽略不计(图 4-2-20)。

投入防控后,可挽回的经济损失在 1219857.49 万~243466897.82 万元(表 4-2-28)。对投入防控后可挽回经济损失影响最大的变量是番茄受橘小实蝇为害后产量损失率和番茄市场价格水平(图 4-2-21)。

表 4-2-26　不防控场景下橘小实蝇对我国番茄产业的潜在经济损失　　万元

标记	输出项	公式	最小值	平均值	最大值
F_{11}	产量下降引起的潜在经济损失	$F_{11}=\frac{Q_1\times I\times R\times P_c}{(1-IR)}$	482242.30	1426534.30	25203114.90
F_{12}	质量下降引起的潜在经济损失	$F_{12}=\frac{Q_1\times I\times(1-R)(P_c-P_2)}{(1-IR)}$	15.24	4090326.57	24130892.18
F_1	潜在经济损失总量	$F_1=F_{11}+F_{12}$	167131.90	2024342.00	256172829.50

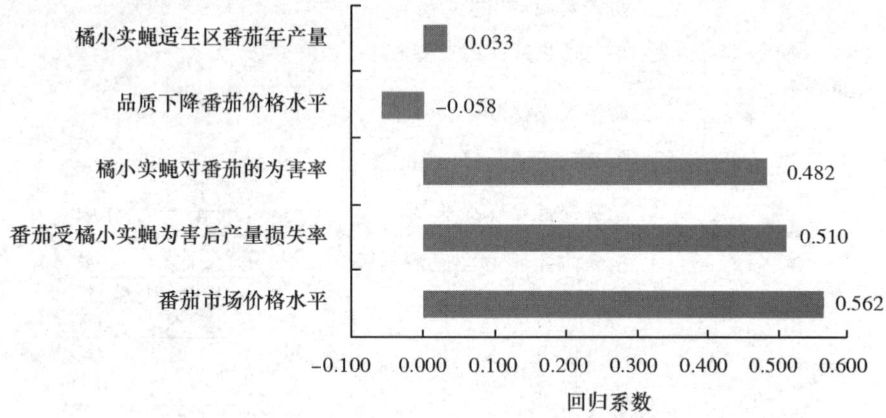

图 4-2-19　不防控场景下橘小实蝇对我国番茄产业潜在经济损失的变量灵敏性

表 4-2-27　防控场景下橘小实蝇对我国番茄产业的潜在经济损失　　万元

标记	输出项	公式	最小值	平均值	最大值
F_{21}	防控费用支出量	$F_{21}=S\times I\times C$	38647.68	68186.57	98705.16
F_{22}	投入防控后潜在经济损失	$F_{22}=\frac{Q_1\times I\times E\times P_c}{(1-IE)}+\frac{Q_1\times I\times(1-E)(P_c-P_2)}{(1-IE)}$	113949.90	6104854.40	25172528.10
F_2	潜在经济损失总量	$F_2=F_{21}+F_{22}$	157131.90	617304.10	25268249.80

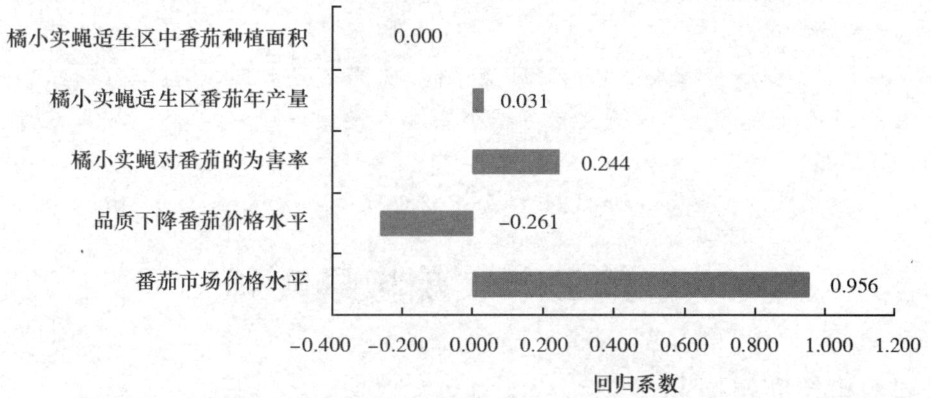

图 4-2-20　防控场景下橘小实蝇对我国番茄产业的潜在经济损失的变量灵敏性

表 4-2-28　投入防控后可挽回橘小实蝇对我国番茄产业的潜在经济损失　　万元

场景	标记	输出项	公式	最小值	平均值	最大值
可挽回潜在经济损失	F_3	可挽回潜在经济损失总量	$F_3=F_1-F_2$	1219857.49	14070378.31	243466897.82

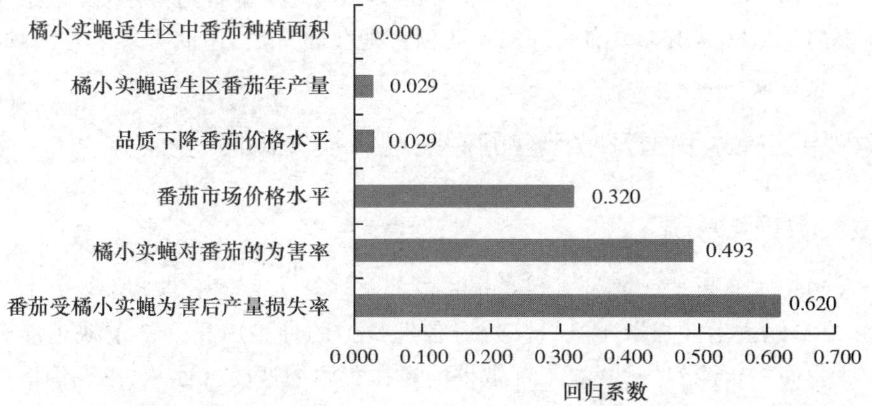

图 4-2-21　投入防控后可挽回橘小实蝇对我国番茄产业潜在经济损失的变量灵敏性

参考文献

雷艳梅，廖冬晴，黄树长，等. 广西番石榴园桔小实蝇发生情况调查及套袋防治试验. 中国热带农业，2007(2)：50-51.

李志红. 生物入侵防控：重要经济实蝇潜在地理分布研究. 北京：中国农业大学出版社，2015.

刘刚. 橘小实蝇在全球的潜在分布地区基本明确. 农药市场信息，2017(28)：52-53.

刘元明，向子钧，许红，等. 橘小实蝇及其近似种的特征比较. 湖北植保，2008(1)：19-20.

马兴莉，李志红，胡学难，等. 橘小实蝇、瓜实蝇和南亚果实蝇对广东省造成的经济损失评估. 植物检疫，2013，27(3)：50-56.

全国农产品商务信息公共服务平台. 2018. http：//nc.mofcom.gov.cn/.

余继华，张敏荣，卢璐，等．台州柑橘小实蝇发生为害减轻原因探析．农学学报，2016，6(10)：24-26．
查国贤，郝建华．橘小实蝇入侵苏州的风险评估．江苏农业科学，2012，40(7)：129-130．
张岳．重要经济性实蝇分子系统发育与橘小实蝇入侵溯源研究．北京：中国农业大学博士学位论文，2021．
中华人民共和国农业农村部．2018．http://202.127.42.157/moazzys/shucai_cx.aspx．

第三节　辣椒果实蝇

一、辣椒果实蝇概况

辣椒果实蝇[*Bactrocera latifrons* (Hendel)]，英文名 Solanum fruit fly，又称宽额寡鬃实蝇，隶属于双翅目(Diptera)实蝇科(Tephritidae)果实蝇属(*Bactrocera*)，被我国列为进境检疫性有害生物。

辣椒果实蝇目前主要分布于亚洲地区，在非洲与北美洲也有局部分布。在我国辣椒果实蝇目前分布在南方地区，包括广东、广西、海南、云南和香港地区(CABI，2018)。辣椒果实蝇在我国的潜在地理分布研究显示，至 2020 年，其适生区北界达甘肃南部、河南中部及江苏北部，适生区的面积增加至全国面积的 39.00%(李志红，2015)。根据报道显示，辣椒果实蝇主要为害茄科植物中的辣椒(CABI，2018)。辣椒在我国产地分布广泛，南北方多个省内均有种植(马艳青，2011；耿三省等，2011)。

二、辣椒果实蝇对我国辣椒产业的潜在经济损失评估

(一)主要数据与来源

1．不防控场景下辣椒果实蝇对我国辣椒产业的经济损失模型数据与来源

(1)辣椒果实蝇适生区辣椒年产量(Q_1)　各省具体的种植面积及产量缺乏准确的官方统计数字。因此我们将预测到的 2020 年辣椒果实蝇在我国的适生区面积(占全国国土总面积的 39%)(李志红，2015)与 FAO(2018)公布的我国青辣椒 2013—2017 年的产量相乘，计算得到的结果被认为是我国 2013—2017 年辣椒果实蝇适生区中辣椒的年产量。辣椒果实蝇适生区年产量最小值为 6172370.00 吨，平均值为 6570050.00 吨，最大值为 6950280.00 吨。

(2)辣椒果实蝇对辣椒的为害率(I)　根据 Liquido 等在夏威夷的实地调查发现，单个辣椒果实被辣椒果实蝇为害的概率在 12.68%～18.18%，平均值为 15.43%。

(3)辣椒受辣椒果实蝇为害后产量损失率(R)　辣椒果实蝇将卵产于寄主的果实中，幼虫取食果实致其霉烂无法食用(黄振和黄可辉，2009)。在此认为单个卵在果实内孵化出幼虫，果实即完全失去经济价值，采用单个卵的孵化率作为为害后的损失率。鉴于缺少辣椒果实蝇孵化率的相关研究，因此参考同属物种橘小实蝇的相关研究，根据袁盛勇等对橘小实蝇在不同温度下卵孵化率的研究及吴淇铭对辣椒果实蝇发育起点温度及越夏最高温度的描述，采用橘小实蝇 18～35 ℃卵孵化率的数据，辣椒受辣椒果实蝇为害后产量损失率在 35.67%～80.67%，平均值为 64.05%(吴淇铭，2014)。

(4)辣椒市场价格水平(P_c)　根据全国农产品商务信息公共服务平台，收集 2017 年辣椒果实蝇适生区各省份所有市场的辣椒月平均价格，共计 816 个价格数据。经分析，得出辣椒市场价格最小值为 0.75 元/千克，平均值为 3.80 元/千克，最大值为 11.00 元/千克。

(5)品质下降辣椒价格水平(P_2)　品质下降辣椒市场价格水平，我们采取辣椒市场价格的一半作为数据集。得出品质下降辣椒市场价格最小值为 0.75 元/千克，平均值为 2.64 元/千克，最大值为 3.79 元/千克。

2. 防控场景下辣椒果实蝇对我国辣椒产业的经济损失模型数据与来源

(1)辣椒果实蝇适生区中辣椒种植面积(S)　同辣椒果实蝇适生区辣椒产量类似，把 FAO 相关数据统计与 2020 年辣椒果实蝇适生区占全国面积的 39.00%相乘(李志红，2015)，得出 2012—2016 年辣椒实蝇适生区辣椒种植面积最小值为 277860.00 公顷，平均值为 287520.00 公顷，最大值为 296900.00 公顷。

(2)单位面积辣椒疫区防控成本　以简阳县禾丰镇辣椒种植农户为例，单位面积辣椒疫区防控费用为 2400.00 元/公顷。

(3)防控效果　以简阳县禾丰镇辣椒种植农户为例，当单位面积辣椒疫区防控费用为 2400.00 元/公顷时，达到的防控效果为 90.00%。

(二)评估模型与参数设置

辣椒果实蝇对中国辣椒产业的潜在经济损失评估模型及参数设置如表 4-3-1 所示。

表 4-3-1　辣椒果实蝇对中国辣椒产业的潜在经济损失评估模型及参数

模型		输入变量	模型参数
不防控场景	产量下降引起的潜在经济损失(F_{11})	辣椒果实蝇适生区辣椒产量(Q_1)	Pert (6172370.00,6570050.00,6950280.00)吨
		辣椒果实蝇对辣椒为害率(I)	Pert(12.68%,15.43%,18.18%)
		辣椒受辣椒果实蝇为害后产量损失率(R)	Pert(35.67%,64.05%,80.67%)
		辣椒市场价格水平(P_c)	Pert(0.75,3.80,11.00)元
		产量下降引起的潜在经济损失(F_{11})	$F_{11}=\dfrac{Q_1\times I\times R\times P_c}{(1-IR)}$
	质量下降引起的潜在经济损失(F_{12})	疫区单位面积品质下降辣椒产量(Q_2)	$Q_2=\dfrac{Q_1\times I\times(1-R)}{(1-IR)}$
		品质下降辣椒价格水平(P_2)	Pert(0.75,2.64,3.79)元
		质量下降引起的潜在经济损失(F_{12})	$F_{12}=\dfrac{Q_1\times I\times(1-R)(P_c-P_2)}{(1-IR)}$
		不防控场景下潜在经济损失总量(F_1)	$F_1=F_{11}+F_{12}$
防控场景	防控费用(F_{21})	辣椒果实蝇适生区中辣椒种植面积(S)	Pert(277860.00，287520.00，296900.00)公顷
		单位辣椒疫区防控成本(C)	2400.00 元/公顷

续表 4-3-1

模型	输入变量	模型参数
	防控费用支出量(F_{21})	$F_{21} = S \times I \times C$
投入防控潜在经济损失(F_{22})	单位适生区面积产量(A)	$A = \frac{Q_1}{S}$
	防控效果(M)	0.90
	效益校正系数(D)	2.00
	经济损害允许水平(E)	$E = \frac{C}{(A \times P_c \times M)} \times D \times 100\%$
	投入防控后潜在经济损失(F_{22})	$F_{22} = \frac{Q_1 \times I \times E \times P_c}{(1 - IE)} + \frac{Q_1 \times I \times (1 - E)(P_c - P_2)}{(1 - IE)}$
	防控场景下潜在经济损失总量(F_2)	$F_{22} = \frac{Q_1 \times I \times E \times P_c}{(1 - IE)} + \frac{Q_1 \times I \times (1 - E)(P_c - P_2)}{(1 - IE)}$
可挽回潜在经济损失	可挽回潜在经济损失(F_3)	$F_3 = F_1 - F_2$

(三)潜在经济损失

在不防控场景下,辣椒产量下降引起的辣椒果实蝇潜在经济损失在 18397.53 万~1045235.88 万元,辣椒质量下降引起的辣椒果实蝇潜在经济损失在 9.23 万~649815.39 万元,辣椒果实蝇对辣椒的潜在经济损失总量在 36393.69 万~1336108.18 万元(表 4-3-2)。在不防控场景下,辣椒市场价格水平是影响辣椒果实蝇对我国辣椒产业潜在经济损失的最大变量,辣椒果实蝇对辣椒的为害率、辣椒受辣椒果实蝇为害后产量损失率次之,辣椒果实蝇适生区辣椒年产量和品质下降辣椒价格水平的影响可忽略不计(图 4-3-1)。

在防控场景下,辣椒果实蝇防控费用支出量在 8640.67 万~12787.67 万元,投入防控后辣椒果实蝇对辣椒的潜在经济损失在 20574.76 万~988924.98 万元,辣椒果实蝇对辣椒的潜在经济损失总量在 29637.35 万~1000799.74 万元(表 4-3-3)。在防控场景下,辣椒果实蝇对我国辣椒产业潜在经济损失影响最大的变量是辣椒市场价格,其次是品质下降辣椒价格水平,辣椒果实蝇适生区辣椒种植面积对结果影响可以忽略不计(图 4-3-2)。

投入防控后,可挽回的经济损失是 387.54 万~423632.16 万元(表 4-3-4)。对投入防控后可挽回经济损失影响最大的变量是辣椒受辣椒果实蝇为害后产量损失率和品质下降辣椒市场价格水平(图 4-3-3)。

表 4-3-2 不防控场景下辣椒果实蝇对我国辣椒产业的潜在经济损失 万元

标记	输出项	公式	最小值	平均值	最大值
F_{11}	产量下降引起的潜在经济损失	$F_{11} = \frac{Q_1 \times I \times R \times P_c}{(1 - IR)}$	18397.53	293068.90	1045235.88
F_{12}	质量下降引起的潜在经济损失	$F_{12} = \frac{Q_1 \times I \times (1 - R)(P_c - P_2)}{(1 - IR)}$	9.23	116550.97	649815.39
F_1	潜在经济损失总量	$F_1 = F_{11} + F_{12}$	36393.69	441342.65	1336108.18

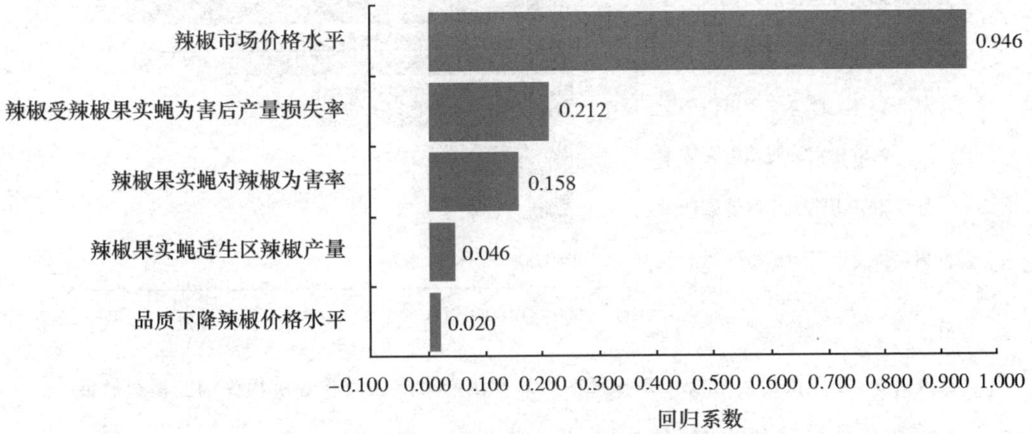

图 4-3-1　不防控场景下辣椒果实蝇对我国辣椒产业潜在经济损失的变量灵敏性

表 4-3-3　防控场景下辣椒果实蝇对我国辣椒产业的潜在经济损失　　万元

标记	输出项	公式	最小值	平均值	最大值
F_{21}	防控费用支出量	$F_{21}=S\times I\times C$	8640.67	10645.93	12787.67
F_{22}	投入防控后潜在经济损失	$F_{22}=\dfrac{Q_1\times I\times E\times P_c}{(1-IE)}+\dfrac{Q_1\times I\times(1-E)(P_c-P_2)}{(1-IE)}$	20574.76	270190.69	988924.98
F_2	潜在经济损失总量	$F_2=F_{21}+F_{22}$	29637.35	280837.77	1000799.74

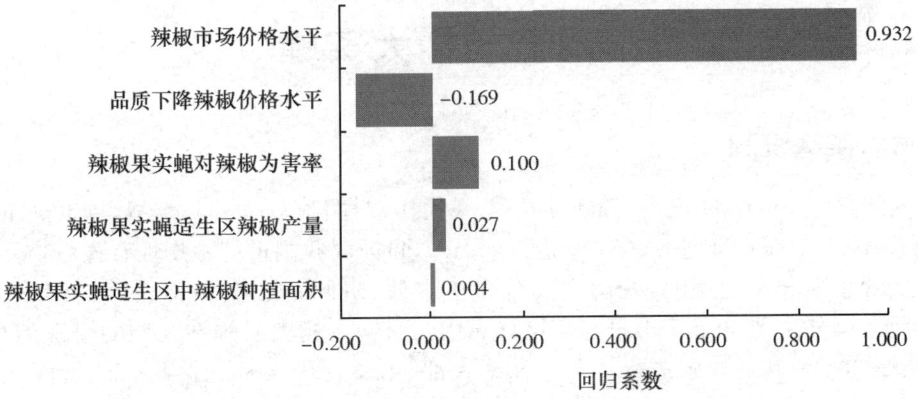

图 4-3-2　防控场景下辣椒果实蝇对我国辣椒产业的潜在经济损失的变量灵敏性

表 4-3-4　投入防控后可挽回辣椒果实蝇对我国辣椒产业的潜在经济损失　　万元

场景	标记	输出项	公式	最小值	平均值	最大值
可挽回潜在经济损失	F_3	可挽回潜在经济损失总量	$F_3=F_1-F_2$	387.54	160504.88	423632.16

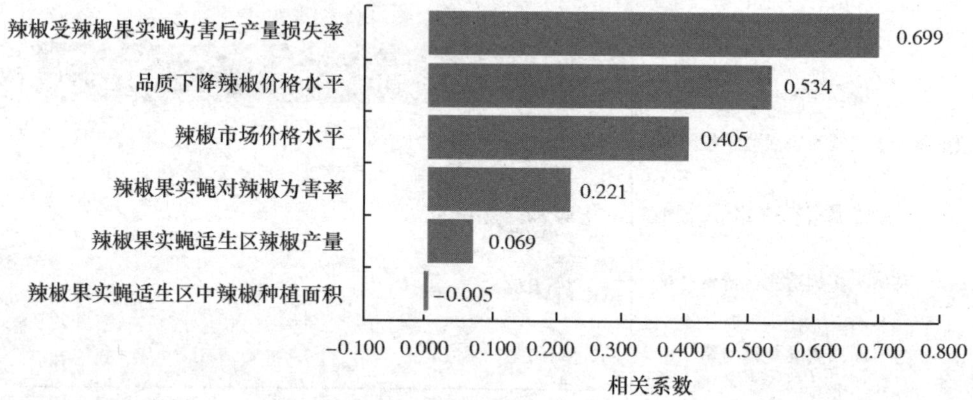

图 4-3-3 投入防控后可挽回辣椒果实蝇对我国辣椒产业潜在经济损失的变量灵敏性

本研究的部分结果已发表(康德琳等,2019)。

参考文献

耿三省,陈斌,张晓芬,等. 我国辣椒育种动态及市场品种分布概况. 辣椒杂志,2011(3):1-9.

黄振,黄可辉. 检疫性有害生物-辣椒实蝇的形态、危害与检疫对策. 武夷科学,2009,25(1):21-23.

康德琳,孙宏禹,卢国彩,等. 基于@RISK辣椒果实蝇对我国辣椒产业的潜在经济损失评估. 应用昆虫学报,2019,56(3):500-507.

李志红. 生物入侵防控:重要经济实蝇潜在地理分布研究. 北京:中国农业大学出版社,2015.

马艳青. 我国辣椒产业形势分析. 辣椒杂志,2011(1):1-5.

吴淇铭. 6种重要果实蝇的适生区预测和风险分析. 硕士学位论文. 福州:福建农林大学,2014.

第四节 橘大实蝇

一、橘大实蝇概况

橘大实蝇[*Bactrocera minax* (Enderlein)],隶属于双翅目(Diptera),实蝇科(Tephritidae),果实蝇属(*Bactrocera*)(张小亚等,2007; 李志红,2015),目前属我国进境检疫性有害生物。

橘大实蝇主要分布于亚洲,我国主要分布于广西、贵州、湖北、湖南、江西、江苏、陕西、四川、云南等地,国外主要分布于不丹和印度(CABI,2019)。橘大实蝇在我国的潜在地理分布研究显示,至2020年,其适生区边界达黑龙江绝大部、内蒙古中东部、甘肃南部、青海东部、西藏南部地区以及东南沿海地区,在新疆有零星分布(李志红,2015)。

橘大实蝇是柑橘类水果重要害虫,可为害甜橙、酸橙、柚子、温州蜜橘、红橘、柑、京橘、葡萄柚、佛手等寄主果实(张小亚等,2007)。橘大实蝇以成虫产卵和幼虫蛀果为害果实,造成水果未熟先黄,提前脱落,不仅导致产量显著下降,而且影响食用价值(王穗等,2009)。根据中华人民共和国农业农村部种植业管理司数据库显示(中华人民共和国农业农村部,2018),柑橘种植区分布在我国上海、江苏、浙江、安徽、福建、江西、河南、湖北、湖南、广东、广西、海南、重庆、四川、贵州、云南、陕西、甘肃、西藏等地。

本研究主要评估橘大实蝇对我国柑橘的潜在经济损失。

二、橘大实蝇对我国柑橘产业的潜在经济损失评估

(一)主要数据与来源

1. 不防控场景下橘大实蝇对我国柑橘产业的经济损失模型数据与来源

(1)橘大实蝇适生区柑橘年产量(Q_1)　据中华人民共和国农业农村部种植业管理司数据库2012—2016年柑橘产量数据，橘大实蝇适生区年产量最小值为30411835.26吨，均值为33618426.09吨，最大值为36590115.25吨。

(2)橘大实蝇对柑橘的为害率(I)　橘大实蝇以雌成虫产卵和幼虫取食果肉为害果实，造成果实未熟先黄、黄中带红，提前落果，其虫果率为20.00%～30.00%，高达100.00%(王福莲，2018)。

(3)柑橘受橘大实蝇为害后产量损失率(R)　橘大实蝇是柑橘类果树的主要害虫，造成的损失在10.00%～20.00%，严重时达到60.00%～90.00%(张占英等，2017)。

(4)柑橘市场价格水平(P_c)　根据全国农产品商务信息公共服务平台，收集2017年橘大实蝇适生区各省份所有市场的柑橘月平均价格，共计301个价格数据(全国农产品商务信息公共服务平台，2018)。经分析，得出柑橘市场价格最小值为1.55元/千克，平均值为6.36元/千克，最大值为15.69元/千克。

(5)品质下降柑橘价格水平(P_2)　对于品质下降柑橘市场价格水平，我们采取柑橘市场价格的一半作为数据集。得出品质下降柑橘市场价格最小值为1.55元/千克，平均值为4.00元/千克，最大值为5.05元/千克。

2. 防控场景下橘大实蝇对我国柑橘产业的经济损失模型数据与来源

(1)橘大实蝇适生区中柑橘种植面积(S)　同橘大实蝇适生区柑橘产量类似，根据农业农村部种植业管理司数据库(中华人民共和国农业农村部，2018)，得出2012—2016年橘大实蝇适生区柑橘种植面积最小值为2235790.00公顷，平均值为2404730.00公顷，最大值为2551120.00公顷。

(2)单位面积柑橘疫区防控成本　因防控成本指出主要考虑农药、劳务、机械折旧等费用，本研究参考瓜实蝇对中国苦瓜产业的潜在经济损失评估，单位面积柑橘疫区防控费用为7500.00元/公顷。

(3)防控效果　参考瓜实蝇对中国苦瓜产业的潜在经济损失评估，防控费用为7500.00元/公顷时，达到的防控效果为85.00%。

(二)评估模型与参数设置

橘大实蝇对中国柑橘产业的潜在经济损失评估模型及参数设置如表4-4-1所示。

表4-4-1　橘大实蝇对中国柑橘产业的潜在经济损失评估模型及参数

模型		输入变量	模型参数
不防控场景	产量下降引起的潜在经济损失(F_{11})	橘大实蝇适生区柑橘产量(Q_1)	Pert(30411835.26,33618426.09,36590115.25)吨
		橘大实蝇对柑橘为害率(I)	Pert(0.00,25.00%,100.00%)
		柑橘受橘大实蝇为害后产量损失率(R)	Pert(0.00,15.00%,90.00%)
		柑橘市场价格水平(P_c)	Pert(1.55,6.36,15.69)元
		产量下降引起的潜在经济损失(F_{11})	$F_{11}=\dfrac{Q_1\times I\times R\times P_c}{(1-IR)}$

续表 4-4-1

	模型	输入变量	模型参数
	质量下降引起的潜在经济损失(F_{12})	疫区单位面积品质下降柑橘产量(Q_2)	$Q_2=\frac{Q_1\times I\times(1-R)}{(1-IR)}$
		品质下降柑橘价格水平(P_2)	Pert(1.55,4.00,5.05)元
		质量下降引起的潜在经济损失(F_{12})	$F_{12}=\frac{Q_1\times I\times(1-R)(P_c-P_2)}{(1-IR)}$
		不防控场景下潜在经济损失总量(F_1)	$F_1=F_{11}+F_{12}$
防控场景	防控费用(F_{21})	橘大实蝇适生区中柑橘种植面积(S)	Pert(2235790.00,2404730.00,2551120.00)公顷
		单位柑橘疫区防控成本(C)	7500.00 元/公顷
		防控费用支出量(F_{21})	$F_{21}=S\times I\times C$
	投入防控潜在经济损失(F_{22})	单位适生区面积产量(A)	$A=\frac{Q_1}{S}$
		防控效果(M)	0.85
		效益校正系数(D)	2.00
		经济损害允许水平(E)	$E=\frac{C}{(A\times P_c\times M)}\times D\times 100\%$
		投入防控后潜在经济损失(F_{22})	$F_{22}=\frac{Q_1\times I\times E\times P_c}{(1-IE)}+\frac{Q_1\times I\times(1-E)(P_c-P_2)}{(1-IE)}$
		防控场景下潜在经济损失总量(F_2)	$F_{22}=\frac{Q_1\times I\times E\times P_c}{(1-IE)}+\frac{Q_1\times I\times(1-E)(P_c-P_2)}{(1-IE)}$
可挽回潜在经济损失		可挽回潜在经济损失(F_3)	$F_3=F_1-F_2$

(三)潜在经济损失

在不防控场景下，柑橘产量下降引起的橘大实蝇潜在经济损失在 413.18 万～47872334.16 万元，柑橘质量下降引起的橘大实蝇潜在经济损失在 3.50 万～33032075.60 万元，橘大实蝇对柑橘的潜在经济损失总量在 6383.59 万～59361699.57 万元(表 4-4-2)。在不防控场景下，橘大实蝇对柑橘的为害率是影响橘大实蝇对我国柑橘产业潜在经济损失的最大变量，柑橘市场价格水平、柑橘受橘大实蝇为害后产量损失率次之，品质下降柑橘价格水平和橘大实蝇适生区柑橘年产量的影响最小(图 4-4-1)。

在防控场景下，橘大实蝇防控费用支出量在 1129.72 万～1814615.82 万元，投入防控后橘大实蝇对柑橘的潜在经济损失在 14575.93 万～37514417.26 万元，橘大实蝇对柑橘的潜在经济损失总量在 15948.66 万～38957040.89 万元(表 4-4-3)。在防控场景下，橘大实蝇对我国柑橘产业潜在经济损失影响最大的变量是橘大实蝇对柑橘的为害率，其次是柑橘市场价格、品质下降柑橘价格水平和橘大实蝇适生区柑橘年产量，橘大实蝇适生区中柑橘种植面积对结果影响可以忽略不计(图 4-4-2)。

投入防控后，可挽回的经济损失在－7314113.60万～36754273.78万元（表4-4-4）。对投入防控后可挽回经济损失影响最大的变量是柑橘受橘大实蝇为害后产量损失率和柑橘市场价格水平（图4-4-3）。

表4-4-2　不防控场景下橘大实蝇对我国柑橘产业的潜在经济损失　　万元

标记	输出项	公式	最小值	平均值	最大值
F_{11}	产量下降引起的潜在经济损失	$F_{11}=\dfrac{Q_1\times I\times R\times P_c}{(1-IR)}$	413.18	2361823.16	47872334.16
F_{12}	质量下降引起的潜在经济损失	$F_{12}=\dfrac{Q_1\times I\times(1-R)(P_c-P_2)}{(1-IR)}$	3.50	3598829.93	33032075.60
F_1	潜在经济损失总量	$F_1=F_{11}+F_{12}$	6383.59	6115893.12	59361699.57

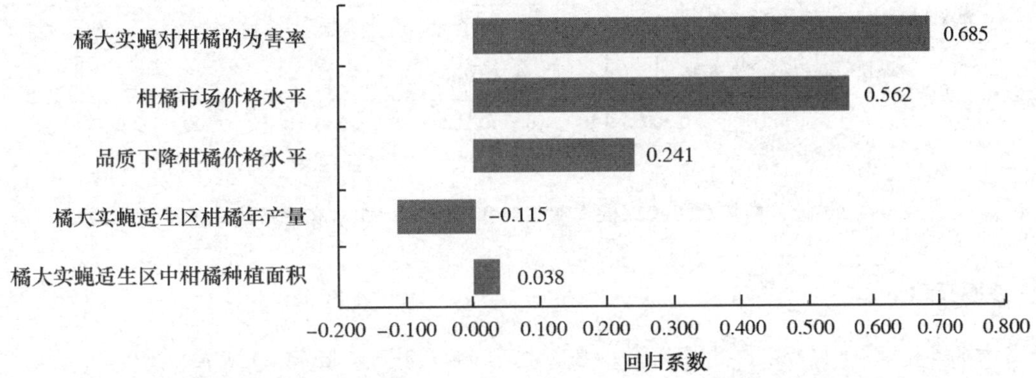

图4-4-1　不防控场景下橘大实蝇对我国柑橘产业潜在经济损失的变量灵敏性

表4-4-3　防控场景下橘大实蝇对我国柑橘产业的潜在经济损失　　万元

标记	输出项	公式	最小值	平均值	最大值
F_{21}	防控费用支出量	$F_{21}=S\times I\times C$	1129.72	600243.72	1814615.82
F_{22}	投入防控后潜在经济损失	$F_{22}=\dfrac{Q_1\times I\times E\times P_c}{(1-IE)}+\dfrac{Q_1\times I\times(1-E)(P_c-P_2)}{(1-IE)}$	14575.93	5452832.29	37514417.26
F_2	潜在经济损失总量	$F_2=F_{21}+F_{22}$	15948.66	6053461.88	38957040.89

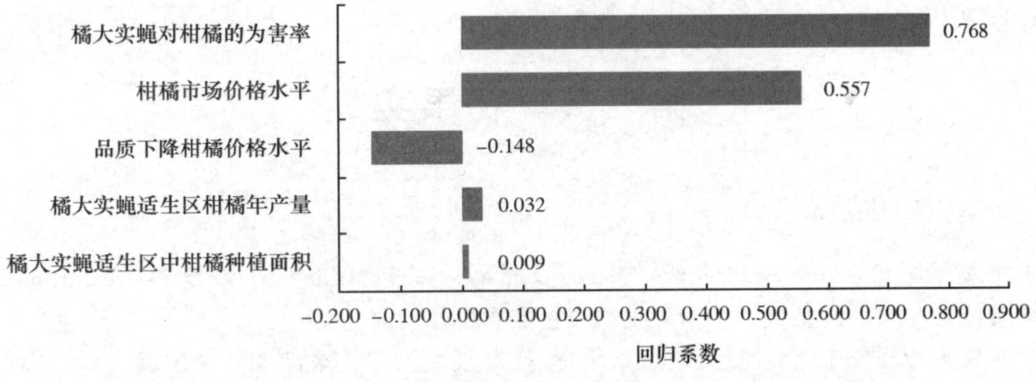

图4-4-2　防控场景下橘大实蝇对我国柑橘产业的潜在经济损失的变量灵敏性

表 4-4-4　投入防控后可挽回橘大实蝇对我国柑橘产业的潜在经济损失　　万元

场景	标记	输出项	公式	最小值	平均值	最大值
可挽回潜在经济损失	F_3	可挽回潜在经济损失总量	$F_3=F_1-F_2$	−7314113.60	62431.24	36754273.78

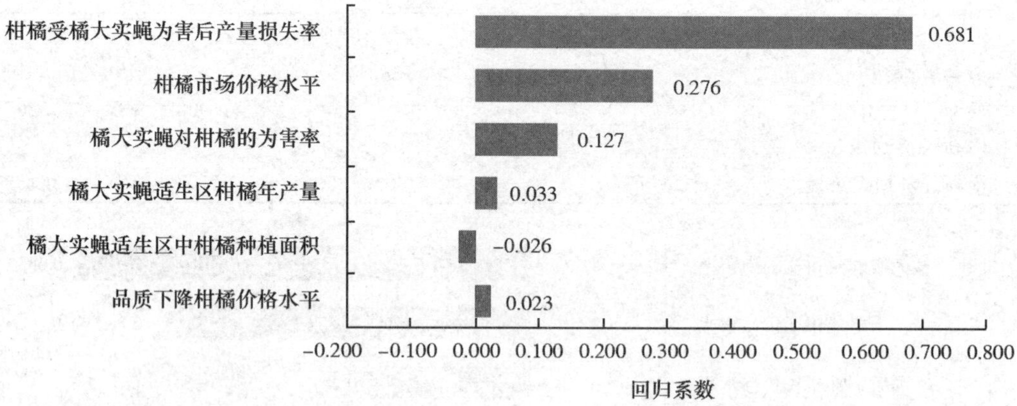

图 4-4-3　投入防控后可挽回橘大实蝇对我国柑橘产业潜在经济损失的变量灵敏性

参考文献

李志红. 生物入侵防控:重要经济实蝇潜在地理分布研究. 北京:中国农业大学出版社,2015.

全国农产品商务信息公共服务平台. 2018. http://nc.mofcom.gov.cn/.

王福莲. 柑橘大实蝇成虫防控技术基础研究. 长江大学,2018.

王穗,何建云,张佳峰,等. 橘大实蝇生物学特性及药剂防控研究. 作物研究,2009,23(3):203-204,207.

张小亚,喻法金,韩庆海,等. 橘大实蝇对三种寄主植物的偏好比较. 昆虫知识,2007(3):364-366.

张占英,胡光灿,赵黎立,等. 宜昌市2016年柑橘大实蝇发生特点与防控对策. 湖北植保,2017(4):53-54.

中华人民共和国农业农村部. 2018. http://202.127.42.157/moazzys/shucai_cx.aspx.

CABI. 2019. https://www.cabi.org/ISC/datasheet/8726.

第五节　杧果实蝇

一、杧果实蝇概况

杧果实蝇[*Bactrocera occipitalis* (Bezzi)],隶属于双翅目(Diptera),实蝇科(Tephritidae),果实蝇属(*Bactrocera*),被我国列为进境检疫性有害生物。

杧果实蝇分布在亚洲地区,包括菲律宾、马来西亚、文莱、东南亚及中国部分地区等;在我国台湾、海南、广西、广东部分地区有分布报道(GBIF,2018;谢宏伟等,1988;陈明忠,1992;陈乃中 2009)。杧果实蝇在我国的潜在地理分布研究显示，至 2020 年，其适生区北界将向北移至河北南部，山西东南部、河北南部、山东西部等新增为低度适生区，高度适生区范围有所增加，四川、重庆、湖南、江西、福建和浙江等高度适生区范围增加明显。适生区的面积比例将增加至全国面积的 32.05%(李志红，2015)。杧果实蝇主要为害杧果、柑橘、橙、柠檬、苹果、番石榴、番荔枝、葡萄、黄皮梨、人心果、红毛丹、番茄、辣椒等多种果蔬和野牡丹属等植物(谢宏伟等，1988；陈乃中，2009)。在我国，杧果主要分布在海南、广东、广西、云南、四川、福建、贵州(胡祎，2015)。

本研究评估杧果实蝇对我国杧果产业的潜在经济损失。

二、杧果实蝇对我国杧果产业的潜在经济损失评估

(一)主要数据与来源

1.不防控场景下杧果实蝇对我国杧果产业的经济损失模型数据与来源

(1)杧果实蝇适生区杧果年产量(Q_1) 据《2017 中国杧果产业发展报告》，并结合杧果实蝇适生性结果，折算出 2010—2014 年适生区产量数据。杧果实蝇适生区杧果年产量最小值为 887710.00 吨，平均值为 1096380.00 吨，最大值为 1402900.00 吨。

(2)杧果实蝇对杧果的为害率(I) 据《南亚果实蝇种群特征及其对食料和热胁迫的生理调控机制》一文，果实蝇属对寄主的为害率为 21.00%～89.00%，平均值为 55.00%(李小珍，2007)。

(3)杧果受实蝇为害后产量损失率(R) 据《南亚果实蝇对我国南瓜产业的潜在经济损失评估》一文，果实蝇属为害寄主后产量损失率为 15.00%～50.00%，平均值为 30.00%(方焱，2015)。

(4)杧果市场价格水平(P_c) 根据全国农产品商务信息公共服务平台，收集 2017 年全国所有市场的杧果月平均价格，共 325 个价格数据。得出杧果市场价格最小值为 2.13 元/千克，中位数为 11.00 元/千克，最大值为 23.39 元/千克。

(5)品质下降的杧果价格水平(P_2) 对于品质下降的杧果市场价格水平，我们采取杧果市场价格的一半作为数据集。得出品质下降的杧果市场价格最小值为 2.13 元/千克，中位数为 8.99 元/千克，最大值为 11.00 元/千克。

2.防控场景下杧果实蝇对我国杧果产业的经济损失数据与来源

(1)杧果实蝇适生区中杧果种植面积(S) 据《2017 中国杧果产业发展报告》，并结合杧果实蝇适生性结果，折算出 2010—2014 年适生区杧果种植面积数据。杧果实蝇适生区中杧果种植面积最小值为 122420.00 公顷，平均值为 137520.00 公顷，最大值为 164340.00 公顷。

(2)单位面积实蝇疫区防控成本 不同防控方法成本不同，根据张小亚等在《柑橘大实蝇诱杀方法研究及防治效果初步评估》一文中所述，结合套袋成本市场价格，单位面积疫区实蝇防控成本为 495.00～2190.00 元/公顷(张小亚，2007)。

(3)防控效果 不同防控方法对实蝇防控效果不同，综合多篇文献，防控效果约为 85.00%(张小亚，2007；廖宪成，2013；潘飞，2014；胡光灿，2014；李磊，2015；赖敏，2016)。

(二)评估模型与参数设置

杧果实蝇对中国杧果产业的潜在经济损失评估模型及参数设置如表 4-5-1 所示。

表 4-5-1　杧果实蝇对中国杧果产业的潜在经济损失评估模型及参数

	模型	输入变量	模型参数
不防控场景	产量下降引起的潜在经济损失(F_{11})	杧果实蝇适生区杧果产量(Q_1)	Pert(887710.00,1096380.00,1402900.00)吨
		杧果实蝇对杧果为害率(I)	Pert(21.00%,89.00%,55.00%)
		杧果受杧果实蝇为害后产量损失率(R)	Pert(15.00%,30.00%,50.00%)
		杧果市场价格水平(P_c)	Pert(2.13,11.00,23.39)元
		产量下降引起的潜在经济损失(F_{11})	$F_{11}=\frac{Q_1\times I\times R\times P_c}{(1-IR)}$
	质量下降引起的潜在经济损失(F_{12}	疫区单位面积品质下降杧果产量(Q_2)	$Q_2=\frac{Q_1\times I\times(1-R)}{(1-IR)}$
		品质下降杧果价格水平(P_2)	Pert(2.13,8.99,11.00)元
		质量下降引起的潜在经济损失(F_{12})	$F_{12}=\frac{Q_1\times I\times(1-R)(P_c-P_2)}{(1-IR)}$
		不防控场景下潜在经济损失总量(F_1)	$F_1=F_{11}+F_{12}$
防控场景	防控费用(F_{21})	杧果实蝇适生区中杧果种植面积(S)	Pert(122420.00,137520.00,164340.00)公顷
		单位杧果疫区防控成本(C)	495.00～2190.00 元/公顷
		防控费用支出量(F_{21})	$F_{21}=S\times I\times C$
	投入防控潜在经济损失(F_{22})	单位适生区面积产量(A)	$A=\frac{Q_1}{S}$
		防控效果(M)	0.85
		效益校正系数(D)	2.00
		经济损害允许水平(E)	$E=\frac{C}{(A\times P_c\times M)}\times D\times 100\%$
		投入防控后潜在经济损失(F_{22})	$F_{22}=\frac{Q_1\times I\times E\times P_c}{(1-IE)}+\frac{Q_1\times I\times(1-E)(P_c-P_2)}{(1-IE)}$
		防控场景下潜在经济损失总量(F_2)	$F_{22}=\frac{Q_1\times I\times E\times P_c}{(1-IE)}+\frac{Q_1\times I\times(1-E)(P_c-P_2)}{(1-IE)}$
可挽回潜在经济损失		可挽回潜在经济损失(F_3)	$F_3=F_1-F_2$

(三)潜在经济损失

在不防控场景下，杧果产量下降引起的杧果实蝇潜在经济损失在 88304.65 万～555868.47 万元，杧果质量下降引起的杧果实蝇潜在经济损失在 23204.11 万～637395.99 万元，杧果实蝇对杧果的潜在经济损失总量在 178762.06 万～1162844.29 万元(表 4-5-2)。在不防控场景下，杧果市场价格水平是影响杧果实蝇对我国杧果产业潜在经济损失的最大变量，杧果实蝇对杧果的为害率、杧果受杧果实蝇为害后产量损失率次之，对结果影响最小的是品质下降的杧果价格水平(图 4-5-1)。

在防控场景下，杧果实蝇防控费用支出量在 3945.25 万～18723.52 万元，投入防控后杧果实蝇对杧果的潜在经济损失在 50847.83 万～759489.22 万元，杧果实蝇对杧果的潜在经济损失总量在 59987.78 万～771978.21 万元(表 4-5-3)。在防控场景下，杧果实蝇对我国杧果产业潜在经济损失影响最大的变量是杧果市场价格，其次是杧果实蝇对杧果的为害率，杧果实蝇适生区杧果种植面积对结果影响可以忽略不计(图 4-5-2)。

投入防控后，可挽回的经济损失在 75365.65 万～462274.34 万元(表 4-5-4)。对投入防控后可挽回经济损失影响最大的变量是杧果实蝇对杧果的为害率和杧果受杧果实蝇为害后产量损失率(图 4-5-3)。

表 4-5-2 不防控场景下杧果实蝇对我国杧果产业的潜在经济损失 万元

标记	输出项	公式	最小值	平均值	最大值
F_{11}	产量下降引起的潜在经济损失	$F_{11}=\dfrac{Q_1\times I\times R\times P_c}{(1-IR)}$	88304.65	239905.50	555868.47
F_{12}	质量下降引起的潜在经济损失	$F_{12}=\dfrac{Q_1\times I\times(1-R)(P_c-P_2)}{(1-IR)}$	23204.11	223116.13	637395.99
F_1	潜在经济损失总量	$F_1=F_{11}+F_{12}$	178762.06	506346.38	1162844.29

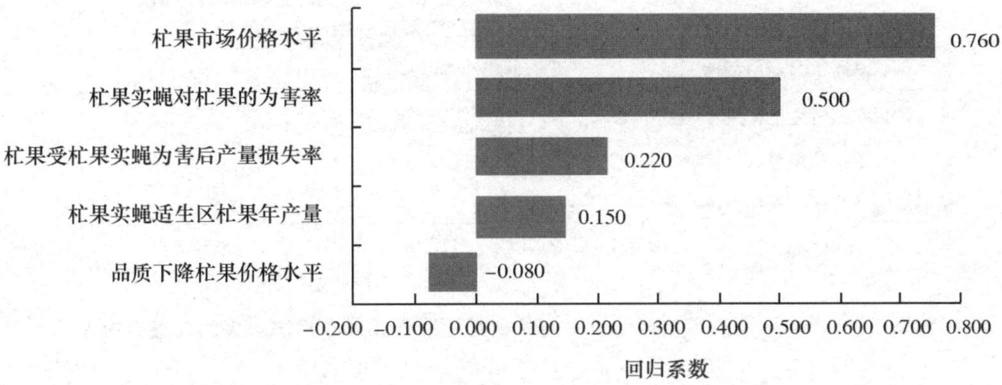

图 4-5-1 不防控场景下杧果实蝇对我国杧果产业潜在经济损失的变量灵敏性

表 4-5-3 防控场景下杧果实蝇对我国杧果产业的潜在经济损失 万元

标记	输出项	公式	最小值	平均值	最大值
F_{21}	防控费用支出量	$F_{21}=S\times I\times C$	3945.25	9733.67	18723.52
F_{22}	投入防控后潜在经济损失	$F_{22}=\dfrac{Q_1\times I\times E\times P_c}{(1-IE)}+\dfrac{Q_1\times I\times(1-E)(P_c-P_2)}{(1-IE)}$	50847.83	290330.43	759489.22
F_2	潜在经济损失总量	$F_2=F_{21}+F_{22}$	59987.78	300223.52	771978.21

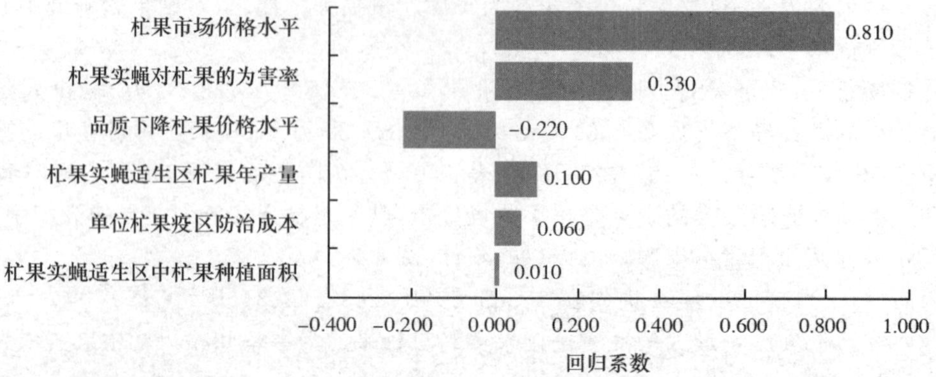

图 4-5-2 防控场景下杧果实蝇对我国杧果产业的潜在经济损失的变量灵敏性

表 4-5-4 投入防控后可挽回杧果实蝇对我国杧果产业的潜在经济损失 万元

场景	标记	输出项	公式	最小值	平均值	最大值
可挽回潜在经济损失	F_3	可挽回潜在经济损失总量	$F_3 = F_1 - F_2$	75365.65	197666.93	462274.34

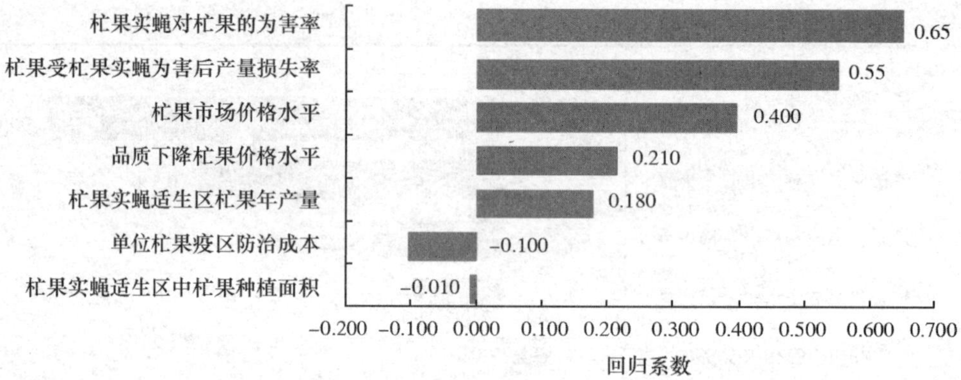

图 4-5-3 投入防控后可挽回杧果实蝇对我国杧果产业潜在经济损失的变量灵敏性

参考文献

陈明忠.深圳种植的蒲桃果实上发现杧果实蝇为害.植物检疫，1992(6)：430.

陈乃中.中国进境植物检疫性有害生物(昆虫卷).北京：中国农业出版社，2009.

方焱，李志红，秦萌，等.南亚果实蝇对我国南瓜产业的潜在经济损失评估.植物检疫，2015，29(3)：28-33.

胡光灿，李萍，易继平，等.不同防控方式对柑橘大实蝇防治效果比较.中国植保导刊，2014，34(6)：23-25.

胡祎，张德生，刘康德.中国杧果产业发展变迁及影响因素研究.中国农业资源与区划，2015，36(6)：53-59.

赖敏，曾东强，刘晓亮.溴氰菊酯和氯氰菊酯作为产卵驱避剂在瓜实蝇防治中的应用技术研究.植物检疫，2016，30(6)：21-26.

李磊，陈泰运，牛黎明，等．苦瓜套袋防治瓜实蝇和南瓜实蝇的效果评价．植物保护，2015，41(6)：225-229．

李小珍．南亚果实蝇种群特征及其对食料和热胁迫的生理调控机制．西南大学博士学位论文，2007．

李志红．生物入侵防控：重要经济实蝇潜在地理分布研究．北京：中国农业大学出版社，2015．

廖宪成，谢培超，卢进才，等．五种防控措施对柑橘园橘小实蝇的防治效果观察．广西植保，2013，26(3)：10-11．

潘飞，肖彤斌，秦双，等．瓜实蝇为害对苦瓜产量的影响及其防治指标研究．中国植保导刊，2014，34(10)：12-15．

全国农产品信息公共服务平台．2018．http：//nc.mofcom.gov.cn/

神州土地研究院．2017 中国杧果产业发展报告．2018．

谢伟宏，李国洲，郑松劲，等．杧果实蝇及其生活习性的初步观察．植物检疫，1987(1)：42-45．

张小亚，张长禹，韩庆海，等．柑橘大实蝇诱杀方法研究及防治效果初步评估，中国植保导刊，2007(1)：5-8．

GBIF．2017．https：//www.gbif.org/occurrence/

第六节　油橄榄果实蝇

一、油橄榄果实蝇概况

油橄榄果实蝇[*Bactrocera oleae* (Gmelin)]，也称油橄榄实蝇，隶属于双翅目(Diptera)，实蝇科(Tephritidae)，果实蝇属(*Bactrocera*)，被我国列入《中华人民共和国进境植物检疫性有害生物名录》中。

油橄榄果实蝇在欧洲、亚洲西部和南部、非洲、北美洲的 40 多个国家和地区有分布，在我国尚未发现(CABI，2017)。油橄榄果实蝇在我国的潜在地理分布研究显示，至 2020 年，其适生区向北扩增，适生区的面积减少至全国面积的 11.24%(李志红，2015)。油橄榄果实蝇的寄主单一，为油橄榄。根据中国林业统计年鉴(2014)及张正武等(2017)的研究可知，油橄榄种植区主要分布在我国甘肃、四川、云南、重庆，陕西、湖北、湖南、浙江、江苏、广东、贵州等也有少量种植。

本研究旨在评估油橄榄果实蝇对我国油橄榄产业的潜在经济损失。

二、油橄榄果实蝇对我国油橄榄产业的潜在经济损失评估

(一)主要数据与来源

油橄榄果实蝇适生性结果来源于基于 CLIMEX 获得的适生性分析结果(李志红，2015)。

油橄榄果实蝇适生区油橄榄年产量数据来源于中国林业统计年鉴(2014)及文献(张正武等，2017)，并结合了油橄榄果实蝇适生性结果。

油橄榄果实蝇对油橄榄的为害率数据来源于文献(Bento，1999；Tatjana 和 Snježana，2013)。

受油橄榄果实蝇为害的油橄榄单位种植面积产量损失率数据来源于文献（Bento，1999；Pereira，2004）。

油橄榄的市场价格水平数据来源于文献（张正武等，2017）。

品质下降油橄榄的价格水平取自油橄榄的市场价格水平中价格偏低的一半的价格。

适生区油橄榄种植面积数据来源于文献（邓煜等，2015；张正武等，2017），并结合了油橄榄果实蝇适生性结果。

单位油橄榄疫区防控成本、防控效果、效益校正系数等数据来源于文献（郭雁君等，2017；袁家龙等，2015）。

（二）评估模型与参数设置

油橄榄果实蝇对中国油橄榄产业的潜在经济损失评估模型及参数设置如表 4-6-1 所示。

表 4-6-1　油橄榄果实蝇对中国油橄榄产业的潜在经济损失评估模型及参数

	模型	输入变量	模型参数
不防控场景	产量下降引起的潜在经济损失（F_{11}）	油橄榄果实蝇适生区油橄榄产量（Q_1）	Pert(5650.00，8490.00，11320.00)吨
		油橄榄果实蝇对油橄榄为害率（I）	Pert(22.95%，61.48%，100.00%)
		油橄榄受油橄榄果实蝇为害后产量损失率（R）	Pert(18.95%，29.48%，40.00%)
		油橄榄市场价格水平（P_c）	Pert(16.00，18.00，20.00)元/千克
		产量下降引起的潜在经济损失（F_{11}）	$F_{11}=Q_1\times I\times R\times P_c$
	质量下降引起的潜在经济损失（F_{12}）	疫区单位面积品质下降油橄榄产量（Q_2）	$Q_2=Q_1\times I\times(1-R)$
		品质下降油橄榄价格水平（P_2）	Pert(12.00，14.00，16.00)元/千克
		质量下降引起的潜在经济损失（F_{12}）	$F_{12}=Q_1\times I\times(1-R)\times(P_c-P_2)$
		不防控场景下潜在经济损失总量（F_1）	$F_1=F_{11}+F_{12}$
防控场景	防控费用（F_{21}）	油橄榄果实蝇适生区中油橄榄种植面积（S）	Pert（24300.00，25370.00，26430.00）公顷
		单位油橄榄疫区防控成本（C）	1200.00 元/公顷
		防控费用支出量（F_{21}）	$F_{21}=S\times I\times C$
	投入防控潜在经济损失（F_{22}）	单位适生区面积产量（A）	$A=\frac{Q_1}{S}$
		防控效果（M）	80.00%
		效益校正系数（D）	0.50

续表 4-6-1

模型	输入变量	模型参数
	经济损害允许水平(E)	$E=\frac{C}{(A\times P_c\times M)}\times D\times 100\%$
	投入防控后潜在经济损失(F_{22})	$F_{22}=Q_1\times I\times E\times P_c+Q_1\times I\times(1-E)\times(P_c-P_2)$
	防控场景下潜在经济损失总量(F_2)	$F_2=F_{21}+F_{22}$
可挽回潜在经济损失	可挽回潜在经济损失(F_3)	$F_3=F_1-F_2$

(三)潜在经济损失

在不防控场景下，油橄榄产量下降引起的油橄榄果实蝇潜在经济损失在 1514.64 万～4292.24 万元，油橄榄质量下降引起的油橄榄果实蝇潜在经济损失在 659.36 万～2538.01 万元，油橄榄果实蝇对油橄榄的潜在经济损失总量在 2328.42 万～6525.80 万元(表 4-6-2)。在不防控场景下，油橄榄果实蝇对油橄榄的为害率是影响油橄榄果实蝇对我国油橄榄产业潜在经济损失的最大变量，油橄榄果实蝇适生区油橄榄年产量、油橄榄市场价格水平、油橄榄受油橄榄果实蝇为害后产量损失率、品质下降油橄榄价格水平次之(图 4-6-1)。

在防控场景下，油橄榄果实蝇防控费用支出量在 1141.56 万～2602.97 万元，投入防控后油橄榄果实蝇对油橄榄的潜在经济损失在 1637.14 万～4648.24 万元，油橄榄果实蝇对油橄榄的潜在经济损失总量在 2857.45 万～7101.42 万元(表 4-6-3)。在防控场景下，油橄榄果实蝇对我国油橄榄产业潜在经济损失影响最大的变量是油橄榄果实蝇对油橄榄的为害率，其次是油橄榄市场价格、品质下降油橄榄价格水平以及油橄榄果实蝇适生区油橄榄年产量，油橄榄果实蝇适生区油橄榄种植面积对结果影响可以忽略不计(图 4-6-2)。

投入防控后，可挽回的经济损失在－1388.77 万～84.04 万元(表 4-6-4)。对投入防控后可挽回经济损失影响最大的变量是油橄榄受油橄榄果实蝇为害后产量损失率、油橄榄果实蝇适生区油橄榄年产量和油橄榄果实蝇对油橄榄的为害率(图 4-6-3)。可见，一旦油橄榄实蝇传入我国，其对我国油橄榄产业所造成的损失将很难挽回。

表 4-6-2　不防控场景下油橄榄果实蝇对我国油橄榄产业的潜在经济损失　　万元

标记	输出项	公式	最小值	平均值	最大值
F_{11}	产量下降引起的潜在经济损失	$F_{11}=Q_1\times I\times R\times P_c$	1514.64	2686.09	4292.24
F_{12}	质量下降引起的潜在经济损失	$F_{12}=Q_1\times I\times(1-R)(P_c-P_2)$	659.36	1399.29	2538.01
F_1	潜在经济损失总量	$F_1=F_{11}+F_{12}$	2328.42	4124.44	6525.80

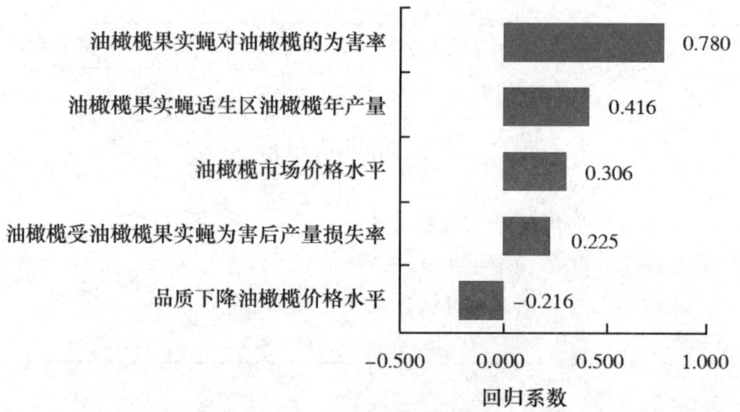

图 4-6-1　不防控场景下油橄榄果实蝇对我国油橄榄产业潜在经济损失的变量灵敏性

表 4-6-3　防控场景下油橄榄果实蝇对我国油橄榄产业的潜在经济损失　万元

标记	输出项	公式	最小值	平均值	最大值
F_{21}	防控费用支出量	$F_{21}=S\times I\times C$	1141.56	1871.17	2602.97
F_{22}	投入防控后潜在经济损失	$F_{22}=Q_1\times I\times E\times P_c+Q_1\times I\times(1-E)(P_c-P_2)$	1637.14	2915.40	4648.24
F_2	潜在经济损失总量	$F_2=F_{21}+F_{22}$	2857.45	4805.88	7101.42

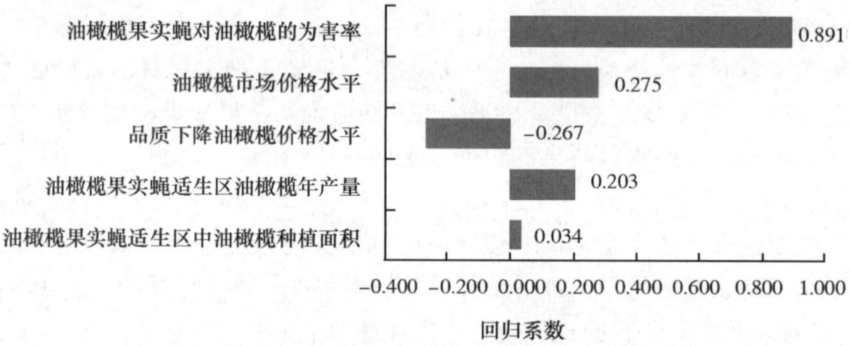

图 4-6-2　防控场景下油橄榄果实蝇对我国油橄榄产业的潜在经济损失的变量灵敏性

表 4-6-4　投入防控后可挽回油橄榄果实蝇对我国油橄榄产业的潜在经济损失　万元

场景	标记	输出项	公式	最小值	平均值	最大值
可挽回潜在经济损失	F_3	可挽回潜在经济损失总量	$F_3=F_1-F_2$	−1388.77	−616.78	84.04

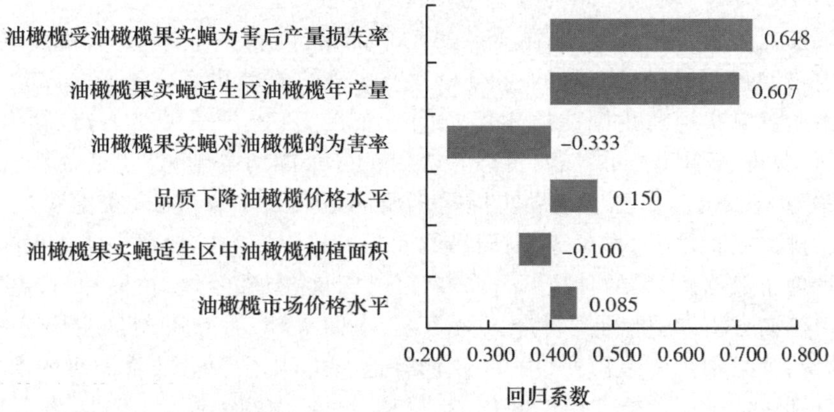

图 4-6-3　投入防控后可挽回油橄榄果实蝇对我国油橄榄产业潜在经济损失的变量灵敏性

参考文献

邓煜，刘婷，梁芳．中国油橄榄产业发展现状与对策．经济林研究，2015，33（2）：172-174.

郭雁君，吉前华，蒋惠，等．不同诱杀方法对砂糖橘实蝇的防控效果和效益分析．广东农业科学，2017，44（7）：112-116.

国家林业局．中国林业统计年鉴．北京：中国林业出版社，2014.

李志红．生物入侵防控：重要经济实蝇潜在地理分布研究．北京：中国农业大学出版社，2015.

袁家龙，梁广文，陆永跃，等．桔小实蝇在番石榴上的防治指标研究．环境昆虫学报，2015，37（1）：116-121.

张正武，王兆山，张建国．从国内外橄榄油市场看我国油橄榄发展的广阔前景．北方园艺，2017（07）：184-191.

Bento A，Torres L，Lopes J，et al. A contribution to the knowledge of *Bactroceraoleae*（GMEL）in Tras-os-Montes region（Northeastern Portugal）：Phenology，losses and control. Acta Horticulturae，1999，474：541-544.

CABI. 2017. https：// www.cabi.org/cpc/abstract/20173373945.

Pereira JA，Alves MR，Casal S，et al. Effect of olive fruit fly infestation on the quality of olive oil from cultivars cobrancosa，madural and verdeal transmontana. Italian Journal of Food Science，2004，16（3）：355-365.

Tatjana P，Snježana H. Population dynamics of pre-imaginal stages of olive fruit fly *Bactroceraoleae* Gmel.（Diptera，Tephritidae）in the region of Bar（Montenegro）. Pesticidi I Fitomedicina，2013，28（1）：23-29.

第七节　昆士兰果实蝇

一、昆士兰果实蝇概况

昆士兰果实蝇［*Bactrocera tryoni*（Froggatt）］，隶属双翅目（Diptera），实蝇科（Tephritidae），

果实蝇属(*Bactrocera*)。被我国列为进境检疫性有害生物。

昆士兰果实蝇分布于澳大利亚(昆士兰的东半部、新南威尔士的东部、维多利亚极东部)、巴布亚新几内亚、南太平洋的波利尼亚和新喀里多尼亚。据我国潜在地理分布预测结果显示，至2020年，昆士兰果实蝇在我国的适生区范围分布在18.25°～31.75°N，包括海南、香港、澳门、广东、广西、台湾、云南、贵州、江西、福建、四川、重庆、湖南等地，适生区面积比例将达全国的23.22%(李志红，2015)。昆士兰果实蝇是重要的蔬菜及水果害虫，寄主多达117科，其中包括苹果、梨、桃、番茄、杧果、香蕉等(高田昌稔和马云彬，1983)。根据中华人民共和国农业农村部种植业管理司数据库，梨的种植区分布在辽宁、云南、新疆等地；柑橘种植区主要分布在广东、湖南、四川等南方省市；桃的主要产区为山东、河南等地；番茄种植区主要分布在山东、河南、河北等省份；苹果则主要是山西、山东、陕西等地；香蕉则主要分布在温暖的南方地区。

本研究分别评估昆士兰果实蝇对我国梨、柑橘、杧果、苹果、香蕉、番茄、番石榴、桃产业的潜在经济损失。

二、昆士兰果实蝇对我国柑橘产业的潜在经济损失评估

(一)主要数据与来源

1.不防控场景下昆士兰果实蝇对我国柑橘产业的经济损失模型数据与来源

(1)昆士兰果实蝇适生区柑橘年产量(Q_1)　根据中华人民共和国农业农村部种植业管理司数据库2012—2016年柑橘产量数据，得出昆士兰果实蝇适生区柑橘的年产量最小值为28076880.00吨，最大值为33720360.00吨，平均值为30970310.00吨。

(2)昆士兰果实蝇对柑橘的为害率(I)　根据黄振等对昆士兰果实蝇传入中国的风险分析得知，昆士兰果实蝇对果实的为害率在5.00%～25.00%，平均值为15.00%(黄振，2011)。

(3)柑橘受昆士兰果实蝇为害后产量损失率(R)　昆士兰果实蝇为害果实后，水果产量损失率>20.00%，严重时绝收，平均值为60.00%(黄振，2011)。

(4)柑橘市场价格水平(P_c)　据全国农产品商务信息公共服务平台，收集到2017年全国各市场的柑橘月平均价格，共计302个数据。分析的柑橘市场价格最小值为1.55元/千克，最大值为15.69元/千克，平均值为6.36元/千克。

(5)品质下降柑橘价格水平(P_2)　对于品质下降柑橘市场价格水平，我们采取柑橘市场价格的一半作为数据集。得出品质下降柑橘市场价格最小值为1.55元/千克，平均值为4.06元/千克，最大值为5.09元/千克。

2.防控场景下昆士兰果实蝇对我国柑橘产业的经济损失模型数据与来源

(1)昆士兰果实蝇适生区中柑橘种植面积(S)　与昆士兰果实蝇适生区柑橘产量类似，根据中华人民共和国农业农村部种植业管理司数据库，得出2012—2016年昆士兰果实蝇适生区柑橘种植面积最小值为2030440.00公顷，平均值为2185320.00公顷，最大值为2277066.00公顷。

(2)单位面积柑橘疫区防控成本　以同属的橘小实蝇的单位面积防控成本代替昆士兰果实蝇的单位面积疫区防控成本，为1200.00元/公顷(马兴莉等，2013)。

(二)评估模型与参数设置

昆士兰果实蝇对中国柑橘产业的潜在经济损失评估模型及参数设置如表4-7-1所示。

表 4-7-1　昆士兰果实蝇对中国柑橘产业的潜在经济损失评估模型及参数

	模型	输入变量	模型参数
不防控场景	产量下降引起的潜在经济损失(F_{11})	昆士兰果实蝇适生区柑橘产量(Q_1)	Pert(28076880.00,30970310.00,33720360.00)吨
		昆士兰果实蝇对柑橘为害率(I)	Pert(5.00%,15.00%,25.00%)
		柑橘受昆士兰果实蝇为害后产量损失率(R)	Pert(20.00%,60.00%,100.00%)
		柑橘市场价格水平(P_c)	Pert(1.55,6.36,15.69)元
		产量下降引起的潜在经济损失(F_{11})	$F_{11}=\frac{Q_1\times I\times R\times P_c}{(1-IR)}$
	质量下降引起的潜在经济损失(F_{12})	疫区单位面积品质下降柑橘产量(Q_2)	$Q_2=\frac{Q_1\times I\times(1-R)}{(1-IR)}$
		品质下降柑橘价格水平(P_2)	Pert(1.55,4.06,5.09)元
		质量下降引起的潜在经济损失(F_{12})	$F_{12}=\frac{Q_1\times I\times(1-R)(P_c-P_2)}{(1-IR)}$
		不防控场景下潜在经济损失总量(F_1)	$F_1=F_{11}+F_{12}$
防控场景	防控费用(F_{21})	昆士兰果实蝇适生区中柑橘种植面积(S)	Pert(2030440.00,2185320.00,2277060.00)公顷
		单位柑橘疫区防控成本(C)	1200.00 元/公顷
		防控费用支出量(F_{21})	$F_{21}=S\times I\times C$
	投入防控潜在经济损失(F_{22})	单位适生区面积产量(A)	$A=\frac{Q_1}{S}$
		防控效果(M)	0.85
		效益校正系数(D)	2.00
		经济损害允许水平(E)	$E=\frac{C}{(A\times P_c\times M)}\times D\times 100\%$
		投入防控后潜在经济损失(F_{22})	$F_{22}=\frac{Q_1\times I\times E\times P_c}{(1-IE)}+\frac{Q_1\times I\times(1-E)(P_c-P_2)}{(1-IE)}$
		防控场景下潜在经济损失总量(F_2)	$F_{22}=\frac{Q_1\times I\times E\times P_c}{(1-IE)}+\frac{Q_1\times I\times(1-E)(P_c-P_2)}{(1-IE)}$
可挽回潜在经济损失		可挽回潜在经济损失(F_3)	$F_3=F_1-F_2$

(三)潜在经济损失

在不防控的场景下,柑橘产量下降引起的昆士兰果实蝇对柑橘的潜在经济损失在132035.82万～11362915.27万元,柑橘质量下降引起的昆士兰果实蝇对柑橘的潜在经济损失在10.29万～5248677.91万元,昆士兰果实蝇对柑橘的潜在经济损失总量在233338.27万～11563364.22万元(表4-7-2)。在不防控的场景下,柑橘的市场价格水平是影响昆士兰果实蝇对柑橘的潜在经济损失的最大变量,其次为昆士兰果实蝇对柑橘的为害率和柑橘受昆士兰果实蝇为害后的产量损失率,昆士兰果实蝇适生区的年产量和品质下降柑橘价格水平的影响较小(图 4-7-1)。

在防控场景下,昆士兰果实蝇防控费用支出量在 13756.72 万～66804.86 万元,投入防控后昆士兰果实蝇对柑橘的潜在经济损失在 36152.31 万～8670081.34 万元,昆士兰果实蝇对柑橘的潜在经济损失总量在 50324.34 万～8733542.11 万元(表 4-7-3)。在防控场景下,柑橘市场价格水平是影响昆士兰果实蝇对我国柑橘产业潜在经济损失最大的变量,其次是昆士兰果实蝇对柑橘的为害率,昆士兰果实蝇适生区柑橘种植面积对结果影响可以忽略不计(图 4-7-2)。

投入防控后,可挽回的经济损失在 122512.55 万～5041650.47 万元(表 4-7-4)。对投入防控后可挽回经济损失影响最大的变量是昆士兰果实蝇对柑橘的为害率和柑橘受昆士兰果实蝇为害后产量损失率(图 4-7-3)。

表 4-7-2 不防控场景下昆士兰果实蝇对我国柑橘产业的潜在经济损失 万元

标记	输出项	公式	最小值	平均值	最大值
F_{11}	产量下降引起的潜在经济损失	$F_{11}=\dfrac{Q_1\times I\times R\times P_c}{(1-IR)}$	132035.82	2208997.89	11302915.27
F_{12}	质量下降引起的潜在经济损失	$F_{12}=\dfrac{Q_1\times I\times(1-R)(P_c-P_2)}{(1-IR)}$	10.29	778534.78	5248677.91
F_1	潜在经济损失总量	$F_1=F_{11}+F_{12}$	233338.27	3137379.29	11563364.22

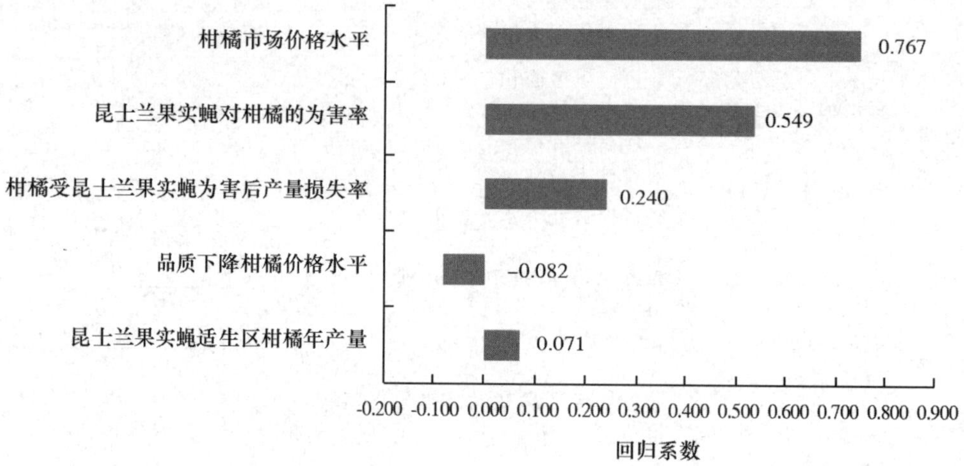

图 4-7-1 不防控场景下昆士兰果实蝇对我国柑橘产业潜在经济损失的变量灵敏性

表 4-7-3 防控场景下昆士兰果实蝇对我国柑橘产业的潜在经济损失 万元

标记	输出项	公式	最小值	平均值	最大值
$F\ 21$	防控费用支出量	$F_{21}=S\times I\times C$	13756.72	39146.66	66804.86
F_{22}	投入防控后潜在经济损失	$F_{22}=\dfrac{Q_1\times I\times E\times P_c}{(1-IE)}+\dfrac{Q_1\times I\times(1-E)(P_c-P_2)}{(1-IE)}$	36152.31	1832203.39	8670081.34
F_2	潜在经济损失总量	$F_2=F_{21}+F_{22}$	50324.34	1871347.89	8733542.11

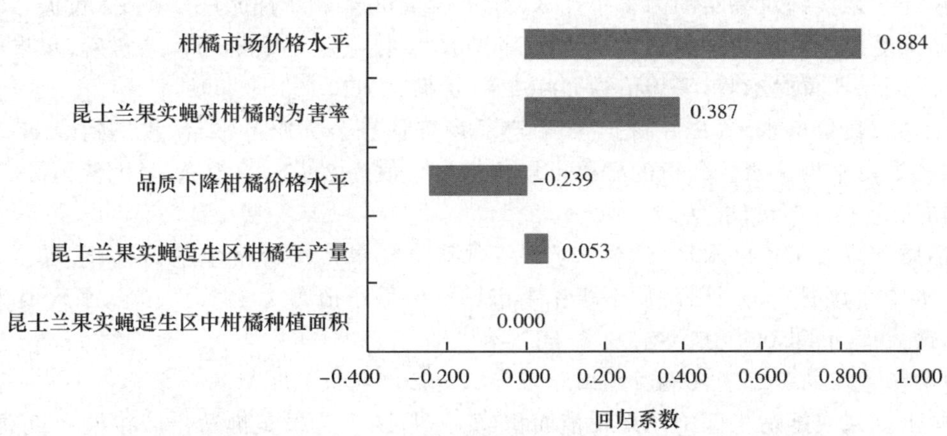

图 4-7-2 防控场景下昆士兰果实蝇对我国柑橘产业的潜在经济损失的变量灵敏性

表 4-7-4 投入防控后可挽回昆士兰果实蝇对我国柑橘产业的潜在经济损失 万元

场景	标记	输出项	公式	最小值	平均值	最大值
可挽回潜在经济损失	F_3	可挽回潜在经济损失总量	$F_3 = F_1 - F_2$	122512.55	1266031.39	5041650.47

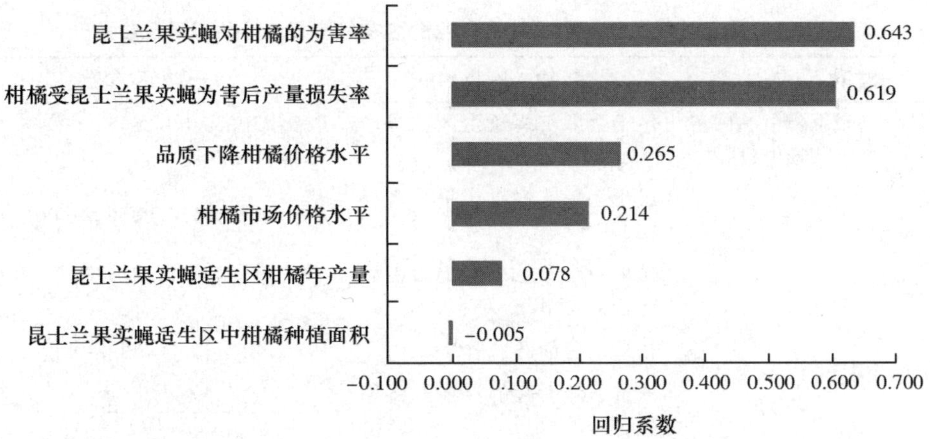

图 4-7-3 投入防控后可挽回昆士兰果实蝇对我国柑橘产业潜在经济损失的变量灵敏性

三、昆士兰果实蝇对我国杧果产业的潜在经济损失评估

(一)主要数据与来源

1. 不防控场景下昆士兰果实蝇对我国杧果产业的经济损失模型数据与来源

(1)昆士兰果实蝇适生区杧果年产量(Q_1) 根据中华人民共和国农业农村部种植业管理司数据库2012—2016年杧果产量数据,得出昆士兰果实蝇适生区杧果的年产量最小值为210960.00吨,最大值为333400.00吨,平均值为260550.00吨。

(2)昆士兰果实蝇对杧果的为害率(I) 根据黄振等对昆士兰果实蝇传入中国的风险分

析得知，昆士兰果实蝇对果实的为害率在5.00%～25.00%，平均值为15.00%（黄振，2011）。

（3）杧果受昆士兰果实蝇为害后产量损失率（R） 昆士兰果实蝇为害果实后，水果产量损失率>20.00%，严重时绝收，平均值为60.00%（黄振，2011）

（4）杧果市场价格水平（P_c） 据全国农产品商务信息公共服务平台，收集到2017年全国各市场的杧果月平均价格。分析的杧果市场价格最小值为2.13元/千克，最大值为23.39元/千克，平均值为11.00元/千克。

（5）品质下降杧果价格水平（P_2） 对于品质下降杧果市场价格水平，我们采取杧果市场价格的一半作为数据集。得出品质下降杧果市场价格最小值为2.13元/千克，平均值为8.99元/千克，最大值为11.00元/千克。

2. 防控场景下昆士兰果实蝇对我国杧果产业的经济损失模型数据与来源

（1）昆士兰果实蝇适生区中杧果种植面积（S） 与昆士兰果实蝇适生区杧果产量类似，根据中华人民共和国农业农村部种植业管理司数据库，得出2012—2016年昆士兰果实蝇适生区杧果种植面积最小值为29880.00公顷，平均值为40110.00公顷，最大值为33560.00公顷。

（2）单位面积杧果疫区防控成本 以同属的橘小实蝇的单位面积防控成本代替昆士兰果实蝇的单位面积疫区防控成本，为1200.00元/公顷（马兴莉等，2013）。

（二）评估模型与参数设置

昆士兰果实蝇对中国杧果产业的潜在经济损失评估模型及参数设置如表4-7-5所示。

表4-7-5 昆士兰果实蝇对中国杧果产业的潜在经济损失评估模型及参数

	模型	输入变量	模型参数
不防控场景	产量下降引起的潜在经济损失（F_{11}）	昆士兰果实蝇适生区杧果产量（Q_1）	Pert(210960.00, 260550.00, 333400.00)吨
		昆士兰果实蝇对杧果为害率（I）	Pert(5.00%, 15.00%, 25.00%)
		杧果受昆士兰果实蝇为害后产量损失率（R）	Pert(20.00%, 60.00%, 100.00%)
		杧果市场价格水平（P_c）	Pert(2.13, 11.00, 23.39)元
		产量下降引起的潜在经济损失（F_{11}）	$F_{11}=\frac{Q_1\times I\times R\times P_c}{(1-IR)}$
	质量下降引起的潜在经济损失（F_{12}）	疫区单位面积品质下降杧果产量（Q_2）	$Q_2=\frac{Q_1\times I\times(1-R)}{(1-IR)}$
		品质下降杧果价格水平（P_2）	Pert(2.13, 8.99, 11.00)元
		质量下降引起的潜在经济损失（F_{12}）	$F_{12}=\frac{Q_1\times I\times(1-R)(P_c-P_2)}{(1-IR)}$
		不防控场景下潜在经济损失总量（F_1）	$F_1=F_{11}+F_{12}$
防控场景	防控费用（F_{21}）	昆士兰果实蝇适生区中杧果种植面积（S）	Pert(29880.00, 33560.00, 40110.00)公顷
		单位杧果疫区防控成本（C）	1200.00元/公顷

续表 4-7-5

模型	输入变量	模型参数
投入防控潜在经济损失(F_{22})	防控费用支出量(F_{21})	$F_{21}=S\times I\times C$
	单位适生区面积产量(A)	$A=\frac{Q_1}{S}$
	防控效果(M)	0.85
	效益校正系数(D)	2.00
	经济损害允许水平(E)	$E=\frac{C}{(A\times P_c\times M)}\times D\times 100\%$
	投入防控后潜在经济损失(F_{22})	$F_{22}=\frac{Q_1\times I\times E\times P_c}{(1-IE)}+\frac{Q_1\times I\times(1-E)(P_c-P_2)}{(1-IE)}$
	防控场景下潜在经济损失总量(F_2)	$F_{22}=\frac{Q_1\times I\times E\times P_c}{(1-IE)}+\frac{Q_1\times I\times(1-E)(P_c-P_2)}{(1-IE)}$
可挽回潜在经济损失	可挽回潜在经济损失(F_3)	$F_3=F_1-F_2$

(三)潜在经济损失

在不防控的场景下，杧果产量下降引起的昆士兰果实蝇对杧果的潜在经济损失在1579.97万～151330.19万元，杧果质量下降引起的昆士兰果实蝇对杧果的潜在经济损失在0.13万～71356.35万元，昆士兰果实蝇对杧果的潜在经济损失总量在3349.96万～164699.44万元(表4-7-6)。在不防控的场景下，杧果的市场价格水平是影响昆士兰果实蝇对杧果的潜在经济损失的最大变量，其次为昆士兰果实蝇对杧果的为害率和杧果受昆士兰果实蝇为害后的产量损失率，昆士兰果实蝇适生区的年产量和品质下降杧果价格水平的影响较小(图4-7-4)。

在防控场景下，昆士兰果实蝇防控费用支出量在197.87万～1117.19万元，投入防控后昆士兰果实蝇对杧果的潜在经济损失在607.75万～116256.16万元，昆士兰果实蝇对杧果的潜在经济损失总量在821.00万～117121.66万元(表4-7-7)。在防控场景下，杧果市场价格水平是影响昆士兰果实蝇对我国杧果产业潜在经济损失最大的变量，品质下降杧果价格水平的影响为负，其次是昆士兰果实蝇对杧果的为害率，昆士兰果实蝇适生区杧果种植面积对结果的影响可以忽略不计(图4-7-5)。

投入防控后，可挽回的经济损失在1271.80万～95859.54万元(表4-7-8)。对投入防控后可挽回经济损失影响最大的变量是昆士兰果实蝇对杧果的为害率和杧果受昆士兰果实蝇为害后产量损失率(图4-7-6)。

表4-7-6　不防控场景下昆士兰果实蝇对我国杧果产业的潜在经济损失　万元

标记	输出项	公式	最小值	平均值	最大值
F_{11}	产量下降引起的潜在经济损失	$F_{11}=\frac{Q_1\times I\times R\times P_c}{(1-IR)}$	1579.97	30695.59	151330.19
F_{12}	质量下降引起的潜在经济损失	$F_{12}=\frac{Q_1\times I\times(1-R)(P_c-P_2)}{(1-IR)}$	0.13	8853.88	71356.35
F_1	潜在经济损失总量	$F_1=F_{11}+F_{12}$	3349.96	43420.29	164699.44

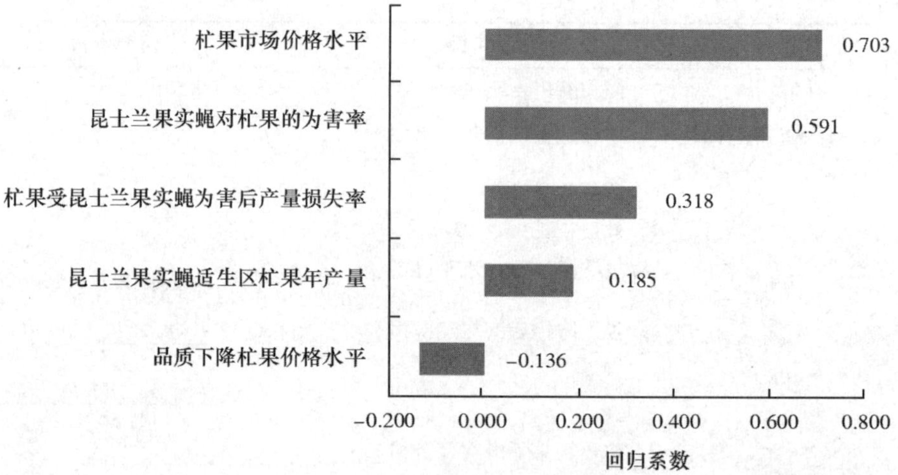

图 4-7-4　不防控场景下昆士兰果实蝇对我国杧果产业潜在经济损失的变量灵敏性

表 4-7-7　防控场景下昆士兰果实蝇对我国杧果产业的潜在经济损失　万元

标记	输出项	公式	最小值	平均值	最大值
F_{21}	防控费用支出量	$F_{21}=S\times I\times C$	197.87	612.66	1117.19
F_{22}	投入防控后潜在经济损失	$F_{22}=\frac{Q_1\times I\times E\times P_c}{(1-IE)}+\frac{Q_1\times I\times(1-E)(P_c-P_2)}{(1-IE)}$	607.75	21172.90	116256.16
F_2	潜在经济损失总量	$F_2=F_{21}+F_{22}$	821.00	21785.34	117121.66

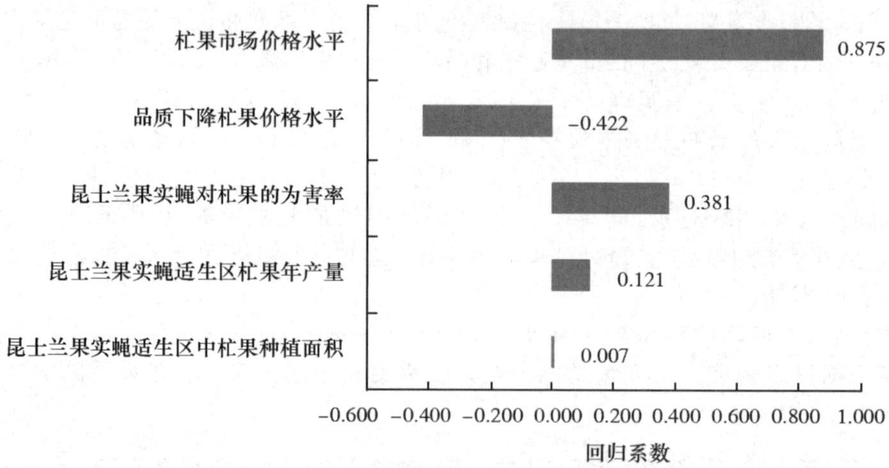

图 4-7-5　防控场景下昆士兰果实蝇对我国杧果产业的潜在经济损失的变量灵敏性

表 4-7-8　投入防控后可挽回昆士兰果实蝇对我国杧果产业的潜在经济损失　万元

场景	标记	输出项	公式	最小值	平均值	最大值
可挽回潜在经济损失	F_3	可挽回潜在经济损失总量	$F_3=F_1-F_2$	1271.80	21634.94	95859.54

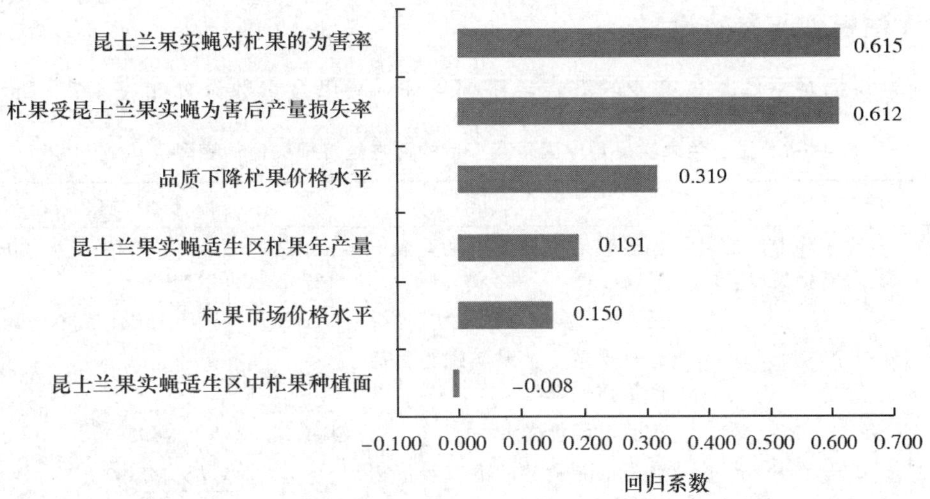

图 4-7-6 投入防控后可挽回昆士兰果实蝇对我国杧果产业潜在经济损失的变量灵敏性

四、昆士兰果实蝇对我国香蕉产业的潜在经济损失评估

(一)主要数据与来源

1.不防控场景下昆士兰果实蝇对我国香蕉产业的经济损失模型数据与来源

(1)昆士兰果实蝇适生区香蕉年产量(Q_1) 根据中华人民共和国农业农村部种植业管理司数据库2012—2016年香蕉产量数据,得出昆士兰果实蝇适生区香蕉的年产量最小值为11319600.00吨,最大值为12702880.00吨,平均值为11911140.00吨。

(2)昆士兰果实蝇对香蕉的为害率(I) 根据黄振等对昆士兰果实蝇传入中国的风险分析得知,昆士兰果实蝇对果实的为害率在5.00%~25.00%,平均值为15.00%(黄振,2011)。

(3)香蕉受昆士兰果实蝇为害后产量损失率(R) 昆士兰果实蝇为害果实后,水果产量损失率>20.00%,严重时绝收,平均值为60.00%(黄振,2011)

(4)香蕉市场价格水平(P_c) 据全国农产品商务信息公共服务平台,收集到2017年全国各市场的香蕉月平均价格,共计590个数据。分析的香蕉市场价格最小值为2.53元/千克,最大值为6.96元/千克,平均值为4.27元/千克。

(5)品质下降香蕉价格水平(P_2) 对于品质下降香蕉市场价格水平,我们采取香蕉市场价格的一半作为数据集。得出品质下降香蕉市场价格最小值为2.53元/千克,平均值为3.52元/千克,最大值为4.17元/千克。

2.防控场景下昆士兰果实蝇对我国香蕉产业的经济损失模型数据与来源

(1)昆士兰果实蝇适生区中香蕉种植面积(S) 与昆士兰果实蝇适生区香蕉产量类似,根据中华人民共和国农业农村部种植业管理司数据库,得出2012—2016年昆士兰果实蝇适生区香蕉种植面积最小值为382050.00公顷,平均值为391560.00公顷,最大值为408370.00公顷。

(2)单位面积香蕉疫区防控成本 以同属的橘小实蝇的单位面积防控成本代替昆士兰果实蝇的单位面积疫区防控成本,为1200.00元/公顷(马兴莉等,2013)。

(二)评估模型与参数设置

昆士兰果实蝇对中国香蕉产业的潜在经济损失评估模型及参数设置如表 4-7-9 所示。

表 4-7-9 昆士兰果实蝇对中国香蕉产业的潜在经济损失评估模型及参数

	模型	输入变量	模型参数
不防控场景	产量下降引起的潜在经济损失(F_{11})	昆士兰果实蝇适生区香蕉产量(Q_1)	Pert(11319600.00,11911140.00,12702880.00)吨
		昆士兰果实蝇对香蕉为害率(I)	Pert(5.00%,15.00%,25.00%)
		香蕉受昆士兰果实蝇为害后产量损失率(R)	Pert(20.00%,60.00%,100.00%)
		香蕉市场价格水平(P_c)	Pert(2.53,4.27,6.96)元
		产量下降引起的潜在经济损失(F_{11})	$F_{11}=\dfrac{Q_1\times I\times R\times P_c}{(1-IR)}$
	质量下降引起的潜在经济损失(F_{12})	疫区单位面积品质下降香蕉产量(Q_2)	$Q_2=\dfrac{Q_1\times I\times(1-R)}{(1-IR)}$
		品质下降香蕉价格水平(P_2)	Pert(2.53,3.52,4.17)元
		质量下降引起的潜在经济损失(F_{12})	$F_{12}=\dfrac{Q_1\times I\times(1-R)(P_c-P_2)}{(1-IR)}$
		不防控场景下潜在经济损失总量(F_1)	$F_1=F_{11}+F_{12}$
防控场景	防控费用(F_{21})	昆士兰果实蝇适生区中香蕉种植面积(S)	Pert(382050.00,391560.00,408370.00)公顷
		单位香蕉疫区防控成本(C)	1200.00 元/公顷
		防控费用支出量(F_{21})	$F_{21}=S\times I\times C$
	投入防控潜在经济损失(F_{22})	单位适生区面积产量(A)	$A=\dfrac{Q_1}{S}$
		防控效果(M)	0.85
		效益校正系数(D)	2.00
		经济损害允许水平(E)	$E=\dfrac{C}{(A\times P_c\times M)}\times D\times 100\%$
		投入防控后潜在经济损失(F_{22})	$F_{22}=\dfrac{Q_1\times I\times E\times P_c}{(1-IE)}+\dfrac{Q_1\times I\times(1-E)(P_c-P_2)}{(1-IE)}$
		防控场景下潜在经济损失总量(F_2)	$F_{22}=\dfrac{Q_1\times I\times E\times P_c}{(1-IE)}+\dfrac{Q_1\times I\times(1-E)(P_c-P_2)}{(1-IE)}$
可挽回潜在经济损失		可挽回潜在经济损失(F_3)	$F_3=F_1-F_2$

(三)潜在经济损失

在不防控的场景下，香蕉产量下降引起的昆士兰果实蝇对香蕉的潜在经济损失在

56767.13 万～2028346.07 万元，香蕉质量下降引起的昆士兰果实蝇对香蕉的潜在经济损失在 0.79 万～614700.22 万元，昆士兰果实蝇对香蕉的潜在经济损失总量在 73876.84 万～2165959.09 万元(表 4-7-10)。在不防控的场景下，昆士兰果实蝇对香蕉的为害率是影响昆士兰果实蝇对香蕉的潜在经济损失的最大变量，其次为香蕉的市场价格水平和香蕉受昆士兰果实蝇为害后的产量损失率，昆士兰果实蝇适生区的年产量和品质下降香蕉价格水平的影响较小(图 4-7-7)。

在防控场景下，昆士兰果实蝇防控费用支出量在 2412.11 万～11801.29 万元，投入防控后昆士兰果实蝇对香蕉的潜在经济损失在 7185.22 万～1011132.86 万元，昆士兰果实蝇对香蕉的潜在经济损失总量在 9860.62 万～1021985.32 万元(表 4-7-11)。在防控场景下，香蕉市场价格水平是影响昆士兰果实蝇对我国香蕉产业潜在经济损失最大的变量，其次是昆士兰果实蝇对香蕉的为害率，昆士兰果实蝇适生区香蕉种植面积对结果影响可以忽略不计(图 4-7-8)。

投入防控后，可挽回的经济损失在 48717.02 万～1366325.92 万元(表 4-7-12)。对投入防控后可挽回经济损失影响最大的变量是昆士兰果实蝇对香蕉的为害率和香蕉受昆士兰果实蝇为害后产量损失率(图 4-7-9)。

表 4-7-10　不防控场景下昆士兰果实蝇对我国香蕉产业的潜在经济损失　　万元

标记	输出项	公式	最小值	平均值	最大值
F_{11}	产量下降引起的潜在经济损失	$F_{11}=\dfrac{Q_1\times I\times R\times P_c}{(1-IR)}$	56767.13	530532.55	2028346.07
F_{12}	质量下降引起的潜在经济损失	$F_{12}=\dfrac{Q_1\times I\times(1-R)(P_c-P_2)}{(1-IR)}$	0.79	93650.66	614700.22
F_1	潜在经济损失总量	$F_1=F_{11}+F_{12}$	73876.84	648142.79	2165959.09

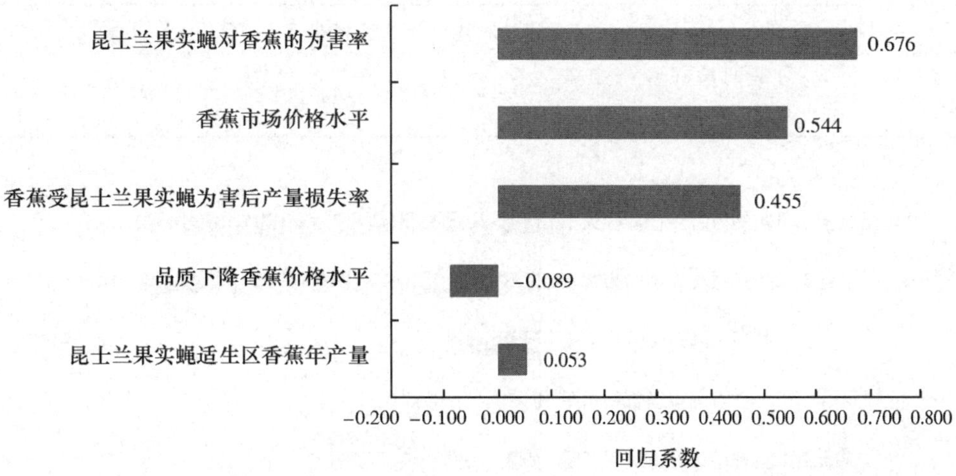

图 4-7-7　不防控场景下昆士兰果实蝇对我国香蕉产业潜在经济损失的变量灵敏性

表 4-7-11 防控场景下昆士兰果实蝇对我国香蕉产业的潜在经济损失 万元

标记	输出项	公式	最小值	平均值	最大值
F_{21}	防控费用支出量	$F_{21}=S\times I\times C$	2412.11	7069.96	11801.29
FV_{22}	投入防控后潜在经济损失	$F_{22}=\frac{Q_1\times I\times E\times P_c}{(1-IE)}+\frac{Q_1\times I\times(1-E)(P_c-P_2)}{(1-IE)}$	7185.22	227025.29	1011132.86
F_2	潜在经济损失总量	$F_2=F_{21}+F_{22}$	9860.62	234094.82	1021985.32

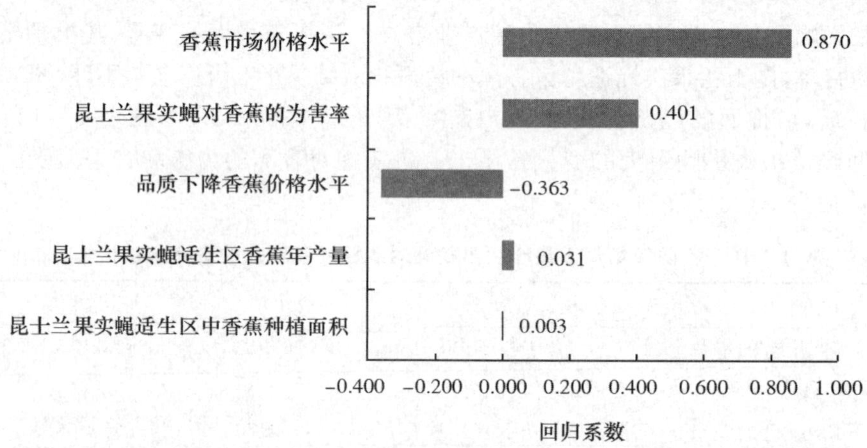

图 4-7-8 防控场景下昆士兰果实蝇对我国香蕉产业的潜在经济损失的变量灵敏性

表 4-7-12 投入防控后可挽回昆士兰果实蝇对我国香蕉产业的潜在经济损失 万元

场景	标记	输出项	公式	最小值	平均值	最大值
可挽回潜在经济损失	F_3	可挽回潜在经济损失总量	$F_3=F_1-F_2$	48717.02	414047.97	1366325.92

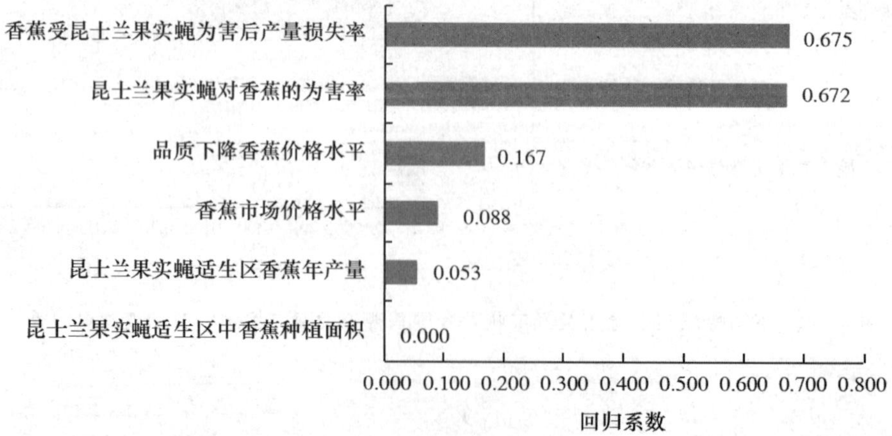

图 4-7-9 投入防控后可挽回昆士兰果实蝇对我国香蕉产业潜在经济损失的变量灵敏性

五、昆士兰果实蝇对我国苹果产业的潜在经济损失评估

(一)主要数据与来源

1. 不防控场景下昆士兰果实蝇对我国苹果产业的经济损失模型数据与来源

(1)昆士兰果实蝇适生区苹果年产量(Q_1)　根据中华人民共和国农业农村部种植业管理司数据库2012—2016年苹果产量数据，得出昆士兰果实蝇适生区苹果的年产量最小值为1046270.00吨，最大值为1247880.00吨，平均值为1150850.00吨。

(2)昆士兰果实蝇对苹果的为害率(I)　根据黄振等对昆士兰果实蝇传入中国的风险分析得知，昆士兰果实蝇对果实的为害率在5.00%～25.00%，平均值为15.00%(黄振，2011)。

(3)苹果受昆士兰果实蝇为害后产量损失率(R)　昆士兰果实蝇为害果实后，水果产量损失率>20.00%，严重时绝收，平均值为60.00%(黄振，2011)

(4)苹果市场价格水平(P_c)　据全国农产品商务信息公共服务平台，收集到2017年全国各市场的苹果月平均价格，共计591个数据。分析的苹果市场价格最小值为2.82元/千克，最大值为11.76元/千克，平均值为6.69元/千克。

(5)品质下降苹果价格水平(P_2)　对于品质下降苹果市场价格水平，我们采取苹果市场价格的一半作为数据集，得出品质下降苹果市场价格最小值为2.82元/千克，平均值为5.20元/千克，最大值为6.53元/千克。

2. 防控场景下昆士兰果实蝇对我国苹果产业的经济损失模型数据与来源

(1)昆士兰果实蝇适生区中苹果种植面积(S)　与昆士兰果实蝇适生区苹果产量类似，根据中华人民共和国农业农村部种植业管理司数据库，得出2012—2016年昆士兰果实蝇适生区苹果种植面积最小值为91770.00公顷，平均值为134980.00公顷，最大值为289110.00公顷。

(2)单位面积苹果疫区防控成本　以同属的橘小实蝇的单位面积防控成本代替昆士兰果实蝇的单位面积疫区防控成本，为1200.00元/公顷(马兴莉等，2013)。

(二)评估模型与参数设置

昆士兰果实蝇对中国苹果产业的潜在经济损失评估模型及参数设置如表4-7-13所示。

表4-7-13　昆士兰果实蝇对中国苹果产业的潜在经济损失评估模型及参数

模型		输入变量	模型参数
不防控场景	产量下降引起的潜在经济损失(F_{11})	昆士兰果实蝇适生区苹果产量(Q_1)	Pert(1046270.00，1150850.00，1247880.00)吨
		昆士兰果实蝇对苹果为害率(I)	Pert(5.00%，15.00%，25.00%)
		苹果受昆士兰果实蝇为害后产量损失率(R)	Pert(20.00%，60.00%，100.00%)
		苹果市场价格水平(P_c)	Pert(2.82，6.69，11.76)元
		产量下降引起的潜在经济损失(F_{11})	$F_{11}=\dfrac{Q_1\times I\times R\times P_c}{(1-IR)}$

续表 4-7-13

	模型	输入变量	模型参数
	质量下降引起的潜在经济损失(F_{12})	疫区单位面积品质下降苹果产量(Q_2)	$Q_2 = \frac{Q_1 \times I \times (1-R)}{(1-IR)}$
		品质下降苹果价格水平(P_2)	Pert(2.82,5.20,6.53)元
		质量下降引起的潜在经济损失(F_{12})	$F_{12} = \frac{Q_1 \times I \times (1-R)(P_c - P_2)}{(1-IR)}$
		不防控场景下潜在经济损失总量(F_1)	$F_1 = F_{11} + F_{12}$
防控场景	防控费用(F_{21})	昆士兰果实蝇适生区中苹果种植面积(S)	Pert(91770.00,134980.00,289110.00)公顷
		单位苹果疫区防控成本(C)	1200.00 元/公顷
		防控费用支出量(F_{21})	$F_{21} = S \times I \times C$
	投入防控潜在经济损失(F_{22})	单位适生区面积产量(A)	$A = \frac{Q_1}{S}$
		防控效果(M)	0.85
		效益校正系数(D)	2.00
		经济损害允许水平(E)	$E = \frac{C}{(A \times P_c \times M)} \times D \times 100\%$
		投入防控后潜在经济损失(F_{22})	$F_{22} = \frac{Q_1 \times I \times E \times P_c}{(1-IE)} + \frac{Q_1 \times I \times (1-E)(P_c - P_2)}{(1-IE)}$
		防控场景下潜在经济损失总量(F_2)	$F_{22} = \frac{Q_1 \times I \times E \times P_c}{(1-IE)} + \frac{Q_1 \times I \times (1-E)(P_c - P_2)}{(1-IE)}$
可挽回潜在经济损失		可挽回潜在经济损失(F_3)	$F_3 = F_1 - F_2$

（三）潜在经济损失

在不防控的场景下，苹果产量下降引起的昆士兰果实蝇对苹果的潜在经济损失在6415.95 万～310789.78 万元，苹果质量下降引起的昆士兰果实蝇对苹果的潜在经济损失在0.10 万～127413.62 万元，昆士兰果实蝇对苹果的潜在经济损失总量在 9742.29 万～356620.31 万元(表 4-7-14)。在不防控的场景下，昆士兰果实蝇对苹果的为害率是影响昆士兰果实蝇对苹果的潜在经济损失的最大变量，其次为苹果的市场价格水平和苹果受昆士兰果实蝇为害后的产量损失率，昆士兰果实蝇适生区的年产量和品质下降苹果价格水平的影响较小(图 4-7-10)。

在防控场景下，昆士兰果实蝇防控费用支出量在 650.65 万～7524.37 万元，投入防控后昆士兰果实蝇对苹果的潜在经济损失在 2083.89 万～206111.53 万元，昆士兰果实蝇对苹果的潜在经济损失总量在 2924.60 万～211791.26 万元(表 4-7-15)。在防控场景下，苹果市场价格水平是影响昆士兰果实蝇对我国苹果产业潜在经济损失最大的变量，其次是昆士兰果实蝇对苹果的为害率，昆士兰果实蝇适生区苹果年产量对结果影响可以忽略不计(图 4-7-11)。

投入防控后，可挽回的经济损失在 1605.19 万～197728.33 万元(表 4-7-16)。对投入防控后可挽回经济损失影响最大的变量是苹果受昆士兰果实蝇为害后产量损失率和昆士兰果实蝇对苹果的为害率(图 4-7-12)。

表 4-7-14　不防控场景下昆士兰果实蝇对我国苹果产业的潜在经济损失　万元

标记	输出项	公式	最小值	平均值	最大值
F_{11}	产量下降引起的潜在经济损失	$F_{11}=\frac{Q_1\times I\times R\times P_c}{(1-IR)}$	6415.95	79486.51	310789.78
F_{12}	质量下降引起的潜在经济损失	$F_{12}=\frac{Q_1\times I\times(1-R)(P_c-P_2)}{(1-IR)}$	0.10	18101.83	127413.62
F_1	潜在经济损失总量	$F_1=F_{11}+F_{12}$	9742.29	102793.35	356620.31

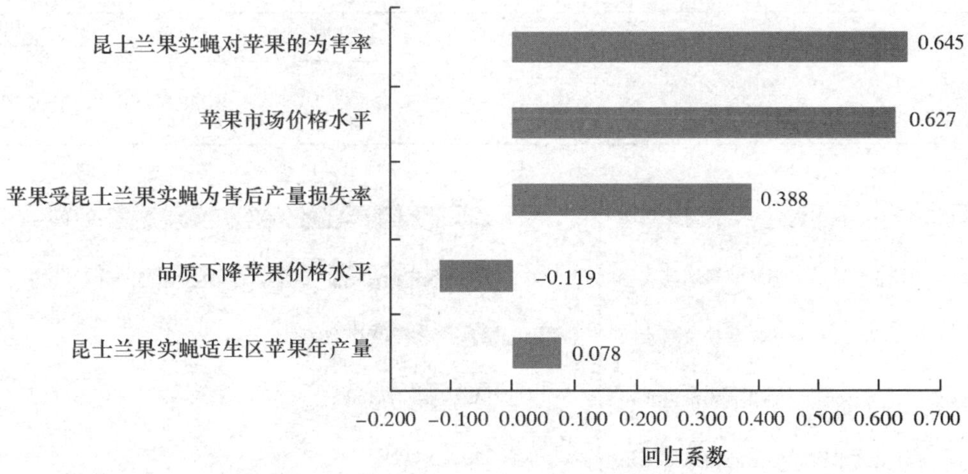

图 4-7-10　不防控场景下昆士兰果实蝇对我国苹果产业潜在经济损失的变量灵敏性

表 4-7-15　防控场景下昆士兰果实蝇对我国苹果产业的潜在经济损失　万元

标记	输出项	公式	最小值	平均值	最大值
F_{21}	防控费用支出量	$F_{21}=S\times I\times C$	650.65	2761.60	7524.37
F_{22}	投入防控后潜在经济损失	$F_{22}=\frac{Q_1\times I\times E\times P_c}{(1-IE)}+\frac{Q_1\times I\times(1-E)(P_c-P_2)}{(1-IE)}$	2083.89	46186.14	206111.53
F_2	潜在经济损失总量	$F_2=F_{21}+F_{22}$	2924.60	48948.79	211791.26

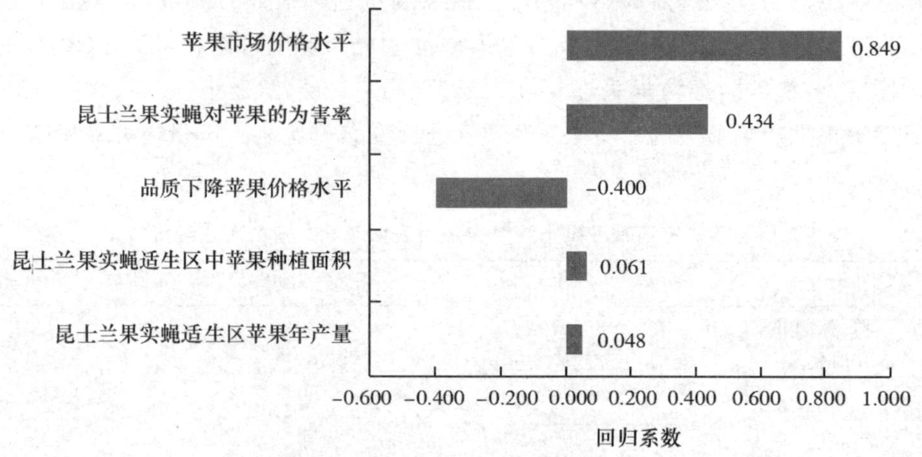

图 4-7-11 防控场景下昆士兰果实蝇对我国苹果产业的潜在经济损失的变量灵敏性

表 4-7-16 投入防控后可挽回昆士兰果实蝇对我国苹果产业的潜在经济损失 万元

场景	标记	输出项	公式	最小值	平均值	最大值
可挽回潜在经济损失	F_3	可挽回潜在经济损失总量	$F_3 = F_1 - F_2$	1605.19	53844.56	197728.33

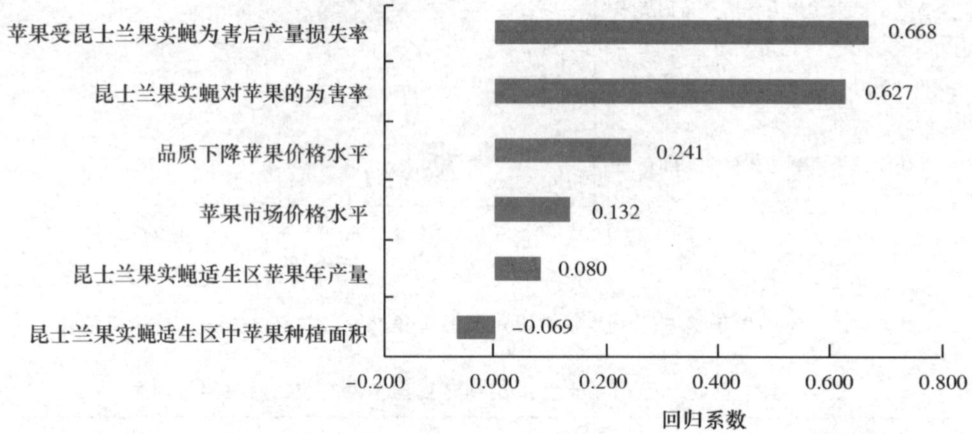

图 4-7-12 投入防控后可挽回昆士兰果实蝇对我国苹果产业潜在经济损失的变量灵敏性

六、昆士兰果实蝇对我国桃产业的潜在经济损失评估

(一)主要数据与来源

1.不防控场景下昆士兰果实蝇对我国桃产业的经济损失模型数据与来源

(1)昆士兰果实蝇适生区桃年产量(Q_1) 根据中华人民共和国农业农村部种植业管理司数据库 2012—2016 年桃产量数据,得出昆士兰果实蝇适生区桃的年产量最小值为 2640210.00 吨,最大值为 3361060.00 吨,平均值为 3003700.00 吨。

(2)昆士兰果实蝇对桃的为害率(I) 根据黄振等对昆士兰果实蝇传入中国的风险分析

得知，昆士兰果实蝇对果实的为害率在5.00%～25.00%，平均值为15.00%（黄振，2011）。

（3）桃受昆士兰果实蝇为害后产量损失率（R）　昆士兰果实蝇为害果实后，水果产量损失率＞20.00%，严重时绝收，平均值为60.00%（黄振，2011）。

（4）桃市场价格水平（P_c）　据全国农产品商务信息公共服务平台，收集到2017年全国各市场的桃月平均价格，共计241个数据。分析的桃市场价格最小值为2.64元/千克，最大值为14.49元/千克，平均值为7.63元/千克。

（5）品质下降桃价格水平（P_2）　对于品质下降桃市场价格水平，我们采取桃市场价格的一半作为数据集，得出品质下降桃市场价格最小值为2.64元/千克，平均值为4.64元/千克，最大值为6.29元/千克。

2.防控场景下昆士兰果实蝇对我国桃产业的经济损失模型数据与来源

（1）昆士兰果实蝇适生区中桃种植面积（S）　与昆士兰果实蝇适生区桃产量类似，根据中华人民共和国农业农村部种植业管理司数据库，得出2012—2016年昆士兰果实蝇适生区桃种植面积最小值为271260.00公顷，平均值为295670.00公顷，最大值为318190.00公顷。

（2）单位面积桃疫区防控成本　以同属的橘小实蝇的单位面积防控成本代替昆士兰果实蝇的单位面积疫区防控成本，为1200.00元/公顷（马兴莉等，2013）。

（二）评估模型与参数设置

昆士兰果实蝇对中国桃产业的潜在经济损失评估模型及参数设置如表4-7-17所示。

表4-7-17　昆士兰果实蝇对中国桃产业的潜在经济损失评估模型及参数

	模型	输入变量	模型参数
不防控场景	产量下降引起的潜在经济损失（F_{11}）	昆士兰果实蝇适生区桃产量（Q_1）	Pert(2640210.00,3003700.00,3361060.00)吨
		昆士兰果实蝇对桃为害率（I）	Pert(5.00%,15.00%,25.00%)
		桃受昆士兰果实蝇为害后产量损失率（R）	Pert(20.00%,60.00%,100.00%)
		桃市场价格水平（P_c）	Pert(2.64,7.63,14.49)元
		产量下降引起的潜在经济损失（F_{11}）	$F_{11}=\frac{Q_1\times I\times R\times P_c}{(1-IR)}$
	质量下降引起的潜在经济损失（F_{12}）	疫区单位面积品质下降桃产量（Q_2）	$Q_2=\frac{Q_1\times I\times(1-R)}{(1-IR)}$
		品质下降桃价格水平（P_2）	Pert(2.64,4.64,6.29)元
		质量下降引起的潜在经济损失（F_{12}）	$F_{12}=\frac{Q_1\times I\times(1-R)(P_c-P_2)}{(1-IR)}$
		不防控场景下潜在经济损失总量（F_1）	$F_1=F_{11}+F_{12}$
不防控场景	防控费用（F_{21}）	昆士兰果实蝇适生区中桃种植面积（S）	Pert(271260.00,295670.00,318190.00)公顷

续表 4-7-17

模型	输入变量	模型参数
	单位桃疫区防控成本(C)	1200.00 元/公顷
	防控费用支出量(F_{21})	$F_{21}=S\times I\times C$
投入防控潜在经济损失(F_{22})	单位适生区面积产量(A)	$A=\frac{Q_1}{S}$
	防控效果(M)	0.85
	效益校正系数(D)	2.00
	经济损害允许水平(E)	$E=\frac{C}{(A\times P_c\times M)}\times D\times 100\%$
	投入防控后潜在经济损失(F_{22})	$F_{22}=\frac{Q_1\times I\times E\times P_c}{(1-IE)}+\frac{Q_1\times I\times(1-E)(P_c-P_2)}{(1-IE)}$
	防控场景下潜在经济损失总量(F_2)	$F_{22}=\frac{Q_1\times I\times E\times P_c}{(1-IE)}+\frac{Q_1\times I\times(1-E)(P_c-P_2)}{(1-IE)}$
可挽回潜在经济损失	可挽回潜在经济损失(F_3)	$F_3=F_1-F_2$

(三)潜在经济损失

在不防控的场景下,桃产量下降引起的昆士兰果实蝇对桃的潜在经济损失在 18539.51 万～1012717.41 万元,桃质量下降引起的昆士兰果实蝇对桃的潜在经济损失在 0.47 万～477350.97 万元,昆士兰果实蝇对桃的潜在经济损失总量在 25970.90 万～1144149.34 万元(表 4-7-18)。在不防控的场景下,桃的市场价格水平是影响昆士兰果实蝇对桃的潜在经济损失的最大变量,其次为昆士兰果实蝇对桃的为害率和桃受昆士兰果实蝇为害后的产量损失率,昆士兰果实蝇适生区的年产量和品质下降桃价格水平的影响较小(图 4-7-13)。

在防控场景下,昆士兰果实蝇防控费用支出量在 1766.02 万～9325.84 万元,投入防控后昆士兰果实蝇对桃的潜在经济损失在 5208.45 万～732763.01 万元,昆士兰果实蝇对桃的潜在经济损失总量在 7341.76 万～741350.56 万元(表 4-7-19)。在防控场景下,桃市场价格是影响昆士兰果实蝇对我国桃产业潜在经济损失最大的变量,其次是昆士兰果实蝇对桃的为害率,昆士兰果实蝇适生区桃种植面积对结果影响可以忽略不计(图 4-7-14)。

投入防控后,可挽回的经济损失在 12202.13 万～565467.36 万元(表 4-7-20)。对投入防控后可挽回经济损失影响最大的变量是昆士兰果实蝇对桃的为害率和桃受昆士兰果实蝇为害后产量损失率(图 4-7-15)。

表 4-7-18 不防控场景下昆士兰果实蝇对我国桃产业的潜在经济损失 万元

标记	输出项	公式	最小值	平均值	最大值
F_{11}	产量下降引起的潜在经济损失	$F_{11}=\frac{Q_1\times I\times R\times P_c}{(1-IR)}$	18539.51	239352.28	1012717.41
F_{12}	质量下降引起的潜在经济损失	$F_{12}=\frac{Q_1\times I\times(1-R)(P_c-P_2)}{(1-IR)}$	0.47	72764.38	477350.97
F_1	潜在经济损失总量	$F_1=F_{11}+F_{12}$	25970.90	320711.96	1144149.34

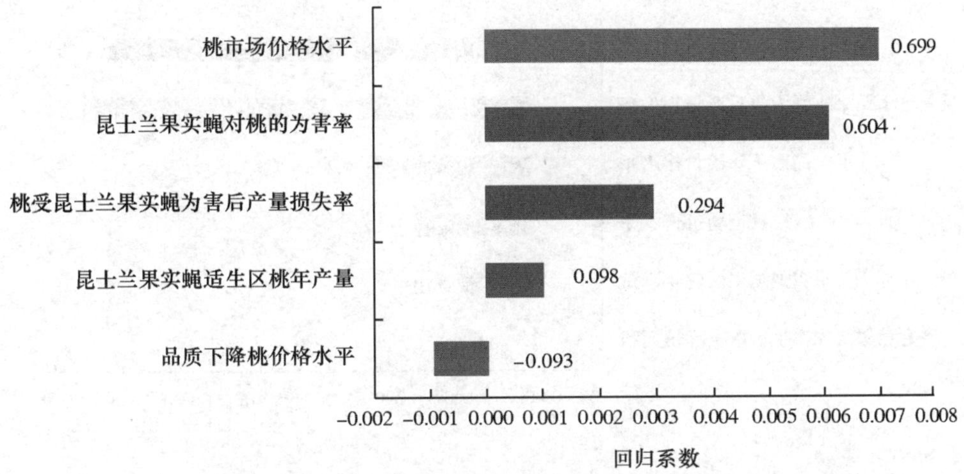

图 4-7-13　不防控场景下昆士兰果实蝇对我国桃产业潜在经济损失的变量灵敏性

表 4-7-19　防控场景下昆士兰果实蝇对我国桃产业的潜在经济损失　万元

标记	输出项	公式	最小值	平均值	最大值
F_{21}	防控费用支出量	$F_{21}=S\times I\times C$	1766.02	5316.34	9325.84
F_{22}	投入防控后潜在经济损失	$F_{22}=\frac{Q_1\times I\times E\times P_c}{(1-IE)}+\frac{Q_1\times I\times(1-E)(P_c-P_2)}{(1-IE)}$	5208.45	174204.74	732763.01
F_2	潜在经济损失总量	$F_2=F_{21}+F_{22}$	7341.76	179520.22	741350.56

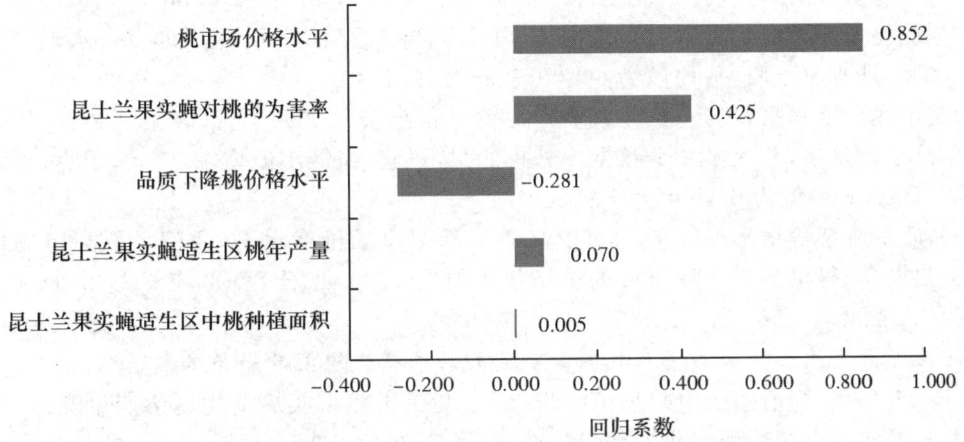

图 4-7-14　防控场景下昆士兰果实蝇对我国桃产业的潜在经济损失的变量灵敏性

表 4-7-20　投入防控后可挽回昆士兰果实蝇对我国桃产业的潜在经济损失　万元

场景	标记	输出项	公式	最小值	平均值	最大值
可挽回潜在经济损失	F_3	可挽回潜在经济损失总量	$F_3=F_1-F_2$	12202.13	141191.70	565467.36

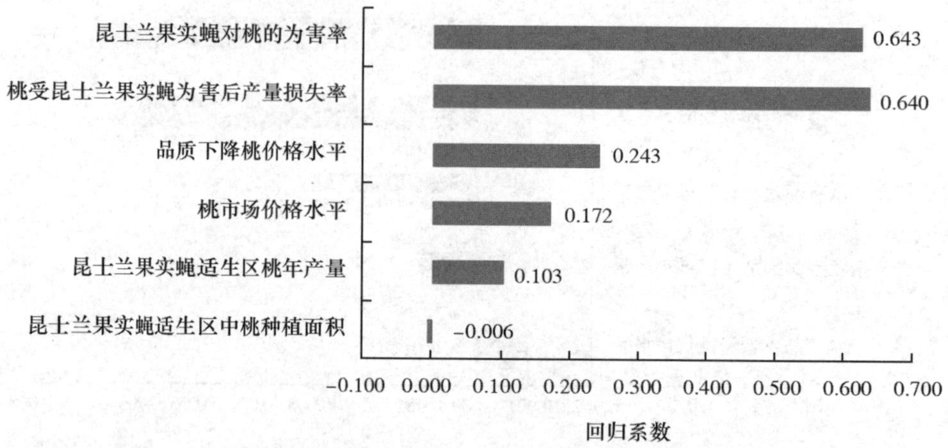

图 4-7-15 投入防控后可挽回昆士兰果实蝇对我国桃产业潜在经济损失的变量灵敏性

七、昆士兰果实蝇对我国梨产业的潜在经济损失评估

(一)主要数据与来源

1. 不防控场景下昆士兰果实蝇对我国梨产业的经济损失模型数据与来源

(1)昆士兰果实蝇适生区梨年产量(Q_1) 根据中华人民共和国农业农村部种植业管理司数据库 2012—2016 年梨产量数据,得出昆士兰果实蝇适生区梨的年产量最小值为 3577900.00 吨,最大值为 4161600.00 吨,平均值为 3900820.00 吨。

(2)昆士兰果实蝇对梨的为害率(I) 根据黄振等对昆士兰果实蝇传入中国的风险分析得知,昆士兰果实蝇对果实的为害率在 5.00%～25.00%,平均值为 15.00%(黄振,2011)。

(3)梨受昆士兰果实蝇为害后产量损失率(R) 昆士兰果实蝇为害果实后,水果产量损失率>20.00%,严重时绝收,平均值为 60.00%(黄振,2011)。

(4)梨市场价格水平(P_c) 据全国农产品商务信息公共服务平台,收集到 2017 年全国各市场的梨月平均价格,共计 448 个数据。分析的梨市场价格最小值为 1.95 元/千克,最大值为 12.39 元/千克,平均值为 6.17 元 /千克。

(5)品质下降梨价格水平(P_2) 对于品质下降梨市场价格水平,我们采取梨市场价格的一半作为数据集,得出品质下降梨市场价格最小值为 1.80 元/千克,平均值为 3.36 元/千克,最大值为 5.08 元/千克。

2. 防控场景下昆士兰果实蝇对我国梨产业的经济损失模型数据与来源

(1)昆士兰果实蝇适生区中梨种植面积(S) 与昆士兰果实蝇适生区梨产量类似,根据中华人民共和国农业农村部种植业管理司数据库,得出 2012—2016 年昆士兰果实蝇适生区梨种植面积最小值为 360090.00 公顷,平均值为 367660.00 公顷,最大值为 372550.00 公顷。

(2)单位面积梨疫区防控成本 以同属的橘小实蝇的单位面积防控成本代替昆士兰果实蝇的单位面积疫区防控成本,为 1200.00 元/公顷(马兴莉等,2013)。

(二)评估模型与参数设置

昆士兰果实蝇对中国梨产业的潜在经济损失评估模型及参数设置如表 4-7-21 所示。

表 4-7-21 昆士兰果实蝇对中国梨产业的潜在经济损失评估模型及参数

模型		输入变量	模型参数
不防控场景	产量下降引起的潜在经济损失(F_{11})	昆士兰果实蝇适生区梨产量(Q_1)	Pert(3577900.00,3900820.00,4161600.00)吨
		昆士兰果实蝇对梨为害率(I)	Pert(5.00%,15.00%,25.00%)
		梨受昆士兰果实蝇为害后产量损失率(R)	Pert(20.00%,60.00%,100.00%)
		梨市场价格水平(P_c)	Pert(1.95,6.17,12.39)元
		产量下降引起的潜在经济损失(F_{11})	$F_{11}=\dfrac{Q_1\times I\times R\times P_c}{(1-IR)}$
	质量下降引起的潜在经济损失(F_{12})	疫区单位面积品质下降梨产量(Q_2)	$Q_2=\dfrac{Q_1\times I\times(1-R)}{(1-IR)}$
		品质下降梨价格水平(P_2)	Pert(1.95,3.36,5.08)元
		质量下降引起的潜在经济损失(F_{12})	$F_{12}=\dfrac{Q_1\times I\times(1-R)(P_c-P_2)}{(1-IR)}$
		不防控场景下潜在经济损失总量(F_1)	$F_1=F_{11}+F_{12}$
防控场景	防控费用(F_{21})	昆士兰果实蝇适生区中梨种植面积(S)	Pert(360090.00,367660.00,372550.00)公顷
		单位梨疫区防控成本(C)	1200.00 元/公顷
		防控费用支出量(F_{21})	$F_{21}=S\times I\times C$
	投入防控潜在经济损失(F_{22})	单位适生区面积产量(A)	$A=\dfrac{Q_1}{S}$
		防控效果(M)	0.85
		效益校正系数(D)	2.00
		经济损害允许水平(E)	$E=\dfrac{C}{(A\times P_c\times M)}\times D\times 100\%$
		投入防控后潜在经济损失(F_{22})	$F_{22}=\dfrac{Q_1\times I\times E\times P_c}{(1-IE)}+\dfrac{Q_1\times I\times(1-E)(P_c-P_2)}{(1-IE)}$
		防控场景下潜在经济损失总量(F_2)	$F_{22}=\dfrac{Q_1\times I\times E\times P_c}{(1-IE)}+\dfrac{Q_1\times I\times(1-E)(P_c-P_2)}{(1-IE)}$
可挽回潜在经济损失		可挽回潜在经济损失(F_3)	$F_3=F_1-F_2$

(三)潜在经济损失

在不防控的场景下,梨产量下降引起的昆士兰果实蝇对梨的潜在经济损失在 26163.78 万～1354765.52 万元,梨质量下降引起的昆士兰果实蝇对梨的潜在经济损失在 0.22 万～608624.45 万元,昆士兰果实蝇对梨的潜在经济损失总量在 34352.05 万～1501394.09 万元(表 4-7-22)。在不防控的场景下,梨的市场价格水平是影响昆士兰果实蝇对梨的潜在经济损失的最大变量,其次为昆士兰果实蝇对梨的为害率和梨受昆士兰果实蝇为害后的产量损失率,昆士兰果实蝇适生区的年产量的影响较小,品质下降梨价格水平对此的影响可以忽略不计(图4-7-16)。

在防控场景下,昆士兰果实蝇防控费用支出量在2244.07万~11022.38万元,投入防控后昆士兰果实蝇对梨的潜在经济损失在6783.02万~939784.74万元,昆士兰果实蝇对梨的潜在经济损失总量在9355.19万~949457.72万元(表4-7-23)。在防控场景下,梨市场价格是影响昆士兰果实蝇对我国梨产业潜在经济损失最大的变量,其次是昆士兰果实蝇对梨的为害率,昆士兰果实蝇适生区梨种植面积对结果的影响可以忽略不计(图4-7-17)。

投入防控后,可挽回的经济损失在13127.03万~740712.27万元(表4-7-24)。对投入防控后可挽回经济损失影响最大的变量是梨受昆士兰果实蝇为害后产量损失率和昆士兰果实蝇对梨的为害率(图4-7-18)。

表4-7-22 不防控场景下昆士兰果实蝇对我国梨产业的潜在经济损失 万元

标记	输出项	公式	最小值	平均值	最大值
F_{11}	产量下降引起的潜在经济损失	$F_{11}=\dfrac{Q_1\times I\times R\times P_c}{(1-IR)}$	26163.78	309988.81	1354765.52
F_{12}	质量下降引起的潜在经济损失	$F_{12}=\dfrac{Q_1\times I\times(1-R)(P_c-P_2)}{(1-IR)}$	0.22	94413.77	608624.45
F_1	潜在经济损失总量	$F_1=F_{11}+F_{12}$	34352.05	415597.91	1501394.09

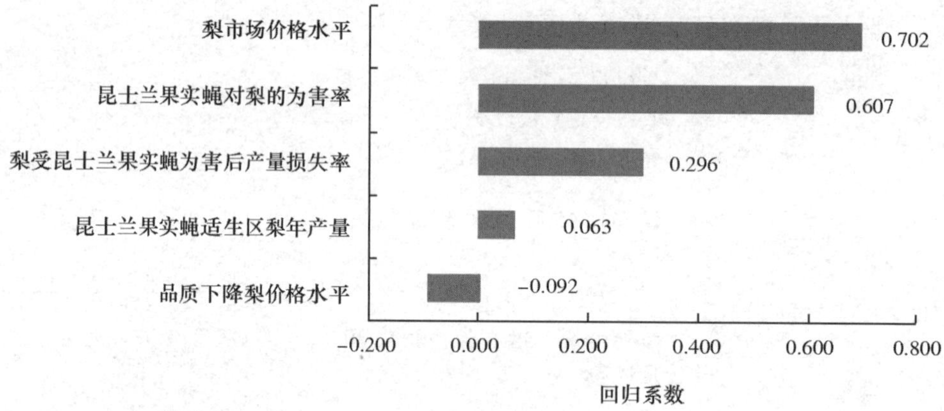

图4-7-16 不防控场景下昆士兰果实蝇对我国梨产业潜在经济损失的变量灵敏性

表4-7-23 防控场景下昆士兰果实蝇对我国梨产业的潜在经济损失 万元

标记	输出项	公式	最小值	平均值	最大值
F_{21}	防控费用支出量	$F_{21}=S\times I\times C$	2244.07	6609.88	11022.38
F_{22}	投入防控后潜在经济损失	$F_{22}=\dfrac{Q_1\times I\times E\times P_c}{(1-IE)}+\dfrac{Q_1\times I\times(1-E)(P_c-P_2)}{(1-IE)}$	6783.02	225435.65	939784.74
F_2	潜在经济损失总量	$F_2=F_{21}+F_{22}$	9355.19	232046.73	949457.72

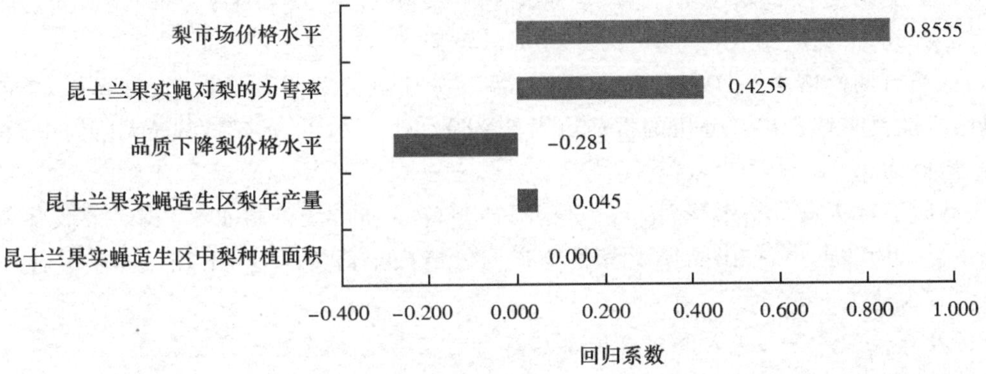

图 4-7-17 防控场景下昆士兰果实蝇对我国梨产业的潜在经济损失的变量灵敏性

表 4-7-24 投入防控后可挽回昆士兰果实蝇对我国梨产业的潜在经济损失 万元

场景	标记	输出项	公式	最小值	平均值	最大值
可挽回潜在经济损失	F_3	可挽回潜在经济损失总量	$F_3 = F_1 - F_2$	13127.03	183551.19	740712.27

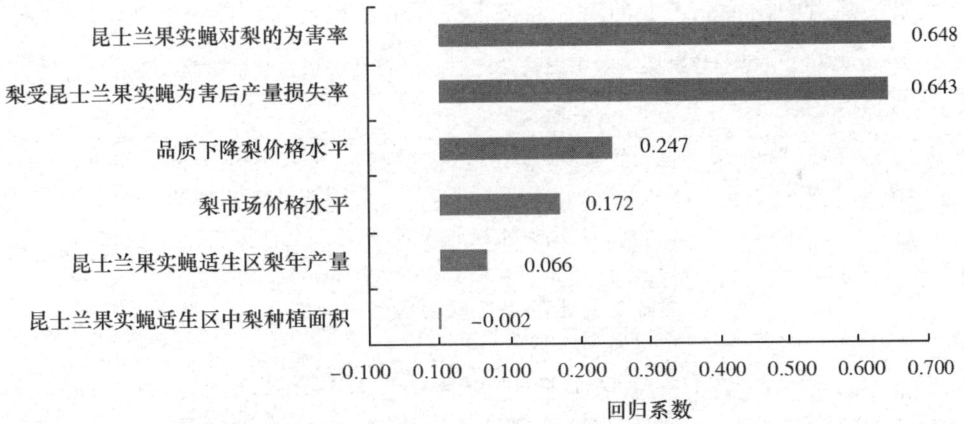

图 4-7-18 投入防控后可挽回昆士兰果实蝇对我国梨产业潜在经济损失的变量灵敏性

八、昆士兰果实蝇对我国番茄产业的潜在经济损失评估

(一)主要数据与来源

1. 不防控场景下昆士兰果实蝇对我国番茄产业的经济损失模型数据与来源

(1)昆士兰果实蝇适生区番茄年产量(Q_1) 根据中华人民共和国农业农村部种植业管理司数据库2012—2016年番茄产量数据,得出昆士兰果实蝇适生区番茄的年产量最小值为8478300.00吨,最大值为10021580.00吨,平均值为9336910.00吨。

(2)昆士兰果实蝇对番茄的为害率(I) 根据黄振等对昆士兰果实蝇传入中国的风险分析得知,昆士兰果实蝇对果实的为害率在5.00%~25.00%,平均值为15.00%(黄振,2011)。

(3)番茄受昆士兰果实蝇为害后产量损失率(R)　昆士兰果实蝇为害果实后，水果产量损失率>20.00%，严重时绝收，平均值为60.00%(黄振，2011)。

(4)番茄市场价格水平(P_c)　据全国农产品商务信息公共服务平台，收集到2017年全国各市场的番茄月平均价格。分析的番茄市场价格最小值为0.80元/千克，最大值为10.57元/千克，平均值为4.01元/千克。

(5)品质下降番茄价格水平(P_2)　对于品质下降番茄市场价格水平，我们采取番茄市场价格的一半作为数据集，得出品质下降番茄市场价格最小值为1.80元/千克，平均值为2.96元/千克，最大值为4.00元/千克。

2.防控场景下昆士兰果实蝇对我国番茄产业的经济损失模型数据与来源

(1)昆士兰果实蝇适生区中番茄种植面积(S)　与昆士兰果实蝇适生区番茄产量类似，根据中华人民共和国农业农村部种植业管理司数据库，得出2012—2016年昆士兰果实蝇适生区番茄种植面积最小值为274980.00公顷，平均值为298150.00公顷，最大值为320540.00公顷。

(2)单位面积番茄疫区防控成本　以同属的橘小实蝇的单位面积防控成本代替昆士兰果实蝇的单位面积疫区防控成本，为1200.00元/公顷(马兴莉等，2013)。

(二)评估模型与参数设置

昆士兰果实蝇对中国番茄产业的潜在经济损失评估模型及参数设置如表4-7-25所示。

表4-7-25　昆士兰果实蝇对中国番茄产业的潜在经济损失评估模型及参数

模型		输入变量	模型参数
不防控场景	产量下降引起的潜在经济损失(F_{11})	昆士兰果实蝇适生区番茄产量(Q_1)	Pert(8478300.00,9336910.00,10021580.00)吨
		昆士兰果实蝇对番茄为害率(I)	Pert(5.00%,15.00%,25.00%)
		番茄受昆士兰果实蝇为害后产量损失率(R)	Pert(20.00%,60.00%,100.00%)
		番茄市场价格水平(P_c)	Pert(0.80,4.01,10.57)元
		产量下降引起的潜在经济损失(F_{11})	$F_{11}=\dfrac{Q_1\times I\times R\times P_c}{(1-IR)}$
	质量下降引起的潜在经济损失(F_{12})	疫区单位面积品质下降番茄产量(Q_2)	$Q_2=\dfrac{Q_1\times I\times(1-R)}{(1-IR)}$
		品质下降番茄价格水平(P_2)	Pert(1.80,2.96,4.00)元
		质量下降引起的潜在经济损失(F_{12})	$F_{12}=\dfrac{Q_1\times I\times(1-R)(P_c-P_2)}{(1-IR)}$
		不防控场景下潜在经济损失总量(F_1)	$F_1=F_{11}+F_{12}$
防控场景	防控费用(F_{21})	昆士兰果实蝇适生区中番茄种植面积(S)	Pert(274980.00,298150.00,320540.00)公顷
		单位番茄疫区防控成本(C)	1200.00元/公顷
		防控费用支出量(F_{21})	$F_{21}=S\times I\times C$

续表 4-7-25

	模型	输入变量	模型参数
	投入防控潜在经济损失(F_{22})	单位适生区面积产量(A)	$A = \frac{Q_1}{S}$
		防控效果(M)	0.85
		效益校正系数(D)	2.00
		经济损害允许水平(E)	$E = \frac{C}{(A \times P_c \times M)} \times D \times 100\%$
		投入防控后潜在经济损失(F_{22})	$F_{22} = \frac{Q_1 \times I \times E \times P_c}{(1-IE)} + \frac{Q_1 \times I \times (1-E)(P_c - P_2)}{(1-IE)}$
		防控场景下潜在经济损失总量(F_2)	$F_{22} = \frac{Q_1 \times I \times E \times P_c}{(1-IE)} + \frac{Q_1 \times I \times (1-E)(P_c - P_2)}{(1-IE)}$
可挽回潜在经济损失		可挽回潜在经济损失(F_3)	$F_3 = F_1 - F_2$

(三)潜在经济损失

在不防控的场景下,番茄产量下降引起的昆士兰果实蝇对番茄的潜在经济损失在23105.88万～2119132.89万元,番茄质量下降引起的昆士兰果实蝇对番茄的潜在经济损失在2.30万～977800.83万元,昆士兰果实蝇对番茄的潜在经济损失总量在55645.08万～2471670.82万元(表4-7-26)。在不防控的场景下,番茄的市场价格水平是影响昆士兰果实蝇对番茄的潜在经济损失的最大变量,其次为昆士兰果实蝇对番茄的为害率和番茄受昆士兰果实蝇为害后的产量损失率,昆士兰果实蝇适生区的年产量和品质下降番茄价格水平的影响较小(图4-7-19)。

在防控场景下,昆士兰果实蝇防控费用支出量在1754.68万～9168.35万元,投入防控后昆士兰果实蝇对番茄的潜在经济损失在5639.82万～1762087.77万元,昆士兰果实蝇对番茄的潜在经济损失总量在8009.59万～1770810.87万元(表4-7-27)。在防控场景下,番茄市场价格水平是影响昆士兰果实蝇对我国番茄产业潜在经济损失最大的变量,其次是昆士兰果实蝇对番茄的为害率,昆士兰果实蝇适生区番茄种植面积对结果影响可以忽略不计(图4-7-20)。

投入防控后,可挽回的经济损失在36433.52万～1104501.80万元(表4-7-28)。对投入防控后可挽回经济损失影响最大的变量是昆士兰果实蝇对番茄的为害率和番茄受昆士兰果实蝇为害后产量损失率(图4-7-21)。

表4-7-26　不防控场景下昆士兰果实蝇对我国番茄产业的潜在经济损失　万元

标记	输出项	公式	最小值	平均值	最大值
F_{11}	产量下降引起的潜在经济损失	$F_{11} = \frac{Q_1 \times I \times R \times P_c}{(1-IR)}$	23105.88	427001.55	2119132.89
F_{12}	质量下降引起的潜在经济损失	$F_{12} = \frac{Q_1 \times I \times (1-R)(P_c - P_2)}{(1-IR)}$	2.30	138578.96	977800.83
F_1	潜在经济损失总量	$F_1 = F_{11} + F_{12}$	55645.08	622110.24	2471670.82

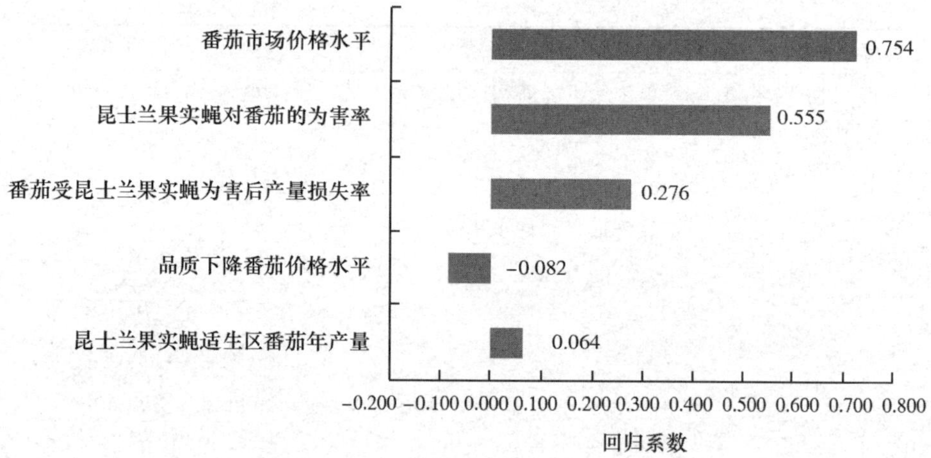

图 4-7-19　不防控场景下昆士兰果实蝇对我国番茄产业潜在经济损失的变量灵敏性

表 4-7-27　防控场景下昆士兰果实蝇对我国番茄产业的潜在经济损失　　万元

标记	输出项	公式	最小值	平均值	最大值
F_{21}	防控费用支出量	$F_{21}=S\times I\times C$	1754.68	5364.24	9168.35
F_{22}	投入防控后潜在经济损失	$F_{22}=\frac{Q_1\times I\times E\times P_c}{(1-IE)}+\frac{Q_1\times I\times(1-E)(P_c-P_2)}{(1-IE)}$	5639.82	325315.13	1762087.77
F_2	潜在经济损失总量	$F_2=F_{21}+F_{22}$	8009.59	330681.54	1770810.87

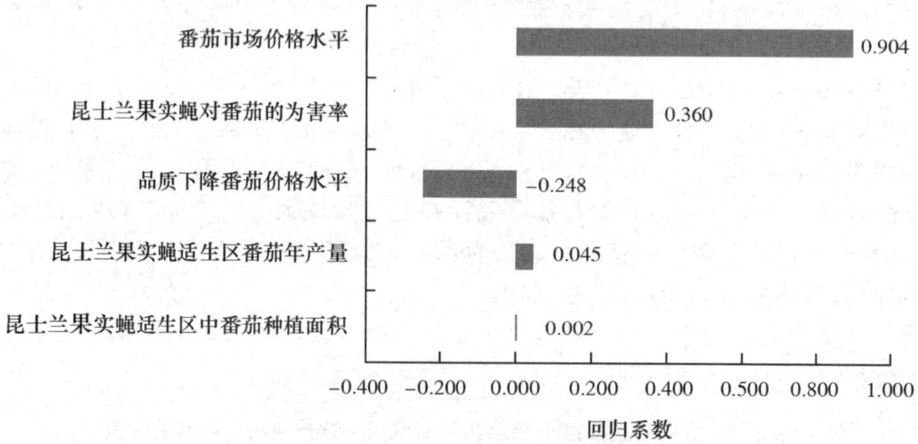

图 4-7-20　防控场景下昆士兰果实蝇对我国番茄产业的潜在经济损失的变量灵敏性

表 4-7-28　投入防控后可挽回昆士兰果实蝇对我国番茄产业的潜在经济损失　　万元

场景	标记	输出项	公式	最小值	平均值	最大值
可挽回潜在经济损失	F_3	可挽回潜在经济损失总量	$F_3=F_1-F_2$	36433.52	291428.69	1104501.80

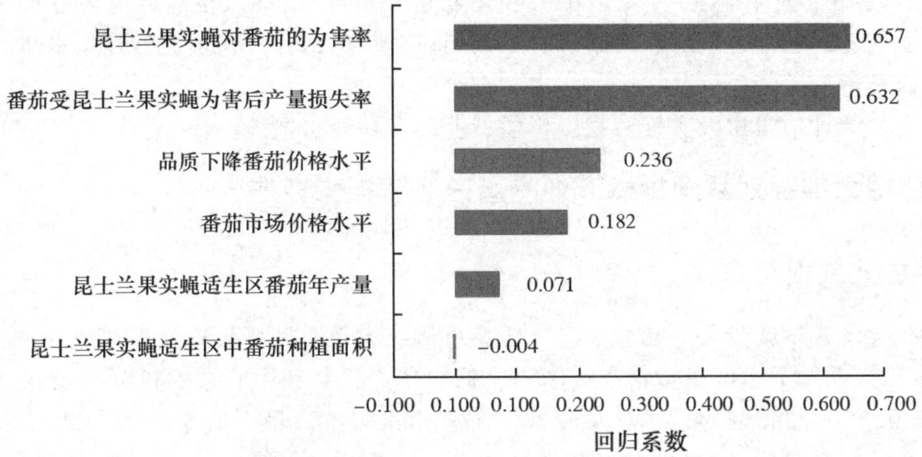

图 4-7-21　投入防控后可挽回昆士兰果实蝇对我国番茄产业潜在经济损失的变量灵敏性

参考文献

高田昌稔，马云彬. 昆士兰实蝇. 植物检疫，1983(4)：30-31.
黄振，林明光，蔡笃诚. 昆士兰果实蝇传入中国的风险分析. 生物安全学报，2011，18(3)：191-197.
李志红. 生物入侵防控：重要经济实蝇潜在地理分布研究. 北京：中国农业大学出版社，2015.
马兴莉，李志红，胡学难，等. 橘小实蝇、瓜实蝇和南亚果实蝇对广东省造成的经济损失评估. 植物检疫，2013，27(3)：50-56.
全国农产品商务信息公共服务平台. 2018. http：//nc.mofcom.gov.cn/.
中华人民共和国农业农村部. 2018. http：//202.127.42.157/moazzys/shucai_cx.aspx.

第八节　蜜柑大实蝇

一、蜜柑大实蝇概况

蜜柑大实蝇[*Bactrocera tsuneonis* (Miyake)]，属双翅目(Diptera)，实蝇科(Tephritidae)，果实蝇属(*Bactrocera*)，是我国柑橘上的重要害虫，是我国进境检疫性有害生物，也是国内农业植物检疫性有害生物(龚秀泽等，2008；李志红，2015)。

蜜柑大实蝇在我国主要分布于广东、广西、四川、贵州、云南、海南、湖南、江苏和台湾，国外主要分布于日本、越南和拉脱维亚(龚秀泽等，2008；李志红，2015；GBIF，2019)。蜜柑大实蝇在我国的潜在地理分布研究显示，在不考虑寄主的条件下，至2020年，除新疆、青海大部、西藏大部、甘肃大部、内蒙古中西部及北部，其余地区都适宜蜜柑大实蝇生存(李志红，2015)。蜜柑大实蝇是柑橘类水果重要害虫，可为害宁明橘(酸橘)、扁柑、温州蜜柑、金橘、红橘、甜橙、柑、乳橘等寄主果实(龚秀泽等，2008)。蜜柑大实蝇以幼虫为害果实(张禹安，1984)。根据农业农村部种植业管理司数据库显示（中华人民共和国农业农村部，2018），柑橘种植区分布在我国上海、江苏、浙江、安徽、福建、江西、河南、湖北、湖南、广东、广西、海南、重庆、四川、贵州、云南、陕西、甘肃、西藏等地。

本研究主要评估蜜柑大实蝇对我国柑橘产业的潜在经济损失。

二、蜜柑大实蝇对我国柑橘产业的潜在经济损失评估

（一）主要数据与来源

1. 不防控场景下蜜柑大实蝇对我国柑橘产业的经济损失模型数据与来源

（1）蜜柑大实蝇适生区柑橘年产量（Q_1） 据中华人民共和国农业农村部种植业管理司数据库2012—2016年柑橘产量数据，蜜柑大实蝇适生区年产量最小值为29934099.47吨，均值为33109027.29吨，最大值为36045848.04吨。

（2）蜜柑大实蝇对柑橘的为害率（I） 蜜柑大实蝇以幼虫为害果实，在我国广西主要为害宁明橘、长安金柑、扁柑等，果实受害率最高可达86.29%。据调查，蜜柑大实蝇在四川省对果实的为害率在30.00%左右（张禹安，1984）。

（3）柑橘受蜜柑大实蝇为害后产量损失率（R） 蜜柑大实蝇是柑橘类果树的主要害虫，因暂时无有效数据显示蜜柑大实蝇造成的损失，本研究以pert分布进行模拟，最小值为0.00，最可能值为50.00%，最大值为100.00%。

（4）柑橘市场价格水平（P_c） 根据全国农产品商务信息公共服务平台，收集2017年蜜柑大实蝇适生区各省份所有市场的柑橘月平均价格，共计301个价格数据（全国农产品商务信息公共服务平台，2018）。经分析，得出柑橘市场价格最小值为1.55元/千克，平均值为6.36元/千克，最大值为15.69元/千克。

（5）品质下降柑橘价格水平（P_2） 对于品质下降柑橘市场价格水平，我们采取柑橘市场价格的一半作为数据集，得出品质下降柑橘市场价格最小值为1.55元/千克，平均值为4.00元/千克，最大值为5.05元/千克。

2. 防控场景下蜜柑大实蝇对我国柑橘产业的经济损失模型数据与来源

（1）蜜柑大实蝇适生区中柑橘种植面积（S） 同蜜柑大实蝇适生区柑橘产量类似，根据中华人民共和国农业农村部种植业管理司数据库，得出2012—2016年蜜柑大实蝇适生区柑橘种植面积最小值为2199270.00公顷，平均值为2367870.00公顷，最大值为2513900.00公顷。

（2）单位面积柑橘疫区防控成本 因防控成本主要考虑农药、劳务、机械折旧等费用，本研究参考瓜实蝇对中国苦瓜产业的潜在经济损失评估，单位面积柑橘疫区防控费用为7500.00元/公顷。

（3）防控效果 参考瓜实蝇对中国苦瓜产业的潜在经济损失评估，防控费用为7500.00元/公顷时，达到的防控效果为85.00%。

（二）评估模型与参数设置

蜜柑大实蝇对中国柑橘产业的潜在经济损失评估模型及参数设置如表4-8-1所示。

表 4-8-1　蜜柑大实蝇对中国柑橘产业的潜在经济损失评估模型及参数

模型		输入变量	模型参数
不防控场景	产量下降引起的潜在经济损失(F_{11})	蜜柑大实蝇适生区柑橘产量(Q_1)	Pert(29934099.47,33109027.29,36045848.04)吨
		蜜柑大实蝇对柑橘为害率(I)	Pert(0.00,30.00%,86.29%)
		柑橘受蜜柑大实蝇为害后产量损失率(R)	Pert(0.00,50.00%,100.00%)
		柑橘市场价格水平(P_c)	Pert(1.55,6.36,15.69)元
		产量下降引起的潜在经济损失(F_{11})	$F_{11}=\dfrac{Q_1\times I\times R\times P_c}{(1-IR)}$
	质量下降引起的潜在经济损失(F_{12})	疫区单位面积品质下降柑橘产量(Q_2)	$Q_2=\dfrac{Q_1\times I\times(1-R)}{(1-IR)}$
		品质下降柑橘价格水平(P_2)	Pert(1.55,4.00,5.05)元
		质量下降引起的潜在经济损失(F_{12})	$F_{12}=\dfrac{Q_1\times I\times(1-R)(P_c-P_2)}{(1-IR)}$
		不防控场景下潜在经济损失总量(F_1)	$F_1=F_{11}+F_{12}$
防控场景	防控费用(F_{21})	蜜柑大实蝇适生区中柑橘种植面积(S)	Pert(2199270.00,2367870.00,2513900.00)公顷
		单位柑橘疫区防控成本(C)	7500.00 元/公顷
		防控费用支出量(F_{21})	$F_{21}=S\times I\times C$
	投入防控潜在经济损失(F_{22})	单位适生区面积产量(A)	$A=\dfrac{Q_1}{S}$
		防控效果(M)	0.85
		效益校正系数(D)	2.00
		经济损害允许水平(E)	$E=\dfrac{C}{(A\times P_c\times M)}\times D\times 100\%$
		投入防控后潜在经济损失(F_{22})	$F_{22}=\dfrac{Q_1\times I\times E\times P_c}{(1-IE)}+\dfrac{Q_1\times I\times(1-E)(P_c-P_2)}{(1-IE)}$
		防控场景下潜在经济损失总量(F_2)	$F_{22}=\dfrac{Q_1\times I\times E\times P_c}{(1-IE)}+\dfrac{Q_1\times I\times(1-E)(P_c-P_2)}{(1-IE)}$
可挽回潜在经济损失		可挽回潜在经济损失(F_3)	$F_3=F_1-F_2$

(三)潜在经济损失

在不防控场景下，柑橘产量下降引起的蜜柑大实蝇潜在经济损失在 15271.61 万～88411848.37 万元，柑橘质量下降引起的蜜柑大实蝇潜在经济损失在 23.07 万～24688842.17 万元，蜜柑大实蝇对柑橘的潜在经济损失总量在 20686.26 万～98625834.62 万元(表 4-8-2)。在不防控场景下，蜜柑大实蝇对柑橘的为害率是影响蜜柑大实蝇对我国柑橘产业潜在经济损失的最大变量，柑橘市场价格水平、柑橘受蜜柑大实蝇为害后产量损失率次之，品质下降柑橘价格水平和蜜柑大实蝇适生区柑橘年产量的影响最小(图 4-8-1)。

在防控场景下，蜜柑大实蝇防控费用支出量在 3795.15 万～1538962.60 万元，投入防控后蜜柑大实蝇对柑橘的潜在经济损失在 15912.09 万～30190045.40 万元，蜜柑大实蝇对柑橘的潜在经济损失总量在 19707.24 万～31422797.01 万元(表 4-8-3)。在防控场景下，蜜柑大实蝇对我国柑橘产业潜在经济损失影响最大的变量是蜜柑大实蝇对柑橘的为害率，其次是柑橘市场价格、品质下降柑橘价格水平、蜜柑大实蝇适生区柑橘年产量、蜜柑大实蝇适生区中柑橘种植面积(图 4-8-2)。

投入防控后，可挽回的经济损失在－4435797.36 万～68818917.91 万元(表 4-8-4)。对投入防控后可挽回经济损失影响最大的变量是柑橘受蜜柑大实蝇为害后产量损失率和柑橘市场价格水平(图 4-8-3)。

表 4-8-2 不防控场景下蜜柑大实蝇对我国柑橘产业的潜在经济损失 万元

标记	输出项	公式	最小值	平均值	最大值
F_{11}	产量下降引起的潜在经济损失	$F_{11}=\frac{Q_1\times I\times R\times P_c}{(1-IR)}$	15271.61	5465125.20	88411848.37
F_{12}	质量下降引起的潜在经济损失	$F_{12}=\frac{Q_1\times I\times(1-R)(P_c-P_2)}{(1-IR)}$	23.07	2713524.13	24688842.17
F_1	潜在经济损失总量	$F_1=F_{11}+F_{12}$	20686.26	8536944.82	98625834.62

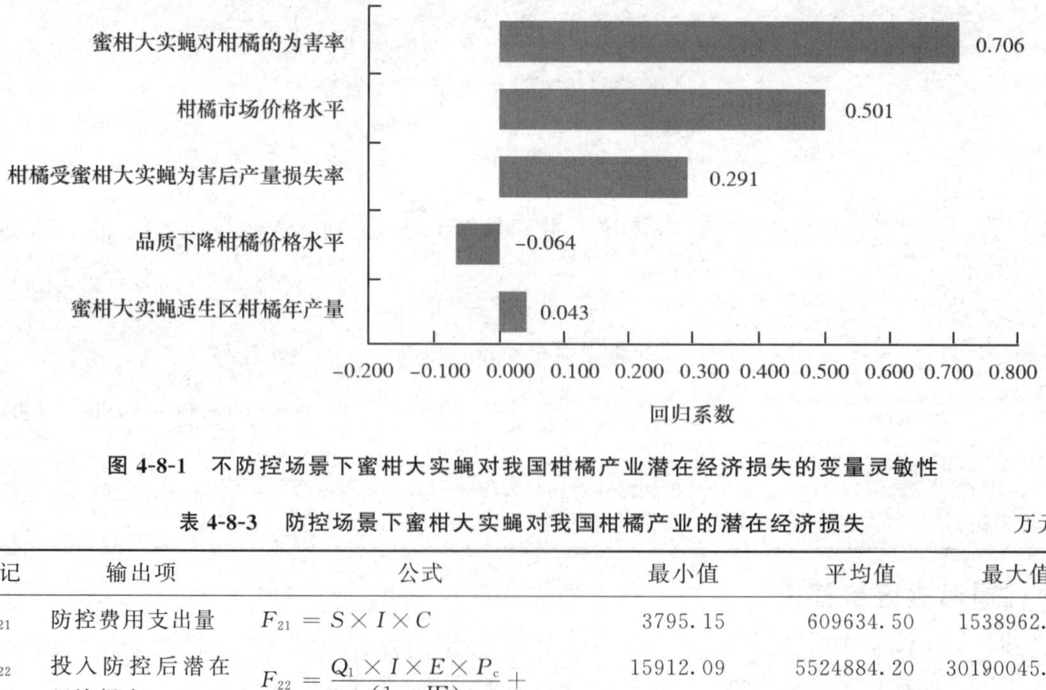

图 4-8-1 不防控场景下蜜柑大实蝇对我国柑橘产业潜在经济损失的变量灵敏性

表 4-8-3 防控场景下蜜柑大实蝇对我国柑橘产业的潜在经济损失 万元

标记	输出项	公式	最小值	平均值	最大值
F_{21}	防控费用支出量	$F_{21}=S\times I\times C$	3795.15	609634.50	1538962.60
F_{22}	投入防控后潜在经济损失	$F_{22}=\frac{Q_1\times I\times E\times P_c}{(1-IE)}+\frac{Q_1\times I\times(1-E)(P_c-P_2)}{(1-IE)}$	15912.09	5524884.20	30190045.40
F_2	潜在经济损失总量	$F_2=F_{21}+F_{22}$	19707.24	6134658.45	31422797.01

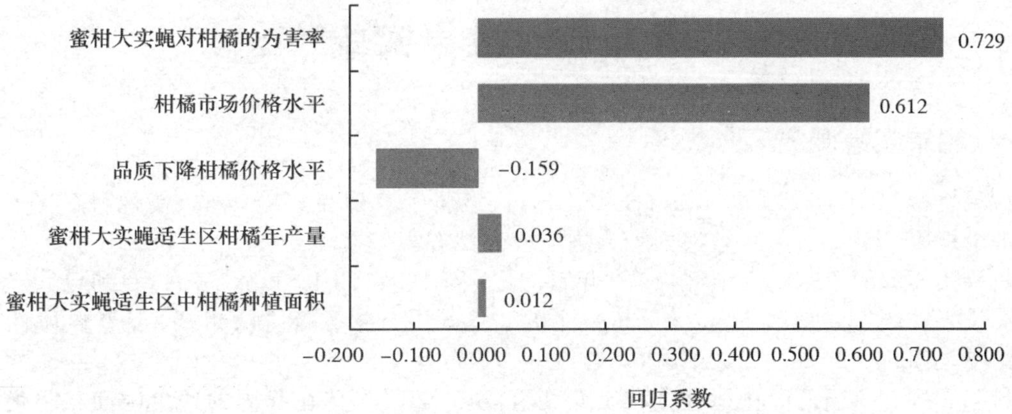

图 4-8-2　防控场景下蜜柑大实蝇对我国柑橘产业的潜在经济损失的变量灵敏性

表 4-8-4　投入防控后可挽回蜜柑大实蝇对我国柑橘产业的潜在经济损失　　万元

场景	标记	输出项	公式	最小值	平均值	最大值
可挽回潜在经济损失	F_3	可挽回潜在经济损失总量	$F_3=F_1-F_2$	−4435797.36	2402286.37	68818917.91

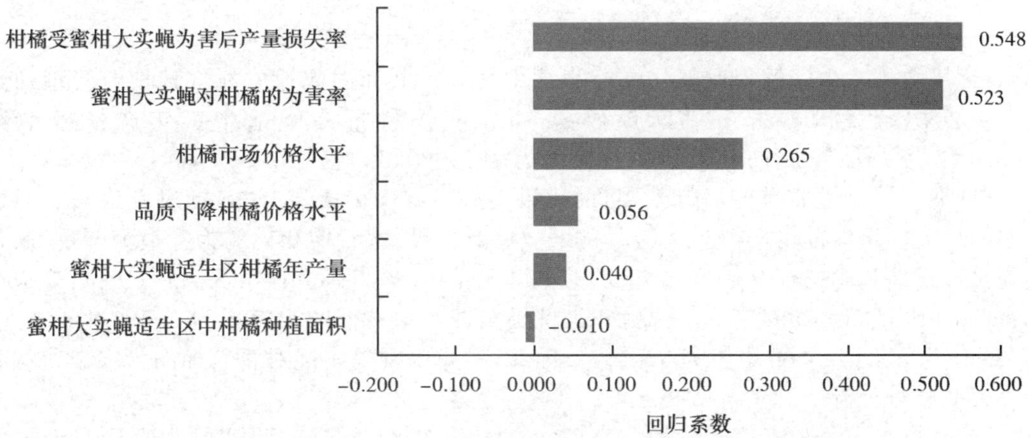

图 4-8-3　投入防控后可挽回蜜柑大实蝇对我国柑橘产业潜在经济损失的变量灵敏性

参考文献

龚秀泽，陈武恒，白志良，等．引诱剂对蜜柑大实蝇的诱捕效果．植物检疫，2008(5)：285-287.

李志红．生物入侵防控：重要经济实蝇潜在地理分布研究．北京：中国农业大学出版社，2015.

全国农产品商务信息公共服务平台．2018．http：//nc.mofcom.gov.cn/.

张禹安．．四川屏山红桔发现蜜柑大实蝇．中国柑桔，1984(2)：1-32.

中华人民共和国农业农村部．2018．http：//202.127.42.157/moazzys/shucai_cx.aspx.

GBIF．2019．https：//www.gbif.org/species/8167177

第九节　桃果实蝇

一、桃果实蝇概况

桃果实蝇[*Bactrocera zonata* (Saunders)]，隶属于双翅目(Diptera)，实蝇科(Tephritidae)，果实蝇属(*Bactrocera*)，被我国列为进境检疫性有害生物。

桃果实蝇起源于东南亚地区，1912 年首次记载于埃及(Efflatoun，1924)，目前已建立种群优势。桃果实蝇寄主超过 50 余种，其中主要为害杧果、番石榴、桃、柑橘、杏等肉质性水果(White & Elson-Harris，1992；EPPO，2005)。

桃果实蝇在我国的潜在地理分布研究显示，至 2020 年，其在我国的适生区面积将增加至全国面积的 28.8%(李志红，2015)。根据中华人民共和国农业农村部种植业管理司数据库和联合国粮食及农业组织数据库显示(FAO，2017)，桃在我国绝大部分省份都有种植，其中山东、河北、河南为主要生产区。

本研究分别评估桃果实蝇对我国桃的潜在经济损失。

二、桃果实蝇对我国桃产业的潜在经济损失评估

(一)主要数据与来源

1. 不防控场景下桃果实蝇对我国桃产业的经济损失模型数据与来源

(1)桃果实蝇适生区桃年产量(Q_1)　根据中华人民共和国农业农村部种植业管理司数据库 2006—2016 年我国各省份桃产量数据，得出我国桃果实蝇适生区年产量最小值为 35790.00 吨，平均值为 327650.00 吨，最大值为 1277990.00 吨。

(2)桃果实蝇对桃的为害率(I)　目前桃果实蝇在我国尚未有分布，针对桃果实蝇对桃的为害率的相关确切数据也未曾有报道。桃果实蝇对杧果、番石榴和桃的为害最为严重，而且桃果实蝇对番石榴和桃的取食趋向性相似(Ismail Ragab，2017； Qureshi et al.，1991； Kapoor，1993； Tsuruta et al.，1997)。为害高峰时，桃果实蝇对番石榴的为害率为 50.00%～55.00%(Chauhan et al.，2011)，平均值为 52.5%。因此，考虑以桃果实蝇对番石榴的为害率代替其对桃的为害率进行分析。

(3)桃受桃果实蝇为害后产量损失率(R)　目前尚未有桃受桃果实蝇为害后产量损失率的相关确切数据，而番石榴受桃果实蝇为害后产量损失率为 30.00%～90.00%，平均值为 60.00%(Sarango et al.，2009；Hardy and Jessup，2012)。因此，考虑以番石榴受桃果实蝇为害后产量损失率代替桃受桃果实蝇为害后的产量损失率。

(4)桃市场价格水平(P_c)　根据全国农产品商务信息公共服务平台，收集 2017 年各省份所有市场的桃月平均价格，共计 5306 个价格数据。经分析，得出桃市场价格最小值为 0.80 元/千克，平均值为 7.10 元/千克，最大值为 45.00 元/千克。

(5)品质下降桃价格水平(P_2)　对于品质下降桃市场价格水平，我们采取桃市场价格的一半作为数据集，得出品质下降桃市场价格最小值为 0.80 元/千克，平均值为 3.40 元/千克，最大值为 5.00 元/千克。

2. 防控场景下桃果实蝇对我国桃产业的经济损失模型数据与来源

(1)桃果实蝇适生区中桃种植面积(S)　同桃果实蝇适生区桃产量类似，根据中华人民共

和国农业农村部种植业管理司数据库得出 2006—2016 年我国桃果实蝇适生区桃种植面积最小值为 5100.00 公顷，平均值为 28810.00 公顷，最大值为 78600.00 公顷。

(2)单位面积桃疫区防控成本　以广西桃树种植农户为例，以聪绿饵剂防治桃园果实蝇，折算出单位面积桃疫区防控费用为 7500.00 元/公顷(廖堂兴，2018)。

(3)防控效果　当单位面积桃疫区防控费用为 7500.00 元/公顷时，达到的防控效果为 85.70%(廖堂兴，2018)。

(二)评估模型与参数设置

桃果实蝇对中国桃产业的潜在经济损失评估模型及参数设置如表 4-9-1 所示。

表 4-9-1　桃果实蝇对中国桃产业的潜在经济损失评估模型及参数

	模型	输入变量	模型参数
不防控场景	产量下降引起的潜在经济损失(F_{11})	桃果实蝇适生区桃产量(Q_1)	Pert(35790.00，327650.00，1277990.00)吨
		桃果实蝇对桃为害率(I)	Pert(50.00%，52.50%，55.00%)
		桃受桃果实蝇为害后产量损失率(R)	Pert(30.00%，60.00%，90.00%)
		桃市场价格水平(P_c)	Pert(0.80，7.10，45.00)元
		产量下降引起的潜在经济损失(F_{11})	$F_{11}=\frac{Q_1\times I\times R\times P_c}{(1-IR)}$
	质量下降引起的潜在经济损失(F_{12})	疫区单位面积品质下降桃产量(Q_2)	$Q_2=\frac{Q_1\times I\times(1-R)}{(1-IR)}$
		品质下降桃价格水平(P_2)	Pert(0.80，3.40，5.00)元
		质量下降引起的潜在经济损失(F_{12})	$F_{12}=\frac{Q_1\times I\times(1-R)(P_c-P_2)}{(1-IR)}$
		不防控场景下潜在经济损失总量(F_1)	$F_1=F_{11}+F_{12}$
防控场景	防控费用(F_{21})	桃果实蝇适生区中桃种植面积(S)	Pert(5100.00，28810.00，78600.00)公顷
		单位桃疫区防控成本(C)	7500.00 元/公顷
		防控费用支出量(F_{21})	$F_{21}=S\times I\times C$
	投入防控潜在经济损失(F_{22})	单位适生区面积产量(A)	$A=\frac{Q_1}{S}$
		防控效果(M)	0.857
		效益校正系数(D)	2.00
		经济损害允许水平(E)	$E=\frac{C}{(A\times P_c\times M)}\times D\times 100\%$
		投入防控后潜在经济损失(F_{22})	$F_{22}=\frac{Q_1\times I\times E\times P_c}{(1-IE)}+\frac{Q_1\times I\times(1-E)(P_c-P_2)}{(1-IE)}$
		防控场景下潜在经济损失总量(F_2)	$F_{22}=\frac{Q_1\times I\times E\times P_c}{(1-IE)}+\frac{Q_1\times I\times(1-E)(P_c-P_2)}{(1-IE)}$
可挽回潜在经济损失		可挽回潜在经济损失(F_3)	$F_3=F_1-F_2$

(三)潜在经济损失

在不防控场景下，桃产量下降引起的桃果实蝇潜在经济损失在31230.41万～715358.94万元，桃质量下降引起的桃果实蝇潜在经济损失在8418.25万～391162.19万元，桃果实蝇对桃的潜在经济损失总量在58496.25万～1084139.30万元(表4-9-2)。在不防控场景下，桃市场价格水平是影响桃果实蝇对我国桃产业潜在经济损失的最大变量，桃果实蝇适生区桃年产量、桃受桃果实蝇为害后产量损失率次之，对结果影响最小的是品质下降的桃价格水平(图4-9-1)。

在防控场景下，桃果实蝇防控费用支出量在5047.32万～22467.17万元，投入防控后桃果实蝇对桃的潜在经济损失在49106.14万～686044.37万元，桃果实蝇对桃的潜在经济损失总量在58778.40万～699227.93万元(表4-9-3)。在防控场景下，桃果实蝇对我国桃产业潜在经济损失影响最大的变量是桃市场价格，其次是桃果实蝇适生区桃年产量和桃果实蝇适生区种植面积，对结果影响最小的是桃果实蝇对桃的为害率(图4-9-2)。

投入防控后，可挽回的经济损失在－17368.20万～412159.27万元(表4-9-4)。对投入防控后可挽回经济损失影响最大的变量是桃果实蝇适生区桃年产量和桃市场价格水平(图4-9-3)。

表4-9-2　不防控场景下桃果实蝇对我国桃产业的潜在经济损失　　万元

标记	输出项	公式	最小值	平均值	最大值
F_{11}	产量下降引起的潜在经济损失	$F_{11}=\dfrac{Q_1\times I\times R\times P_c}{(1-IR)}$	31230.41	185314.89	715358.94
F_{12}	质量下降引起的潜在经济损失	$F_{12}=\dfrac{Q_1\times I\times(1-R)(P_c-P_2)}{(1-IR)}$	8418.25	92280.86	391162.19
F_1	潜在经济损失总量	$F_1=F_{11}+F_{12}$	58496.25	305369.90	1084139.30

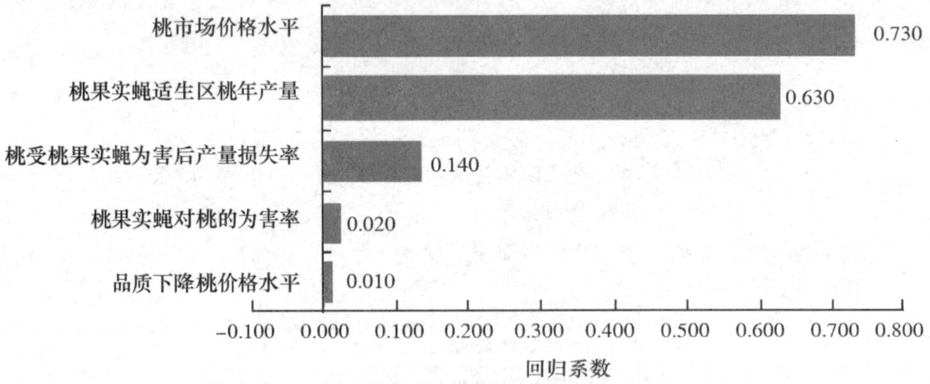

图4-9-1　不防控场景下桃果实蝇对我国桃产业潜在经济损失的变量灵敏性

表4-9-3　防控场景下桃果实蝇对我国桃产业的潜在经济损失　　万元

标记	输出项	公式	最小值	平均值	最大值
F_{21}	防控费用支出量	$F_{21}=S\times I\times C$	5047.32	12653.91	22467.17
F_{22}	投入防控后潜在经济损失	$F_{22}=\dfrac{Q_1\times I\times E\times P_c}{(1-IE)}+\dfrac{Q_1\times I\times(1-E)(P_c-P_2)}{(1-IE)}$	49106.14	189181.94	686044.37
F_2	潜在经济损失总量	$F_2=F_{21}+F_{22}$	58778.40	202661.55	699227.93

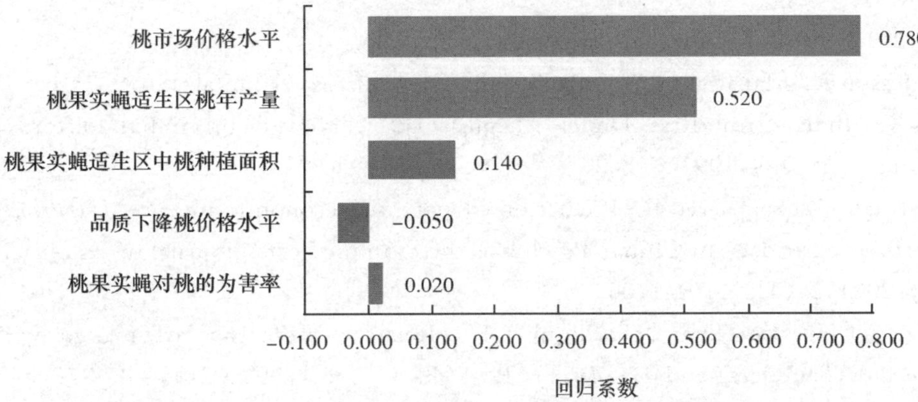

图 4-9-2 防控场景下桃果实蝇对我国桃产业的潜在经济损失的变量灵敏性

表 4-9-4 投入防控后可挽回桃果实蝇对我国桃产业的潜在经济损失 万元

场景	标记	输出项	公式	最小值	平均值	最大值
可挽回潜在经济损失	F_3	可挽回潜在经济损失总量	$F_3 = F_1 - F_2$	−17368.20	102257.49	412159.27

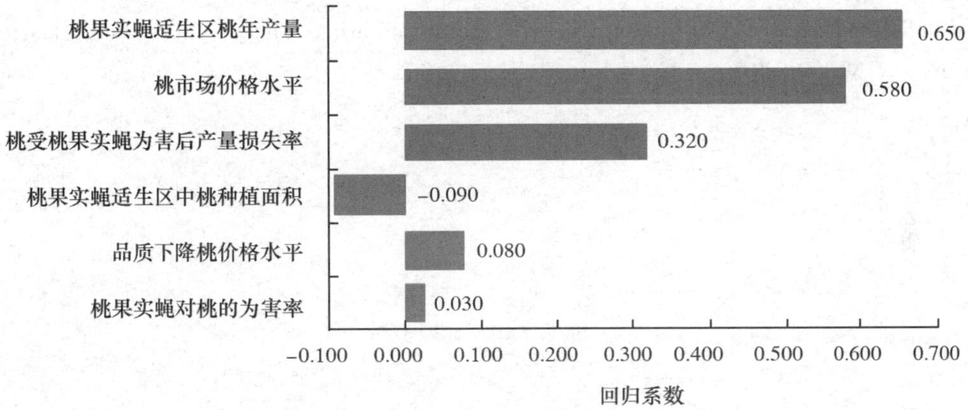

图 4-9-3 投入防控后可挽回杧果实蝇对我国杧果产业潜在经济损失的变量灵敏性

参考文献

李志红.生物入侵防控:重要经济实蝇潜在地理分布研究.北京:中国农业大学出版社,2015.

廖堂兴,盘中林.聪绿饵剂防治桃果实蝇田间试验.南方农业,2017,12(15):20-21.

全国农产品信息公共服务平台.2018,http://nc.mofcom.gov.cn/

Chauhan P, Shivakuma MS, Muthusamy R et al. Larvicidal activity of solvent leaf extracts of *Cassia fstula* (Linn.) and *Clerodendron inerme* (Gaer) on the *Spodoptera litura* (Insecta: Noctuidae): A potential botanical alternative. J. Ecotoxicol., 2011, 3: 01-04.

Efflatoun H C. Monograph of Egyptian Diptera(part Ⅱ Fam Trypaneidae). Mem Soc R Ent Egypt, 1924, 2(2): 132.

EPPO(European and Mediterranean Plant Protection Organization). Bull OEPP/EPPO, 2005,

35:371-337.

FAOstat. 2017. http://www.fao.org/faostat/en/#data.

Hardy S, Jessup A. Managing Queensland fruit fly in citrus. Primefact, 2012:752.

Kapoor V C. Indian fruit flies(Diptera: Tephritidae). New Delhi, India; Oxford, UK IBH Publishing Company, 1993.

Qin Y, Farman U, Fang Y, et al. Prediction of potential economic impact of *Bactrocera zonata* (Diptera: Tephritidae) in China: Peaches as the example hosts. Journal of Asia-Pacific Entomology, 2021, 24(4): 1101-1106.

Qureshi Z A, Hussain T and Siddiqui QH. Relative preference of mango varieties by *Dacuszonatus*(Saunders) and *D. dorsalis* H. Pak. J. Zoo. 1991, 23(1): 85-87.

Ragab I, Gendy E I. 2017. Host preference of the peach fruit fly, *Bactrocera zonata*(Saunders) (Diptera: Tephritidae), under laboratory conditions. Journal of Entomology1, 2017, 14(2): 160-167.

Sarango VMG, Ekbom B, Ooi P. Monitoring and pest control of fruit flies in Thailand: new knowledge for integrated pest management. Examensarbete, 2009, 15:2-38.

Tsuruta K, White I M, Bandara H M J, et al. A preliminary notes on the hosts of fruit flies of the tribe Dacini(Diptera: Tephritidae) in Sri Lanka. Esakia, 1997, 37: 149-160.

White I M, Elson-Harris M M. Fruit flies of economic significance: Their identification and bionomics. CABI Publishing CAB International, 1992.

第五章　咔实蝇属重要种类的潜在经济损失

第一节　枣实蝇

一、枣实蝇概况

枣实蝇[*Carpomya vesuviana* (Costa)]，隶属双翅目(Diptera)，实蝇科(Tephritidae)，咔实蝇属(*Carpomya*)(张润志等，2007)。枣实蝇被我国列为进境检疫性有害生物，在进境检疫中有截获；目前，枣实蝇也是全国林业检疫性有害生物。

枣实蝇起源于印度，现已扩散并分布于意大利、高加索、印度、巴基斯坦、泰国、阿富汗、塔吉克斯坦、土库曼斯坦、乌兹别克斯坦、伊朗、波斯尼亚、塞浦路斯、俄罗斯、格鲁吉亚、阿塞拜疆、亚美尼亚、阿曼及中国(张润志等，2007；阿地力·沙塔尔等，2008)。我国则于2007年在新疆吐鲁番地区发现其为害(阿地力·沙塔尔等，2008)。截至2020年，枣实蝇在中国的适生区北界将向北移动至45°N以北的地区，适生区面积比例将增加到61.42%(李志红，2015)。枣实蝇为害各类枣树，包括大枣、酸枣等。根据中华人民共和国农业农村部种植业管理司数据库和联合国粮食及农业组织数据库显示(FAO，2017)，枣树种植区集中在我国新疆、宁夏、山东、河南、河北等省份。

本研究评估枣实蝇对我国大枣的潜在经济损失。

二、枣实蝇对我国大枣产业的潜在经济损失评估

(一)主要数据与来源

1. 不防控场景下枣实蝇对我国大枣产业的经济损失模型数据与来源

(1)枣实蝇适生区大枣年产量(Q_1)　根据2017—2018年中国红枣产业规模及增长情况统计回顾，结合2020年枣实蝇适生区结果，得出枣实蝇适生区红枣产量的最小值为3615860.00吨，平均值为3829620.00吨，最大值为4266670.00吨。

(2)枣实蝇对大枣的为害率(I)　据报道，枣实蝇在印度Haryana邦的Bawal对枣树的为害率为12.00%～78.50%，Rajasthan邦的为害率达73.00%～100.00%(胡陇生等，2016)。

(3)大枣受枣实蝇为害后产量损失率(R)　在印度该害虫在干旱地区和潮湿地区发生的世代数不同，一般每年都有多个世代并能造成50.00%以上甚至是90.00%的损失(张润志等，2007；Joshi et al.，1972)。

(4)大枣市场价格水平(P_c)　根据全国农产品商务信息公共服务平台，收集2017年枣实蝇适生区各省份所有市场的大枣月平均价格，共计290个价格数据。最小值为2.40元/千克，平均值为22.05元/千克，最大值为60.00元/千克。

(5)品质下降大枣价格水平(P_2)　对于品质下降大枣市场价格水平，我们采取大枣市场价格的一半作为数据集。得出品质下降大枣市场价格最小值为2.40元/千克，平均值为8.32元/千克，最大值为19.16元/千克。

2. 防控场景下枣实蝇对我国大枣产业的经济损失模型数据与来源

(1)枣实蝇适生区中大枣种植面积(S)　同枣实蝇适生区大枣产量类似，2012—2016 年枣实蝇适生区大枣种植面积最小值为 1572350.00 公顷，平均值为 1741870.00 公顷，最大值为 1904020.00 公顷。

(2)单位面积大枣疫区防控成本　根据文献和田间咨询，防控枣实蝇单位面积成本最小值为 223.99 元/亩，平均值为 263.55 元/亩，最大值为 350.00 元/亩(阿地力·沙塔尔等，2010)。

(3)防控效果　在采取不同的药剂类型时，防控效果范围为 56.00%～93.00%(阿地力·沙塔尔等，2010)。

(二)评估模型与参数设置

枣实蝇对中国大枣产业的潜在经济损失评估模型及参数设置如表 5-1-1 所示。

表 5-1-1　枣实蝇对中国大枣产业的潜在经济损失评估模型及参数

	模型	输入变量	模型参数
不防控场景	产量下降引起的潜在经济损失(F_{11})	枣实蝇适生区大枣产量(Q_1)	Pert(3615860.00,3829620.00,4266670.00)吨
		枣实蝇对大枣为害率(I)	Pert(12.00%,56.00%,100.00%)
		大枣受枣实蝇为害后产量损失率(R)	Pert(20.00%,55.00%,90.00%)
		大枣市场价格水平(P_c)	Pert(2.40,22.05,60.00)元
		产量下降引起的潜在经济损失(F_{11})	$F_{11}=\dfrac{Q_1\times I\times R\times P_c}{(1-IR)}$
	质量下降引起的潜在经济损失(F_{12})	疫区单位面积品质下降大枣产量(Q_2)	$Q_2=\dfrac{Q_1\times I\times(1-R)}{(1-IR)}$
		品质下降大枣价格水平(P_2)	Pert(2.40,8.32,19.16)元
		质量下降引起的潜在经济损失(F_{12})	$F_{12}=\dfrac{Q_1\times I\times(1-R)(P_c-P_2)}{(1-IR)}$
		不防控场景下潜在经济损失总量(F_1)	$F_1=F_{11}+F_{12}$
防控场景	防控费用(F_{21})	枣实蝇适生区中大枣种植面积(S)	Pert(1572350.00,1741870.00,1904020.00)公顷
		单位大枣疫区防控成本(C)	Pert(223.99,263.55,350.00)
		防控费用支出量(F_{21})	$F_{21}=S\times I\times C$
	投入防控潜在经济损失(F_{22})	单位适生区面积产量(A)	$A=\dfrac{Q_1}{S}$
		防控效果(M)	Pert(56.00%,72.00%,93.00%)
		效益校正系数(D)	2.00
		经济损害允许水平(E)	$E=\dfrac{C}{(A\times P_c\times M)}\times D\times 100\%$
		投入防控后潜在经济损失(F_{22})	$F_{22}=\dfrac{Q_1\times I\times E\times P_c}{(1-IE)}+\dfrac{Q_1\times I\times(1-E)(P_c-P_2)}{(1-IE)}$
		防控场景下潜在经济损失总量(F_2)	$F_{22}=\dfrac{Q_1\times I\times E\times P_c}{(1-IE)}+\dfrac{Q_1\times I\times(1-E)(P_c-P_2)}{(1-IE)}$
可挽回潜在经济损失		可挽回潜在经济损失(F_3)	$F_3=F_1-F_2$

(三)潜在经济损失

在不防控场景下，大枣产量下降引起的枣实蝇潜在经济损失在1091974.99万～14038656.71万元，大枣质量下降引起的枣实蝇潜在经济损失在292917.67万～7420125.86万元，枣实蝇对大枣的潜在经济损失总量在1917012.21万～20438327.24万元(表5-1-2)。在不防控场景下，大枣市场价格水平是影响枣实蝇对我国大枣产业潜在经济损失的最大变量，大枣受枣实蝇为害后产量损失率、枣实蝇适生区大枣年产量次之，品质下降大枣价格水平的影响可忽略不计(图5-1-1)。

在防控场景下，枣实蝇防控费用支出量在199191.82万～605436.34万元，投入防控后枣实蝇对大枣的潜在经济损失在1453006.40万～11040842.97万元，枣实蝇对大枣的潜在经济损失总量在1725330.20万～11561297.96万元(表5-1-3)。在防控场景下，枣实蝇对我国大枣产业潜在经济损失影响最大的变量是大枣市场价格，其次是品质下降大枣价格水平，枣实蝇适生区大枣种植面积对结果影响可以忽略不计(图5-1-2)。

投入防控后，可挽回的经济损失在97078.96万～9765261.14万元(表5-1-4)。对投入防控后可挽回经济损失影响最大的变量是大枣受枣实蝇为害后产量损失率和大枣市场价格水平(图5-1-3)。

表5-1-2 不防控场景下枣实蝇对我国大枣产业的潜在经济损失 万元

标记	输出项	公式	最小值	平均值	最大值
F_{11}	产量下降引起的潜在经济损失	$F_{11}=\dfrac{Q_1\times I\times R\times P_c}{(1-IR)}$	1091974.99	4244453.72	14038656.71
F_{12}	质量下降引起的潜在经济损失	$F_{12}=\dfrac{Q_1\times I\times(1-R)(P_c-P_2)}{(1-IR)}$	292917.67	2282015.50	7420125.86
F_1	潜在经济损失总量	$F_1=F_{11}+F_{12}$	1917012.21	7068938.63	20438327.24

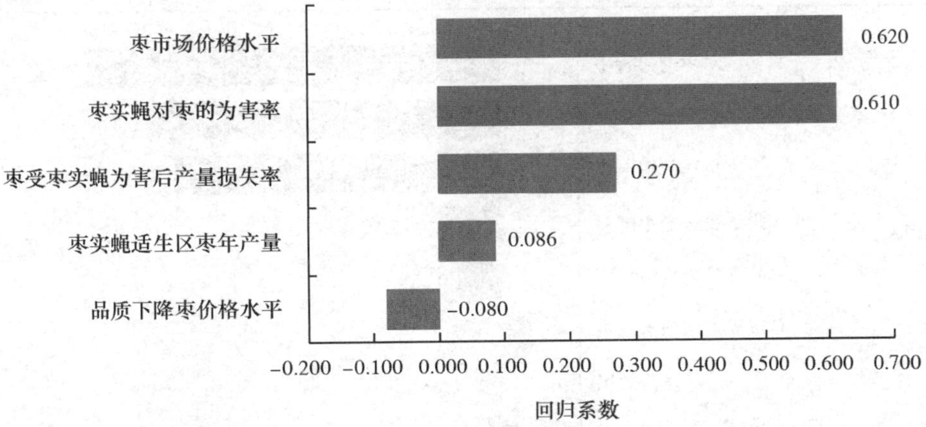

图5-1-1 不防控场景下枣实蝇对我国大枣产业潜在经济损失的变量灵敏性

表 5-1-3 防控场景下枣实蝇对我国大枣产业的潜在经济损失 万元

标记	输出项	公式	最小值	平均值	最大值
F_{21}	防控费用支出量	$F_{21}=S\times I\times C$	199191.82	393601.38	605436.34
F_{22}	投入防控后潜在经济损失	$F_{22}=\dfrac{Q_1\times I\times E\times P_c}{(1-IE)}+\dfrac{Q_1\times I\times(1-E)(P_c-P_2)}{(1-IE)}$	1453006.40	4612984.94	11040842.97
F_2	潜在经济损失总量	$F_2=F_{21}+F_{22}$	1725330.20	5008299.80	11561297.96

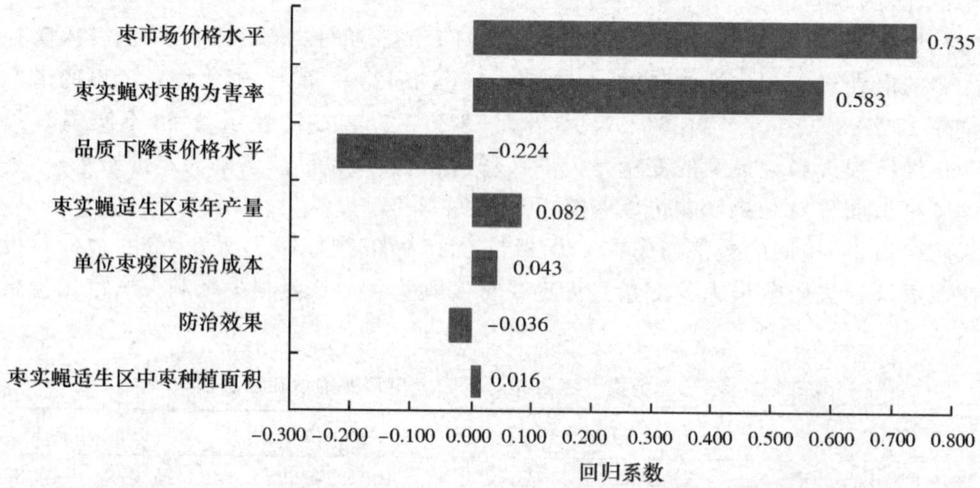

图 5-1-2 防控场景下枣实蝇对我国大枣产业的潜在经济损失的变量灵敏性

表 5-1-4 投入防控后可挽回枣实蝇对我国大枣产业的潜在经济损失 万元

场景	标记	输出项	公式	最小值	平均值	最大值
可挽回潜在经济损失	F_3	可挽回潜在经济损失总量	$F_3=F_1-F_2$	97078.96	1877357.44	9765261.14

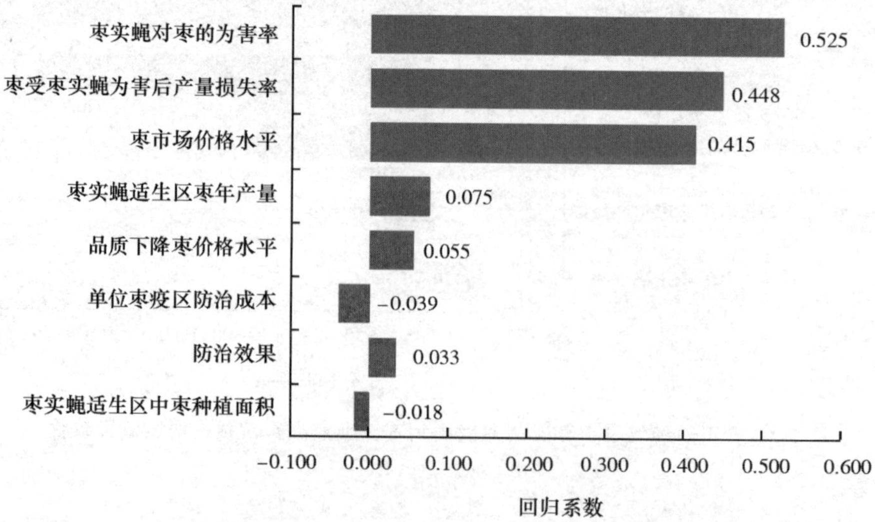

图 5-1-3 投入防控后可挽回枣实蝇对我国大枣产业潜在经济损失的变量灵敏性

参考文献

阿地力·沙塔尔,何善勇,田呈明,等. 枣实蝇在吐鲁番地区的发生及蛹的分布规律. 植物检疫,2008,22(5):295-297.

阿地力·沙塔尔,田程明,骆有庆,等. 枣实蝇药剂防治试验初报. 新疆农业大学学报,2010,(3):206-209.

胡陇生,田呈明,朱银飞,等. 枣实蝇生物学特性研究. 昆虫学报,2016,56(01).

李志红. 生物入侵防控:重要经济实蝇潜在地理分布研究. 北京:中国农业大学出版社,2015.

全国农产品商务信息公共服务平台. 2018. http://nc.mofcom.gov.cn/.

张润志,汪兴鉴,阿地力·沙塔尔. 检疫性害虫枣实蝇的鉴定与入侵威胁. 昆虫知识,2007,44(6):928-930.

FAOstat. 2017. http://www.fao.org/faostat/en/#data.

Joshi H C, Shinde V K R. Control of ber fruit fly, *Carpomyia vesuviana* Costa (Tephritidae: Diptera). Indian Journal of Entomology, 1972, 33(2): 142-147.

第六章　小条实蝇属重要种类的潜在经济损失

第一节　地中海实蝇

一、地中海实蝇概况

地中海实蝇[*Ceratitis capitata*（wiedemann）]，隶属于双翅目（Diptera），实蝇科（Tephritidae），小条实蝇属（*Ceratitis*），被我国列为进境检疫性有害生物。

地中海实蝇广泛分布于全世界80多个国家和地区，在我国无分布报道（CABI，2017）。地中海实蝇在我国的潜在地理分布研究显示，至2020年，其适生区包括云南、四川、重庆、贵州、湖北、湖南、河南、安徽、浙江、上海、江苏、福建、江西、广东、广西、海南、台湾、西藏、山西、河北、山东、陕西、甘肃，包括了华南、华东、华中地区和部分华北、西北地区（李志红，2015）。地中海实蝇是多种蔬菜、水果的重要害虫，其寄主达200种以上，包括柑橘、枇杷、杧果、梨、桃、苹果、柿子、无花果、番茄、茄子、辣椒（胡益培，1985）。根据中华人民共和国农业农村部种植业管理司数据库显示，以产量而言，柑橘主要产区分布在浙江、福建、江西、湖北、湖南、广东、广西、重庆、四川；桃在全国各地均有广泛种植，在河北、山西、辽宁、江苏、安徽、山东、河南、湖北、四川、陕西产量最大；梨主产区为山西、江苏、四川、陕西、新疆、安徽、河南、山东、辽宁、河北；苹果主产区为四川、江苏、新疆、辽宁、甘肃、河北、山西、河南、山东、陕西等；香蕉产区有福建、广东、广西、海南、重庆、四川、贵州、云南；番茄主要产区为湖北、陕西、安徽、广西、辽宁、四川、江苏、新疆、山东、河南、河北；杧果产区包括海南、云南、广东、广西、四川、福建。

本研究分别评估地中海实蝇对我国柑橘、桃、梨、苹果、香蕉、番茄、杧果的潜在经济损失。

二、地中海实蝇对我国柑橘产业的潜在经济损失评估

（一）主要数据与来源

1.不防控场景下地中海实蝇对我国柑橘产业的经济损失模型数据与来源

（1）地中海实蝇适生区柑橘年产量（Q_1）　据中华人民共和国农业农村部种植业管理司数据库2012—2016年柑橘产量数据，地中海实蝇适生区年产量最小值为28782290.00吨，平均值为31844278.00吨，最大值为34675917.00吨。

（2）地中海实蝇对柑橘的为害率（I）　根据Hafsi等对突尼斯地区柑橘受地中海实蝇为害进行的调查研究结果表明，在未经处理时，柑橘被害率达65.93%～75.93%，平均值为70.93%（Hafsi et al.，2015）。

（3）柑橘受地中海实蝇为害后产量损失率（R）　根据D'Aquino等的研究，地中海实蝇为

害柑橘后，柑橘受地中海实蝇为害后产量损失率在 54.32%～60.68%，平均值为 57.50%（D'Aquino et al.，2011）。

(4)柑橘市场价格水平(P_c) 根据全国农产品商务信息公共服务平台，收集 2017 年地中海实蝇适生区各省份所有市场的各品种柑橘月平均价格，共计 302 个价格数据。经分析，得出柑橘市场价格最小值为 1.55 元/千克，平均值为 5.09 元/千克，最大值为 15.69 元/千克。

(5)品质下降柑橘价格水平(P_2) 对于品质下降柑橘市场价格水平，本研究采取柑橘市场价格的一半作为数据集，得出品质下降柑橘市场价格最小值为 1.80 元/千克，平均值为 4.10 元/千克，最大值为 5.09 元/千克。

2. 防控场景下地中海实蝇对我国柑橘产业的经济损失模型数据与来源

(1)地中海实蝇适生区中柑橘种植面积(S) 根据中华人民共和国农业农村部种植业管理司数据库，得出 2012—2016 年地中海实蝇适生区柑橘种植面积最小值为 2097538.00 公顷，平均值为 2265553.00 公顷，最大值为 2410107.00 公顷。

(2)单位面积柑橘疫区防控成本 根据美国佛罗里达州治理地中海实蝇的案例，每公顷地中海实蝇防控费用折算约为 3000 元人民币(陈明忠和肖良，1997)。

(3)防控效果 根据常规防控效果要求，假设单位面积柑橘疫区防控费用为 3000.00 元/公顷时，达到的防控效果为 85.00%。

(二)评估模型与参数设置

地中海实蝇对中国柑橘产业的潜在经济损失评估模型及参数设置如表 6-1-1 所示。

表 6-1-1 地中海实蝇对中国柑橘产业的潜在经济损失评估模型及参数

模型		输入变量	模型参数
不防控场景	产量下降引起的潜在经济损失(F_{11})	地中海实蝇适生区柑橘产量(Q_1)	Pert(28782290.00，31844278.00，34675917.00)吨
		地中海实蝇对柑橘为害率(I)	Pert(65.93%，70.93%，75.93%)
		柑橘受地中海实蝇为害后产量损失率(R)	Pert(54.32%，57.50%，60.68%)
		柑橘市场价格水平(P_c)	Pert(1.55，5.09，15.69)元
		产量下降引起的潜在经济损失(F_{11})	$F_{11}=Q_1\times I\times R\times P_c$
	质量下降引起的潜在经济损失(F_{12})	疫区单位面积品质下降柑橘产量(Q_2)	$Q_2=Q_1\times I\times(1-R)$
		品质下降柑橘价格水平(P_2)	Pert(1.55，4.10，5.09)元
		质量下降引起的潜在经济损失(F_{12})	$F_{12}=Q_1\times I\times(1-R)(P_c-P_2)$
		不防控场景下潜在经济损失总量(F_1)	$F_1=F_{11}+F_{12}$
防控场景	防控费用(F_{21})	地中海实蝇适生区中柑橘种植面积(S)	Pert(2097538.00，2265553.00，2410107.00)公顷

续表 6-1-1

模型	输入变量	模型参数
投入防控潜在经济损失(F_{22})	单位柑橘疫区防控成本(C)	3000.00 元/公顷
	防控费用支出量(F_{21})	$F_{21}=S\times I\times C$
	单位适生区面积产量(A)	$A=\frac{Q_1}{S}$
	防控效果(M)	0.85
	效益校正系数(D)	2.00
	经济损害允许水平(E)	$E=\frac{C}{(A\times P_c\times M)}\times D\times 100\%$
	投入防控后潜在经济损失(F_{22})	$F_{22}=Q_1\times I\times E\times P_c+Q_1\times I\times(1-E)(P_c-P_2)$
	防控场景下潜在经济损失总量(F_2)	$F_{22}=Q_1\times I\times E\times P_c+Q_1\times I\times(1-E)(P_c-P_2$
可挽回潜在经济损失	可挽回潜在经济损失(F_3)	$F_3=F_1-F_2$

(三)潜在经济损失

在不防控场景下,柑橘产量下降引起的地中海实蝇潜在经济损失在 1848532.99 万～21321198.74 万元,柑橘质量下降引起的地中海实蝇潜在经济损失在 93.02 万～21380659.92 万元,地中海实蝇对柑橘的潜在经济损失总量在 2556939.27 万～42253092.56 万元(表 6-1-2)。在不防控场景下,柑橘市场价格水平是影响地中海实蝇对我国柑橘产业潜在经济损失的最大变量,柑橘受地中海实蝇为害后产量损失率、地中海实蝇适生区柑橘年产量次之,品质下降柑橘价格水平的影响可忽略不计(图 6-1-1)。

在防控场景下,地中海实蝇防控费用支出量在 422376.99 万～541044.29 万元,投入防控后地中海实蝇对柑橘的潜在经济损失在 1136158.93 万～30225731.99 万元,地中海实蝇对柑橘的潜在经济损失总量在 1570635.75 万～30718940.96 万元(表 6-1-3)。在防控场景下,地中海实蝇对我国柑橘产业潜在经济损失影响最大的变量是柑橘市场价格,其次是品质下降柑橘价格水平,地中海实蝇适生区柑橘种植面积对结果影响可以忽略不计(图 6-1-2)。

投入防控后,可挽回的经济损失在 548400.71 万～12722312.35 万元(表 6-1-4)。对投入防控后可挽回经济损失影响最大的变量是柑橘受地中海实蝇为害后产量损失率和柑橘市场价格水平(图 6-1-3)。

表 6-1-2 不防控场景下地中海实蝇对我国柑橘产业的潜在经济损失 万元

标记	输出项	公式	最小值	平均值	最大值
F_{11}	产量下降引起的潜在经济损失	$F_{11}=Q_1\times I\times R\times P_c$	1848532.99	8128653.93	21321198.74
F_{12}	质量下降引起的潜在经济损失	$F_{12}=Q_1\times I\times(1-R)(P_c-P_2)$	93.02	5227428.94	21380659.92
F_1	潜在经济损失总量	$F_1=F_{11}+F_{12}$	2556939.27	14311268.51	42253092.56

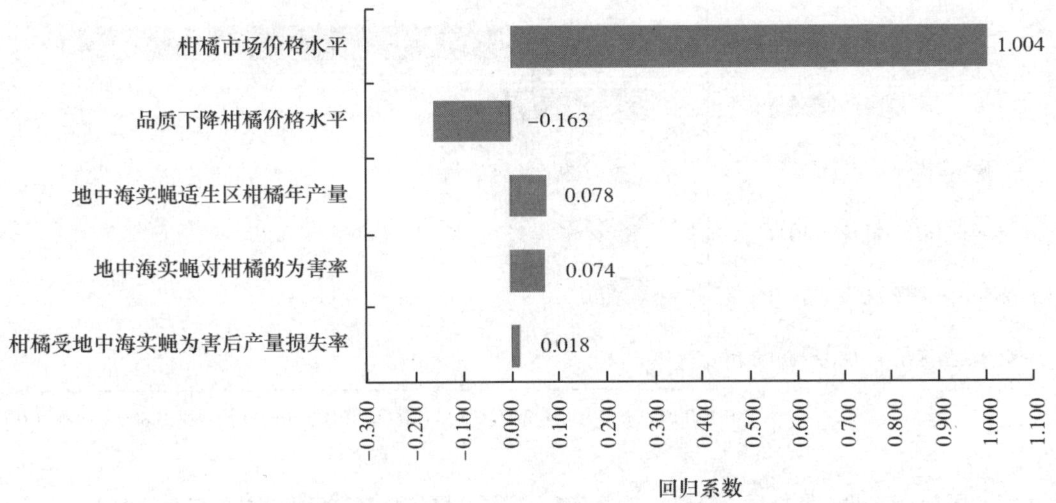

图 6-1-1　不防控场景下地中海实蝇对我国柑橘产业潜在经济损失的变量灵敏性

表 6-1-3　防控场景下地中海实蝇对我国柑橘产业的潜在经济损失　　万元

标记	输出项	公式	最小值	平均值	最大值
F_{21}	防控费用支出量	$F_{21}=S\times I\times C$	422376.99	481255.00	541044.29
F_{22}	投入防控后潜在经济损失	$F_{22}=Q_1\times I\times E\times P_c+Q_1\times I\times(1-E)(P_c-P_2)$	1136158.93	8337410.16	30225731.99
F_2	潜在经济损失总量	$F_2=F_{21}+F_{22}$	1570635.75	8818707.33	30718940.96

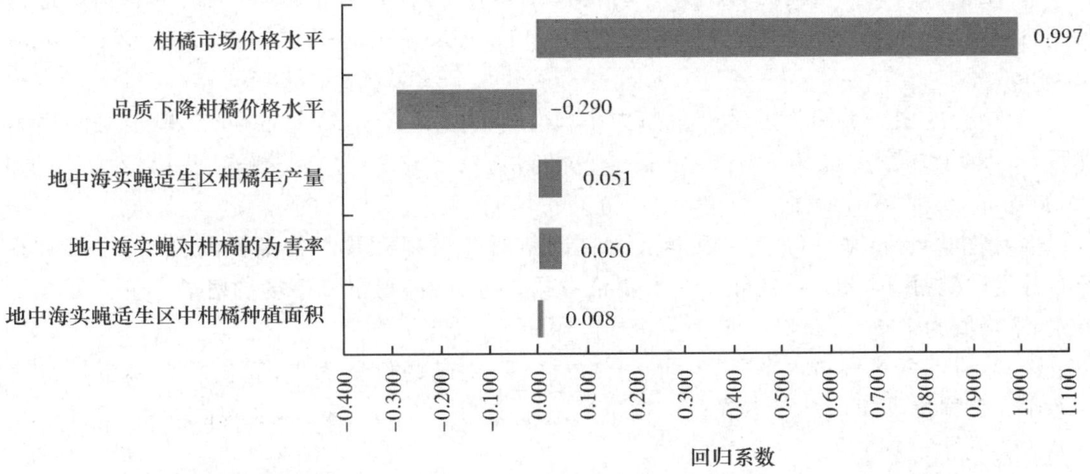

图 6-1-2　防控场景下地中海实蝇对我国柑橘产业的潜在经济损失的变量灵敏性

表 6-1-4　投入防控后可挽回地中海实蝇对我国柑橘产业的潜在经济损失　　万元

场景	标记	输出项	公式	最小值	平均值	最大值
可挽回潜在经济损失	F_3	可挽回潜在经济损失总量	$F_3=F_1-F_2$	548400.71	5492561.17	12722312.35

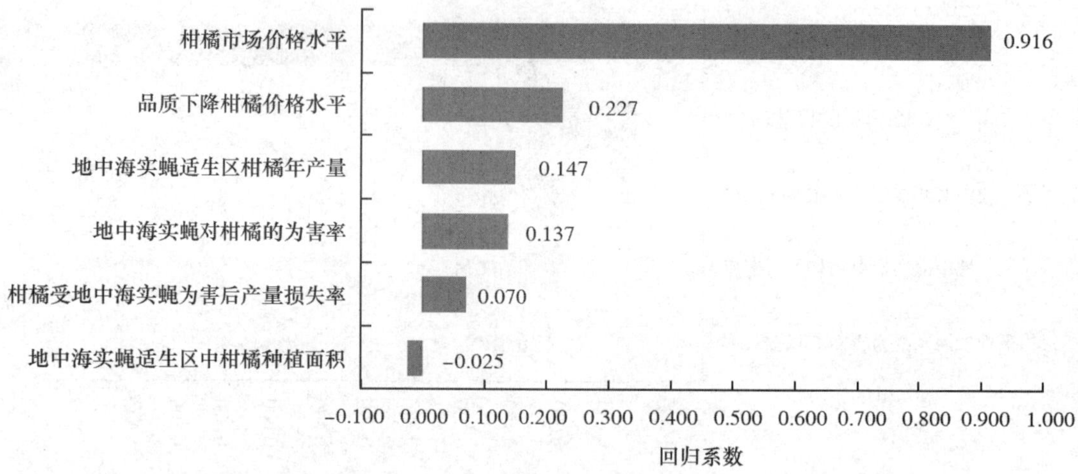

图 6-1-3　投入防控后可挽回地中海实蝇对我国柑橘产业潜在经济损失的变量灵敏性

三、地中海实蝇对我国桃产业的潜在经济损失评估

(一)主要数据与来源

1.不防控场景下地中海实蝇对我国桃产业的经济损失模型数据与来源

(1)地中海实蝇适生区桃年产量(Q_1)　据中华人民共和国农业农村部种植业管理司数据库2012—2016年桃产量数据,地中海实蝇适生区年产量最小值为5454330.00吨,平均值为6013032.00吨,最大值为6666538.00吨。

(2)地中海实蝇对桃的为害率(I)　根据Tabilio等对地中海实蝇对桃的为害情况进行的调查研究结果,在未经处理时,桃被害率达57.00%~88.00%,平均值为72.30%(Tabilio et al.,2013)。

(3)桃受地中海实蝇为害后产量损失率(R)　根据D'Aquino等的研究,地中海实蝇为害桃后,桃受地中海实蝇为害后产量损失率在32.00%~93.00%之间,平均值为62.50%(D'Aquino et al.,2011)。

(4)桃市场价格水平(P_c)　根据全国农产品商务信息公共服务平台,收集各省份所有市场的各品种桃月平均价格,共计188个价格数据。经分析,得出桃市场价格最小值为2.64元/千克,平均值为6.51元/千克,最大值为14.49元/千克。

(5)品质下降桃价格水平(P_2)　对于品质下降桃市场价格水平,我们采取桃市场价格的一半作为数据集。得出品质下降桃市场价格最小值为2.64元/千克,平均值为4.65元/千克,最大值为6.51元/千克。

2.防控场景下地中海实蝇对我国桃产业的经济损失模型数据与来源

(1)地中海实蝇适生区中桃种植面积(S)　根据中华人民共和国农业农村部种植业管理司数据库,得出2012—2016年地中海实蝇适生区桃种植面积最小值为451265.40公顷,平均值为488448.03公顷,最大值为525437.50公顷。

(2)单位面积桃疫区防控成本　根据美国佛罗里达州治理地中海实蝇的案例,每公顷地中海实蝇防控费用折算约为3000.00元人民币(陈明忠和肖良,1997)。

(3)防控效果　根据常规防控效果要求，假设单位面积桃疫区防控费用为 3000.00 元/公顷时，达到的防控效果为 85.00%。

(二)评估模型与参数设置

地中海实蝇对中国桃产业的潜在经济损失评估模型及参数设置如表 6-1-5 所示。

表 6-1-5　地中海实蝇对中国桃产业的潜在经济损失评估模型及参数

	模型	输入变量	模型参数
不防控场景	产量下降引起的潜在经济损失(F_{11})	地中海实蝇适生区桃产量(Q_1)	Pert(5454333.00,6013032.00,6666538.00)吨
		地中海实蝇对桃为害率(I)	Pert(57.00%,72.30%,88.00%)
		桃受地中海实蝇为害后产量损失率(R)	Pert(32.00%,62.50%,93.00%)
		桃市场价格水平(P_c)	Pert(2.64,6.51,14.49)元/千克
		产量下降引起的潜在经济损失(F_{11})	$F_{11} = Q_1 \times I \times R \times P_c$
	质量下降引起的潜在经济损失(F_{12})	疫区单位面积品质下降桃产量(Q_2)	$Q_2 = Q_1 \times I \times (1-R)$
		品质下降桃价格水平(P_2)	Pert(2.64,4.65,6.51)元/千克
		质量下降引起的潜在经济损失(F_{12})	$F_{12} = Q_1 \times I \times (1-R)(P_c - P_2)$
		不防控场景下潜在经济损失总量(F_1)	$F_1 = F_{11} + F_{12}$
防控场景	防控费用(F_{21})	地中海实蝇适生区中桃种植面积(S)	Pert(451265.40，488448.03，525437.50)公顷
		单位桃疫区防控成本(C)	3000.00 元/公顷
		防控费用支出量(F_{21})	$F_{21} = S \times I \times C$
	投入防控潜在经济损失(F_{22})	单位适生区面积产量(A)	$A = \frac{Q_1}{S}$
		防控效果(M)	0.85
		效益校正系数(D)	2.00
		经济损害允许水平(E)	$E = \frac{C}{(A \times P_c \times M)} \times D \times 100\%$
		投入防控后潜在经济损失(F_{22})	$F_{22} = Q_1 \times I \times E \times P_c + Q_1 \times I \times (1-E)(P_c - P_2)$
		防控场景下潜在经济损失总量(F_2)	$F_{22} = Q_1 \times I \times E \times P_c + Q_1 \times I \times (1-E)(P_c - P_2$
可挽回潜在经济损失		可挽回潜在经济损失(F_3)	$F_3 = F_1 - F_2$

(三)潜在经济损失

在不防控场景下,桃产量下降引起的地中海实蝇潜在经济损失在 485832.29 万～5455332.49 万元,桃质量下降引起的地中海实蝇潜在经济损失在 244.20 万～3768167.98 万元,地中海实蝇对桃的潜在经济损失总量在 586322.67 万～7866545.11 万元(表 6-1-6)。在不防控场景下,桃市场价格水平是影响地中海实蝇对我国桃产业潜在经济损失的最大变量,桃受地中海实蝇为害后产量损失率、地中海实蝇适生区桃年产量次之,品质下降桃价格水平的影响可忽略不计(图 6-1-4)。

在防控场景下,地中海实蝇防控费用支出量在 81399.61 万～134743.98 万元,投入防控后地中海实蝇对桃的潜在经济损失在 224549.82 万～5083116.37 万元,地中海实蝇对桃的潜在经济损失总量在 313197.60 万～5196041.63 万元(表 6-1-7)。在防控场景下,地中海实蝇对我国桃产业潜在经济损失影响最大的变量是桃市场价格,其次是品质下降桃价格水平,地中海实蝇适生区桃种植面积对结果影响可以忽略不计(图 6-1-5)。

投入防控后,可挽回的经济损失是 219905.75 万～3343890.16 万元(表 6-1-8)。对投入防控后可挽回经济损失影响最大的变量是桃受地中海实蝇为害后产量损失率和桃市场价格水平(图 6-1-6)。

表 6-1-6 不防控场景下地中海实蝇对我国桃产业的潜在经济损失 万元

标记	输出项	公式	最小值	平均值	最大值
F_{11}	产量下降引起的潜在经济损失	$F_{11} = Q_1 \times I \times R \times P_c$	485832.29	1959601.20	5455332.49
F_{12}	质量下降引起的潜在经济损失	$F_{12} = Q_1 \times I \times (1 - R)(P_c - P_2)$	244.20	917844.14	3768167.98
F_1	潜在经济损失总量	$F_1 = F_{11} + F_{12}$	586322.67	2999131.34	7866545.11

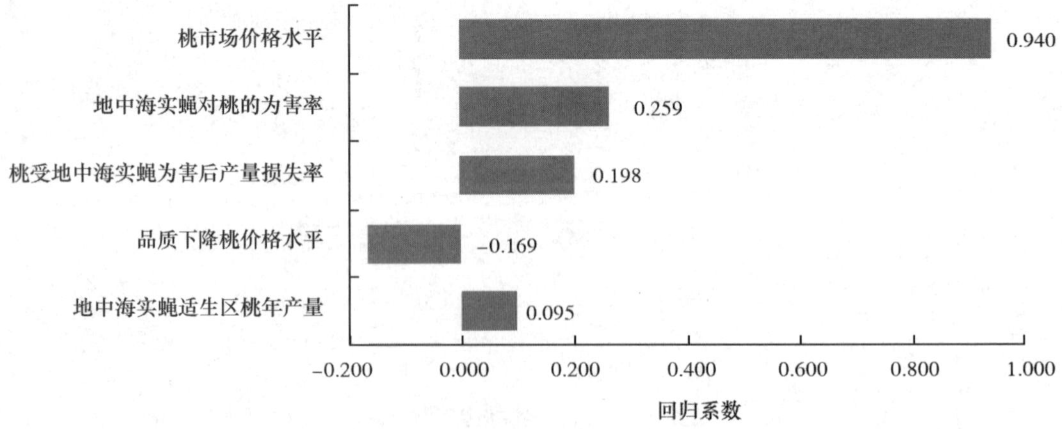

图 6-1-4 不防控场景下地中海实蝇对我国桃产业潜在经济损失的变量灵敏性

表 6-1-7　防控场景下地中海实蝇对我国桃产业的潜在经济损失　　万元

标记	输出项	公式	最小值	平均值	最大值
F_{21}	防控费用支出量	$F_{21}=S\times I\times C$	81399.61	106041.44	134743.98
F_{22}	投入防控后潜在经济损失	$F_{22}=Q_1\times I\times E\times P_c+Q_1\times I\times(1-E)(P_c-P_2)$	224549.82	1597144.75	5083116.37
F_2	潜在经济损失总量	$F_2=F_{21}+F_{22}$	313197.60	1703239.98	5196041.63

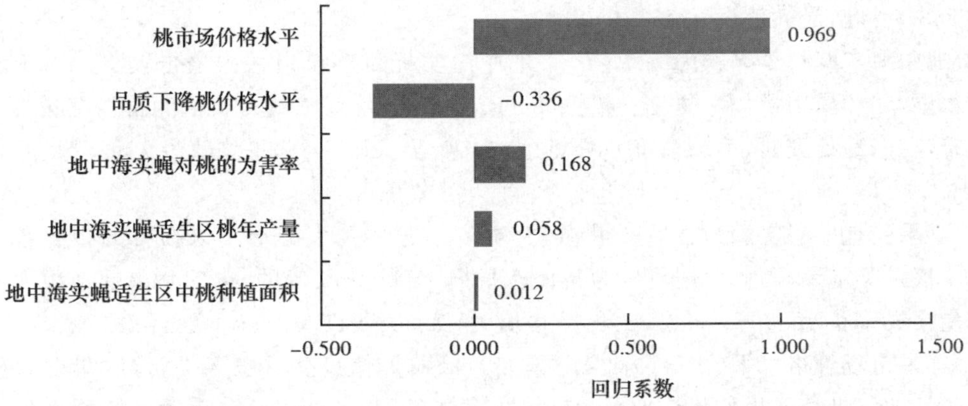

图 6-1-5　防控场景下地中海实蝇对我国桃产业的潜在经济损失的变量灵敏性

表 6-1-8　投入防控后可挽回地中海实蝇对我国桃产业的潜在经济损失　　万元

场景	标记	输出项	公式	最小值	平均值	最大值
可挽回潜在经济损失	F_3	可挽回潜在经济损失总量	$F_3=F_1-F_2$	219905.75	1295891.35	3343890.16

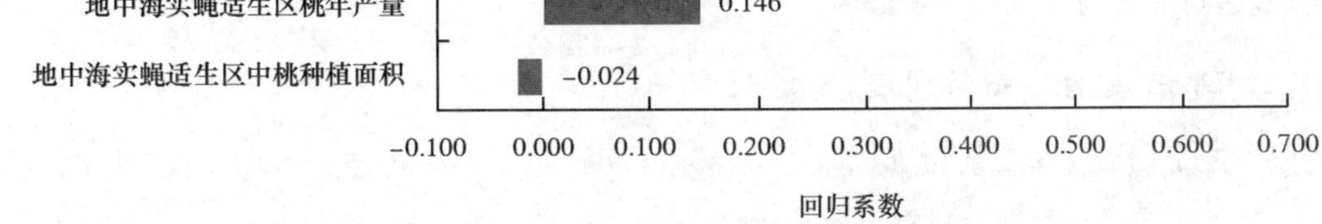

图 6-1-6　投入防控后可挽回地中海实蝇对我国桃产业潜在经济损失的变量灵敏性

四、地中海实蝇对我国苹果产业的潜在经济损失评估

(一)主要数据与来源

1. 不防控场景下地中海实蝇对我国苹果产业的经济损失模型数据与来源

(1)地中海实蝇适生区苹果年产量(Q_1) 据中华人民共和国农业农村部种植业管理司数据库2012—2016年苹果产量数据,地中海实蝇适生区年产量最小值为8627004.00吨,平均值为9006383.00吨,最大值为9346826.00吨。

(2)地中海实蝇对苹果的为害率(I) 地中海实蝇对苹果损害的报告较少。由于均属于核果类水果,因此使用桃作为类比。根据Tabilio等对地中海实蝇对桃的为害情况进行的调查研究结果,在未经处理时,苹果被害率可能达57.00%~88.00%,平均值为72.30%(Tabilio et al.,2013)。

(3)苹果受地中海实蝇为害后产量损失率(R) 地中海实蝇对苹果损害的报告较少。由于均属于核果类水果,因此使用桃作为类比。根据D'Aquino等的研究,苹果受地中海实蝇为害后产量损失率在32.00%~93.00%,平均值为62.50%(D'Aquino et al.,2011)。

(4)苹果市场价格水平(P_c) 根据全国农产品商务信息公共服务平台,收集各省份所有市场的各品种苹果月平均价格,共计591个价格数据。经分析,得出苹果市场价格最小值为2.82元/千克,平均值为6.53元/千克,最大值为11.76元/千克。

(5)品质下降苹果价格水平(P_2) 对于品质下降苹果市场价格水平,我们采取苹果市场价格的一半作为数据集,得出品质下降苹果市场价格最小值为2.82元/千克,平均值为5.39元/千克,最大值为6.53元/千克。

2. 防控场景下地中海实蝇对我国苹果产业的经济损失模型数据与来源

(1)地中海实蝇适生区中苹果种植面积(S) 根据中华人民共和国农业农村部种植业管理司数据库,得出2012—2016年地中海实蝇适生区苹果种植面积最小值为393149.50公顷,平均值为509480.60公顷,最大值为623575.50公顷。

(2)单位面积苹果疫区防控成本 根据美国佛罗里达州治理地中海实蝇的案例,每公顷地中海实蝇防控费用折算约为3000.00元人民币(陈明忠和肖良,1997)。

(3)防控效果 根据常规防控效果要求,假设单位面积苹果疫区防控费用为3000.00元/公顷时,达到的防控效果为85.00%。

(二)评估模型与参数设置

地中海实蝇对中国苹果产业的潜在经济损失评估模型及参数设置如表6-1-9所示。

表 6-1-9　地中海实蝇对中国苹果产业的潜在经济损失评估模型及参数

模型		输入变量	模型参数
不防控场景	产量下降引起的潜在经济损失(F_{11})	地中海实蝇适生区苹果产量(Q_1)	Pert(8627004.00,9006383.00,9346826.00)吨
		地中海实蝇对苹果为害率(I)	Pert(57.00%,72.30%,88.00%)
		苹果受地中海实蝇为害后产量损失率(R)	Pert(32.00%,62.50%,93.00%)
		苹果市场价格水平(P_c)	Pert(2.82,6.53,11.76)元/千克
		产量下降引起的潜在经济损失(F_{11})	$F_{11}=Q_1\times I\times R\times P_c$
	质量下降引起的潜在经济损失(F_{12})	疫区单位面积品质下降苹果产量(Q_2)	$Q_2=Q_1\times I\times(1-R)$
		品质下降苹果价格水平(P_2)	Pert(2.82,5.39,6.53)元/千克
		质量下降引起的潜在经济损失(F_{12})	$F_{12}=Q_1\times I\times(1-R)(P_c-P_2)$
		不防控场景下潜在经济损失总量(F_1)	$F_1=F_{11}+F_{12}$
防控场景	防控费用(F_{21})	地中海实蝇适生区中苹果种植面积(S)	Pert(393149.50,509480.60,623575.50)公顷
		单位苹果疫区防控成本(C)	3000.00元/公顷
		防控费用支出量(F_{21})	$F_{21}=S\times I\times C$
	投入防控潜在经济损失(F_{22})	单位适生区面积产量(A)	$A=\frac{Q_1}{S}$
		防控效果(M)	0.85
		效益校正系数(D)	2.00
		经济损害允许水平(E)	$E=\frac{C}{(A\times P_c\times M)}\times D\times 100\%$
		投入防控后潜在经济损失(F_{22})	$F_{22}=Q_1\times I\times E\times P_c+Q_1\times I\times(1-E)(P_c-P_2)$
		防控场景下潜在经济损失总量(F_2)	$F_{22}=Q_1\times I\times E\times P_c+Q_1\times I\times(1-E)(P_c-P_2$
可挽回潜在经济损失		可挽回潜在经济损失(F_3)	$F_3=F_1-F_2$

(三)潜在经济损失

在不防控场景下,苹果产量下降引起的地中海实蝇潜在经济损失在739343.20万～6921782.50万元,苹果质量下降引起的地中海实蝇潜在经济损失在533.24万～4345808.89万元,地中海实蝇对苹果的潜在经济损失总量在1155750.96万～10493388.33万元(表6-1-10)。在不防控场景下,苹果市场价格水平是影响地中海实蝇对我国苹果产业潜在经济损失的最大变量,苹果受地中海实蝇为害后产量损失率、地中海实蝇适生区苹果年产量次之,品质下降苹果价格水平的影响可忽略不计(图 6-1-7)。

在防控场景下,地中海实蝇防控费用支出量在 73207.75 万~156029.46 万元,投入防控后地中海实蝇对苹果的潜在经济损失在 217722.01 万~5786935.95 万元,地中海实蝇对苹果的潜在经济损失总量在 301535.61 万~5916558.89 万元(表 6-1-11)。在防控场景下,地中海实蝇对我国苹果产业潜在经济损失影响最大的变量是苹果市场价格,其次是品质下降苹果价格水平,地中海实蝇适生区苹果种植面积对结果影响可以忽略不计(图 6-1-8)。

投入防控后,可挽回的经济损失在 620492.38 万~4576829.44 万元(表 6-1-12)。对投入防控后可挽回经济损失影响最大的变量是苹果受地中海实蝇为害后产量损失率和苹果市场价格水平(图 6-1-9)。

表 6-1-10　不防控场景下地中海实蝇对我国苹果产业的潜在经济损失　　万元

标记	输出项	公式	最小值	平均值	最大值
F_{11}	产量下降引起的潜在经济损失	$F_{11}=Q_1\times I\times R\times P_c$	739343.20	2760493.88	6921782.50
F_{12}	质量下降引起的潜在经济损失	$F_{12}=Q_1\times I\times(1-R)(P_c-P_2)/(1-IR)$	533.24	988603.17	4345808.89
F_1	潜在经济损失总量	$F_1=F_{11}+F_{12}$	1155750.96	3963263.25	10493388.33

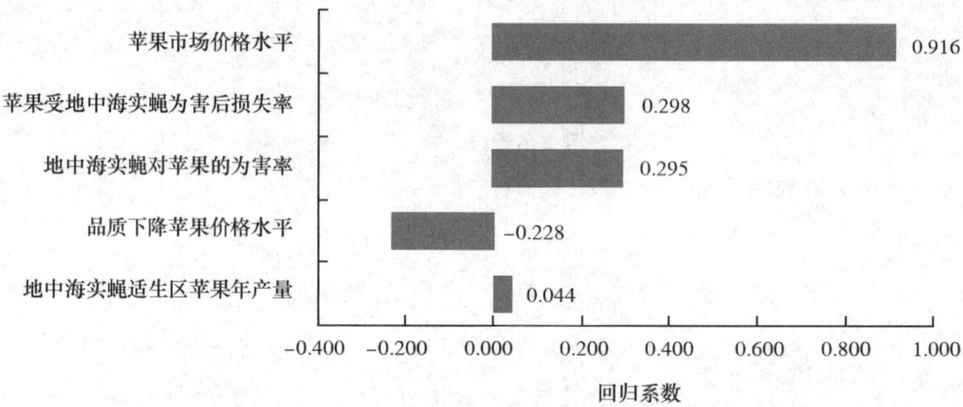

图 6-1-7　不防控场景下地中海实蝇对我国苹果产业潜在经济损失的变量灵敏性

表 6-1-11　防控场景下地中海实蝇对我国苹果产业的潜在经济损失　　万元

标记	输出项	公式	最小值	平均值	最大值
F_{21}	防控费用支出量	$F_{21}=S\times I\times C$	73207.75	110517.51	156029.46
F_{22}	投入防控后潜在经济损失	$F_{22}=Q_1\times I\times E\times P_c+Q_1\times I\times(1-E)(P_c-P_2)$	217722.01	1716430.38	5786935.95
F_2	潜在经济损失总量	$F_2=F_{21}+F_{22}$	301535.61	1826904.98	5916558.89

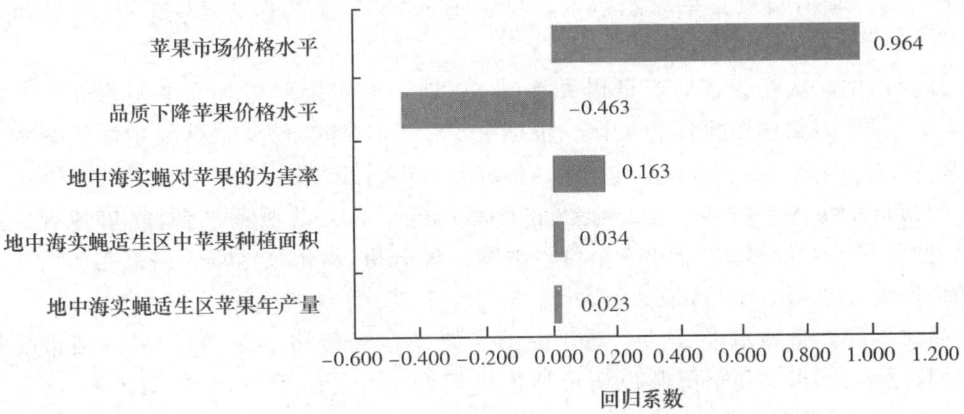

图 6-1-8　防控场景下地中海实蝇对我国苹果产业的潜在经济损失的变量灵敏性

表 6-1-12　投入防控后可挽回地中海实蝇对我国苹果产业的潜在经济损失　　万元

场景	标记	输出项	公式	最小值	平均值	最大值
可挽回潜在经济损失	F_3	可挽回潜在经济损失总量	$F_3=F_1-F_2$	620492.38	2136358.27	4576829.44

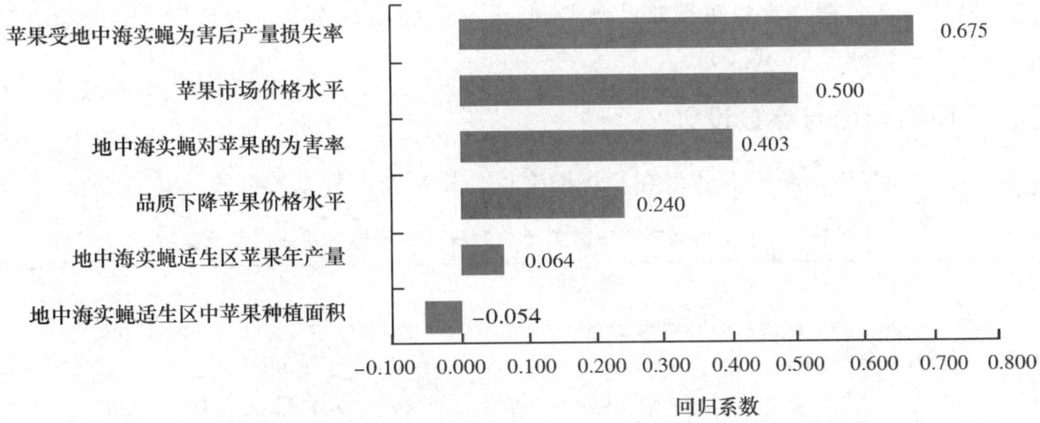

图 6-1-9　投入防控后可挽回地中海实蝇对我国苹果产业潜在经济损失的变量灵敏性

五、地中海实蝇对我国梨产业的潜在经济损失评估

(一)主要数据与来源

1. 不防控场景下地中海实蝇对我国梨产业的经济损失模型数据与来源

(1)地中海实蝇适生区梨年产量(Q_1)　据中华人民共和国农业农村部种植业管理司数据库 2012—2016 年梨产量数据，地中海实蝇适生区年产量最小值为 6485024.00 吨，平均值为 7302338.00 吨，最大值为 7851330.00 吨。

(2)地中海实蝇对梨的为害率(I)　地中海实蝇对梨损害的报告较少。由于均属于核果类水果，因此使用桃作为类比。根据 Tabilio 等对地中海实蝇对桃的为害情况进行的调查研究结果，在未经处理时，梨被害率可能达 57.00%～88.00%，平均值为 72.30%（Tabilio et al.，2013）。

（3）梨受地中海实蝇为害后产量损失率（R）　地中海实蝇对梨损害的报告较少。由于均属于核果类水果，因此使用桃作为类比。根据 D'Aquino 等的研究，梨受地中海实蝇为害后产量损失率在 32.00%～93.00%，平均值为 62.50%（D'Aquino et al.，2011）。

（4）梨市场价格水平（P_c）　根据全国农产品商务信息公共服务平台，收集各省份所有市场的各品种梨月平均价格，共计 446 个价格数据。经分析，得出梨市场价格最小值为 1.95 元/千克，平均值为 5.41 元/千克，最大值为 12.39 元/千克。

（5）品质下降梨价格水平（P_2）　对于品质下降梨市场价格水平，我们采取梨市场价格的一半作为数据集，得出品质下降梨市场价格最小值为 1.95 元/千克，平均值为 3.34 元/千克，最大值为 5.41 元/千克。

2. 防控场景下地中海实蝇对我国梨产业的经济损失模型数据与来源

（1）地中海实蝇适生区中梨种植面积（S）　根据中华人民共和国农业农村部种植业管理司数据库，得出 2012—2016 年地中海实蝇适生区梨种植面积最小值为 533151.00 公顷，平均值为 549503.40 公顷，最大值为 568456.90 公顷。

（2）单位面积梨疫区防控成本　根据美国佛罗里达州治理地中海实蝇的案例，每公顷地中海实蝇防控费用折算约为 3000.00 元人民币（陈明忠和肖良，1997）。

（3）防控效果　根据常规防控效果要求，假设单位面积梨疫区防控费用为 3000.00 元/公顷时，达到的防控效果为 85.00%。

（二）评估模型与参数设置

地中海实蝇对中国梨产业的潜在经济损失评估模型及参数设置如表 6-1-13 所示。

表 6-1-13　地中海实蝇对中国梨产业的潜在经济损失评估模型及参数

	模型	输入变量	模型参数
不防控场景	产量下降引起的潜在经济损失（F_{11}）	地中海实蝇适生区梨产量（Q_1）	Pert(6485024.00,7302338.00,7851330.00)吨
		地中海实蝇对梨为害率（I）	Pert(57.00%,72.30%,88.00%)
		梨受地中海实蝇为害后产量损失率（R）	Pert(32.00%,62.50%,93.00%)
		梨市场价格水平（P_c）	Pert(1.95,5.41,12.39)元/千克
		产量下降引起的潜在经济损失（F_{11}）	$F_{11}=Q_1\times I\times R\times P_c$
	质量下降引起的潜在经济损失（F_{12}）	疫区单位面积品质下降梨产量（Q_2）	$Q_2=Q_1\times I\times(1-R)$
		品质下降梨价格水平（P_2）	Pert(1.95,3.34,5.41)元/千克
		质量下降引起的潜在经济损失（F_{12}）	$F_{12}=Q_1\times I\times(1-R)(P_c-P_2)$
		不防控场景下潜在经济损失总量（F_1）	$F_1=F_{11}+F_{12}$

续表 6-1-13

	模型	输入变量	模型参数
防控场景	防控费用(F_{21})	地中海实蝇适生区中梨种植面积(S)	Pert（533151.00，549503.40，568456.90）公顷
		单位梨疫区防控成本(C)	3000.00 元/公顷
		防控费用支出量(F_{21})	$F_{21} = S \times I \times C$
	投入防控潜在经济损失(F_{22})	单位适生区面积产量(A)	$A = \frac{Q_1}{S}$
		防控效果(M)	0.85
		效益校正系数(D)	2.00
		经济损害允许水平(E)	$E = \frac{C}{(A \times P_c \times M)} \times D \times 100\%$
		投入防控后潜在经济损失(F_{22})	$F_{22} = Q_1 \times I \times E \times P_c + Q_1 \times I \times (1-E)(P_c - P_2)$
		防控场景下潜在经济损失总量(F_2)	$F_{22} = Q_1 \times I \times E \times P_c + Q_1 \times I \times (1-E)(P_c - P_2$
可挽回潜在经济损失		可挽回潜在经济损失(F_3)	$F_3 = F_1 - F_2$

(三)潜在经济损失

在不防控场景下，梨产量下降引起的地中海实蝇潜在经济损失在 427063.31 万～5290710.60 万元，梨质量下降引起的地中海实蝇潜在经济损失在 74.95 万～4372603.80 万元，地中海实蝇对梨的潜在经济损失总量在 637464.74 万～8318494.34 万元(表 6-1-14)。在不防控场景下，梨市场价格水平是影响地中海实蝇对我国梨产业潜在经济损失的最大变量，梨受地中海实蝇为害后产量损失率、地中海实蝇适生区梨年产量次之，品质下降梨价格水平的影响可忽略不计(图 6-1-10)。

在防控场景下，地中海实蝇防控费用支出量在 94448.48 万～146248.49 万元，投入防控后地中海实蝇对梨的潜在经济损失在 254687.69 万～5419912.20 万元，地中海实蝇对梨的潜在经济损失总量在 353100.56 万～5545248.34 万元(表 6-1-15)。在防控场景下，地中海实蝇对我国梨产业潜在经济损失影响最大的变量是梨市场价格，其次是品质下降梨价格水平，地中海实蝇适生区梨种植面积对结果影响可以忽略不计(图 6-1-11)。

投入防控后，可挽回的经济损失在 132708.96 万～3128620.70 万元(表 6-1-16)。对投入防控后可挽回经济损失影响最大的变量是梨受地中海实蝇为害后产量损失率和梨市场价格水平(图 6-1-12)。

表 6-1-14　不防控场景下地中海实蝇对我国梨产业的潜在经济损失　　万元

标记	输出项	公式	最小值	平均值	最大值
F_{11}	产量下降引起的潜在经济损失	$F_{11} = Q_1 \times I \times R \times P_c$	427063.31	1966460.12	5290710.60
F_{12}	质量下降引起的潜在经济损失	$F_{12} = \frac{Q_1 \times I \times (1-R)(P_c - P_2)}{(1-IR)}$	74.95	1040868.28	4372603.80
F_1	潜在经济损失总量	$F_1 = F_{11} + F_{12}$	637464.74	3101456.98	8318494.34

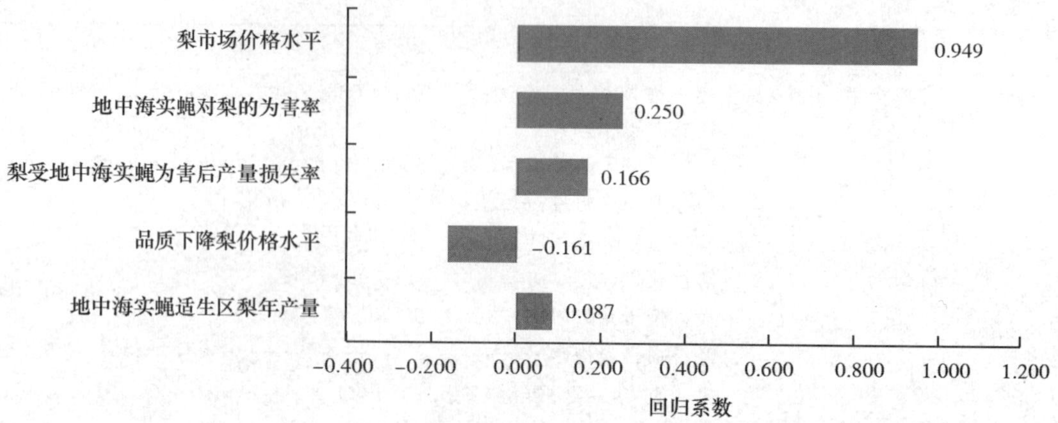

图 6-1-10　不防控场景下地中海实蝇对我国梨产业潜在经济损失的变量灵敏性

表 6-1-15　防控场景下地中海实蝇对我国梨产业的潜在经济损失　万元

标记	输出项	公式	最小值	平均值	最大值
F_{21}	防控费用支出量	$F_{21}=S\times I\times C$	94448.48	119391.54	146248.49
F_{22}	投入防控后潜在经济损失	$F_{22}=Q_1\times I\times E\times P_c+Q_1\times I\times(1-E)(P_c-P_2)$	254687.69	1807081.66	5419912.20
F_2	潜在经济损失总量	$F_2=F_{21}+F_{22}$	353100.56	1926512.61	5545248.34

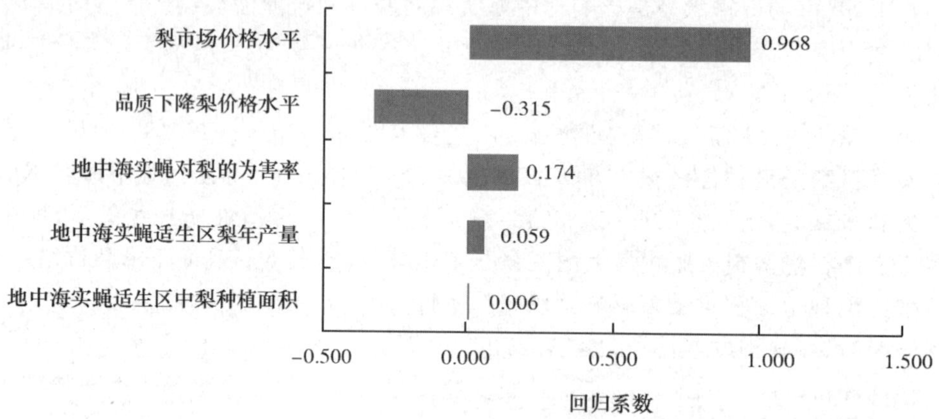

图 6-1-11　防控场景下地中海实蝇对我国梨产业的潜在经济损失的变量灵敏性

表 6-1-16　投入防控后可挽回地中海实蝇对我国梨产业的潜在经济损失　万元

场景	标记	输出项	公式	最小值	平均值	最大值
可挽回潜在经济损失	F_3	可挽回潜在经济损失总量	$F_3=F_1-F_2$	132708.96	1174944.36	3128620.70

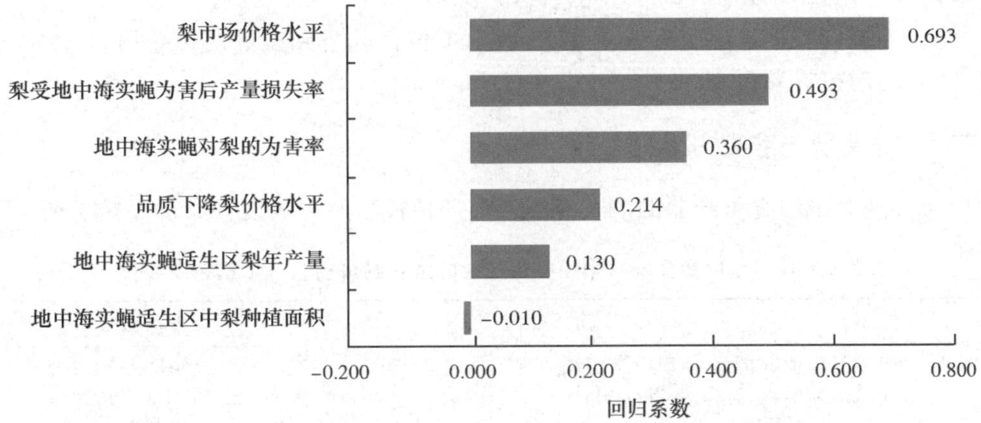

图 6-1-12　投入防控后可挽回地中海实蝇对我国梨产业潜在经济损失的变量灵敏性

六、地中海实蝇对我国香蕉产业的潜在经济损失评估

(一)主要数据与来源

1. 不防控场景下地中海实蝇对我国香蕉产业的经济损失模型数据与来源

(1)地中海实蝇适生区香蕉年产量(Q_1)　据中华人民共和国农业农村部种植业管理司数据库 2012—2016 年香蕉产量数据,地中海实蝇适生区年产量最小值为 10738329.00 吨,平均值为 11832670.00 吨,最大值为 13005253.00 吨。

(2)地中海实蝇对香蕉的为害率(I)　地中海实蝇对香蕉损害的报告较少。由于地中海实蝇在柑橘类水果上的实验结果较多,因此使用柑橘作为类比。假定地中海实蝇对香蕉的为害率为柑橘的一半,香蕉被害率可能达 32.97%～37.97%,平均值为 35.47%。

(3)香蕉受地中海实蝇为害后产量损失率(R)　地中海实蝇对香蕉损害的报告较少。由于地中海实蝇在柑橘类水果上的实验结果较多,因此使用柑橘作为类比。假定地中海实蝇对香蕉的产量损失率与柑橘相同,香蕉受地中海实蝇为害后产量损失率在 54.32%～60.68%,平均值为 57.50%。

(4)香蕉市场价格水平(P_c)　根据全国农产品商务信息公共服务平台,收集各省份所有市场的各品种香蕉月平均价格,共计 591 个价格数据。经分析,得出香蕉市场价格最小值为 2.53 元/千克,平均值为 4.17 元/千克,最大值为 6.96 元/千克。

(5)品质下降香蕉价格水平(P_2)　对于品质下降香蕉市场价格水平,我们采取香蕉市场价格的一半作为数据集。得出品质下降香蕉市场价格最小值为 2.53 元/千克,平均值为 3.69 元/千克,最大值为 4.17 元/千克。

2. 防控场景下地中海实蝇对我国香蕉产业的经济损失模型数据与来源

(1)地中海实蝇适生区中香蕉种植面积(S)　根据中华人民共和国农业农村部种植业管理司数据库,得出 2012—2016 年地中海实蝇适生区香蕉种植面积最小值为 367085.00 公顷,平均值为 392437.50 公顷,最大值为 427074.50 公顷。

(2)单位面积香蕉疫区防控成本　根据美国佛罗里达州治理地中海实蝇的案例,每公顷地中海实蝇防控费用折算约为3000.00元人民币(陈明忠和肖良,1997)。

(3)防控效果　根据常规防控效果要求,假设单位面积香蕉疫区防控费用为3000.00元/公顷时,达到的防控效果为85.00%。

(二)评估模型与参数设置

地中海实蝇对中国香蕉产业的潜在经济损失评估模型及参数设置如表6-1-17所示。

表6-1-17　地中海实蝇对中国香蕉产业的潜在经济损失评估模型及参数

	模型	输入变量	模型参数
不防控场景	产量下降引起的潜在经济损失(F_{11})	地中海实蝇适生区香蕉产量(Q_1)	Pert(10738329.00,11832670.00,13005253.00)吨
		地中海实蝇对香蕉为害率(I)	Pert(32.97%,35.47%,37.97%)
		香蕉受地中海实蝇为害后产量损失率(R)	Pert(54.32%,57.50%,60.68%)
		香蕉市场价格水平(P_c)	Pert(2.53,4.17,6.96)元/千克
		产量下降引起的潜在经济损失(F_{11})	$F_{11}=Q_1\times I\times R\times P_c$
	质量下降引起的潜在经济损失(F_{12})	疫区单位面积品质下降香蕉产量(Q_2)	$Q_2=Q_1\times I\times(1-R)$
		品质下降香蕉价格水平(P_2)	Pert(2.53,3.69,4.17)元/千克
		质量下降引起的潜在经济损失(F_{12})	$F_{12}=Q_1\times I\times(1-R)(P_c-P_2)$
		不防控场景下潜在经济损失总量(F_1)	$F_1=F_{11}+F_{12}$
防控场景	防控费用(F_{21})	地中海实蝇适生区中香蕉种植面积(S)	Pert(367085.00,392437.50,427074.50)公顷
		单位香蕉疫区防控成本(C)	3000.00元/公顷
		防控费用支出量(F_{21})	$F_{21}=S\times I\times C$
	投入防控潜在经济损失(F_{22})	单位适生区面积产量(A)	$A=\frac{Q_1}{S}$
		防控效果(M)	0.85
		效益校正系数(D)	2.00
		经济损害允许水平(E)	$E=\frac{C}{(A\times P_c\times M)}\times D\times 100\%$
		投入防控后潜在经济损失(F_{22})	$F_{22}=Q_1\times I\times E\times P_c+Q_1\times I\times(1-E)(P_c-P_2)$
		防控场景下潜在经济损失总量(F_2)	$F_{22}=Q_1\times I\times E\times P_c+Q_1\times I\times(1-E)(P_c-P_2)$
可挽回潜在经济损失		可挽回潜在经济损失(F_3)	$F_3=F_1-F_2$

(三)潜在经济损失

在不防控场景下，香蕉产量下降引起的地中海实蝇潜在经济损失在465427.39万～5678847.86万元，香蕉质量下降引起的地中海实蝇潜在经济损失在196.71万～4426281.17万元，地中海实蝇对香蕉的潜在经济损失总量在593583.12万～8699505.83万元(表6-1-18)。在不防控场景下，香蕉市场价格水平是影响地中海实蝇对我国香蕉产业潜在经济损失的最大变量，香蕉受地中海实蝇为害后产量损失率、地中海实蝇适生区香蕉年产量次之，品质下降香蕉价格水平的影响可忽略不计(图6-1-13)。

在防控场景下，地中海实蝇防控费用支出量在94194.60万～146544.78万元，投入防控后地中海实蝇对香蕉的潜在经济损失在252068.45万～5566845.10万元，地中海实蝇对香蕉的潜在经济损失总量在347076.81万～5704632.21万元(表6-1-19)。在防控场景下，地中海实蝇对我国香蕉产业潜在经济损失影响最大的变量是香蕉市场价格，其次是品质下降香蕉价格水平，地中海实蝇适生区香蕉种植面积对结果影响可以忽略不计(图6-1-14)。

投入防控后，可挽回的经济损失在39321.78万～3092656.22万元(表6-1-20)。对投入防控后可挽回经济损失影响最大的变量是香蕉受地中海实蝇为害后产量损失率和香蕉市场价格水平(图6-1-15)。

表6-1-18　不防控场景下地中海实蝇对我国香蕉产业的潜在经济损失　　万元

标记	输出项	公式	最小值	平均值	最大值
F_{11}	产量下降引起的潜在经济损失	$F_{11}=Q_1\times I\times R\times P_c$	465427.39	1967676.74	5678847.86
F_{12}	质量下降引起的潜在经济损失	$F_{12}=\dfrac{Q_1\times I\times(1-R)(P_c-P_2)}{(1-IR)}$	196.71	1040247.07	4426281.17
F_1	潜在经济损失总量	$F_1=F_{11}+F_{12}$	593583.12	3103210.37	8699505.83

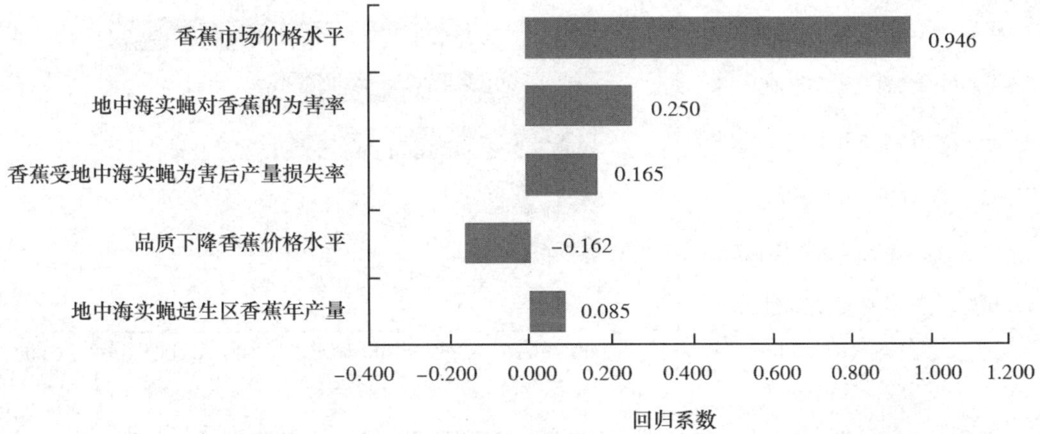

图6-1-13　不防控场景下地中海实蝇对我国香蕉产业潜在经济损失的变量灵敏性

表 6-1-19　防控场景下地中海实蝇对我国香蕉产业的潜在经济损失　万元

标记	输出项	公式	最小值	平均值	最大值
F_{21}	防控费用支出量	$F_{21}=S\times I\times C$	94194.60	119391.59	146544.78
F_{22}	投入防控后潜在经济损失	$F_{22}=Q_1\times I\times E\times P_c+Q_1\times I\times(1-E)(P_c-P_2)$	252068.45	1806556.64	5566845.10
F_2	潜在经济损失总量	$F_2=F_{21}+F_{22}$	347076.81	1925986.56	5704632.21

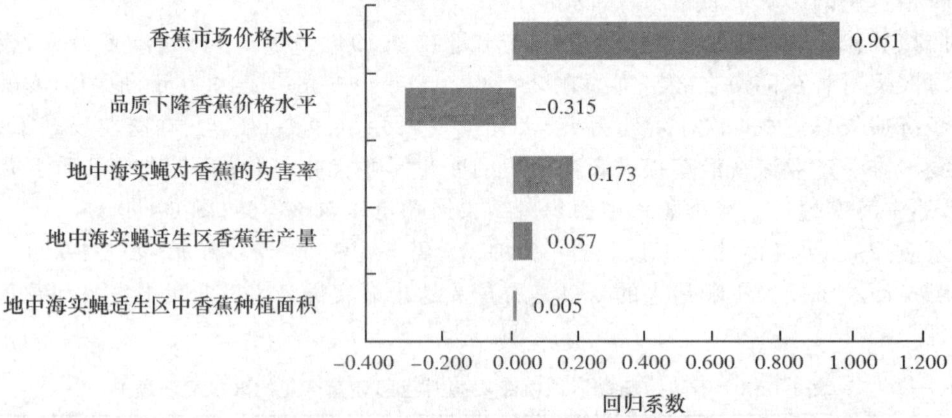

图 6-1-14　防控场景下地中海实蝇对我国香蕉产业的潜在经济损失的变量灵敏性

表 6-1-20　投入防控后可挽回地中海实蝇对我国香蕉产业的潜在经济损失　万元

场景	标记	输出项	公式	最小值	平均值	最大值
可挽回潜在经济损失	F_3	可挽回潜在经济损失总量	$F_3=F_1-F_2$	39321.78	1177223.81	3092656.22

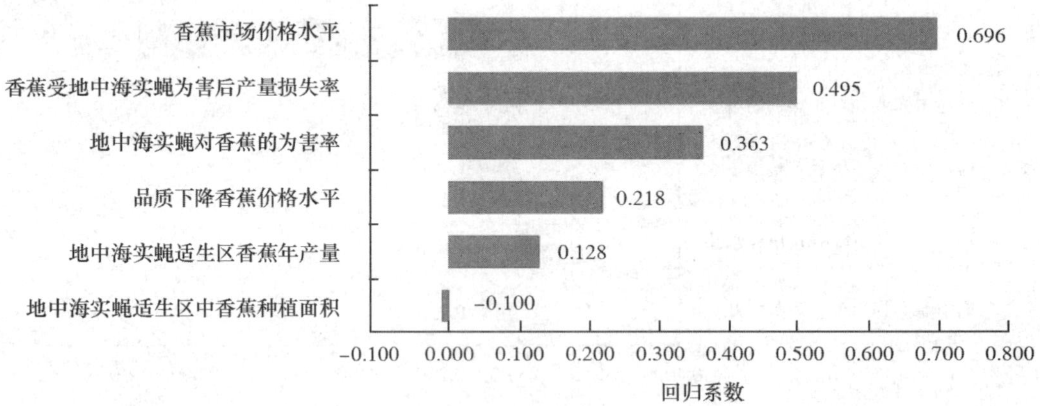

图 6-1-15　投入防控后可挽回地中海实蝇对我国香蕉产业潜在经济损失的变量灵敏性

七、地中海实蝇对我国杧果产业的潜在经济损失评估

(一)主要数据与来源

1. 不防控场景下地中海实蝇对我国杧果产业的经济损失模型数据与来源

(1)地中海实蝇适生区杧果年产量(Q_1)　据中华人民共和国农业农村部种植业管理司数据库2012—2016年杧果产量数据，地中海实蝇适生区年产量最小值为41886.65吨，平均值为119872.49吨，最大值为167348.56吨。

(2)地中海实蝇对杧果的为害率(I)　根据Vayssières等在贝宁的实验结果，地中海实蝇对杧果的为害率可能达3.81%～9.12%，平均值为6.47%。

(3)杧果受地中海实蝇为害后产量损失率(R)　地中海实蝇对杧果损害的报告较少。根据Appiah对于地中海实蝇对水果损害的描述，杧果受地中海实蝇为害后产量损失率在55.00%～75.00%，平均值为65.00%。

(4)杧果市场价格水平(P_c)　根据全国农产品商务信息公共服务平台，收集各省份所有市场的各品种杧果月平均价格，共计325个价格数据。经分析，得出杧果市场价格最小值为2.13元/千克，平均值为11.00元/千克，最大值为23.39元/千克。

(5)品质下降杧果价格水平(P_2)　对于品质下降杧果市场价格水平，我们采取杧果市场价格的一半作为数据集，得出品质下降杧果市场价格最小值为2.13元/千克，平均值为8.99元/千克，最大值为11.00元/千克。

2. 防控场景下地中海实蝇对我国杧果产业的经济损失模型数据与来源

(1)地中海实蝇适生区中杧果种植面积(S)　根据中华人民共和国农业农村部种植业管理司数据库，得出2012—2016年地中海实蝇适生区杧果种植面积最小值为118240.00公顷，平均值为132820.00公顷，最大值为158720.00公顷。

(2)单位面积杧果疫区防控成本　根据美国佛罗里达州治理地中海实蝇的案例，每公顷地中海实蝇防控费用折算约为3000.00元人民币(陈明忠和肖良，1997)。

(3)防控效果　根据常规防控效果要求，假设单位面积杧果疫区防控费用为3000.00元/公顷时，达到的防控效果为85.00%。

(二)评估模型与参数设置

地中海实蝇对中国杧果产业的潜在经济损失评估模型及参数设置如表6-1-21所示。

表6-1-21　地中海实蝇对中国杧果产业的潜在经济损失评估模型及参数

模型		输入变量	模型参数
不防控场景	产量下降引起的潜在经济损失(F_{11})	地中海实蝇适生区杧果产量(Q_1)	Pert(41886.65,119872.49,167348.56)吨
		地中海实蝇对杧果为害率(I)	Pert(3.81%,6.47%,9.12%)
		杧果受地中海实蝇为害后产量损失率(R)	Pert(55.00%,65.00%,75.00%)

续表 6-1-21

模型		输入变量	模型参数
		杧果市场价格水平(P_c)	Pert(2.13,11.00,23.39)元/千克
		产量下降引起的潜在经济损失(F_{11})	$F_{11}=Q_1\times I\times R\times P_c$
	质量下降引起的潜在经济损失(F_{12})	疫区单位面积品质下降杧果产量(Q_2)	$Q_2=Q_1\times I\times(1-R)$
		品质下降杧果价格水平(P_2)	Pert(2.13,8.99,11.00)元/千克
		质量下降引起的潜在经济损失(F_{12})	$F_{12}=Q_1\times I\times(1-R)(P_c-P_2)$
		不防控场景下潜在经济损失总量(F_1)	$F_1=F_{11}+F_{12}$
防控场景	防控费用(F_{21})	地中海实蝇适生区中杧果种植面积(S)	Pert(118240.00,132820.00,158720.00)公顷
		单位杧果疫区防控成本(C)	3000.00元/公顷
		防控费用支出量(F_{21})	$F_{21}=S\times I\times C$
	投入防控潜在经济损失(F_{22})	单位适生区面积产量(A)	$A=\frac{Q_1}{S}$
		防控效果(M)	0.85
		效益校正系数(D)	2.00
		经济损害允许水平(E)	$E=\frac{C}{(A\times P_c\times M)}\times D\times 100\%$
		投入防控后潜在经济损失(F_{22})	$F_{22}=Q_1\times I\times E\times P_c+Q_1\times I\times(1-E)(P_c-P_2)$
		防控场景下潜在经济损失总量(F_2)	$F_{22}=Q_1\times I\times E\times P_c+Q_1\times I\times(1-E)(P_c-P_2)$
可挽回潜在经济损失		可挽回潜在经济损失(F_3)	$F_3=F_1-F_2$

(三)潜在经济损失

在不防控场景下，杧果产量下降引起的地中海实蝇潜在经济损失在472.66万～9074.51万元，杧果质量下降引起的地中海实蝇潜在经济损失在0.19万～4753.84万元，地中海实蝇对杧果的潜在经济损失总量在715.91万～12533.58万元(表6-1-22)。在不防控场景下，杧果市场价格水平是影响地中海实蝇对我国杧果产业潜在经济损失的最大变量，杧果受地中海实蝇为害后产量损失率、地中海实蝇适生区杧果年产量次之，品质下降杧果价格水平的影响可忽略不计(图6-1-16)。

在防控场景下，地中海实蝇防控费用支出量在1490.84万～4111.83万元，投入防控后地中海实蝇对杧果的潜在经济损失在2994.45万～12896.14万元，地中海实蝇对杧果的潜在经济损失总量在4633.40万～16419.87万元(表6-1-23)。在防控场景下，地中海实蝇对我国杧果产业潜在经济损失影响最大的变量是杧果市场价格，其次是品质下降杧果价格水平，地中海实蝇适生区杧果种植面积对结果影响可以忽略不计(图 6-1-17)。

投入防控后，可挽回的经济损失在－14506.59 万～－1621.71 万元(表 6-1-24)。对投入防控后可挽回经济损失影响最大的变量是杧果受地中海实蝇为害后产量损失率和杧果市场价格水平(图 6-1-18)。

表 6-1-22　不防控场景下地中海实蝇对我国杧果产业的潜在经济损失　　万元

标记	输出项	公式	最小值	平均值	最大值
F_{11}	产量下降引起的潜在经济损失	$F_{11}=Q_1\times I\times R\times P_c$	472.66	2895.20	9074.51
F_{12}	质量下降引起的潜在经济损失	$F_{12}=\dfrac{Q_1\times I\times(1-R)(P_c-P_2)}{(1-IR)}$	0.19	799.40	4753.84
F_1	潜在经济损失总量	$F_1=F_{11}+F_{12}$	715.91	3838.95	12533.58

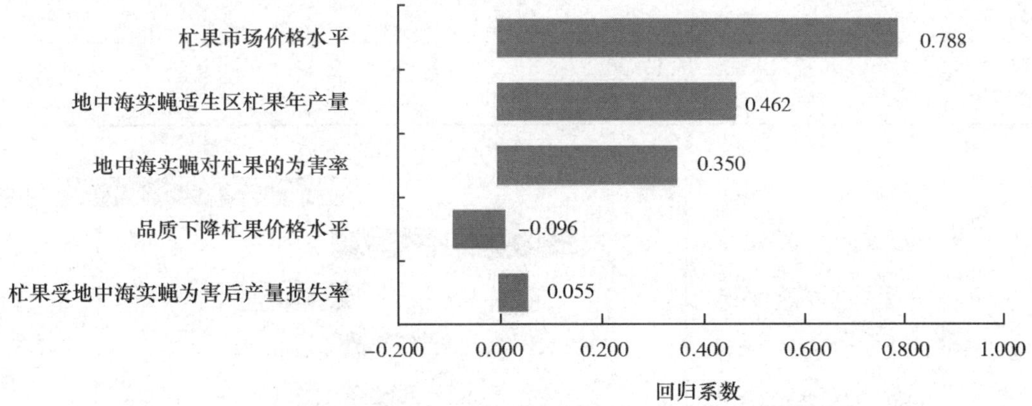

图 6-1-16　不防控场景下地中海实蝇对我国杧果产业潜在经济损失的变量灵敏性

表 6-1-23　防控场景下地中海实蝇对我国杧果产业的潜在经济损失　　万元

标记	输出项	公式	最小值	平均值	最大值
F_{21}	防控费用支出量	$F_{21}=S\times I\times C$	1490.84	2619.51	4111.83
F_{22}	投入防控后潜在经济损失	$F_{22}=Q_1\times I\times E\times P_c+Q_1\times I\times(1-E)(P_c-P_2)$	2994.45	6352.62	12896.14
F_2	潜在经济损失总量	$F_2=F_{21}+F_{22}$	4633.40	8972.46	16419.87

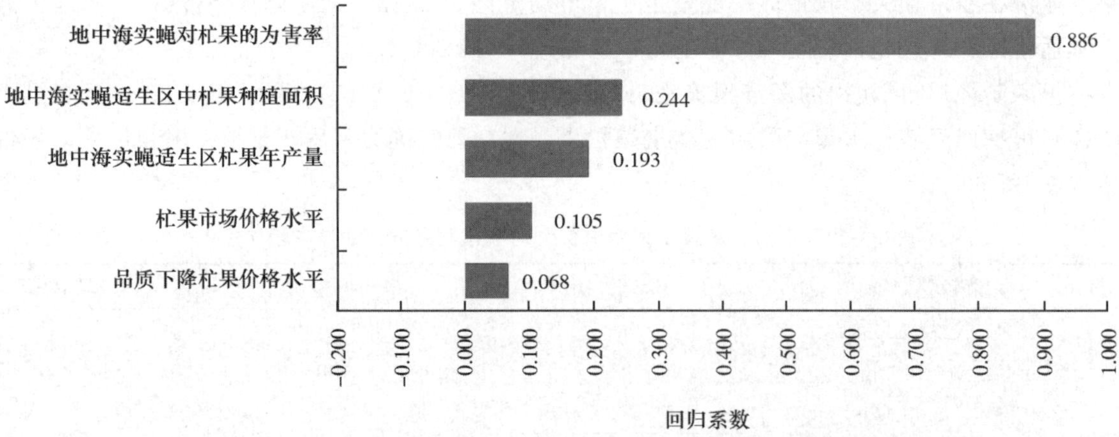

图 6-1-17 防控场景下地中海实蝇对我国杧果产业的潜在经济损失的变量灵敏性

表 6-1-24 投入防控后可挽回地中海实蝇对我国杧果产业的潜在经济损失 万元

场景	标记	输出项	公式	最小值	平均值	最大值
可挽回潜在经济损失	F_3	可挽回潜在经济损失总量	$F_3=F_1-F_2$	－14506.59	－5133.51	－1621.71

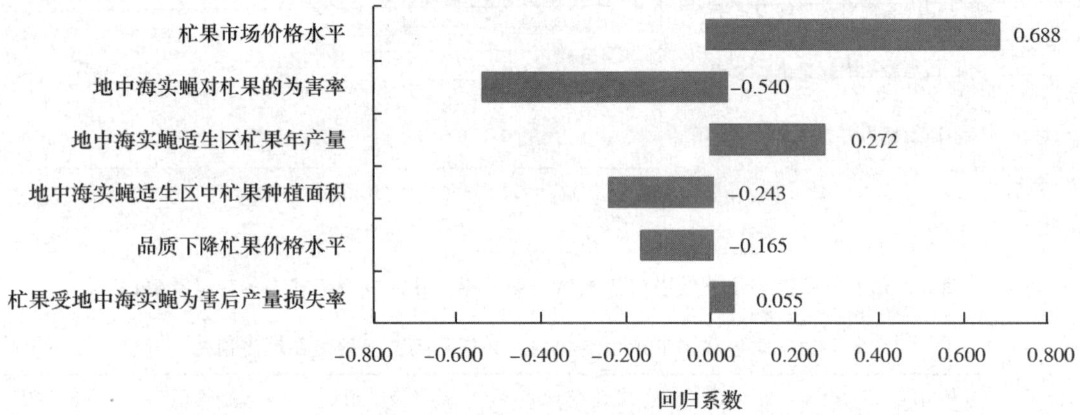

图 6-1-18 投入防控后可挽回地中海实蝇对我国杧果产业潜在经济损失的变量灵敏性

八、地中海实蝇对我国番茄产业的潜在经济损失评估

(一)主要数据与来源

1. 不防控场景下地中海实蝇对我国番茄产业的经济损失模型数据与来源

(1)地中海实蝇适生区番茄年产量(Q_1) 据中华人民共和国农业农村部种植业管理司数据库2012—2016年番茄产量数据,地中海实蝇适生区年产量最小值为17912457.00吨,平均值为19705495.00吨,最大值为21397477.00吨。

(2)地中海实蝇对番茄的为害率(I) 地中海实蝇对番茄损害的报告较少。由于地中海实蝇在柑橘类水果上的实验结果较多,因此使用柑橘作为类比。假定地中海实蝇对番茄的为害率为柑橘的一半，番茄被害率可能达 32.97%～37.97%，平均值为 35.47%。

(3)番茄受地中海实蝇为害后产量损失率(R)　地中海实蝇对番茄损害的报告较少。由于地中海实蝇在柑橘类水果上的实验结果较多，因此使用柑橘作为类比。假定地中海实蝇对番茄的产量损失率与柑橘相同，番茄受地中海实蝇为害后产量损失率在 54.32%～60.68%，平均值为 57.50%。

(4)番茄市场价格水平(P_c)　番茄市场价格最小值为 0.80 元/千克，平均值为 4.01 元/千克，最大值为 10.57 元/千克。

(5)品质下降番茄价格水平(P_2)　对于品质下降番茄市场价格水平，我们采取番茄市场价格的一半作为数据集。得出品质下降番茄市场价格最小值为 1.80 元/千克，平均值为 2.96 元/千克，最大值为 4.00 元/千克。

2. 防控场景下地中海实蝇对我国番茄产业的经济损失模型数据与来源

(1)地中海实蝇适生区中番茄种植面积(S)　根据中华人民共和国农业农村部种植业管理司数据库，得出 2012—2016 年地中海实蝇适生区番茄种植面积最小值为 488993.00 公顷，平均值为 529211.00 公顷，最大值为 574435.00 公顷。

(2)单位面积番茄疫区防控成本　根据美国佛罗里达州治理地中海实蝇的案例，每公顷地中海实蝇防控费用折算约为 3000.00 元人民币(陈明忠等，1997)。

(3)防控效果　根据常规防控效果要求，假设单位面积番茄疫区防控费用为 3000.00 元/公顷时，达到的防控效果为 85.00%。

(二)评估模型与参数设置

地中海实蝇对中国番茄产业的潜在经济损失评估模型及参数设置如表 6-1-25 所示。

表 6-1-25　地中海实蝇对中国番茄产业的潜在经济损失评估模型及参数

模型		输入变量	模型参数
不防控场景	产量下降引起的潜在经济损失(F_{11})	地中海实蝇适生区番茄产量(Q_1)	Pert(17912457.00,19705495.00,21397477.00)吨
		地中海实蝇对番茄为害率(I)	Pert(32.97%,35.47%,37.97%)
		番茄受地中海实蝇为害后产量损失率(R)	Pert(54.32%,57.50%,60.68%)
		番茄市场价格水平(P_c)	Pert(0.80,4.01,10.57)元/千克
		产量下降引起的潜在经济损失(F_{11})	$F_{11}=Q_1\times I\times R\times P_c$
	质量下降引起的潜在经济损失(F_{12})	疫区单位面积品质下降番茄产量(Q_2)	$Q_2=Q_1\times I\times(1-R)$
		品质下降番茄价格水平(P_2)	Pert(1.80,2.96,4.00)元/千克
		质量下降引起的潜在经济损失(F_{12})	$F_{12}=Q_1\times I\times(1-R)(P_c-P_2)$

续表 6-1-25

模型		输入变量	模型参数
		不防控场景下潜在经济损失总量(F_1)	$F_1 = F_{11} + F_{12}$
防控场景	防控费用(F_{21})	地中海实蝇适生区中番茄种植面积(S)	Pert(488993.00,529211.00,574435.00)公顷
		单位番茄疫区防控成本(C)	3000.00 元/公顷
		防控费用支出量(F_{21})	$F_{21} = S \times I \times C$
	投入防控潜在经济损失(F_{22})	单位适生区面积产量(A)	$A = \frac{Q_1}{S}$
		防控效果(M)	0.85
		效益校正系数(D)	2.00
		经济损害允许水平(E)	$E = \frac{C}{(A \times P_c \times M)} \times D \times 100\%$
		投入防控后潜在经济损失(F_{22})	$F_{22} = Q_1 \times I \times E \times P_c + Q_1 \times I \times (1-E)(P_c - P_2)$
		防控场景下潜在经济损失总量(F_2)	$F_{22} = Q_1 \times I \times E \times P_c + Q_1 \times I \times (1-E)(P_c - P_2)$
可挽回潜在经济损失		可挽回潜在经济损失(F_3)	$F_3 = F_1 - F_2$

(三)潜在经济损失

在不防控场景下,番茄产量下降引起的地中海实蝇潜在经济损失在 337714.36 万～4282774.48 万元,番茄质量下降引起的地中海实蝇潜在经济损失在 53.01 万～3058442.64 万元,地中海实蝇对番茄的潜在经济损失总量在 789525.32 万～7195813.19 万元(表 6-1-26)。在不防控场景下,番茄市场价格水平是影响地中海实蝇对我国番茄产业潜在经济损失的最大变量,番茄受地中海实蝇为害后产量损失率、地中海实蝇适生区番茄年产量次之,品质下降番茄价格水平的影响可忽略不计(图 6-1-19)。

在防控场景下,地中海实蝇防控费用支出量在 49378.78 万～64249.76 万元,投入防控后地中海实蝇对番茄的潜在经济损失在 131054.04 万～5668072.74 万元,地中海实蝇对番茄的潜在经济损失总量在 185263.31 万～5725946.62 万元(表 6-1-27)。在防控场景下,地中海实蝇对我国番茄产业潜在经济损失影响最大的变量是番茄市场价格,其次是品质下降番茄价格水平,地中海实蝇适生区番茄种植面积对结果影响可以忽略不计(图 6-1-20)。

投入防控后,可挽回的经济损失在 563079.66 万～1939570.26 万元(表 6-1-28)。对投入防控后可挽回经济损失影响最大的变量是番茄受地中海实蝇为害后产量损失率和番茄市场价格水平(图 6-1-21)。

表 6-1-26　不防控场景下地中海实蝇对我国番茄产业的潜在经济损失　万元

标记	输出项	公式	最小值	平均值	最大值
F_{11}	产量下降引起的潜在经济损失	$F_{11}=Q_1\times I\times R\times P_c$	337714.36	1834354.75	4282774.48
F_{12}	质量下降引起的潜在经济损失	$F_{12}=\frac{Q_1\times I\times(1-R)(P_c-P_2)}{(1-IR)}$	53.01	847695.36	3058442.64
F_1	潜在经济损失总量	$F_1=F_{11}+F_{12}$	789525.32	2923709.76	7195813.19

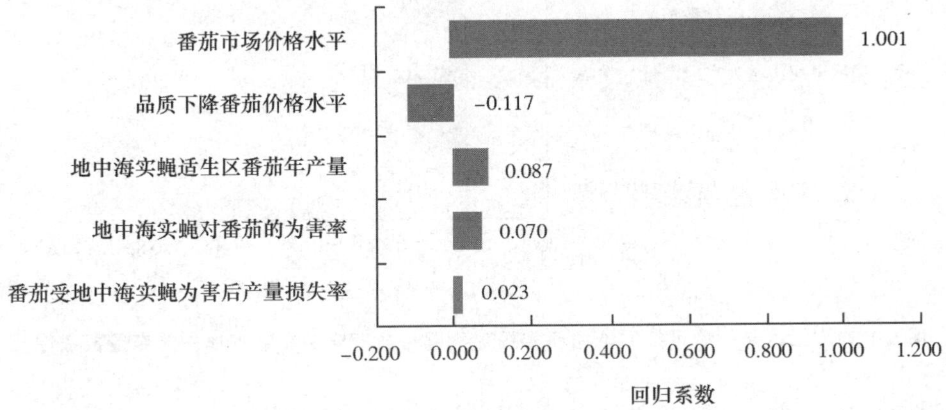

图 6-1-19　不防控场景下地中海实蝇对我国番茄产业潜在经济损失的变量灵敏性

表 6-1-27　防控场景下地中海实蝇对我国番茄产业的潜在经济损失　万元

标记	输出项	公式	最小值	平均值	最大值
F_{21}	防控费用支出量	$F_{21}=S\times I\times C$	49378.78	56401.94	64249.76
F_{22}	投入防控后潜在经济损失	$F_{22}=Q_1\times I\times E\times P_c+Q_1\times I\times(1-E)(P_c-P_2)$	131054.04	1687391.65	5668072.74
F_2	潜在经济损失总量	$F_2=F_{21}+F_{22}$	185263.31	1743791.59	5725946.62

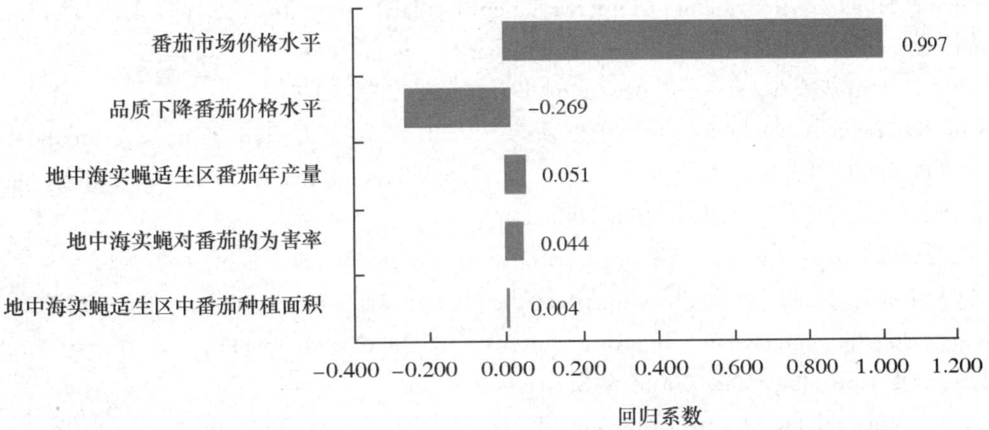

图 6-1-20　防控场景下地中海实蝇对我国番茄产业的潜在经济损失的变量灵敏性

表 6-1-28　投入防控后可挽回地中海实蝇对我国番茄产业的潜在经济损失　　万元

场景	标记	输出项	公式	最小值	平均值	最大值
可挽回潜在经济损失	F_3	可挽回潜在经济损失总量	$F_3 = F_1 - F_2$	563079.66	1179918.17	1939570.26

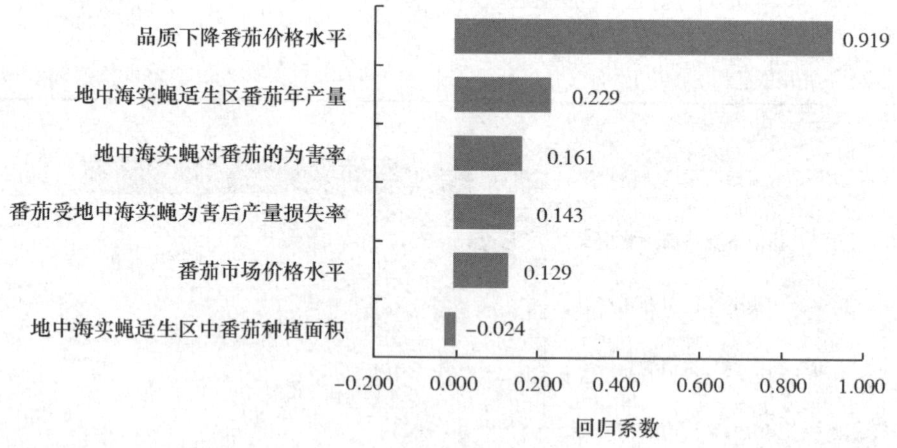

图 6-1-21　投入防控后可挽回地中海实蝇对我国番茄产业潜在经济损失的变量灵敏性

参考文献

陈明忠，肖良. 美国佛罗里达州暴发地中海实蝇后采取的紧急措施. 世界农业，1997(10)：30-32.

胡益培. 地中海实蝇. 世界农业，1985(4)：45-46.

李志红. 生物入侵防控：重要经济实蝇潜在地理分布研究. 北京：中国农业大学出版社，2015.

全国农产品商务信息公共服务平台. 2018. http://nc.mofcom.gov.cn/.

中华人民共和国农业农村部. 2018. http://202.127.42.157/moazzys/shucai_cx.aspx.

Appiah E F, Afreh-Nuamah K, Obeng-Ofori D. Abundance and distribution of the Mediterranean fruit fly *Ceratitis capitata* (Diptera: Tephritidae), in Late Valencia citrus orchards in Ghana. International Journal of Tropical Insect Science, 2009, 29(1): 11-16.

CABI. 2017. https://www.cabi.org/cpc/abstract/20173373945.

D'Aquino S, Cocco A, Ortu S, et al. Effects of kaolin-based particle film to control *Ceratitis capitata* (Diptera: Tephritidae) infestations and postharvest decay in citrus and stone fruit. Crop Protection, 2011, 30(8): 1076-1086.

FAOstat. 2017. http://www.fao.org/faostat/en/#data.

Hafsi A, Abbes K, Harbi A, et al. Comparative efficacy of Malathion and spinosad bait sprays against *Ceratitis capitata* Wiedmann (Diptera: Tephritidae) in Tunisian citrus orchards. Journal of Entomology and Zoology Studies, 2015, 3(6): 246-49.

Tabilio M R, Fiorini D, Marcantoni E, et al. Impact of the Mediterranean fruit fly (medfly) *Ceratitis capitata* on different peach cultivars: the possible role of peach volatile compounds.

Food chemistry,2013,140(1-2):375-381.

Vayssières J F,Wharton R,Adandonon A,et al. Preliminary inventory of parasitoids associated with fruit flies in mangoes,guavas,cashew pepper and wild fruit crops in Benin. Biocontrol,2011,56(1):35-43.

第二节　杧果小条实蝇

一、杧果小条实蝇概况

杧果小条实蝇[*Ceratitis cosyra* (Walker)],隶属于双翅目(Diptera),实蝇科(Tephritidae),小条实蝇属(*Ceratitis*),被我国列为进境检疫性有害生物。

杧果小条实蝇分布在非洲大部分国家,如肯尼亚、坦桑尼亚、刚果共和国、喀麦隆、南非、马拉维、津巴布韦、莫桑比克、贝宁共和国、尼日利亚、赞比亚等国家(GBIF,2018)。该有害生物在我国尚无分布,但在进境检疫中有截获记录。杧果小条实蝇在我国的潜在地理分布研究显示,截至2020年,杧果小条实蝇在我国的适生区北界向北移动,达到上海地区,陕西、甘肃、湖北、安徽南部少部分地区新增为低度适生区;高度适生区有所扩大,广东、四川、重庆的高度适生区增加明显,适生区的面积增加至全国面积的21.87%(李志红,2015)。杧果小条实蝇寄主包括杧果、番石榴、酸橙、柑橘、桃、鳄梨、番荔枝等;在肯尼亚、赞比亚、津巴布韦等一些地区,该种实蝇是杧果主要害虫之一(陈乃中,2009;吴佳教等,2009)。在我国,杧果主要分布在海南、广东、广西、云南、四川、福建、贵州(胡祎,2015)。

本研究评估杧果小条实蝇对我国杧果的潜在经济损失。

二、杧果小条实蝇对我国杧果产业的潜在经济损失评估

(一)主要数据与来源

1.不防控场景下杧果小条实蝇对我国杧果产业的经济损失模型数据与来源

(1)杧果小条实蝇适生区杧果年产量(Q_1)　据《2017中国杧果产业发展报告》,并结合杧果小条实蝇适生性结果,折算出2010—2014年适生区产量数据。杧果小条实蝇适生区杧果年产量最小值为863260.00吨,平均值为1066170.00吨,最大值为1364250.00吨(神州土地研究院,2018)。

(2)杧果小条实蝇对杧果的为害率(I)　杧果小条实蝇相关资料较少,为害率与为害后产量损失率参考同属的地中海实蝇。据《地中海实蝇入侵中国的风险评估》一文,小条实蝇属对杧果的为害率为5.00%～90.00%,平均值为50.00%(孙佩珊,2017)。

(3)杧果受实蝇为害后产量损失率(R)　据 *Economic impact of exotic insect pests in Brazilian agriculture* 一文,杧果受实蝇为害后产量损失率为5.00%～80.00%,平均值为42.50%(Oliveira et al.,2012)。

(4)杧果市场价格水平(P_c)　根据全国农产品商务信息公共服务平台,收集2017年全国所有市场的杧果月平均价格,共325个价格数据。得出杧果市场价格最小值为2.13元/千克,中位数为11.00元/千克,最大值为23.39元/千克。

(5)品质下降的杧果价格水平(P_2)　品质下降的杧果市场价格水平,我们采取杧果市场

价格的一半作为数据集，得出品质下降的杧果市场价格最小值为 2.13 元/千克，中位数为 8.99 元/千克，最大值为 11.00 元/千克。

2. 防控场景下杧果小条实蝇对我国杧果产业的经济损失数据与来源

(1)杧果小条实蝇适生区中杧果种植面积(S)　据《2017 中国杧果产业发展报告》，并结合杧果小条实蝇适生性结果，折算出 2010—2014 年适生区杧果种植面积数据。杧果小条实蝇适生区中杧果种植面积最小值为 117470.00 公顷，平均值为 131950.00 公顷，最大值为 157690.00 公顷。

(2)单位面积实蝇疫区防控成本　不同防控方法成本不同，根据张小亚等在《柑橘大实蝇诱杀方法研究及防治效果初步评估》一文中所述，结合套袋成本市场价格，单位面积疫区实蝇防控成本为 495.00～2190.00 元/公顷(张小亚，2007)。

(3)防控效果　不同防控方法对实蝇防控效果不同，综合多篇文献，防控效果约为 0.85(张小亚，2007；廖宪成，2013；潘飞，2014；胡光灿，2014；李磊，2015；赖敏，2016)。

(二)评估模型与参数设置

杧果小条实蝇对中国杧果产业的潜在经济损失评估模型及参数设置如表 6-2-1 所示。

表 6-2-1　杧果小条实蝇对中国杧果产业的潜在经济损失评估模型及参数

	模型	输入变量	模型参数
不防控场景	产量下降引起的潜在经济损失(F_{11})	杧果小条实蝇适生区杧果产量(Q_1)	Pert(863260.00，1066170.00，1364250.00)吨
		杧果小条实蝇对杧果为害率(I)	Pert(5.00%，50.00%，90.00%)
		杧果受杧果小条实蝇为害后产量损失率(R)	Pert(5.00%，42.50%，80.00%)
		杧果市场价格水平(P_c)	Pert(2.13，11.00，23.39)元
		产量下降引起的潜在经济损失(F_{11})	$F_{11}=\dfrac{Q_1\times I\times R\times P_c}{(1-IR)}$
	质量下降引起的潜在经济损失(F_{12})	疫区单位面积品质下降杧果产量(Q_2)	$Q_2=\dfrac{Q_1\times I\times(1-R)}{(1-IR)}$
		品质下降杧果价格水平(P_2)	Pert(2.13，8.99，11.00)元
		质量下降引起的潜在经济损失(F_{12})	$F_{12}=\dfrac{Q_1\times I\times(1-R)(P_c-P_2)}{(1-IR)}$
		不防控场景下潜在经济损失总量(F_1)	$F_1=F_{11}+F_{12}$
防控场景	防控费用(F_{21})	杧果小条实蝇适生区中杧果种植面积(S)	Pert(117470.00，131950.00，157690.00)公顷
		单位杧果疫区防控成本(C)	495.00～2190.00 元/公顷
		防控费用支出量(F_{21})	$F_{21}=S\times I\times C$
	投入防控潜在经济损失(F_{22})	单位适生区面积产量(A)	$A=\dfrac{Q_1}{S}$
		防控效果(M)	0.85

续表 6-2-1

模型	输入变量	模型参数
	效益校正系数(D)	2.00
	经济损害允许水平(E)	$E=\frac{C}{(A\times P_c\times M)}\times D\times 100\%$
	投入防控后潜在经济损失(F_{22})	$F_{22}=\frac{Q_1\times I\times E\times P_c}{(1-IE)}+\frac{Q_1\times I\times(1-E)(P_c-P_2)}{(1-IE)}$
	防控场景下潜在经济损失总量(F_2)	$F_{22}=\frac{Q_1\times I\times E\times P_c}{(1-IE)}+\frac{Q_1\times I\times(1-E)(P_c-P_2)}{(1-IE)}$
可挽回潜在经济损失	可挽回潜在经济损失(F_3)	$F_3=F_1-F_2$

(三)潜在经济损失

在不防控场景下，杧果产量下降引起的杧果小条实蝇潜在经济损失在 72295.34 万～909685.62 万元，杧果质量下降引起的杧果小条实蝇潜在经济损失在 15711.36 万～540208.44 万元，杧果小条实蝇对杧果的潜在经济损失总量在 149829.07 万～1378845.23 万元(表 6-2-2)。在不防控场景下，杧果小条实蝇对杧果的为害率是影响杧果小条实蝇对我国杧果产业潜在经济损失的最大变量，杧果市场价格水平、杧果受杧果小条实蝇为害后产量损失率次之，品质下降杧果价格水平的影响可忽略不计(图 6-2-1)。

在防控场景下，杧果小条实蝇防控费用支出量在 2855.59 万～17276.60 万元，投入防控后杧果小条实蝇对杧果的潜在经济损失在 40781.40 万～703742.57 万元，杧果小条实蝇对杧果的潜在经济损失总量在 47687.92 万～714864.46 万元(表 6-2-3)。在防控场景下，杧果小条实蝇对我国杧果产业潜在经济损失影响最大的变量是杧果市场价格，其次是杧果小条实蝇对杧果的为害率(图 6-2-2)。

投入防控后，可挽回的经济损失在 54881.62 万～800521.34 万元(表 6-2-4)。对投入防控后可挽回经济损失影响最大的变量是杧果小条实蝇对杧果的为害率和杧果受杧果小条实蝇为害后产量损失率(图 6-2-3)。

表 6-2-2　不防控场景下杧果小条实蝇对我国杧果产业的潜在经济损失　　万元

标记	输出项	公式	最小值	平均值	最大值
F_{11}	产量下降引起的潜在经济损失	$F_{11}=\frac{Q_1\times I\times R\times P_c}{(1-IR)}$	72295.34	284398.09	909685.62
F_{12}	质量下降引起的潜在经济损失	$F_{12}=\frac{Q_1\times I\times(1-R)(P_c-P_2)}{(1-IR)}$	15711.36	157481.12	540208.44
F_1	潜在经济损失总量	$F_1=F_{11}+F_{12}$	149829.07	515755.00	1378845.23

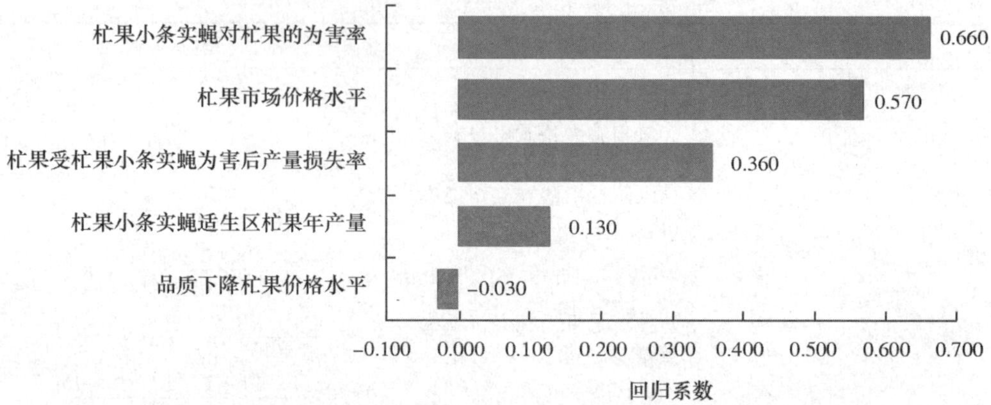

图 6-2-1　不防控场景下杧果小条实蝇对我国杧果产业潜在经济损失的变量灵敏性

表 6-2-3　防控场景下杧果小条实蝇对我国杧果产业的潜在经济损失　　万元

标记	输出项	公式	最小值	平均值	最大值
F_{21}	防控费用支出量	$F_{21}=S\times I\times C$	2855.59	8069.34	17276.60
F_{22}	投入防控后潜在经济损失	$F_{22}=\frac{Q_1\times I\times E\times P_c}{(1-IE)}+\frac{Q_1\times I\times(1-E)(P_c-P_2)}{(1-IE)}$	40781.40	241229.47	703742.57
F_2	潜在经济损失总量	$F_2=F_{21}+F_{22}$	47687.92	249723.69	714864.46

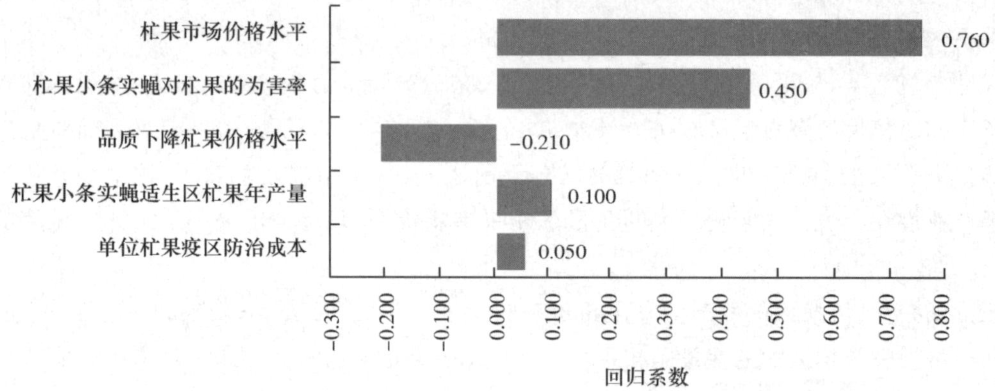

图 6-2-2　防控场景下杧果小条实蝇对我国杧果产业的潜在经济损失的变量灵敏性

表 6-2-4　投入防控后可挽回杧果小条实蝇对我国杧果产业的潜在经济损失　　万元

场景	标记	输出项	公式	最小值	平均值	最大值
可挽回潜在经济损失	F_3	可挽回潜在经济损失总量	$F_3=F_1-F_2$	54881.62	241484.40	800521.34

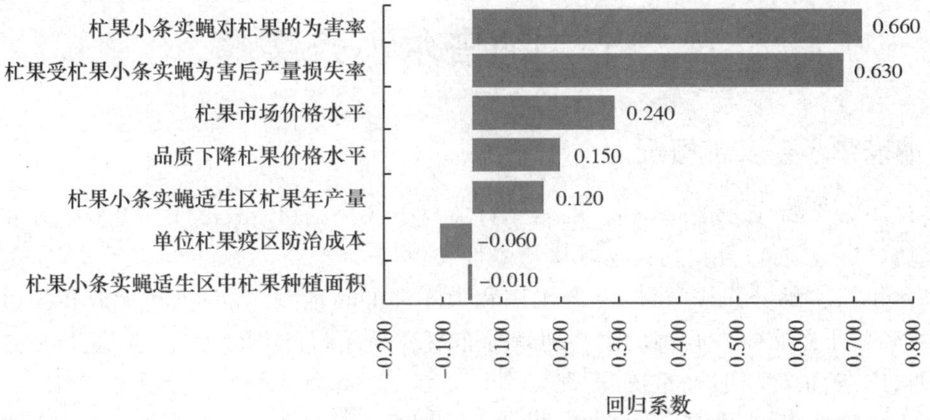

图 6-2-3 投入防控后可挽回杧果小条实蝇对我国杧果产业潜在经济损失的变量灵敏性

参考文献

陈乃中. 中国进境植物检疫性有害生物(昆虫卷). 北京：中国农业出版社,2009.

胡光灿,李萍,易继平,等. 不同防控方式对柑橘大实蝇防治效果比较. 中国植保导刊,2014,34(6)：23-25.

胡祎,张德生,刘康德. 中国杧果产业发展变迁及影响因素研究. 中国农业资源与区划,2015,36(6)：53-59.

赖敏,曾东强,刘晓亮. 溴氰菊酯和氯氰菊酯作为产卵驱避剂在瓜实蝇防治中的应用技术研究. 植物检疫,2016,30(6)：21-26.

李磊,陈泰运,牛黎明,等. 苦瓜套袋防治瓜实蝇和南瓜实蝇的效果评价. 植物保护,2015,41(6)：225-229.

李志红. 生物入侵防控：重要经济实蝇潜在地理分布研究. 北京：中国农业大学出版社,2015.

廖宪成,谢培超,卢进才,等. 五种防控措施对柑桔园桔小实蝇的防治效果观察. 广西植保,2013,26(3)：10-11.

潘飞,肖彤斌,秦双,等. 瓜实蝇为害对苦瓜产量的影响及其防治指标研究. 中国植保导刊,2014,34(10)：12-15.

全国农产品信息公共服务平台. 2018. http://nc.mofcom.gov.cn/

神州土地研究院. 2017 中国杧果产业发展报告. 2018.

孙佩珊,姜帆,张祥林,等. 地中海实蝇入侵中国的风险评估. 植物保护学报,2017,44(3)：436-444.

吴佳教,梁帆,梁广勤. 实蝇类重要害虫鉴定图册. 广州：广东科技出版社,2009.

张小亚,张长禹,韩庆海,等. 柑橘大实蝇诱杀方法研究及防治效果初步评估. 中国植保导刊,2007(1)：5-8.

GBIF. 2018, https://www.gbif.org/occurrence/

Oliveira C M, Auad A M, Mendes S M, et al. Economic impact of exotic insect pests in Brazilian agriculture. Journal of Applied Entomology, 2013, 137(2): 1-15.

第三节 纳塔尔小条实蝇

一、纳塔尔小条实蝇概况

纳塔尔小条实蝇(*Ceratitis rosa* Karsch),隶属于双翅目(Diptera),实蝇科(Tephritidae),小条实蝇属(*Ceratitis*),被我国列为进境检疫性害虫。

纳塔尔小条实蝇分布于非洲22个国家和大洋洲的新西兰,在我国暂无分布报道(CABI,2017)。纳塔尔小条实蝇在我国的潜在地理分布研究显示,截至2020年,其适生区包括海南、云南、广西、广东、福建、四川、重庆、湖北、贵州、湖南、安徽、江苏、浙江(李志红,2015)。纳塔尔小条实蝇为多食性害虫,尤其喜食咖啡、柑橘(陈乃中,2009)。根据中华人民共和国农业农村部种植业管理司数据库显示,以产量而言,柑橘主要产区分布在浙江、福建、江西、湖北、湖南、广东、广西、重庆、四川;桃在全国各地均有广泛种植,在河北、山西、辽宁、江苏、安徽、山东、河南、湖北、四川、陕西产量最大;梨主产区为山西、江苏、四川、陕西、新疆、安徽、河南、山东、辽宁、河北;苹果主产区为四川、江苏、新疆、辽宁、甘肃、河北、山西、河南、山东、陕西等;香蕉产区有福建、广东、广西、海南、重庆、四川、贵州、云南;番茄主要产区为湖北、陕西、安徽、广西、辽宁、四川、江苏、新疆、山东、河南、河北;杧果产区包括海南、云南、广东、广西、四川、福建。

本研究分别评估纳塔尔小条实蝇对我国柑橘、桃、梨、苹果、香蕉、番茄、杧果的潜在经济损失。由于针对纳塔尔小条实蝇的防控研究资料较少,且与地中海实蝇同属小条实蝇属,生理特点相近,多与地中海实蝇共同出现。因此本研究中将采用地中海实蝇的为害率、感染率和防控效果进行类比。

二、纳塔尔小条实蝇对我国柑橘产业的潜在经济损失评估

(一)主要数据与来源

1.不防控场景下纳塔尔小条实蝇对我国柑橘产业的经济损失模型数据与来源

(1)纳塔尔小条实蝇适生区柑橘年产量(Q_1) 据中华人民共和国农业农村部种植业管理司数据库2012—2016年柑橘产量数据,纳塔尔小条实蝇适生区年产量最小值为30865740.00吨,平均值为34103800.00吨,最大值为37115210.00吨。

(2)纳塔尔小条实蝇对柑橘的为害率(I) 根据Hafsi等对突尼斯地区柑橘受地中海实蝇为害进行的调查研究结果表明,在未经处理时,柑橘被害率达65.93%~75.93%,平均值为70.93%(Hafsi et al.,2015)。

(3)柑橘受纳塔尔小条实蝇为害后产量损失率(R) 根据D'Aquino等的研究,柑橘受纳塔尔小条实蝇为害后产量损失率在54.32%~60.68%,平均值为57.50%(D'Aquino et al.,2011)。

(4)柑橘市场价格水平(P_c) 根据全国农产品商务信息公共服务平台,收集2017年纳塔尔小条实蝇适生区各省份所有市场的各品种柑橘月平均价格,共计302个价格数据。经分析,得出柑橘市场价格最小值为1.55元/千克,平均值为5.09元/千克,最大值为15.69元/千克。

(5)品质下降柑橘价格水平(P_2) 对于品质下降柑橘市场价格水平,我们采取柑橘市场

价格的一半作为数据集。得出品质下降柑橘市场价格最小值为1.55元/千克，平均值为4.10元/千克，最大值为5.09元/千克。

2.防控场景下纳塔尔小条实蝇对我国柑橘产业的经济损失模型数据与来源

(1)纳塔尔小条实蝇适生区中柑橘种植面积(S)　根据中华人民共和国农业农村部种植业管理司数据库，得出2012—2016年纳塔尔小条实蝇适生区柑橘种植面积最小值为1469656.00公顷，平均值为1607575.00公顷，最大值为1720136.00公顷。

(2)单位面积柑橘疫区防控成本　根据美国佛罗里达州治理地中海实蝇的案例，每公顷纳塔尔小条实蝇防控费用折算约为3000.00元人民币(陈明忠和肖良，1997)。

(3)防控效果　根据常规防控效果要求，假设单位面积柑橘疫区防控费用为3000.00元/公顷时，达到的防控效果为85.00%。

(二)评估模型与参数设置

纳塔尔小条实蝇对中国柑橘产业的潜在经济损失评估模型及参数设置如表6-3-1所示。

表6-3-1　纳塔尔小条实蝇对中国柑橘产业的潜在经济损失评估模型及参数

模型		输入变量	模型参数
不防控场景	产量下降引起的潜在经济损失(F_{11})	纳塔尔小条实蝇适生区柑橘产量(Q_1)	Pert(30865740.00,34103800.00,37115210.00)吨
		纳塔尔小条实蝇对柑橘为害率(I)	Pert(65.93%,70.93%,75.93%)
		柑橘受纳塔尔小条实蝇为害后产量损失率(R)	Pert(54.32%,57.50%,60.68%)
		柑橘市场价格水平(P_c)	Pert(1.55,5.09,15.69)元
		产量下降引起的潜在经济损失(F_{11})	$F_{11}=Q_1\times I\times R\times P_c$
	质量下降引起的潜在经济损失(F_{12})	疫区单位面积品质下降柑橘产量(Q_2)	$Q_2=Q_1\times I\times(1-R)$
		品质下降柑橘价格水平(P_2)	Pert(1.55,4.10,5.09)元
		质量下降引起的潜在经济损失(F_{12})	$F_{12}=Q_1\times I\times(1-R)(P_c-P_2)$
		不防控场景下潜在经济损失总量(F_1)	$F_1=F_{11}+F_{12}$
防控场景	防控费用(F_{21})	纳塔尔小条实蝇适生区中柑橘种植面积(S)	Pert(1469656.00,1607575.00,1720136.00)公顷
		单位柑橘疫区防控成本(C)	3000.00元/公顷
		防控费用支出量(F_{21})	$F_{21}=S\times I\times C$
	投入防控潜在经济损失(F_{22})	单位适生区面积产量(A)	$A=\frac{Q_1}{S}$
		防控效果(M)	0.85
		效益校正系数(D)	2.00

续表 6-3-1

模型	输入变量	模型参数
	经济损害允许水平(E)	$E=\frac{C}{(A\times P_c\times M)}\times D\times 100\%$
	投入防控后潜在经济损失(F_{22})	$F_{22}=Q_1\times I\times E\times P_c+Q_1\times I\times(1-E)(P_c-P_2)$
	防控场景下潜在经济损失总量(F_2)	$F_{22}=Q_1\times I\times E\times P_c+Q_1\times I\times(1-E)(P_c-P_2)$
可挽回潜在经济损失	可挽回潜在经济损失(F_3)	$F_3=F_1-F_2$

(三)潜在经济损失

在不防控场景下，纳塔尔小条实蝇引起的柑橘产量下降潜在经济损失在 1316943.40 万～15585593.89 万元，柑橘质量下降引起的纳塔尔小条实蝇潜在经济损失在 19.06 万～3866964.18 万元，纳塔尔小条实蝇对柑橘的潜在经济损失总量在 2057502.67 万～30650549.64 万元(表 6-3-2)。在不防控场景下，柑橘市场价格水平是影响纳塔尔小条实蝇对我国柑橘产业潜在经济损失的最大变量，柑橘受纳塔尔小条实蝇为害后产量损失率、纳塔尔小条实蝇适生区柑橘年产量次之，品质下降柑橘价格水平的影响可忽略不计(图 6-3-1)。

在防控场景下，纳塔尔小条实蝇防控费用支出量在 297891.58 万～385146.03 万元，投入防控后纳塔尔小条实蝇对柑橘的潜在经济损失在 813245.02 万～21709648.78 万元，纳塔尔小条实蝇对柑橘的潜在经济损失总量在 1122662.00 万～22056748.04 万元(表 6-3-3)。在防控场景下，纳塔尔小条实蝇对我国柑橘产业潜在经济损失影响最大的变量是柑橘市场价格，其次是品质下降柑橘价格水平，纳塔尔小条实蝇适生区柑橘种植面积对结果影响可以忽略不计(图 6-3-2)。

投入防控后，可挽回的经济损失是 555405.16 万～9385541.92 万元(表 6-3-4)。对投入防控后可挽回经济损失影响最大的变量是柑橘受纳塔尔小条实蝇为害后产量损失率和柑橘市场价格水平(图 6-3-3)。

表 6-3-2　不防控场景下纳塔尔小条实蝇对我国柑橘产业的潜在经济损失　　万元

标记	输出项	公式	最小值	平均值	最大值
F_{11}	产量下降引起的潜在经济损失	$F_{11}=Q_1\times I\times R\times P_c$	1316943.40	6001972.97	15585593.89
F_{12}	质量下降引起的潜在经济损失	$F_{12}=Q_1\times I\times(1-R)(P_c-P_2)$	19.06	15523707.32	3866964.18
F_1	潜在经济损失总量	$F_1=F_{11}+F_{12}$	2057502.67	10579091.76	30650549.64

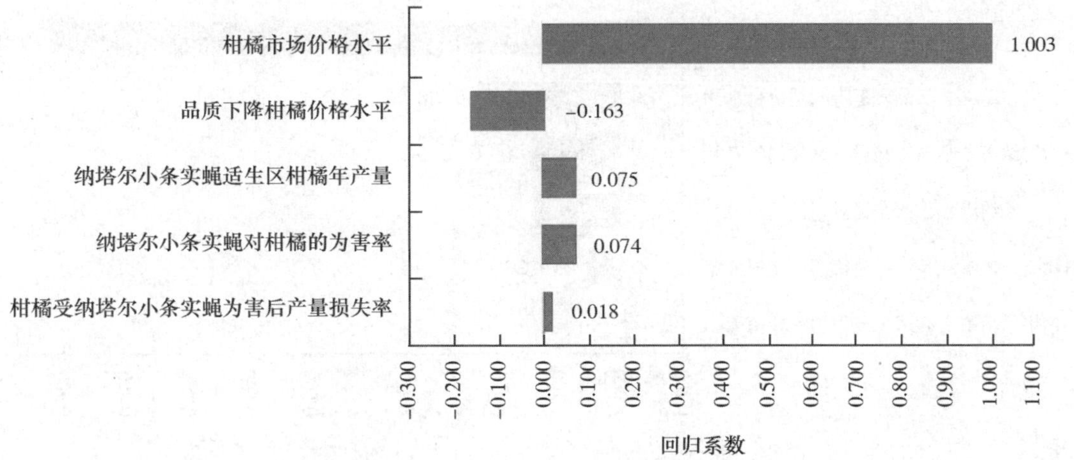

图 6-3-1　不防控场景下纳塔尔小条实蝇对我国柑橘产业潜在经济损失的变量灵敏性

表 6-3-3　防控场景下纳塔尔小条实蝇对我国柑橘产业的潜在经济损失　　万元

标记	输出项	公式	最小值	平均值	最大值
F_{21}	防控费用支出量	$F_{21}=S\times I\times C$	297891.58	341177.47	385146.03
F_{22}	投入防控后潜在经济损失	$F_{22}=Q_1\times I\times E\times P_c+Q_1\times I\times(1-E)(P_c-P_2)$	813245.02	6132854.45	21709648.78
F_2	潜在经济损失总量	$F_2=F_{21}+F_{22}$	1122662.00	6474017.89	22056748.04

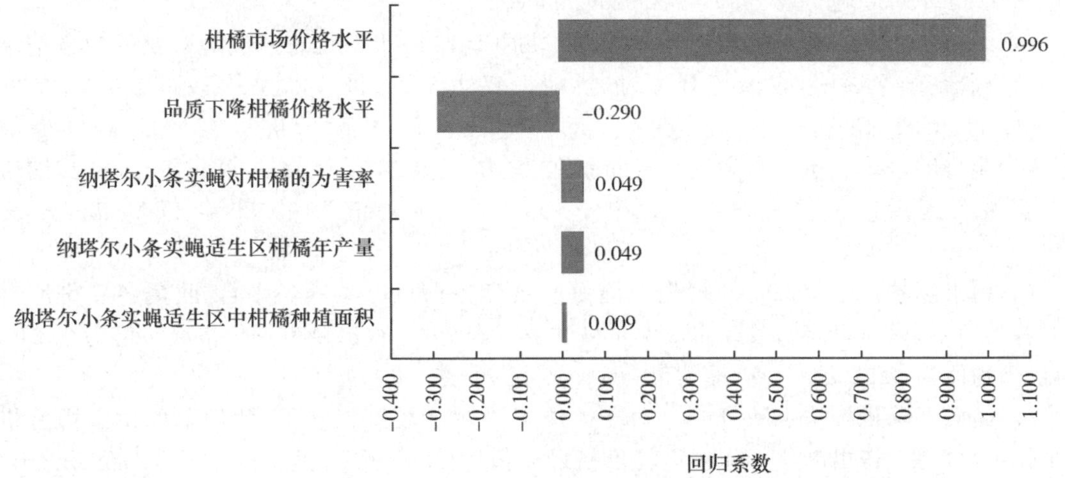

图 6-3-2　防控场景下纳塔尔小条实蝇对我国柑橘产业的潜在经济损失的变量灵敏性

表 6-3-4　投入防控后可挽回纳塔尔小条实蝇对我国柑橘产业的潜在经济损失　　万元

场景	标记	输出项	公式	最小值	平均值	最大值
可挽回潜在经济损失	F_3	可挽回潜在经济损失总量	$F_3=F_1-F_2$	555405.16	4105073.87	9385541.92

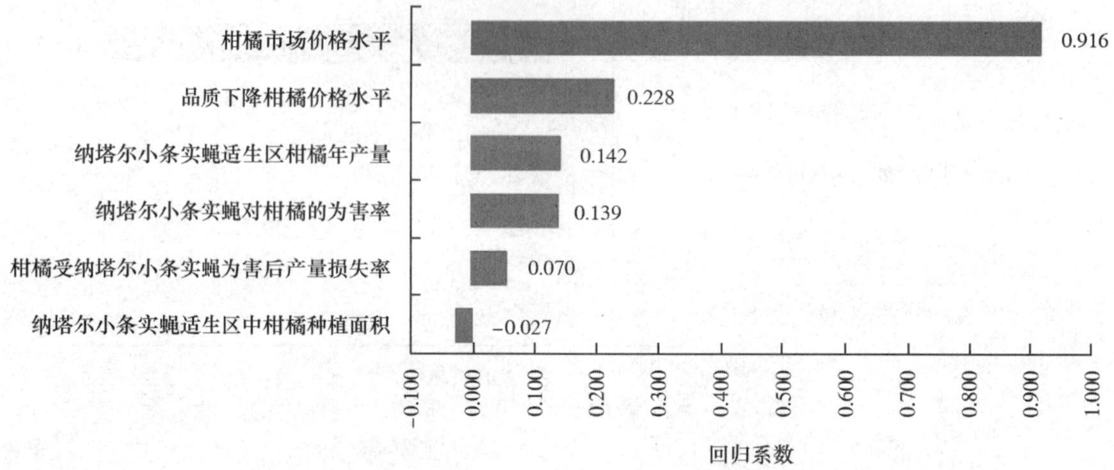

图 6-3-3　投入防控后可挽回纳塔尔小条实蝇对我国柑橘产业潜在经济损失的变量灵敏性

三、纳塔尔小条实蝇对我国桃产业的潜在经济损失评估

(一)主要数据与来源

1. 不防控场景下纳塔尔小条实蝇对我国桃产业的经济损失模型数据与来源

(1)纳塔尔小条实蝇适生区桃年产量(Q_1)　据中华人民共和国农业农村部种植业管理司数据库 2012—2016 年桃产量数据，纳塔尔小条实蝇适生区年产量最小值为 2109020.00 吨，平均值为 2355913.00 吨，最大值为 2650024.00 吨。

(2)纳塔尔小条实蝇对桃的为害率(I)　根据 Tabilio 等对地中海实蝇对桃的为害情况进行的调查研究结果表明，在未经处理时，桃被害率达 57.00%～88.00%，平均值为 72.30%(Tabilio et al.,2013)。

(3)桃受纳塔尔小条实蝇为害后产量损失率(R)　根据 D'Aquino 等的研究，桃受纳塔尔小条实蝇为害后产量损失率在 32.00%～93.00%，平均值为 62.50%(D'Aquino et al.,2011)。

(4)桃市场价格水平(P_c)　根据全国农产品商务信息公共服务平台，收集各省份所有市场的各品种桃月平均价格，共计 188 个价格数据。经分析，得出桃市场价格最小值为 2.64 元/千克，平均值为 6.51 元/千克，最大值为 14.49 元/千克。

(5)品质下降桃价格水平(P_2)　对于品质下降桃市场价格水平，我们采取桃市场价格的一半作为数据集，得出品质下降桃市场价格最小值为 2.64 元/千克，平均值为 4.65 元/千克，最大值为 6.51 元/千克。

2. 防控场景下纳塔尔小条实蝇对我国桃产业的经济损失模型数据与来源

(1)纳塔尔小条实蝇适生区中桃种植面积(S)　根据中华人民共和国农业农村部种植业管理司数据库，得出 2012—2016 年纳塔尔小条实蝇适生区桃种植面积最小值为 726650.00 公顷，平均值为 785365.00 公顷，最大值为 844480.00 公顷。

(2)单位面积桃疫区防控成本　根据美国佛罗里达州治理地中海实蝇的案例，每公顷纳塔尔小条实蝇防控费用折算约为 3000.00 元人民币(陈明忠和肖良,1997)。

(3)防控效果　根据常规防控效果要求，假设单位面积桃疫区防控费用为 3000.00 元/公顷时，达到的防控效果为 85.00%。

(二)评估模型与参数设置

纳塔尔小条实蝇对中国桃产业的潜在经济损失评估模型及参数设置如表 6-3-5 所示。

表 6-3-5　纳塔尔小条实蝇对中国桃产业的潜在经济损失评估模型及参数

	模型	输入变量	模型参数
不防控场景	产量下降引起的潜在经济损失(F_{11})	纳塔尔小条实蝇适生区桃产量(Q_1)	Pert(2109020.00,2355913.00,2650024.00)吨
		纳塔尔小条实蝇对桃为害率(I)	Pert(57.00%,72.30%,88.00%)
		桃受纳塔尔小条实蝇为害后产量损失率(R)	Pert(32.00%,62.50%,93.00%)
		桃市场价格水平(P_c)	Pert(2.64,6.51,14.49)元/千克
		产量下降引起的潜在经济损失(F_{11})	$F_{11}=Q_1\times I\times R\times P_c$
	质量下降引起的潜在经济损失(F_{12})	疫区单位面积品质下降桃产量(Q_2)	$Q_2=Q_1\times I\times(1-R)$
		品质下降桃价格水平(P_2)	Pert(2.64,4.65,6.51)元/千克
		质量下降引起的潜在经济损失(F_{12})	$F_{12}=Q_1\times I\times(1-R)(P_c-P_2)$
		不防控场景下潜在经济损失总量(F_1)	$F_1=F_{11}+F_{12}$
防控场景	防控费用(F_{21})	纳塔尔小条实蝇适生区中桃种植面积(S)	Pert(726650.00,785365.00,844480.00)公顷
		单位桃疫区防控成本(C)	3000.00 元/公顷
		防控费用支出量(F_{21})	$F_{21}=S\times I\times C$
	投入防控潜在经济损失(F_{22})	单位适生区面积产量(A)	$A=\frac{Q_1}{S}$
		防控效果(M)	0.85
		效益校正系数(D)	2.00
		经济损害允许水平(E)	$E=\frac{C}{(A\times P_c\times M)}\times D\times 100\%$
		投入防控后潜在经济损失(F_{22})	$F_{22}=Q_1\times I\times E\times P_c+Q_1\times I\times(1-E)(P_c-P_2)$
		防控场景下潜在经济损失总量(F_2)	$F_{22}=Q_1\times I\times E\times P_c+Q_1\times I\times(1-E)(P_c-P_2)$
可挽回潜在经济损失		可挽回潜在经济损失(F_3)	$F_3=F_1-F_2$

(三)潜在经济损失

在不防控场景下，桃产量下降引起的纳塔尔小条实蝇潜在经济损失在 154806.16 万～768430.91 万元，桃质量下降引起的纳塔尔小条实蝇潜在经济损失在 0.78 万～1705631.55 万元，纳塔尔小条实蝇对桃的潜在经济损失总量在 225402.14 万～3349308.45 万元(表 6-3-6)。在不防控场景下，桃市场价格水平是影响纳塔尔小条实蝇对我国桃产业潜在经济损失的最大变量，桃受纳塔尔小条实蝇为害后产量损失率、纳塔尔小条实蝇适生区桃年产量次之，品质下降桃价格水平的影响可忽略不计(图 6-3-4)。

在防控场景下，纳塔尔小条实蝇防控费用支出量在 126422.14 万～216225.53 万元，投入防控后纳塔尔小条实蝇对桃的潜在经济损失在 421318.10 万～2406570.16 万元，纳塔尔小条实蝇对桃的潜在经济损失总量在 558040.06 万～2602294.86 万元(表 6-3-7)。在防控场景下，纳塔尔小条实蝇对我国桃产业潜在经济损失影响最大的变量是桃市场价格，其次是品质下降桃价格水平，纳塔尔小条实蝇适生区桃种植面积对结果影响可以忽略不计(图 6-3-5)。

投入防控后，可挽回的经济损失在－1124263.11 万～890006.89 万元(表 6-3-8)。对投入防控后可挽回经济损失影响最大的变量是桃受纳塔尔小条实蝇为害后产量损失率和桃市场价格水平(图 6-3-6)。

表 6-3-6　不防控场景下纳塔尔小条实蝇对我国桃产业的潜在经济损失　　万元

标记	输出项	公式	最小值	平均值	最大值
F_{11}	产量下降引起的潜在经济损失	$F_{11}=Q_1\times I\times R\times P_c$	154806.16	2371175.04	768430.91
F_{12}	质量下降引起的潜在经济损失	$F_{12}=Q_1\times I\times(1-R)(P_c-P_2)$	0.78	360101.61	1705631.55
F_1	潜在经济损失总量	$F_1=F_{11}+F_{12}$	225402.14	1176985.24	3349308.45

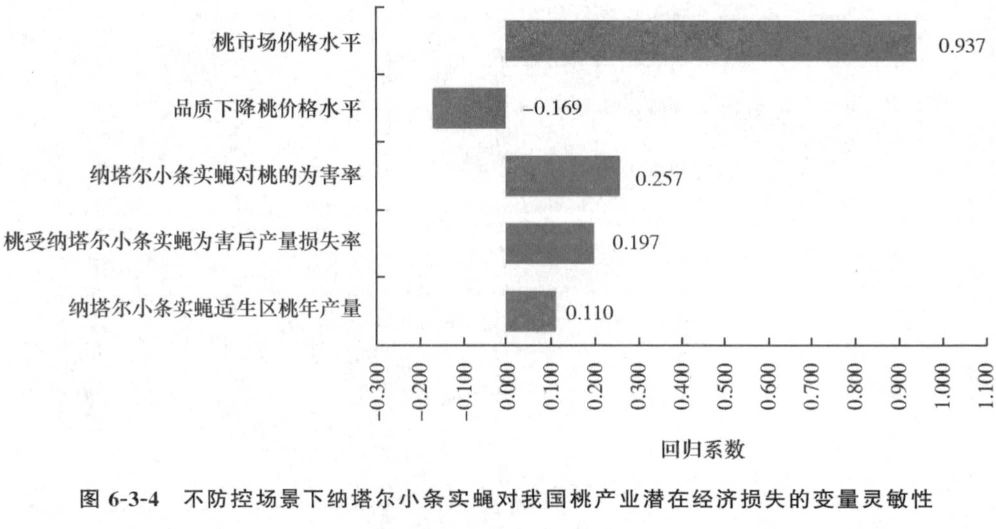

图 6-3-4　不防控场景下纳塔尔小条实蝇对我国桃产业潜在经济损失的变量灵敏性

表 6-3-7 防控场景下纳塔尔小条实蝇对我国桃产业的潜在经济损失 万元

标记	输出项	公式	最小值	平均值	最大值
F_{21}	防控费用支出量	$F_{21}=S\times I\times C$	126422.14	170516.81	216225.53
F_{22}	投入防控后潜在经济损失	$F_{22}=Q_1\times I\times E\times P_c+Q_1\times I\times(1-E)(P_c-P_2)$	421318.10	1014070.44	2406570.16
F_2	潜在经济损失总量	$F_2=F_{21}+F_{22}$	558040.06	1184571.73	2602294.86

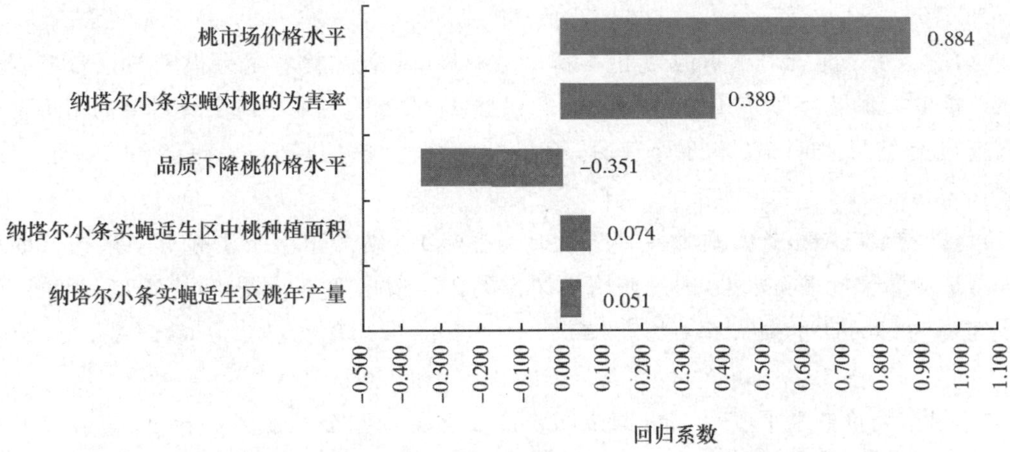

图 6-3-5 防控场景下纳塔尔小条实蝇对我国桃产业的潜在经济损失的变量灵敏性

表 6-3-8 投入防控后可挽回纳塔尔小条实蝇对我国桃产业的潜在经济损失 万元

场景	标记	输出项	公式	最小值	平均值	最大值
可挽回潜在经济损失	F_3	可挽回潜在经济损失总量	$F_3=F_1-F_2$	−1124263.11	−7586.49	890006.89

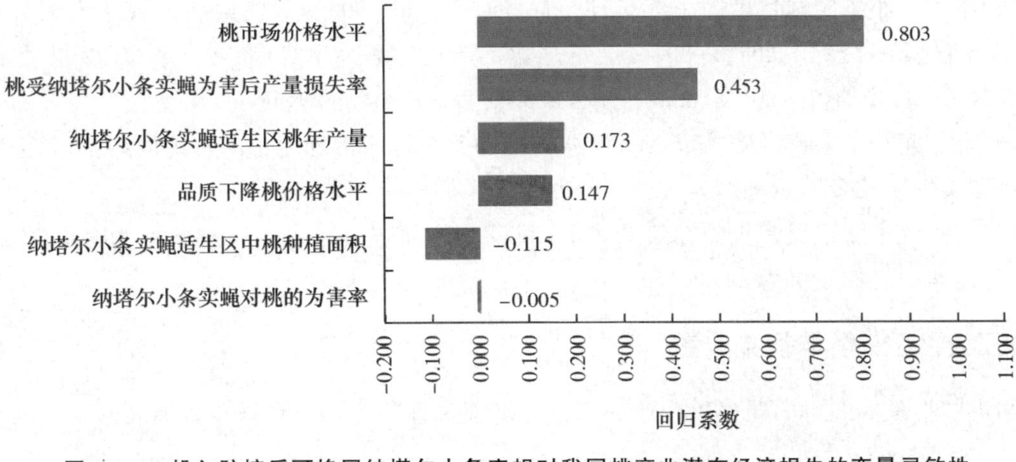

图 6-3-6 投入防控后可挽回纳塔尔小条实蝇对我国桃产业潜在经济损失的变量灵敏性

四、纳塔尔小条实蝇对我国苹果产业的潜在经济损失评估

（一）主要数据与来源

1. 不防控场景下纳塔尔小条实蝇对我国苹果产业的经济损失模型数据与来源

（1）纳塔尔小条实蝇适生区苹果年产量（Q_1） 据中华人民共和国农业农村部种植业管理司数据库2012—2016年苹果产量数据，纳塔尔小条实蝇适生区年产量最小值为963982.00吨，平均值1068730.00吨，最大值为1172948.00吨。

（2）纳塔尔小条实蝇对苹果的为害率（I） 纳塔尔小条实蝇对苹果损害的报告较少。由于均属于核果类水果，因此使用桃作为类比。根据Tabilio等对地中海实蝇对桃的为害情况进行的调查研究结果表明，在未经处理时，苹果被害率可能达57.00%～88.00%，平均值为72.30%（Tabilio et al.，2015）。

（3）苹果受纳塔尔小条实蝇为害后产量损失率（R） 纳塔尔小条实蝇对苹果损害的报告较少。由于均属于核果类水果，因此使用桃作为类比。根据D'Aquino等的研究，苹果受纳塔尔小条实蝇为害后产量损失率在32.00%～93.00%，平均值为62.50%（D'Aquino et al.，2011）。

（4）苹果市场价格水平（P_c） 根据全国农产品商务信息公共服务平台，收集各省份所有市场的各品种苹果月平均价格，共计591个价格数据。经分析，得出苹果市场价格最小值为2.82元/千克，平均值为6.53元/千克，最大值为11.76元/千克。

（5）品质下降苹果价格水平（P_2） 对于品质下降苹果市场价格水平，我们采取苹果市场价格的一半作为数据集。得出品质下降苹果市场价格最小值为2.82元/千克，平均值为5.39元/千克，最大值为6.53元/千克。

2. 防控场景下纳塔尔小条实蝇对我国苹果产业的经济损失模型数据与来源

（1）纳塔尔小条实蝇适生区中苹果种植面积（S） 根据中华人民共和国农业农村部种植业管理司数据库，得出2012—2016年纳塔尔小条实蝇适生区苹果种植面积最小值为79218.50公顷，平均值为179544.40公顷，最大值为281054.50公顷。

（2）单位面积苹果疫区防控成本 根据美国佛罗里达州治理地中海实蝇的案例，每公顷纳塔尔小条实蝇防控费用折算约为3000.00元人民币（陈明忠和肖良，1997）。

（3）防控效果 根据常规防控效果要求，假设单位面积苹果疫区防控费用为3000.00元/公顷时，达到的防控效果为85.00%。

（二）评估模型与参数设置

纳塔尔小条实蝇对中国苹果产业的潜在经济损失评估模型及参数设置如表6-3-9所示。

表 6-3-9　纳塔尔小条实蝇对中国苹果产业的潜在经济损失评估模型及参数

	模型	输入变量	模型参数
不防控场景	产量下降引起的潜在经济损失(F_{11})	纳塔尔小条实蝇适生区苹果产量(Q_1)	Pert(963982.00,1068730.00,1172948.00)吨
		纳塔尔小条实蝇对苹果为害率(I)	Pert(57.00%,72.30%,88.00%)
		苹果受纳塔尔小条实蝇为害后产量损失率(R)	Pert(32.00%,62.50%,93.00%)
		苹果市场价格水平(P_c)	Pert(2.82,6.53,11.76)元/千克
		产量下降引起的潜在经济损失(F_{11})	$F_{11}=Q_1\times I\times R\times P_c$
	质量下降引起的潜在经济损失(F_{12})	疫区单位面积品质下降苹果产量$(Q)_2$	$Q_2=Q_1\times I\times(1-R)$
		品质下降苹果价格水平(P_2	Pert(2.82,5.39,6.53)元/千克
		质量下降引起的潜在经济损失(F_{12})	$F_{12}=Q_1\times I\times(1-R)(P_c-P_2)$
		不防控场景下潜在经济损失总量(F_1)	$F_1=F_{11}+F_{12}$
防控场景	防控费用(F_{21})	纳塔尔小条实蝇适生区中苹果种植面积(S)	Pert(79218.50,179544.40,281054.50)公顷
		单位苹果疫区防控成本(C)	3000.00 元/公顷
		防控费用支出量(F_{21})	$F_{21}=S\times I\times C$
	投入防控潜在经济损失(F_{22})	单位适生区面积产量(A)	$A=\frac{Q_1}{S}$
		防控效果(M)	0.85
		效益校正系数(D)	2.00
		经济损害允许水平(E)	$E=\frac{C}{(A\times P_c\times M)}\times D\times 100\%$
		投入防控后潜在经济损失(F_{22})	$F_{22}=Q_1\times I\times E\times P_c+Q_1\times I\times(1-E)(P_c-P_2)$
		防控场景下潜在经济损失总量(F_2)	$F_{22}=Q_1\times I\times E\times P_c+Q_1\times I\times(1-E)(P_c-P_2)$
可挽回潜在经济损失		可挽回潜在经济损失(F_3)	$F_3=F_1-F_2$

(三)潜在经济损失

在不防控场景下,苹果产量下降引起的纳塔尔小条实蝇潜在经济损失在 79011.88 万～924506.80 万元,苹果质量下降引起的纳塔尔小条实蝇潜在经济损失在 0.62 万～576764.69 万元,纳塔尔小条实蝇对苹果的潜在经济损失总量在 111100.21 万～1223390.68 万元(表 6-3-10)。在不防控场景下,苹果市场价格水平是影响纳塔尔小条实蝇对我国苹果产业潜在经济损失的最大变量,苹果受纳塔尔小条实蝇为害后产量损失率、纳塔尔小条实蝇适生区苹果年产量次之，品质下降苹果价格水平的影响可忽略不计(图 6-3-7)。

在防控场景下，纳塔尔小条实蝇防控费用支出量在 14841.29 万～69646.78 万元，投入防控后纳塔尔小条实蝇对苹果的潜在经济损失在 47081.07 万～272020.24 万元，纳塔尔小条实蝇对苹果的潜在经济损失总量在 65478.96 万～856406.15 万元(表 6-3-11)。在防控场景下，纳塔尔小条实蝇对我国苹果产业潜在经济损失影响最大的变量是苹果市场价格，其次是品质下降苹果价格水平，纳塔尔小条实蝇适生区苹果种植面积对结果影响可以忽略不计(图 6-3-8)。

投入防控后，可挽回的经济损失是－114180.76 万～480626.33 万元(表 6-3-12)。对投入防控后可挽回经济损失影响最大的变量是苹果受纳塔尔小条实蝇为害后产量损失率和苹果市场价格水平(图 6-3-9)。

表 6-3-10 不防控场景下纳塔尔小条实蝇对我国苹果产业的潜在经济损失 万元

标记	输出项	公式	最小值	平均值	最大值
F_{11}	产量下降引起的潜在经济损失	$F_{11}=Q_1\times I\times R\times P_c$	79011.88	327925.17	924506.80
F_{12}	质量下降引起的潜在经济损失	$F_{12}=Q_1\times I\times(1-R)(P_c-P_2)$	0.62	117679.06	576764.69
F_1	潜在经济损失总量	$F_1=F_{11}+F_{12}$	111100.21	471425.20	1223390.68

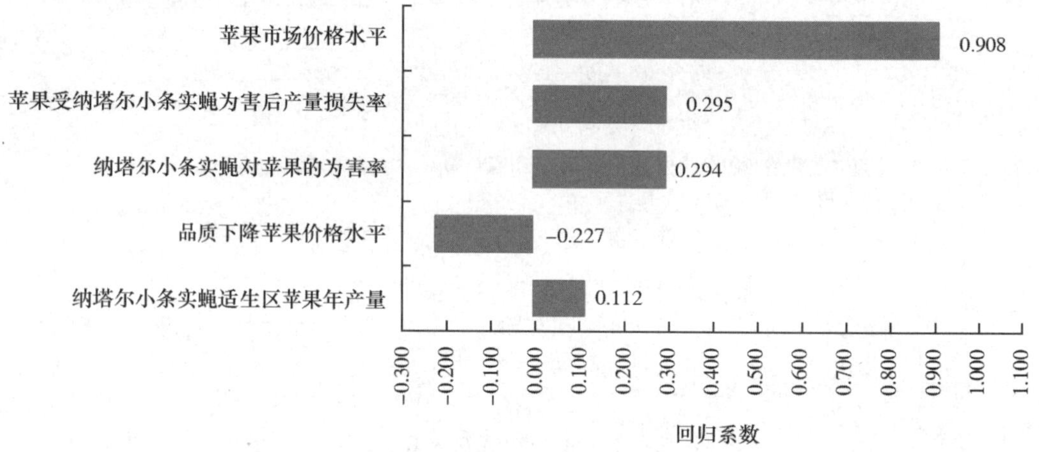

图 6-3-7 不防控场景下纳塔尔小条实蝇对我国苹果产业潜在经济损失的变量灵敏性

表 6-3-11 防控场景下纳塔尔小条实蝇对我国苹果产业的潜在经济损失 万元

标记	输出项	公式	最小值	平均值	最大值
F_{21}	防控费用支出量	$F_{21}=S\times I\times C$	14841.29	39022.69	69646.78
F_{22}	投入防控后潜在经济损失	$F_{22}=Q_1\times I\times E\times P_c+Q_1\times I\times(1-E)(P_c-P_2)$	47081.07	813927.61	272020.24
F_2	潜在经济损失总量	$F_2=F_{21}+F_{22}$	65478.96	311055.63	856406.15

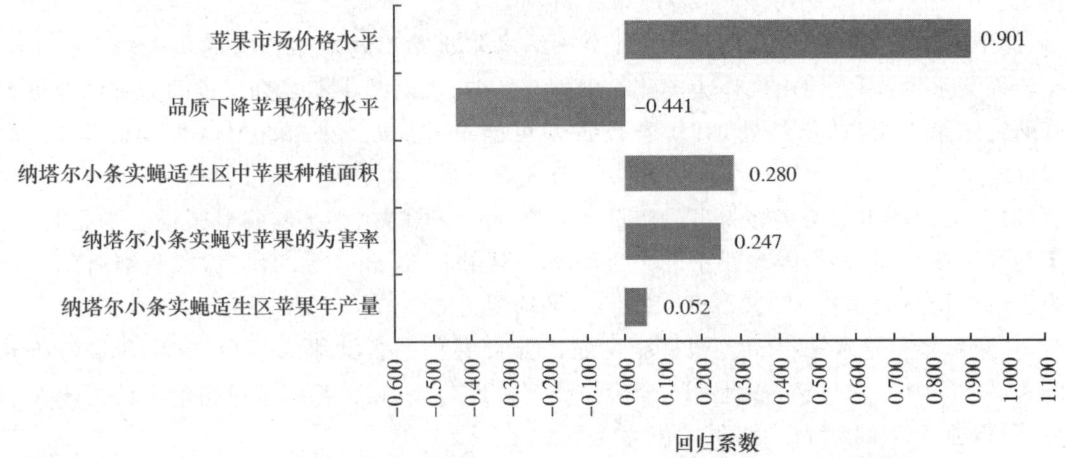

图 6-3-8　防控场景下纳塔尔小条实蝇对我国苹果产业的潜在经济损失的变量灵敏性

表 6-3-12　投入防控后可挽回纳塔尔小条实蝇对我国苹果产业的潜在经济损失　　万元

场景	标记	输出项	公式	最小值	平均值	最大值
可挽回潜在经济损失	F_3	可挽回潜在经济损失总量	$F_3 = F_1 - F_2$	－114180.76	160369.56	480626.33

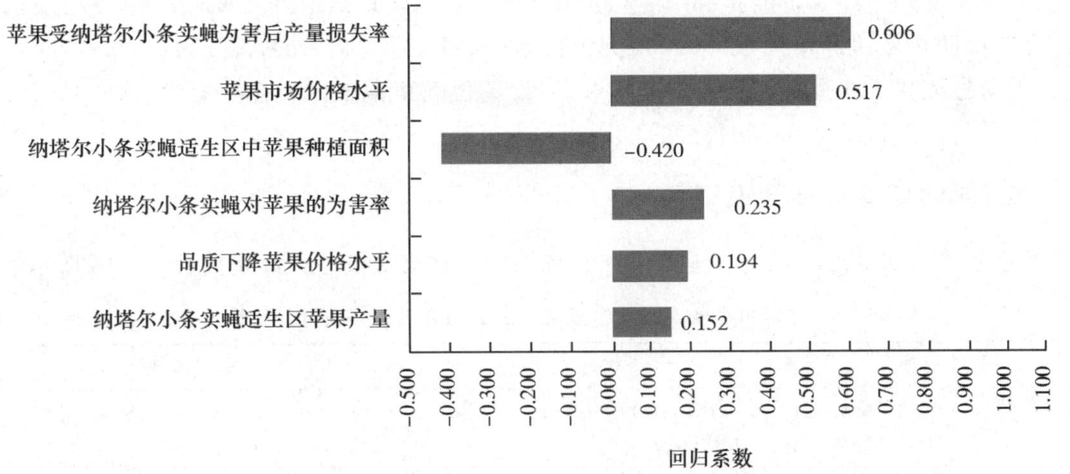

图 6-3-9　投入防控后可挽回纳塔尔小条实蝇对我国苹果产业潜在经济损失的变量灵敏性

五、纳塔尔小条实蝇对我国梨产业的潜在经济损失评估

(一)主要数据与来源

1. 不防控场景下纳塔尔小条实蝇对我国梨产业的经济损失模型数据与来源

(1)纳塔尔小条实蝇适生区梨年产量(Q_1)　据中华人民共和国农业农村部种植业管理司数据库 2012—2016 年梨产量数据，纳塔尔小条实蝇适生区年产量最小值为 2630000.00 吨，平

均值为 3013518.00 吨,最大值为 3272883.00 吨。

(2)纳塔尔小条实蝇对梨的为害率(I) 纳塔尔小条实蝇对梨损害的报告较少。由于均属于核果类水果,因此使用桃作为类比。根据 Tabilio 等对地中海实蝇对桃的为害情况进行的调查研究结果表明,在未经处理时,梨被害率可能达 57.00%～88.00%,平均值为 72.30%(Tabilio et al.,2013)。

(3)梨受纳塔尔小条实蝇为害后产量损失率(R) 纳塔尔小条实蝇对梨损害的报告较少。由于均属于核果类水果,因此使用桃作为类比。根据 D'Aquino 等的研究,梨受纳塔尔小条实蝇为害后产量损失率在 32.00%～93.00%,平均值为 62.50%(D'Aquino et al.,2011)。

(4)梨市场价格水平(P_c) 根据全国农产品商务信息公共服务平台,收集各省份所有市场的各品种梨月平均价格,共计 446 个价格数据。经分析,得出梨市场价格最小值为 1.95 元/千克,平均值为 5.41 元/千克,最大值为 12.39 元/千克。

(5)品质下降梨价格水平(P_2) 对于品质下降梨市场价格水平,我们采取梨市场价格的一半作为数据集,得出品质下降梨市场价格最小值为 1.95 元/千克,平均值为 3.34 元/千克,最大值为 5.41 元/千克。

2. 防控场景下纳塔尔小条实蝇对我国梨产业的经济损失模型数据与来源

(1)纳塔尔小条实蝇适生区中梨种植面积(S) 根据中华人民共和国农业农村部种植业管理司数据库,得出 2012—2016 年纳塔尔小条实蝇适生区梨种植面积最小值为 295799.50 公顷,平均值为 305483.90 公顷,最大值为 317016.00 公顷。

(2)单位面积梨疫区防控成本 根据美国佛罗里达州治理地中海实蝇的案例,每公顷纳塔尔小条实蝇防控费用折算约为 3000.00 元人民币(陈明忠和肖良,1997)。

(3)防控效果 根据常规防控效果要求,假设单位面积梨疫区防控费用为 3000.00 元/公顷时,达到的防控效果为 85.00%。

(二)评估模型与参数设置

纳塔尔小条实蝇对中国梨产业的潜在经济损失评估模型及参数设置如表 6-3-13 所示。

表 6-3-13 纳塔尔小条实蝇对中国梨产业的潜在经济损失评估模型及参数

模型		输入变量	模型参数
不防控场景	产量下降引起的潜在经济损失(F_{11})	纳塔尔小条实蝇适生区梨产量(Q_1)	Pert(2630000.00,3013518.00,3272883.00)吨
		纳塔尔小条实蝇对梨为害率(I)	Pert(57.00%,72.30%,88.00%)
		梨受纳塔尔小条实蝇为害后产量损失率(R)	Pert(32.00%,62.50%,93.00%)
		梨市场价格水平(P_c)	Pert(1.95,5.41,12.39)元/千克
		产量下降引起的潜在经济损失(F_{11})	$F_{11}=Q_1\times I\times R\times P_c$

续表 6-3-13

	模型	输入变量	模型参数
	质量下降引起的潜在经济损失(F_{12})	疫区单位面积品质下降梨产量(Q_2)	$Q_2 = Q_1 \times I \times (1-R)$
		品质下降梨价格水平(P_2)	Pert(1.95,3.34,5.41)元/千克
		质量下降引起的潜在经济损失(F_{12})	$F_{12} = Q_1 \times I \times (1-R)(P_c - P_2)$
		不防控场景下潜在经济损失总量(F_1)	$F_1 = F_{11} + F_{12}$
防控场景	防控费用(F_{21})	纳塔尔小条实蝇适生区中梨种植面积(S)	Pert(295799.50,305483.90,317016.00)公顷
		单位梨疫区防控成本(C)	3000.00 元/公顷
		防控费用支出量(F_{21})	$F_{21} = S \times I \times C$
	投入防控潜在经济损失(F_{22})	单位适生区面积产量(A)	$A = \frac{Q_1}{S}$
		防控效果(M)	0.85
		效益校正系数(D)	2.00
		经济损害允许水平(E)	$E = \frac{C}{(A \times P_c \times M)} \times D \times 100\%$
		投入防控后潜在经济损失(F_{22})	$F_{22} = Q_1 \times I \times E \times P_c + Q_1 \times I \times (1-E)(P_c - P_2)$
		防控场景下潜在经济损失总量(F_2)	$F_{22} = Q_1 \times I \times E \times P_c + Q_1 \times I \times (1-E)(P_c - P_2)$
可挽回潜在经济损失		可挽回潜在经济损失(F_3)	$F_3 = F_1 - F_2$

(三)潜在经济损失

在不防控场景下，梨产量下降引起的纳塔尔小条实蝇潜在经济损失在 160872.42 万～2511796.01 万元，梨质量下降引起的纳塔尔小条实蝇潜在经济损失在 2.58 万～1911907.12 万元，纳塔尔小条实蝇对梨的潜在经济损失总量在 212614.47 万～3795544.48 万元(表 6-3-14)。在不防控场景下，梨市场价格水平是影响纳塔尔小条实蝇对我国梨产业潜在经济损失的最大变量，梨受纳塔尔小条实蝇为害后产量损失率、纳塔尔小条实蝇适生区梨年产量次之，品质下降梨价格水平的影响可忽略不计(图 6-3-10)。

在防控场景下，纳塔尔小条实蝇防控费用支出量在 51680.36 万～81864.69 万元，投入防控后纳塔尔小条实蝇对梨的潜在经济损失在 145460.94 万～2464875.87 万元，纳塔尔小条实蝇对梨的潜在经济损失总量在 197851.13 万～2544833.81 万元(表 6-3-15)。在防控场景下，纳塔尔小条实蝇对我国梨产业潜在经济损失影响最大的变量是梨市场价格，其次是品质下降梨价格水平，纳塔尔小条实蝇适生区梨种植面积对结果影响可以忽略不计(图 6-3-11)。

投入防控后，可挽回的经济损失在－76615.37 万～1356139.68 万元(表 6-3-16)。对投入防控后可挽回经济损失影响最大的变量是梨受纳塔尔小条实蝇为害后产量损失率和梨市场价格水平(图 6-3-12)。

表 6-3-14 不防控场景下纳塔尔小条实蝇对我国梨产业的潜在经济损失 万元

标记	输出项	公式	最小值	平均值	最大值
F_{11}	产量下降引起的潜在经济损失	$F_{11}=Q_1\times I\times R\times P_c$	160872.42	811073.30	2511796.01
F_{12}	质量下降引起的潜在经济损失	$F_{12}=Q_1\times I\times(1-R)(P_c-P_2)$	2.58	428826.10	1911907.12
F_1	潜在经济损失总量	$F_1=F_{11}+F_{12}$	212614.47	1279419.39	3795544.48

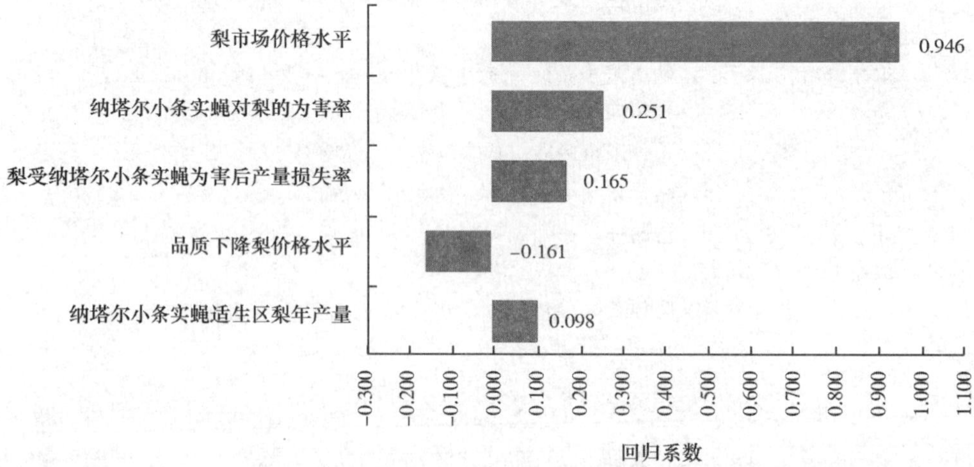

图 6-3-10 不防控场景下纳塔尔小条实蝇对我国梨产业潜在经济损失的变量灵敏性

表 6-3-15 防控场景下纳塔尔小条实蝇对我国梨产业的潜在经济损失 万元

标记	输出项	公式	最小值	平均值	最大值
F_{21}	防控费用支出量	$F_{21}=S\times I\times C$	51680.36	66387.31	81864.69
F_{22}	投入防控后潜在经济损失	$F_{22}=Q_1\times I\times E\times P_c+Q_1\times I\times(1-E)(P_c-P_2)$	145460.94	787933.06	2464875.87
F_2	潜在经济损失总量	$F_2=F_{21}+F_{22}$	197851.13	854318.85	2544833.81

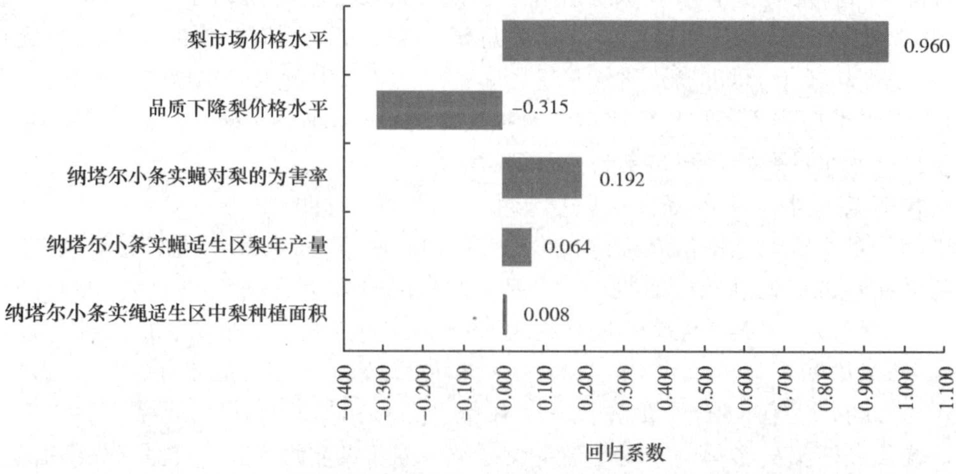

图 6-3-11 防控场景下纳塔尔小条实蝇对我国梨产业的潜在经济损失的变量灵敏性

表 6-3-16　投入防控后可挽回纳塔尔小条实蝇对我国梨产业的潜在经济损失　万元

场景	标记	输出项	公式	最小值	平均值	最大值
可挽回潜在经济损失	F_3	可挽回潜在经济损失总量	$F_3=F_1-F_2$	−76615.37	425100.54	1356139.68

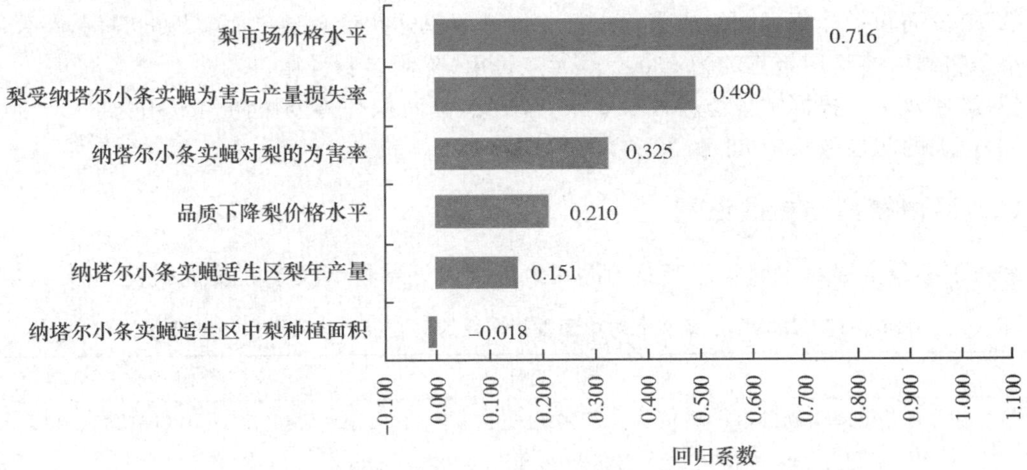

图 6-3-12　投入防控后可挽回纳塔尔小条实蝇对我国梨产业潜在经济损失的变量灵敏性

六、纳塔尔小条实蝇对我国香蕉产业的潜在经济损失评估

(一)主要数据与来源

1.不防控场景下纳塔尔小条实蝇对我国香蕉产业的经济损失模型数据与来源

(1)纳塔尔小条实蝇适生区香蕉年产量(Q_1)　据中华人民共和国农业农村部种植业管理司数据库 2012—2016 年香蕉产量数据,纳塔尔小条实蝇适生区年产量最小值为 10628800.00 吨,平均值为 11712880.00 吨,最大值为 12875230.00 吨。

(2)纳塔尔小条实蝇对香蕉的为害率(I)　纳塔尔小条实蝇对香蕉损害的报告较少。由于纳塔尔小条实蝇在柑橘类水果上的实验结果较多,因此使用柑橘作为类比。假定纳塔尔小条实蝇对香蕉的为害率为柑橘的一半,香蕉被害率可能在 32.97%～37.97%,平均值为 35.47%。

(3)香蕉受纳塔尔小条实蝇为害后产量损失率(R)　纳塔尔小条实蝇对香蕉损害的报告较少。由于纳塔尔小条实蝇在柑橘类水果上的实验结果较多,因此使用柑橘作为类比。假定纳塔尔小条实蝇对香蕉的产量损失率与柑橘相同,香蕉受纳塔尔小条实蝇为害后产量损失率在 54.32%～60.68%,平均值为 57.50%。

(4)香蕉市场价格水平(P_c)　根据全国农产品商务信息公共服务平台,收集各省份所有市场的各品种香蕉月平均价格,共计 591 个价格数据。经分析,得出香蕉市场价格最小值为 2.53 元/千克,平均值为 4.17 元/千克,最大值为 6.96 元/千克。

(5)品质下降香蕉价格水平(P_2)　对于品质下降香蕉市场价格水平,我们采取香蕉市场价格的一半作为数据集。得出品质下降香蕉市场价格最小值为 2.53 元/千克,平均值为

3.69 元/千克,最大值为 4.17 元/千克。

2. 防控场景下纳塔尔小条实蝇对我国香蕉产业的经济损失模型数据与来源

(1)纳塔尔小条实蝇适生区中香蕉种植面积(S)　根据中华人民共和国农业农村部种植业管理司数据库,得出 2012—2016 年纳塔尔小条实蝇适生区香蕉种植面积最小值为 362438.00 公顷,平均值为 387577.30 公顷,最大值为 421765.00 公顷。

(2)单位面积香蕉疫区防控成本　根据美国佛罗里达州治理地中海实蝇的案例,每公顷纳塔尔小条实蝇防控费用折算约为 3000.00 元人民币(陈明忠和肖良,1997)。

(3)防控效果　根据常规防控效果要求,假设单位面积香蕉疫区防控费用为 3000.00 元/公顷时,达到的防控效果为 85.00%。

(二)评估模型与参数设置

纳塔尔小条实蝇对中国香蕉产业的潜在经济损失评估模型及参数设置如表 6-3-17 所示。

表 6-3-17　纳塔尔小条实蝇对中国香蕉产业的潜在经济损失评估模型及参数

	模型	输入变量	模型参数
不防控场景	产量下降引起的潜在经济损失(F_{11})	纳塔尔小条实蝇适生区香蕉产量(Q_1)	Pert(10628800.00,11712880.00,12875230.00)吨
		纳塔尔小条实蝇对香蕉为害率(I)	Pert(32.97%,35.47%,37.97%)
		香蕉受纳塔尔小条实蝇为害后产量损失率(R)	Pert(54.32%,57.50%,60.68%)
		香蕉市场价格水平(P_c)	Pert(2.53,4.17,6.96)元/千克
		产量下降引起的潜在经济损失(F_{11})	$F_{11}=Q_1\times I\times R\times P_c$
	质量下降引起的潜在经济损失(F_{12})	疫区单位面积品质下降香蕉产量(Q_2)	$Q_2=Q_1\times I\times(1-R)$
		品质下降香蕉价格水平(P_2)	Pert(2.53,3.69,4.17)元/千克
		质量下降引起的潜在经济损失(F_{12})	$F_{12}=Q_1\times I\times(1-R)(P_c-P_2)$
		不防控场景下潜在经济损失总量(F_1)	$F_1=F_{11}+F_{12}$
防控场景	防控费用(F_{21})	纳塔尔小条实蝇适生区中香蕉种植面积(S)	Pert(362438.00,387577.30,421765.00)公顷
		单位香蕉疫区防控成本(C)	3000.00 元/公顷
		防控费用支出量(F_{21})	$F_{21}=S\times I\times C$
	投入防控潜在经济损失(F_{22})	单位适生区面积产量(A)	$A=\frac{Q_1}{S}$
		防控效果(M)	0.85
		效益校正系数(D)	2.00
		经济损害允许水平(E)	$E=\frac{C}{(A\times P_c\times M)}\times D\times 100\%$

续表 6-3-17

模型	输入变量	模型参数
	投入防控后潜在经济损失(F_{22})	$F_{22}=Q_1\times I\times E\times P_c+Q_1\times I\times(1-E)(P_c-P_2)$
	防控场景下潜在经济损失总量(F_2)	$F_{22}=Q_1\times I\times E\times P_c+Q_1\times I\times(1-E)(P_c-P_2)$
可挽回潜在经济损失	可挽回潜在经济损失(F_3)	$F_3=F_1-F_2$

(三)潜在经济损失

在不防控场景下,香蕉产量下降引起的纳塔尔小条实蝇潜在经济损失在 543330.40 万～1814950.79 万元,香蕉质量下降引起的纳塔尔小条实蝇潜在经济损失在 15.56 万～927421.80 万元,纳塔尔小条实蝇对香蕉的潜在经济损失总量在 636091.96 万～2566120.63 万元(表 6-3-18)。在不防控场景下,香蕉市场价格水平是影响纳塔尔小条实蝇对我国香蕉产业潜在经济损失的最大变量,香蕉受纳塔尔小条实蝇为害后产量损失率、纳塔尔小条实蝇适生区香蕉年产量次之,品质下降香蕉价格水平的影响可忽略不计(图 6-3-13)。

在防控场景下,纳塔尔小条实蝇防控费用支出量在 36346.34 万～46908.81 万元,投入防控后纳塔尔小条实蝇对香蕉的潜在经济损失在 91932.03 万～1732957.09 万元,纳塔尔小条实蝇对香蕉的潜在经济损失总量在 129825.89 万～1777977.64 万元(表 6-3-19)。在防控场景下,纳塔尔小条实蝇对我国香蕉产业潜在经济损失影响最大的变量是香蕉市场价格,其次是品质下降香蕉价格水平,纳塔尔小条实蝇适生区香蕉种植面积对结果影响可以忽略不计(图 6-3-13)。

投入防控后,可挽回的经济损失在 463519.61 万～1105676.39 万元(表 6-3-20)。对投入防控后可挽回经济损失影响最大的变量是香蕉受纳塔尔小条实蝇为害后产量损失率和香蕉市场价格水平(图 6-3-14)。

表 6-3-18　不防控场景下纳塔尔小条实蝇对我国香蕉产业的潜在经济损失　　万元

标记	输出项	公式	最小值	平均值	最大值
F_{11}	产量下降引起的潜在经济损失	$F_{11}=Q_1\times I\times R\times P_c$	543330.40	1042777.20	1814950.79
F_{12}	质量下降引起的潜在经济损失	$F_{12}=Q_1\times I\times(1-R)(P_c-P_2)$	15.56	241129.26	927421.80
F_1	潜在经济损失总量	$F_1=F_{11}+F_{12}$	636091.96	1347310.35	2566120.63

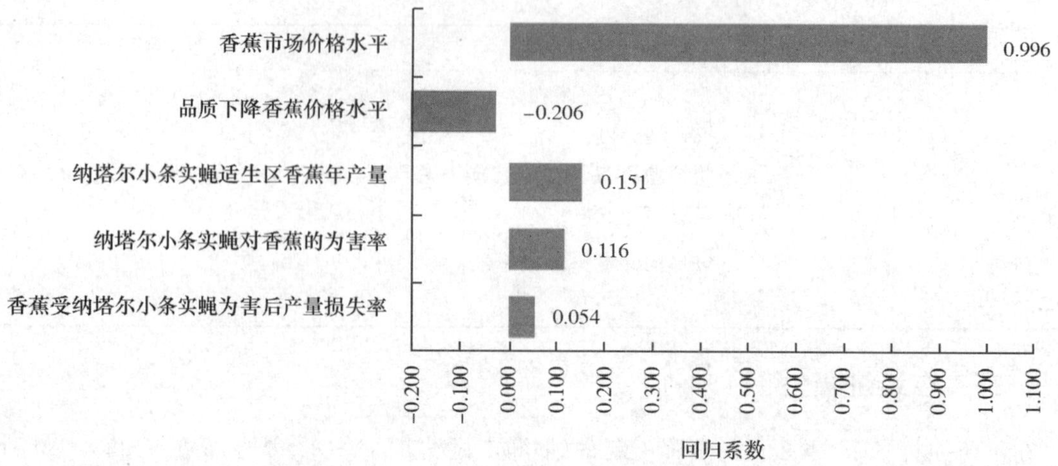

图 6-3-13 不防控场景下纳塔尔小条实蝇对我国香蕉产业潜在经济损失的变量灵敏性

表 6-3-19 防控场景下纳塔尔小条实蝇对我国香蕉产业的潜在经济损失 万元

标记	输出项	公式	最小值	平均值	最大值
F_{21}	防控费用支出量	$F_{21}=S\times I\times C$	36346.34	41402.60	46908.81
F_{22}	投入防控后潜在经济损失	$F_{22}=Q_1\times I\times E\times P_c+Q_1\times I\times(1-E)(P_c-P_2)$	91932.03	536795.90	1732957.09
F_2	潜在经济损失总量	$F_2=F_{21}+F_{22}$	129825.89	578193.91	1777977.64

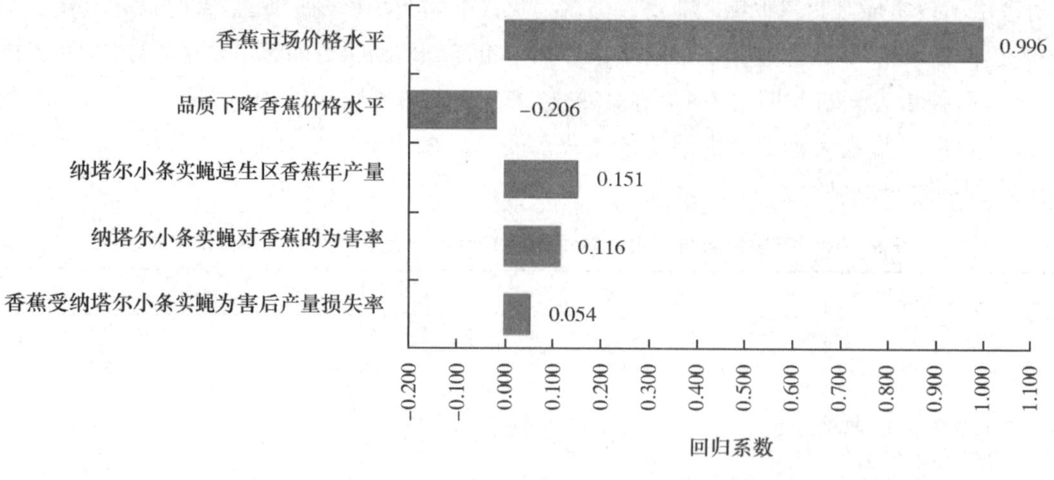

图 6-3-14 防控场景下纳塔尔小条实蝇对我国香蕉产业的潜在经济损失的变量灵敏性

表 6-3-20 投入防控后可挽回纳塔尔小条实蝇对我国香蕉产业的潜在经济损失 万元

场景	标记	输出项	公式	最小值	平均值	最大值
可挽回潜在经济损失	F_3	可挽回潜在经济损失总量	$F_3=F_1-F_2$	463519.61	769116.44	1105676.39

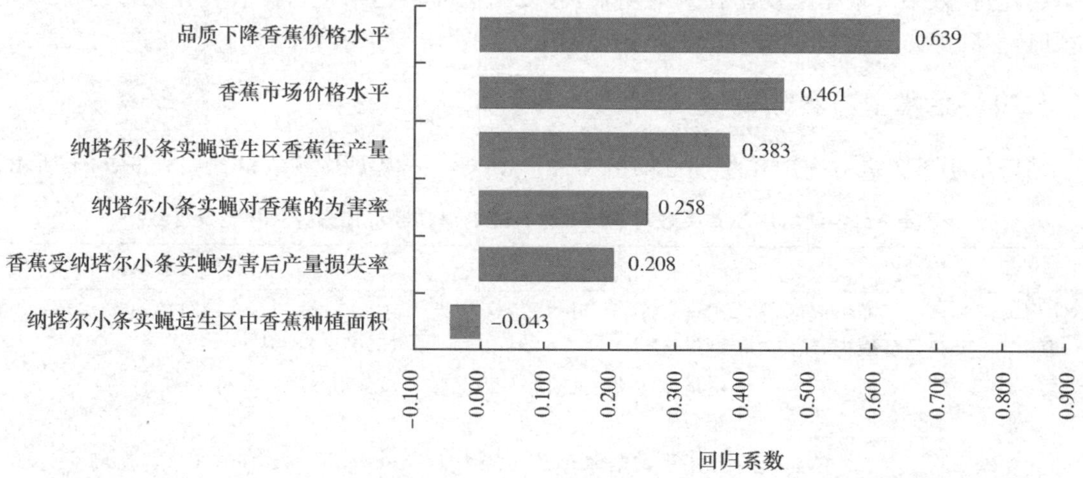

图 6-3-15　投入防控后可挽回纳塔尔小条实蝇对我国香蕉产业潜在经济损失的变量灵敏性

七、纳塔尔小条实蝇对我国杧果产业的潜在经济损失评估

(一)主要数据与来源

1. 不防控场景下纳塔尔小条实蝇对我国杧果产业的经济损失模型数据与来源

(1)纳塔尔小条实蝇适生区杧果年产量(Q_1)　据中华人民共和国农业农村部种植业管理司数据库 2012—2016 年杧果产量数据，纳塔尔小条实蝇适生区年产量最小值为 118500.40 吨，平均值为 133113.30 吨，最大值为 159075.80 吨。

(2)纳塔尔小条实蝇对杧果的为害率(I)　根据 Vayssières 等在贝宁的实验结果，纳塔尔小条实蝇对杧果的为害率可能达 3.81%～9.12%，平均值为 6.47%。

(3)杧果受纳塔尔小条实蝇为害后产量损失率(R)　纳塔尔小条实蝇对杧果损害的报告较少。根据 Appiah 等对于地中海实蝇对水果损害的描述，杧果受纳塔尔小条实蝇为害后产量损失率在 55.00%～75.00%，平均值为 65.00%。

(4)杧果市场价格水平(P_c)　根据全国农产品商务信息公共服务平台，收集各省份所有市场的各品种杧果月平均价格，共计 325 个价格数据。经分析，得出杧果市场价格最小值为 2.13 元/千克，平均值为 11.00 元/千克，最大值为 23.39 元/千克。

(5)品质下降杧果价格水平(P_2)　对于品质下降杧果市场价格水平，我们采取杧果市场价格的一半作为数据集。得出品质下降杧果市场价格最小值为 2.13 元/千克，平均值为 8.99 元/千克，最大值为 11.00 元/千克。

2. 防控场景下纳塔尔小条实蝇对我国杧果产业的经济损失模型数据与来源

(1)纳塔尔小条实蝇适生区中杧果种植面积(S)　根据中华人民共和国农业农村部种植业管理司数据库，得出 2012—2016 年纳塔尔小条实蝇适生区杧果种植面积最小值为 41887.00 公顷，平均值为 119873.00 公顷，最大值为 167349.00 公顷。

(2)单位面积杧果疫区防控成本　根据美国佛罗里达州治理地中海实蝇的案例，每公顷纳塔尔小条实蝇防控费用折算约为 3000.00 元人民币(陈明忠和肖良，1997)。

(3)防控效果　根据常规防控效果要求,假设单位面积杧果疫区防控费用为3000.00元/公顷时,达到的防控效果为85.00%。

(二)评估模型与参数设置

纳塔尔小条实蝇对中国杧果产业的潜在经济损失评估模型及参数设置如表6-3-21所示。

表6-3-21　纳塔尔小条实蝇对中国杧果产业的潜在经济损失评估模型及参数

	模型	输入变量	模型参数
不防控场景	产量下降引起的潜在经济损失(F_{11})	纳塔尔小条实蝇适生区杧果产量(Q_1)	Pert(118500.40,133113.30,159075.80)吨
		纳塔尔小条实蝇对杧果为害率(I)	Pert(3.81%,6.47%,9.12%)
		杧果受纳塔尔小条实蝇为害后产量损失率(R)	Pert(55.00%,65.00%,75.00%)
		杧果市场价格水平(P_c)	Pert(2.13,11.00,23.39)元/千克
		产量下降引起的潜在经济损失(F_{11})	$F_{11}=Q_1\times I\times R\times P_c$
	质量下降引起的潜在经济损失(F_{12})	疫区单位面积品质下降杧果产量(Q_2)	$Q_2=Q_1\times I\times(1-R)$
		品质下降杧果价格水平(P_2)	Pert(2.13,8.99,11.00)元/千克
		质量下降引起的潜在经济损失(F_{12})	$F_{12}=Q_1\times I\times(1-R)(P_c-P_2)$
		不防控场景下潜在经济损失总量(F_1)	$F_1=F_{11}+F_{12}$
防控场景	防控费用(F_{21})	纳塔尔小条实蝇适生区中杧果种植面积(S)	Pert(41887.00,119873.00,167349.00)公顷
		单位杧果疫区防控成本(C)	3000.00元/公顷
		防控费用支出量(F_{21})	$F_{21}=S\times I\times C$
	投入防控潜在经济损失(F_{22})	单位适生区面积产量(A)	$A=\frac{Q_1}{S}$
		防控效果(M)	0.85
		效益校正系数(D)	2.00
		经济损害允许水平(E)	$E=\frac{C}{(A\times P_c\times M)}\times D\times 100\%$
		投入防控后潜在经济损失(F_{22})	$F_{22}=Q_1\times I\times E\times P_c+Q_1\times I\times(1-E)(P_c-P_2)$
		防控场景下潜在经济损失总量(F_2)	$F_{22}=Q_1\times I\times E\times P_c+Q_1\times I\times(1-E)(P_c-P_2)$
可挽回潜在经济损失		可挽回潜在经济损失(F_3)	$F_3=F_1-F_2$

(三)潜在经济损失

在不防控场景下，杧果产量下降引起的纳塔尔小条实蝇潜在经济损失在365.97万～9737.69万元，杧果质量下降引起的纳塔尔小条实蝇潜在经济损失在0.09万～3972.35万元，纳塔尔小条实蝇对杧果的潜在经济损失总量在498.63万～12860.27万元(表6-3-22)。在不防控场景下，杧果市场价格水平是影响纳塔尔小条实蝇对我国杧果产业潜在经济损失的最大变量，杧果受纳塔尔小条实蝇为害后产量损失率、纳塔尔小条实蝇适生区杧果年产量次之，品质下降杧果价格水平的影响可忽略不计(图6-2-16)。

在防控场景下，纳塔尔小条实蝇防控费用支出量在1427.83万～4112.54万元，投入防控后纳塔尔小条实蝇对杧果的潜在经济损失在2790.57万～14538.67万元，纳塔尔小条实蝇对杧果的潜在经济损失总量在4272.21万～18557.21万元(表6-3-23)。在防控场景下，纳塔尔小条实蝇对我国杧果产业潜在经济损失影响最大的变量是纳塔尔小条实蝇对杧果的为害率，其次是适生区杧果的种植面积，纳塔尔小条实蝇适生区杧果种植面积对结果影响可以忽略不计(图6-3-17)。

投入防控后，可挽回的经济损失在－16987.83万～－1373.20万元(表6-3-24)。对投入防控后可挽回经济损失影响最大的变量是杧果受纳塔尔小条实蝇为害后产量损失率和杧果市场价格水平(图6-3-18)。

表6-3-22　不防控场景下纳塔尔小条实蝇对我国杧果产业的潜在经济损失　　万元

标记	输出项	公式	最小值	平均值	最大值
F_{11}	产量下降引起的潜在经济损失	$F_{11}=Q_1\times I\times R\times P_c$	365.97	2891.37	9737.69
F_{12}	质量下降引起的潜在经济损失	$F_{12}=Q_1\times I\times(1-R)(P_c-P_2)$	0.09	795.55	3972.35
F_1	潜在经济损失总量	$F_1=F_{11}+F_{12}$	498.63	3827.68	12860.27

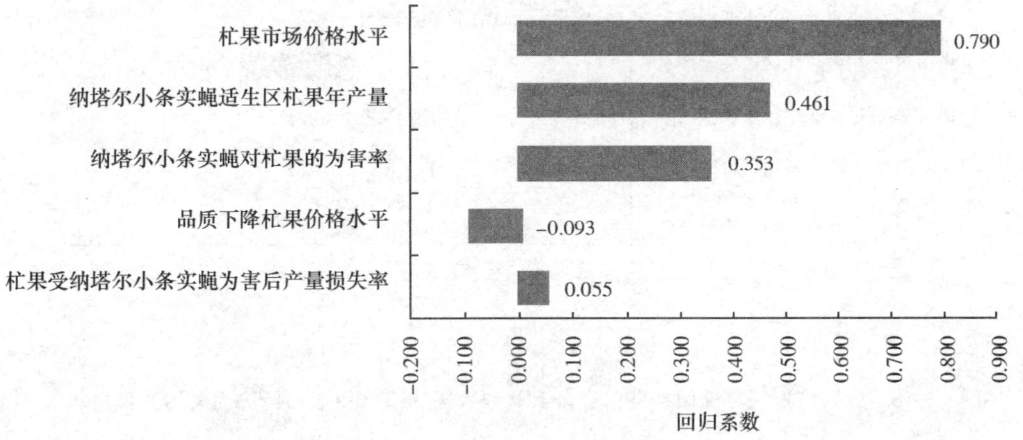

图6-3-16　不防控场景下纳塔尔小条实蝇对我国杧果产业潜在经济损失的变量灵敏性

表 6-3-23　防控场景下纳塔尔小条实蝇对我国杧果产业的潜在经济损失　万元

标记	输出项	公式	最小值	平均值	最大值
F_{21}	防控费用支出量	$F_{21}=S\times I\times C$	1427.83	2619.79	4112.54
F_{22}	投入防控后潜在经济损失	$F_{22}=Q_1\times I\times E\times P_c+Q_1\times I\times(1-E)(P_c-P_2)$	2790.57	6347.93	14538.67
F_2	潜在经济损失总量	$F_2=F_{21}+F_{22}$	4272.21	8967.62	18557.21

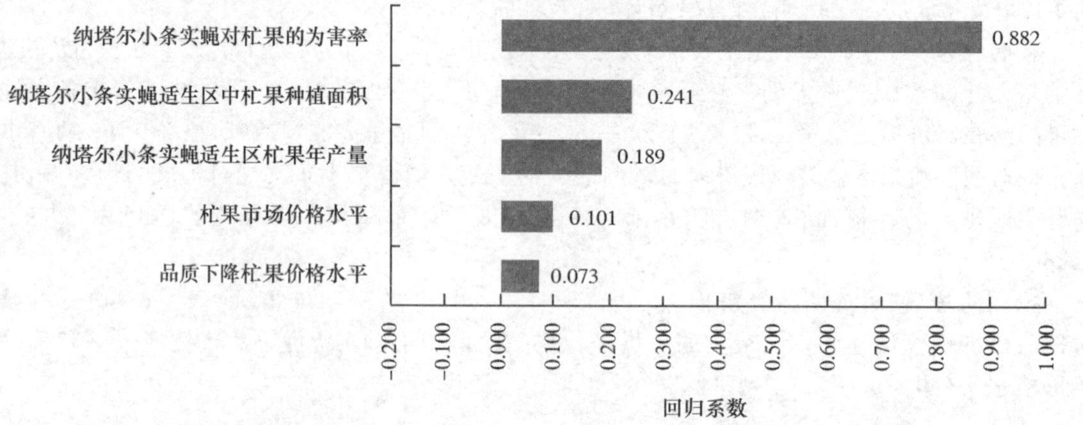

图 6-3-17　防控场景下纳塔尔小条实蝇对我国杧果产业的潜在经济损失的变量灵敏性

表 6-3-24　投入防控后可挽回纳塔尔小条实蝇对我国杧果产业的潜在经济损失　万元

场景	标记	输出项	公式	最小值	平均值	最大值
可挽回潜在经济损失	F_3	可挽回潜在经济损失总量	$F_3=F_1-F_2$	−16987.83	−5139.94	−1373.20

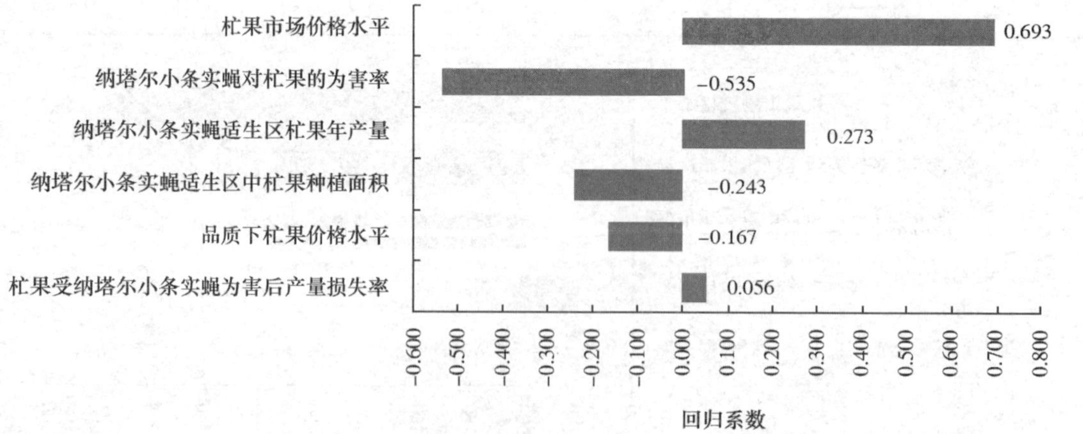

图 6-3-18　投入防控后可挽回纳塔尔小条实蝇对我国杧果产业潜在经济损失的变量灵敏性

八、纳塔尔小条实蝇对我国番茄产业的潜在经济损失评估

(一)主要数据与来源

1. 不防控场景下纳塔尔小条实蝇对我国番茄产业的经济损失模型数据与来源

(1)纳塔尔小条实蝇适生区番茄年产量(Q_1')　据中华人民共和国农业农村部种植业管理司数据库 2012—2016 年番茄产量数据,纳塔尔小条实蝇适生区年产量最小值为 36675560.00 吨,平均值为 38928340.00 吨,最大值为 41245100.00 吨。

(2)纳塔尔小条实蝇对番茄的为害率(I)　纳塔尔小条实蝇对番茄损害的报告较少。由于纳塔尔小条实蝇在柑橘类水果上的实验结果较多,因此使用柑橘作为类比。假定纳塔尔小条实蝇对番茄的为害率为柑橘的一半,番茄被害率可能达 32.97%～37.97%,平均值为 35.47%。

(3)番茄受纳塔尔小条实蝇为害后产量损失率(R)　纳塔尔小条实蝇对番茄损害的报告较少。由于纳塔尔小条实蝇在柑橘类水果上的实验结果较多,因此使用柑橘作为类比。假定纳塔尔小条实蝇对番茄的产量损失率与柑橘相同,番茄受纳塔尔小条实蝇为害后产量损失率在 54.32%～60.68%,平均值为 57.50%。

(4)番茄市场价格水平(P_c)　番茄市场价格最小值为 0.80 元/千克,平均值为 4.01 元/千克,最大值为 10.57 元/千克。

(5)品质下降番茄价格水平(P_2)　对于品质下降番茄市场价格水平,我们采取番茄市场价格的一半作为数据集,得出品质下降番茄市场价格最小值为 1.80 元/千克,平均值为 2.96 元/千克,最大值为 4.00 元/千克。

2. 防控场景下纳塔尔小条实蝇对我国番茄产业的经济损失模型数据与来源

(1)纳塔尔小条实蝇适生区中番茄种植面积(S)　根据中华人民共和国农业农村部种植业管理司数据库,得出 2012—2016 年纳塔尔小条实蝇适生区番茄种植面积最小值为 231045.50 公顷,平均值为 252336.70 公顷,最大值为 273077.50 公顷。

(2)单位面积番茄疫区防控成本　根据美国佛罗里达州治理地中海实蝇的案例,每公顷纳塔尔小条实蝇防控费用折算约为 3000.00 元人民币(陈明忠和肖良,1997)。

(3)防控效果　根据常规防控效果要求,假设单位面积番茄疫区防控费用为 3000.00 元/公顷时,达到的防控效果为 85.00%。

(二)评估模型与参数设置

纳塔尔小条实蝇对中国番茄产业的潜在经济损失评估模型及参数设置如表 6-3-25 所示。

表 6-3-25 纳塔尔小条实蝇对中国番茄产业的潜在经济损失评估模型及参数

模型		输入变量	模型参数
不防控场景	产量下降引起的潜在经济损失(F_{11})	纳塔尔小条实蝇适生区番茄产量(Q_1)	Pert(36675560.00,38928340.00,41245100.00)吨
		纳塔尔小条实蝇对番茄为害率(I)	Pert(32.97%,35.47%,37.97%)
		番茄受纳塔尔小条实蝇为害后产量损失率(R)	Pert(54.32%,57.50%,60.68%)
		番茄市场价格水平(P_c)	Pert(0.80,4.01,10.57)元/千克
		产量下降引起的潜在经济损失(F_{11})	$F_{11}=Q_1\times I\times R\times P_c$
	质量下降引起的潜在经济损失(F_{12})	疫区单位面积品质下降番茄产量(Q_2)	$Q_2=Q_1\times I\times(1-R)$
		品质下降番茄价格水平(P_2)	Pert(1.80,2.96,4.00)元/千克
		质量下降引起的潜在经济损失(F_{12})	$F_{12}=Q_1\times I\times(1-R)(P_c-P_2)$
		不防控场景下潜在经济损失总量(F_1)	$F_1=F_{11}+F_{12}$
防控场景	防控费用(F_{21})	纳塔尔小条实蝇适生区中番茄种植面积(S)	Pert(231045.50,252336.70,273077.50)公顷
		单位番茄疫区防控成本(C)	3000.00元/公顷
		防控费用支出量(F_{21})	$F_{21}=S\times I\times C$
	投入防控潜在经济损失(F_{22})	单位适生区面积产量(A)	$A=\frac{Q_1}{S}$
		防控效果(M)	0.85
		效益校正系数(D)	2.00
		经济损害允许水平(E)	$E=\frac{C}{(A\times P_c\times M)}\times D\times 100\%$
		投入防控后潜在经济损失(F_{22})	$F_{22}=Q_1\times I\times E\times P_c+Q_1\times I\times(1-E)(P_c-P_2)$
		防控场景下潜在经济损失总量(F_2)	$F_{22}=Q_1\times I\times E\times P_c+Q_1\times I\times(1-E)(P_c-P_2)$
可挽回潜在经济损失		可挽回潜在经济损失(F_3)	$F_3=F_1-F_2$

(三)潜在经济损失

在不防控场景下,番茄产量下降引起的纳塔尔小条实蝇潜在经济损失在122313.14万~1854553.05万元,番茄质量下降引起的纳塔尔小条实蝇潜在经济损失在17.55万~1250755.62万元,纳塔尔小条实蝇对番茄的潜在经济损失总量在296324.54万~3025733.52万元(表6-3-26)。在不防控场景下,番茄市场价格水平是影响纳塔尔小条实蝇对我国番茄产业潜在经济损失的最大变量，番茄受纳塔尔小条实蝇为害后产量损失率、纳塔尔小条实蝇适生区番茄年产量次之，品质下降番茄价格水平的影响可忽略不计(图 6-3-19)。

在防控场景下，纳塔尔小条实蝇防控费用支出量在 23265.98 万～30581.30 万元，投入防控后纳塔尔小条实蝇对番茄的潜在经济损失在 58959.40 万～2350279.05 万元，纳塔尔小条实蝇对番茄的潜在经济损失总量在 82898.70 万～2379240.75 万元(表 6-3-27)。在防控场景下，纳塔尔小条实蝇对我国番茄产业潜在经济损失影响最大的变量是番茄市场价格，其次是品质下降番茄价格水平，纳塔尔小条实蝇适生区番茄种植面积对结果影响可以忽略不计(图 6-3-20)。

投入防控后，可挽回的经济损失在 197435.43 万～801020.46 万元(表 6-3-28)。对投入防控后可挽回经济损失影响最大的变量是番茄受纳塔尔小条实蝇为害后产量损失率和番茄市场价格水平(图 6-3-21)。

表 6-3-26　不防控场景下纳塔尔小条实蝇对我国番茄产业的潜在经济损失　　万元

标记	输出项	公式	最小值	平均值	最大值
F_{11}	产量下降引起的潜在经济损失	$F_{11} = Q_1 \times I \times R \times P_c$	122313.14	721408.74	1854553.05
F_{12}	质量下降引起的潜在经济损失	$F_{12} = Q_1 \times I \times (1-R)(P_c - P_2)$	17.55	332331.94	1250755.62
F_1	潜在经济损失总量	$F_1 = F_{11} + F_{12}$	296324.54	1148676.83	3025733.52

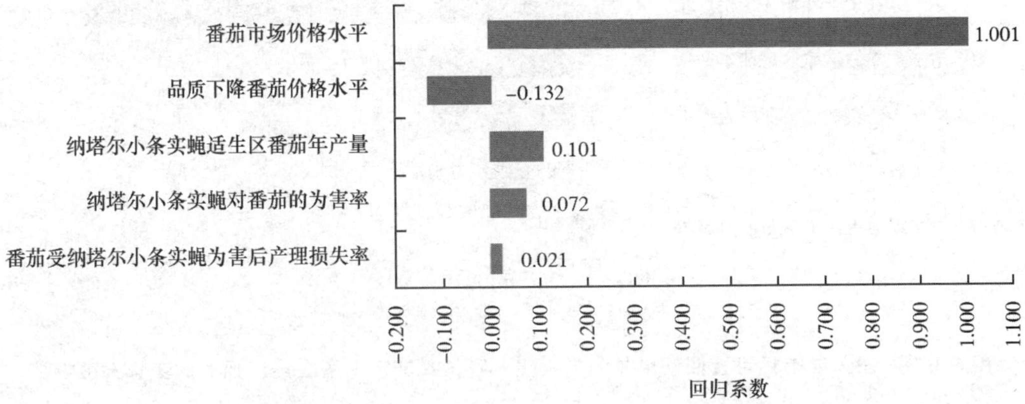

图 6-3-19　不防控场景下纳塔尔小条实蝇对我国番茄产业潜在经济损失的变量灵敏性

表 6-3-27　防控场景下纳塔尔小条实蝇对我国番茄产业的潜在经济损失　　万元

标记	输出项	公式	最小值	平均值	最大值
F_{21}	防控费用支出量	$F_{21} = S \times I \times C$	23265.98	26841.41	30581.30
F_{22}	投入防控后潜在经济损失	$F_{22} = Q_1 \times I \times E \times P_c + Q_1 \times I \times (1-E)(P_c - P_2)$	58959.40	670502.49	2350279.05
F_2	潜在经济损失总量	$F_2 = F_{21} + F_{22}$	82898.70	697344.46	2379240.75

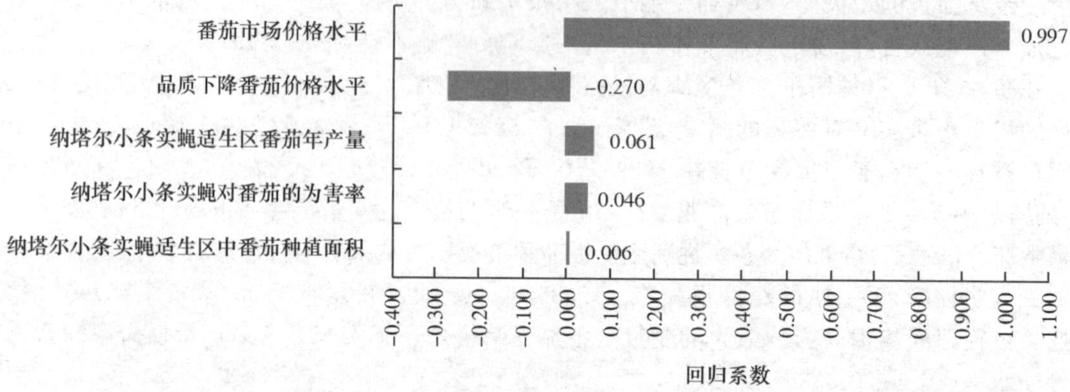

图 6-3-20　防控场景下纳塔尔小条实蝇对我国番茄产业的潜在经济损失的变量灵敏性

表 6-3-28　投入防控后可挽回纳塔尔小条实蝇对我国番茄产业的潜在经济损失　万元

场景	标记	输出项	公式	最小值	平均值	最大值
可挽回潜在经济损失	F_3	可挽回潜在经济损失总量	$F_3 = F_1 - F_2$	197435.43	451332.37	801020.46

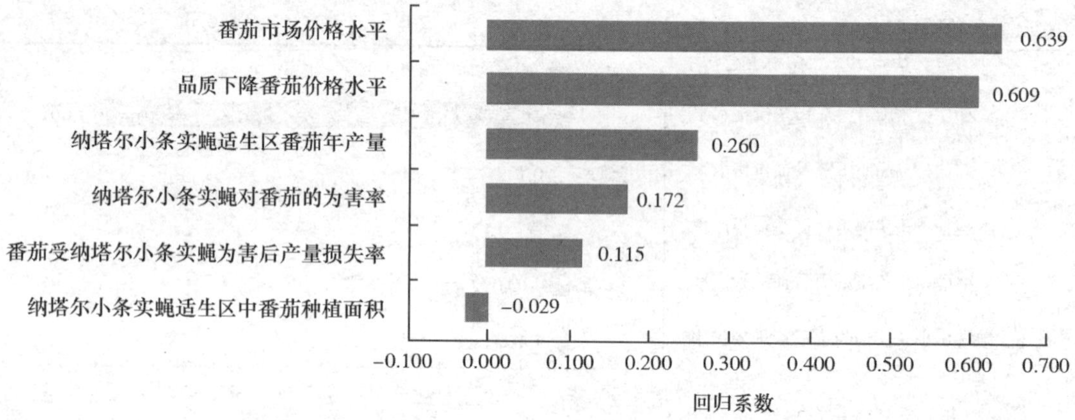

图 6-3-21　投入防控后可挽回纳塔尔小条实蝇对我国番茄产业潜在经济损失的变量灵敏性

参考文献

陈明忠，肖良．美国佛罗里达州暴发地中海实蝇后采取的紧急措施．世界农业，1997(10)：30-32.

陈乃中．中国进境植物检疫性有害生物(昆虫卷)．北京：中国农业出版社，2009.

李志红．生物入侵防控：重要经济实蝇潜在地理分布研究．北京：中国农业大学出版社，2015.

全国农产品商务信息公共服务平台．2018．http://nc.mofcom.gov.cn/.

中华人民共和国农业农村部．2018．http://202.127.42.157/moazzys/shucai_cx.aspx.

Appiah E F, Afreh-Nuamah K, Obeng-Ofori D．Abundance and distribution of the Mediterranean fruit fly *Ceratitis capitata* (Diptera：Tephritidae), in Late Valencia citrus orchards in

Ghana. International Journal of Tropical Insect Science, 2009, 29(1): 11-16.

CABI. 2017. https://www.cabi.org/cpc/abstract/20173373945.

D'Aquino S, Cocco A, Ortu S, et al. Effects of kaolin-based particle film to control *Ceratitis capitata* (Diptera: Tephritidae) infestations and postharvest decay in citrus and stone fruit. Crop Protection, 2011, 30(8): 1079-1086.

FAOstat. 2017. http://www.fao.org/faostat/en/#data.

Hafsi A, Abbes K, Harbi A, et al. Comparative efficacy of Malathion and spinosad bait sprays against *Ceratitis capitata* Wiedmann (Diptera: Tephritidae) in Tunisian citrus orchards. Journal of Entomology and Zoology Studies, 2015, 3(6): 246-49.

Tabilio M R, Fiorini D, Marcantoni E, et al. Impact of the Mediterranean fruit fly (medfly) *Ceratitis capitata* on different peach cultivars: the possible role of peach volatile compounds. Food chemistry, 2013, 140(1-2): 375-381.

Vayssières J F, Wharton R, Adandonon A, et al. Preliminary inventory of parasitoids associated with fruit flies in mangoes, guavas, cashew pepper and wild fruit crops in Benin. Biocontrol, 2011, 56(1): 35-43.

第七章　寡鬃实蝇属重要种类的潜在经济损失

第一节　埃塞俄比亚寡鬃实蝇

一、埃塞俄比亚寡鬃实蝇概况

埃塞俄比亚寡鬃实蝇[*Dacus ciliatus* (Loew)]，隶属双翅目(Diptera)，实蝇科(Tephritidae)，寡鬃实蝇属(*Dacus*)(Doorenweerd et al.，2018)，被我国列为进境检疫性害虫。

埃塞俄比亚寡鬃实蝇主要分布于孟加拉国、印度、斯里兰卡、巴基斯坦、伊朗、沙特阿拉伯、几内亚、加纳、贝宁、尼日利亚、喀麦隆、苏丹、埃塞俄比亚、索马里、肯尼亚、乌干达、坦桑尼亚、赞比亚、马达加斯加、毛里求斯、津巴布韦、南非等。据推测，2020 年，埃塞俄比亚寡鬃实蝇在中国适生区主要包括台湾，云南、广东、广西、海南、福建、西藏、贵州、江西、浙江部分地区；其余地区均为非适生区(李志红，2015)。2005 年，原广州出入境检验检疫局的工作人员从来自伊朗的旅客携带的青瓜中发现了埃塞俄比亚寡鬃实蝇，该实蝇目前在中国未有分布(梁帆等，2006)。埃塞俄比亚寡鬃实蝇的寄主主要包括甜瓜、黄瓜、南瓜、西瓜、苦瓜、葫芦、西葫芦、非洲角瓜、辣椒、番茄、咖啡、菜豆、黄葵等多种植物(CPC，2012)。有报道显示，埃塞俄比亚寡鬃实蝇对瓜类为害极为严重，该实蝇在印度能够对苦瓜造成严重损失(Kapoor，2005；Viraktamath et al.，2003)。

二、埃塞俄比亚寡鬃实蝇对我国苦瓜产业的潜在经济损失评估

(一)主要数据与来源

1. 不防控场景下埃塞俄比亚寡鬃实蝇对我国苦瓜产业的经济损失模型数据与来源

(1)埃塞俄比亚寡鬃实蝇适生区苦瓜年产量　2020 年，埃塞俄比亚寡鬃实蝇在中国的适生区包括广东、广西、福建、台湾、海南、云南、贵州、重庆、浙江、江西省大部分地区，四川、湖南部分地区，其余地区均为非适生区(李志红，2015)。若埃塞俄比亚寡鬃实蝇在其适生区定殖，则 2012—2016 年埃塞俄比亚寡鬃实蝇适生区苦瓜年产量最小值为 1723200.00 吨，平均值为 2315290.00 吨，最大值为 2632390.00 吨。利用 Pert(1723200.00，2315290.00，2632390.00)进行模拟。

(2)埃塞俄比亚寡鬃实蝇对苦瓜的为害率　通过对埃塞俄比亚寡鬃实蝇对苦瓜的田间为害调查，埃塞俄比亚寡鬃实蝇对苦瓜的为害率范围在 8.70%～10.00%(Kandakoor et al.，2013)，利用 Pert(8.70%，9.35%，10.00%)进行模拟。

(3)苦瓜受埃塞俄比亚寡鬃实蝇为害后产量损失率　目前，国内外对于该实蝇研究较少。无法从现有文献及数据库中获取苦瓜受埃塞俄比亚寡鬃实蝇为害后产量损失率，因此，假设存在两种极端情况，苦瓜受埃塞俄比亚寡鬃实蝇为害后产量零损失或者完全损失，则损失率范围为 0.00%～100.00%。利用 Pert(0.00%，50.00%，100.00%)进行模拟。

(4)苦瓜市场价格水平　参照瓜实蝇(第十一章第一节)，采用 Pert(1.80，5.51，20.74)进行模拟。

(5)品质下降苦瓜价格水平 参照瓜实蝇(第十一章第一节),利用Pert(1.80,4.00,5.50)进行模拟。

2.防控场景下埃塞俄比亚寡鬃实蝇对我国苦瓜产业的经济损失模型数据与来源

(1)埃塞俄比亚寡鬃实蝇适生区中苦瓜种植面积 同埃塞俄比亚寡鬃实蝇适生区苦瓜年产量类似,埃塞俄比亚寡鬃实蝇适生区苦瓜种植面积最小值为48155.01公顷,平均值为81511.99公顷,最大值为106666.67公顷。因此,利用Pert(48155.01,81511.99,106666.67)进行模拟。

(2)单位面积苦瓜疫区防控成本 参照瓜实蝇(第十一章第一节),利用Pert(6.00,159.92,450.00)进行模拟。

(3)防控效果 参照瓜实蝇(第十一章第一节),利用Pert(45.00%,78.00%,90.00%)对防控效果进行模拟。

(二)评估模型与参数设置

埃塞俄比亚寡鬃实蝇对中国苦瓜产业的潜在经济损失评估模型及参数设置如表7-1-1所示。

表7-1-1 瓜实蝇对中国苦瓜产业的潜在经济损失评估模型及参数

	模型	输入变量	模型参数
不防控场景	产量下降引起的潜在经济损失(F_{11})	埃塞俄比亚寡鬃实蝇适生区苦瓜产量(Q_1)	Pert(1723200.00,2315290.00,2632390.00)吨
		埃塞俄比亚寡鬃实蝇对苦瓜为害率(I)	Pert(8.70%,9.35%,10.00%)
		苦瓜受埃塞俄比亚寡鬃实蝇为害后产量损失率(R)	Pert(0.00%,50.00%,100.00%)
		苦瓜市场价格水平(P_c)	Pert(1.80,5.51,20.74)元
		产量下降引起的潜在经济损失(F_{11})	$F_{11} = Q_1 \times I \times R \times P_c$
	质量下降引起的潜在经济损失(F_{12})	疫区单位面积品质下降苦瓜产量(Q_2)	$Q_2 = Q_1 \times I \times (1-R)$
		品质下降苦瓜价格水平(P_2)	Pert(1.80,4.00,5.50)元
		质量下降引起的潜在经济损失(F_{12})	$F_{12} = Q_1 \times I \times (1-R)(P_c - P_2)$
		不防控场景下潜在经济损失总量(F_1)	$F_1 = F_{11} + F_{12}$
防控场景	防控费用(F_{21})	埃塞俄比亚寡鬃实蝇适生区中苦瓜种植面积(S)	Pert(48155.01,81511.99,106666.67)公顷
		单位苦瓜疫区防控成本(C)	Pert(6.00,159.92,450.00)
		防控费用支出量(F_{21})	$F_{21} = S \times I \times C$
	投入防控潜在经济损失(F_{22})	单位适生区面积产量(A)	$A = \frac{Q_1}{S}$

续表 7-1-1

模型	输入变量	模型参数
	防控效果(M)	Pert(45.00%,78.00%,90.00%)
	效益校正系数(D)	2.00
	经济损害允许水平(E)	$E=\frac{C}{(A\times P_c\times M)}\times D\times 100\%$
	投入防控后潜在经济损失(F_{22})	$F_{22}=Q_1\times I\times E\times P_c+Q_1\times I\times(1-E)(P_c-P_2)$
	防控场景下潜在经济损失总量(F_2)	$F_{22}=Q_1\times I\times E\times P_c+Q_1\times I\times(1-E)(P_c-P_2)$
可挽回潜在经济损失	可挽回潜在经济损失(F_3)	$F_3=F_1-F_2$

(三)潜在经济损失

在不防控场景下,通过对产量下降引起的经济损失、质量下降引起的经济损失和经济损失总量进行模拟可以得出,在不防控场景下,产量下降引起的经济损失量在 20281.30 万~172744.29 万元,质量下降引起的经济损失在 3373.23 万~122624.52 万元,经济损失总量在 43385.34 万~256705.16 万元(表 7-1-2)。不防控场景下,苦瓜市场价格水平是对结果影响最大的输入变量;苦瓜受埃塞俄比亚寡鬃实蝇为害后产量损失率对结果影响次之;埃塞俄比亚寡鬃实蝇对苦瓜的为害率对结果的影响忽略不计(图 7-1-1)。

在防控场景下,通过对防控费用支出量、投入防控后经济损失量和经济损失总量进行模拟,可以得出,在防控场景下,防控费用支出量在 607.65 万~3781.79 万元,投入防控后经济损失量在 13579.73 万~215284.70 万元,经济损失总量在 15608.77 万~217208.60 万元(表 7-1-3)。防控场景下,苦瓜受埃塞俄比亚寡鬃实蝇为害后产量损失率是对结果影响最大的输入变量;品质下降苦瓜价格水平次之;防控效果对结果影响可忽略不计(图 7-1-2)。

因此,投入防控后,可挽回经济损失总量在 9579.28 万~66685.83 万元(表 7-1-4)。对投入防控后可挽回经济损失影响最大的变量是苦瓜受埃塞俄比亚寡鬃实蝇为害后产量损失率(图 7-1-3)。

表 7-1-2 不防控场景下埃塞俄比亚寡鬃实蝇对我国苦瓜产业的潜在经济损失 万元

标记	输出项	公式	最小值	平均值	最大值
F_{11}	产量下降引起的潜在经济损失	$F_{11}=Q_1\times I\times R\times P_c$	20281.30	68589.32	172744.29
F_{12}	质量下降引起的潜在经济损失	$F_{12}=Q_1\times I\times(1-R)(P_c-P_2)$	3373.23	35669.08	122624.52
F_1	潜在经济损失总量	$F_1=F_{11}+F_{12}$	43385.34	121437.34	256705.16

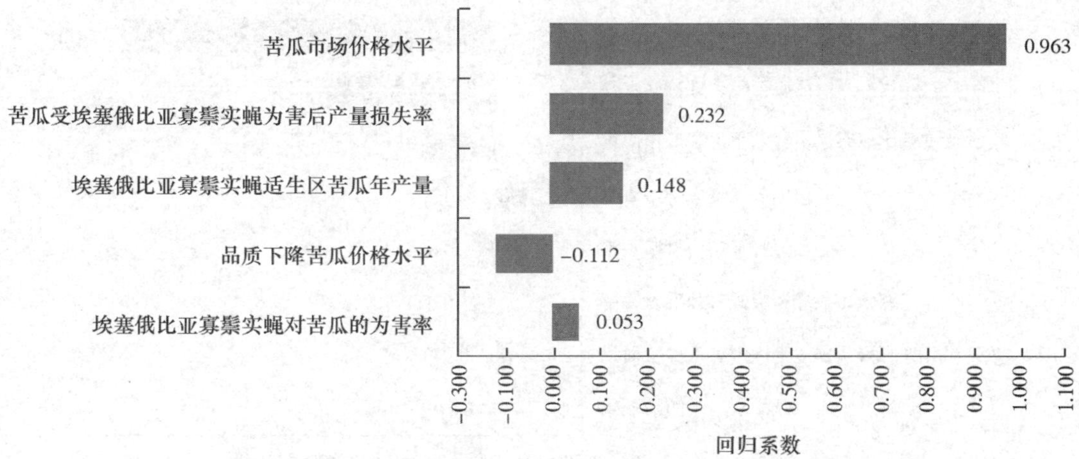

图 7-1-1　不防控场景下埃塞俄比亚寡鬃实蝇对我国苦瓜产业潜在经济损失的变量灵敏性

表 7-1-3　防控场景下埃塞俄比亚寡鬃实蝇对我国苦瓜产业的潜在经济损失　　万元

标记	输出项	公式	最小值	平均值	最大值
F_{21}	防控费用支出量	$F_{21}=S\times I\times C$	607.65	1937.88	3781.79
F_{22}	投入防控后潜在经济损失	$F_{22}=Q_1\times I\times E\times P_c+Q_1\times I\times(1-E)(P_c-P_2)$	13579.73	82924.42	215284.70
F_2	潜在经济损失总量	$F_2=F_{21}+F_{22}$	15608.77	84942.86	217208.60

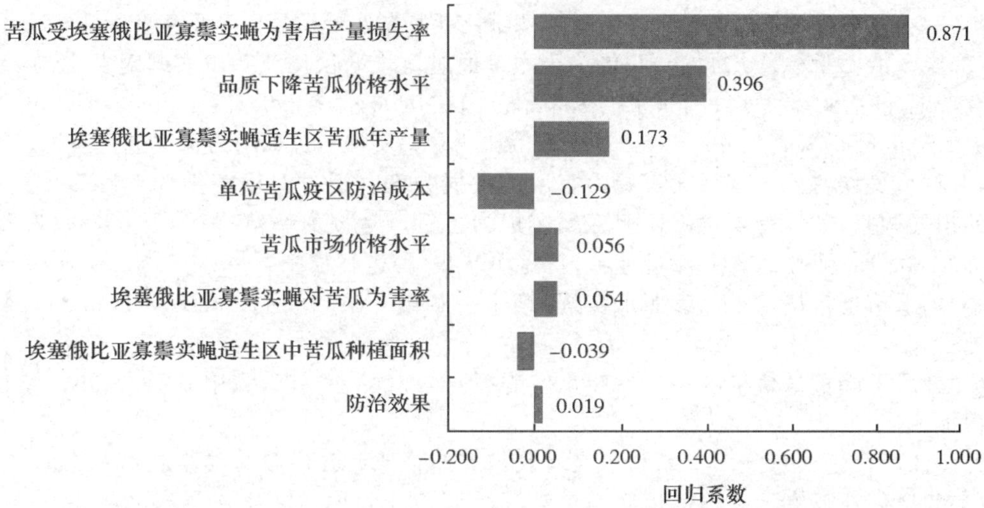

图 7-1-2　防控场景下埃塞俄比亚寡鬃实蝇对我国苦瓜产业的潜在经济损失的变量灵敏性

表 7-1-4　投入防控后可挽回埃塞俄比亚寡鬃实蝇对我国苦瓜产业的潜在经济损失　　万元

场景	标记	输出项	公式	最小值	平均值	最大值
可挽回潜在经济损失	F_3	可挽回潜在经济损失总量	$F_3=F_1-F_2$	9579.28	34346.02	66685.83

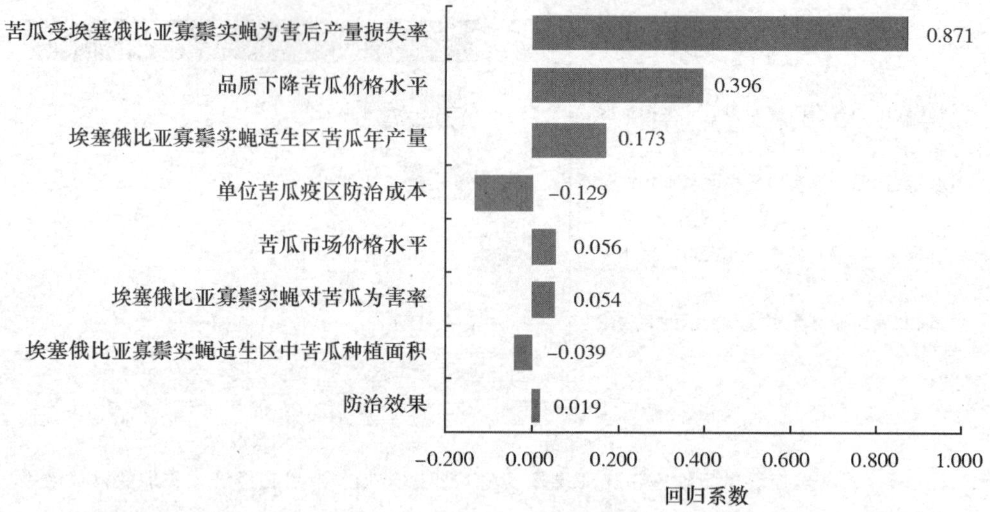

图 7-1-3 投入防控后可挽回埃塞俄比亚寡鬃实蝇对我国苦瓜产业潜在经济损失的变量灵敏性

三、埃塞俄比亚寡鬃实蝇对我国黄瓜产业的潜在经济损失评估

(一)主要数据与来源

1. 不防控场景下埃塞俄比亚寡鬃实蝇对我国黄瓜产业的经济损失模型数据与来源

(1)埃塞俄比亚寡鬃实蝇适生区黄瓜年产量　2012—2016 年埃塞俄比亚寡鬃实蝇适生区黄瓜年产量最小值为 5974630.00 吨,平均值为 6711490.00 吨,最大值为 7282140.00 吨。利用 Pert(5974630.00,6711490.00,7282140.00)对埃塞俄比亚寡鬃实蝇适生区黄瓜年产量进行模拟。

(2)埃塞俄比亚寡鬃实蝇对黄瓜的为害率　通过对埃塞俄比亚寡鬃实蝇对黄瓜的为害的田间调查,埃塞俄比亚寡鬃实蝇对黄瓜的为害率范围在 0.00%~82.61%(Kandakoor et al.,2013),利用 Pert(0.00%,38.78%,82.61%)对埃塞俄比亚寡鬃实蝇对黄瓜的为害率进行模拟。

(3)黄瓜受埃塞俄比亚寡鬃实蝇为害后产量损失率　通过对埃塞俄比亚寡鬃实蝇对作物造成的损失调查,黄瓜受埃塞俄比亚寡鬃实蝇为害后产量损失率范围在 0.00%~67.20%,平均值为 48.03%,利用 Pert(0.00%,48.03%,67.20%)进行模拟。

(4)黄瓜市场价格水平　参照瓜实蝇(第十一章第一节),利用 Pert(0.99,3.26,10.19)进行模拟。

(5)品质下降黄瓜价格水平　参照瓜实蝇(第十一章第一节),利用 Pert(0.99,2.53,3.26)进行模拟。

2. 防控场景下埃塞俄比亚寡鬃实蝇对我国黄瓜产业的经济损失模型数据与来源

(1)埃塞俄比亚寡鬃实蝇适生区中黄瓜种植面积　同埃塞俄比亚寡鬃实蝇适生区黄瓜年产量类似,埃塞俄比亚寡鬃实蝇适生区黄瓜种植面积最小值为 237069.72 公顷,平均值为 253155.03 公顷,最大值为 267222.09 公顷。因此,利用 Pert(237069.72,253155.03,267222.09)进行模拟。

(2)单位面积黄瓜疫区防控成本　参照瓜实蝇(第十一章第一节),利用 Pert(6.00,159.92,450.00)进行模拟。

(3)防控效果　参照瓜实蝇(第十一章第一节),利用 Pert(45.00%,78.00%,90.00%)对防控效果进行模拟。

(二)评估模型与参数设置

埃塞俄比亚寡鬃实蝇对中国黄瓜产业的潜在经济损失评估模型及参数设置如表 7-1-5 所示。

表 7-1-5　埃塞俄比亚寡鬃实蝇对中国黄瓜产业的潜在经济损失评估模型及参数

	模型	输入变量	模型参数
不防控场景	产量下降引起的潜在经济损失(F_{11})	埃塞俄比亚寡鬃实蝇适生区黄瓜产量(Q_1)	Pert(5974630.00,6711490.00,7282140.00)吨
		埃塞俄比亚寡鬃实蝇对黄瓜为害率(I)	Pert(0.00%,38.78%,82.61%)
		黄瓜受埃塞俄比亚寡鬃实蝇为害后产量损失率(R)	Pert(0.00%,48.03%,67.20%)
		黄瓜市场价格水平(P_c)	Pert(0.99,3.26,10.19)元
		产量下降引起的潜在经济损失(F_{11})	$F_{11}=Q_1\times I\times R\times P_c$
	质量下降引起的潜在经济损失(F_{12})	疫区单位面积品质下降黄瓜产量(Q_2)	$Q_2=Q_1\times I\times(1-R)$
		品质下降黄瓜价格水平(P_2)	Pert(0.99,2.53,3.26)元
		质量下降引起的潜在经济损失(F_{12})	$F_{12}=Q_1\times I\times(1-R)(P_c-P_2)$
		不防控场景下潜在经济损失总量(F_1)	$F_1=F_{11}+F_{12}$
防控场景	防控费用(F_{21})	埃塞俄比亚寡鬃实蝇适生区中黄瓜种植面积(S)	Pert(237069.72,253155.03,267222.09)公顷
		单位黄瓜疫区防控成本(C)	Pert(6.00,159.92,450.00)
		防控费用支出量(F_{21})	$F_{21}=S\times I\times C$
	投入防控潜在经济损失 F_{22}	单位适生区面积产量(A)	$A=Q_1/S$
		防控效果(M)	Pert(45.00%,78.00%,90.00%)
		效益校正系数(D)	2.00
		经济损害允许水平(E)	$E=\frac{C}{(A\times P_c\times M)}\times D\times 100\%$
		投入防控后潜在经济损失(F_{22})	$F_{22}=Q_1\times I\times E\times P_c+Q_1\times I\times(1-E)(P_c-P_2)$
		防控场景下潜在经济损失总量(F_2)	$F_{22}=Q_1\times I\times E\times P_c+Q_1\times I\times(1-E)(P_c-P_2)$
可挽回潜在经济损失		可挽回潜在经济损失(F_3)	$F_3=F_1-F_2$

(三)潜在经济损失

在不防控场景下,通过对产量下降引起的经济损失、质量下降引起的经济损失和经济损失总量进行模拟可以得出,在不防控场景下,产量下降引起的经济损失量在 98900.42 万～

1078183.21 万元，质量下降引起的经济损失在 22698.61 万～875764.32 万元，经济损失总量在 194545.76 万～1882797.42 万元(表 7-1-6)。不防控场景下，黄瓜市场价格、埃塞俄比亚寡鬃实蝇对黄瓜的为害率是对结果影响较大的输入变量；埃塞俄比亚寡鬃实蝇适生区黄瓜年产量对结果几乎没有影响(图 7-1-4)。

在防控场景下，通过对防控费用支出量、投入防控后经济损失量和经济损失总量进行模拟，可以得出，在防控场景下，防控费用支出量在 5657.08 万～59610.44 万元，投入防控后经济损失量在 88775.67 万～1536791.26 万元，经济损失总量在 104070.65 万～1573676.93 万元(表 7-1-7)。防控场景下，埃塞俄比亚寡鬃实蝇对黄瓜的为害率、黄瓜受埃塞俄比亚寡鬃实蝇为害后产量损失率是对结果影响较大的输入变量；埃塞俄比亚寡鬃实蝇适生区黄瓜种植面积对结果影响可以忽略不计(图 7-1-5)。

因此，投入防控后，可挽回经济损失总量在 37126.42 万～447046.25 万元(表 7-1-8)。对投入防控后可挽回经济损失影响最大的变量是埃塞俄比亚寡鬃实蝇对黄瓜的为害率(图 7-1-6)。

表 7-1-6　不防控场景下埃塞俄比亚寡鬃实蝇对我国黄瓜产业的潜在经济损失　　万元

标记	输出项	公式	最小值	平均值	最大值
F_{11}	产量下降引起的潜在经济损失	$F_{11}=Q_1\times I\times R\times P_c$	98900.42	388661.57	1078183.21
F_{12}	质量下降引起的潜在经济损失	$F_{12}=Q_1\times I\times(1-R)(P_c-P_2)$	22698.61	244052.38	875764.32
F_1	潜在经济损失总量	$F_1=F_{11}+F_{12}$	194545.76	713928.32	1882797.42

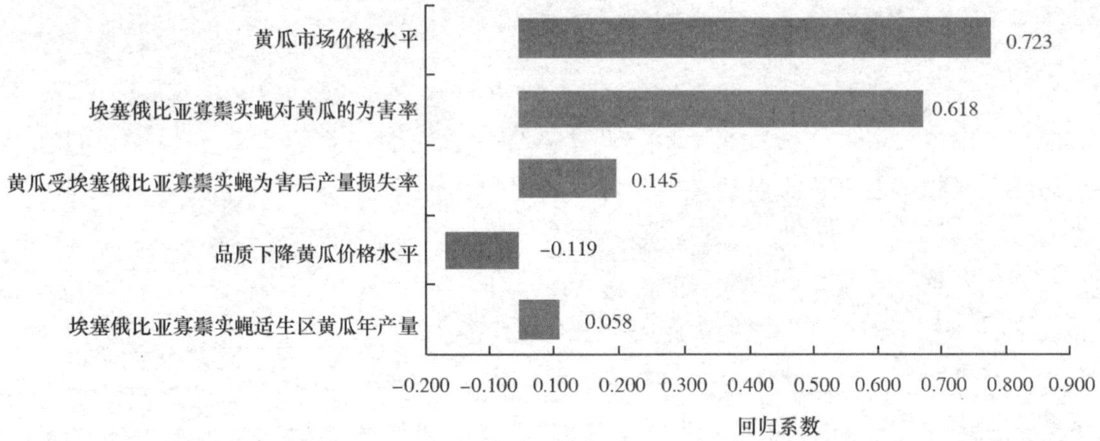

图 7-1-4　不防控场景下埃塞俄比亚寡鬃实蝇对我国黄瓜产业潜在经济损失的变量灵敏性

表 7-1-7　防控场景下埃塞俄比亚寡鬃实蝇对我国黄瓜产业的潜在经济损失　　万元

标记	输出项	公式	最小值	平均值	最大值
F_{21}	防控费用支出量	$F_{21}=S\times I\times C$	5657.08	23897.52	59610.44
F_{22}	投入防控后潜在经济损失	$F_{22}=Q_1\times I\times E\times P_c+Q_1\times I\times(1-E)(P_c-P_2)$	88775.67	485719.11	1536791.26
F_2	潜在经济损失总量	$F_2=F_{21}+F_{22}$	104070.65	512345.73	1573676.93

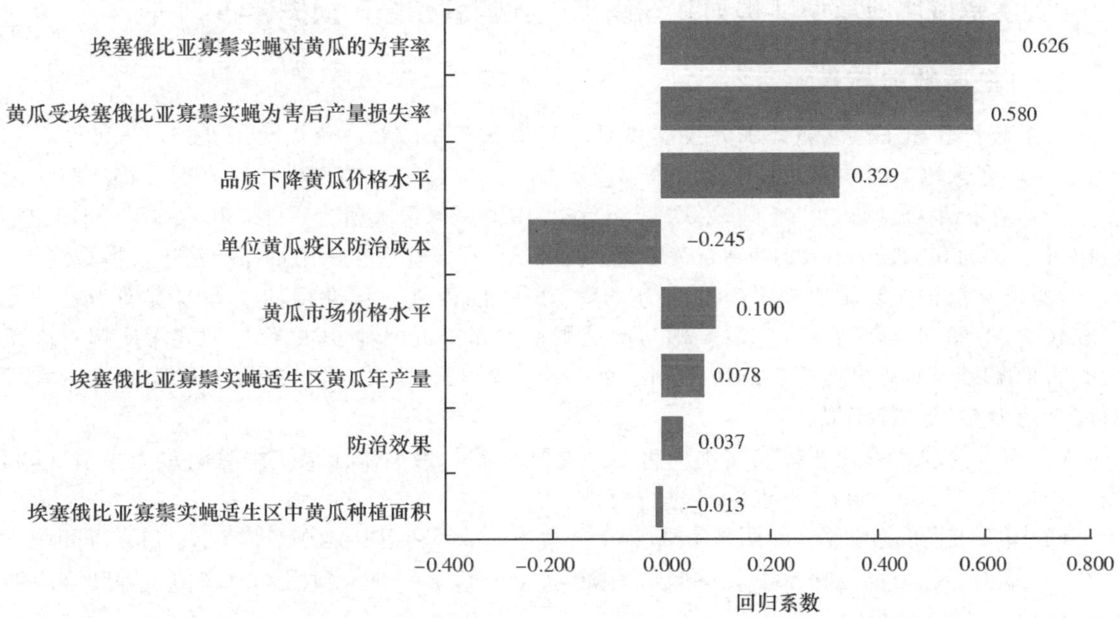

图 7-1-5　防控场景下埃塞俄比亚寡鬃实蝇对我国黄瓜产业的潜在经济损失的变量灵敏性

表 7-1-8　投入防控后可挽回埃塞俄比亚寡鬃实蝇对我国黄瓜产业的潜在经济损失　　万元

场景	标记	输出项	公式	最小值	平均值	最大值
可挽回潜在经济损失	F_3	可挽回潜在经济损失总量	$F_3=F_1-F_2$	37126.42	180052.71	447046.25

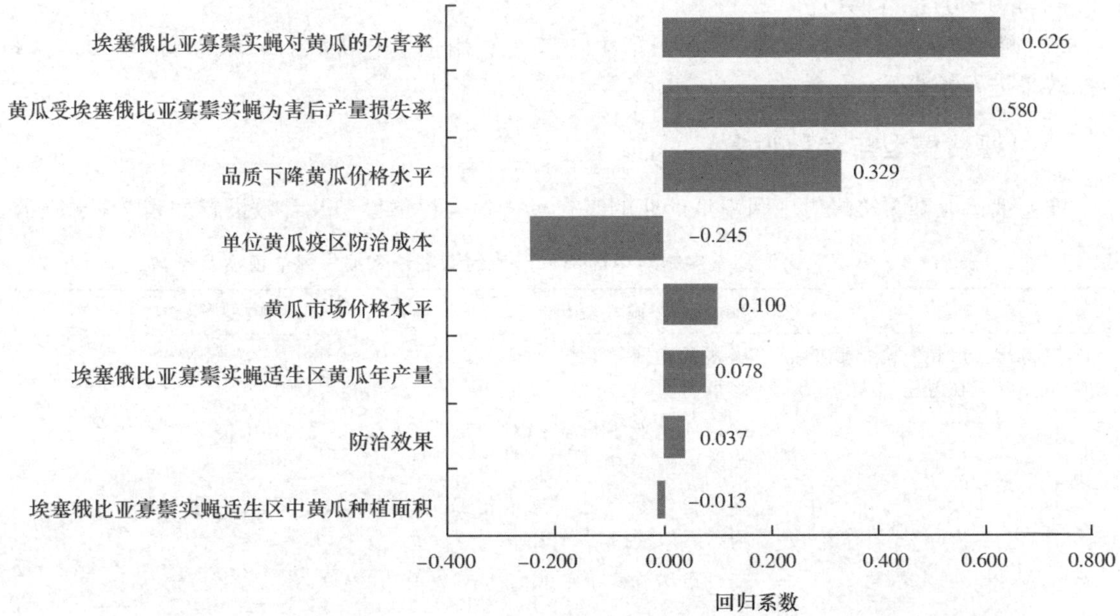

图 7-1-6　投入防控后可挽回埃塞俄比亚寡鬃实蝇对我国黄瓜产业潜在经济损失的变量灵敏性

四、埃塞俄比亚寡鬃实蝇对我国南瓜产业的潜在经济损失评估

（一）主要数据与来源

1. 不防控场景下埃塞俄比亚寡鬃实蝇对我国南瓜产业的经济损失模型数据与来源

（1）埃塞俄比亚寡鬃实蝇适生区南瓜年产量　2012—2016 年埃塞俄比亚寡鬃实蝇适生区南瓜年产量最小值为 1107640.00 吨，平均值为 1163310.00 吨，最大值为 1231480.00 吨。利用 Pert(1107640.00，1163310.00，1231480.00)对埃塞俄比亚寡鬃实蝇适生区南瓜年产量进行模拟。

（2）埃塞俄比亚寡鬃实蝇对南瓜的为害率　由于国内外对埃塞俄比亚寡鬃实蝇为害情况研究较少，考虑到埃塞俄比亚寡鬃实蝇与南亚果实蝇属于近似种，埃塞俄比亚寡鬃实蝇对南瓜的为害情况参照南亚果实蝇。利用 Pert(19.73%，43.52%，73.10%)对埃塞俄比亚寡鬃实蝇对南瓜的为害率进行模拟。

（3）南瓜受埃塞俄比亚寡鬃实蝇为害后产量损失率　参照南亚果实蝇对南瓜为害情况，利用 Pert(10.00%，40.00%，70.00%)进行模拟。

（4）南瓜市场价格水平　参照瓜实蝇(第十一章第一节)，利用 Pert(0.41，2.03，7.21)进行模拟。

（5）品质下降南瓜价格水平　参照瓜实蝇(第十一章第一节)，利用 Pert(0.41，1.59，2.02)进行模拟。

2. 防控场景下埃塞俄比亚寡鬃实蝇对我国南瓜产业的经济损失模型数据与来源

（1）埃塞俄比亚寡鬃实蝇适生区中南瓜种植面积　同埃塞俄比亚寡鬃实蝇适生区南瓜年产量类似，埃塞俄比亚寡鬃实蝇适生区南瓜种植面积最小值为 60092.95 公顷，平均值为 62949.53 公顷，最大值为 66803.63 公顷。因此，利用 Pert(60092.95，62949.53，66803.63)进行模拟。

（2）单位面积南瓜疫区防控成本　参照瓜实蝇(第十一章第一节)，利用 Pert(6.00，159.92，450.00)进行模拟。

（3）防控效果　参照瓜实蝇(第十一章第一节)，利用 Pert(45.00%，78.00%，90.00%)对防控效果进行模拟。

（二）评估模型与参数设置

埃塞俄比亚寡鬃实蝇对中国南瓜产业的潜在经济损失评估模型及参数设置如表 7-1-9 所示。

表 7-1-9　埃塞俄比亚寡鬃实蝇对中国南瓜产业的潜在经济损失评估模型及参数

模型		输入变量	模型参数
不防控场景	产量下降引起的潜在经济损失(F_{11})	埃塞俄比亚寡鬃实蝇适生区南瓜产量(Q_1)	Pert(1107640.00，1163310.00，1231480.00)吨
		埃塞俄比亚寡鬃实蝇对南瓜为害率(I)	Pert(19.73%，43.52%，73.10%)
		南瓜受埃塞俄比亚寡鬃实蝇为害后产量损失率(R)	Pert(10.00%，40.00%，70.00%)
		南瓜市场价格水平(P_c)	Pert(0.41，2.03，7.21)元
		产量下降引起的潜在经济损失(F_{11})	$F_{11}=Q_1\times I\times R\times P_c$

续表 7-1-9

	模型	输入变量	模型参数
	质量下降引起的潜在经济损失(F_{12})	疫区单位面积品质下降南瓜产量(Q_2)	$Q_2 = Q_1 \times I \times (1-R)$
		品质下降南瓜价格水平(P_2)	Pert(0.41,1.59,2.02)元
		质量下降引起的潜在经济损失(F_{12})	$F_{12} = Q_1 \times I \times (1-R)(P_c - P_2)$
		不防控场景下潜在经济损失总量(F_1)	$F_1 = F_{11} + F_{12}$
防控场景	防控费用(F_{21})	埃塞俄比亚寡鬃实蝇适生区中南瓜种植面积(S)	Pert(60092.95,62949.53,66803.63)公顷
		单位南瓜疫区防控成本(C)	Pert(6.00,159.92,450.00)
		防控费用支出量(F_{21})	$F_{21} = S \times I \times C$
	投入防控潜在经济损失(F_{22})	单位适生区面积产量(A)	$A = \frac{Q_1}{S}$
		防控效果(M)	Pert(45.00%,78.00%,90.00%)
		效益校正系数(D)	2.00
		经济损害允许水平(E)	$E = \frac{C}{(A \times P_c \times M)} \times D \times 100\%$
		投入防控后潜在经济损失(F_{22})	$F_{22} = Q_1 \times I \times E \times P_c + Q_1 \times I \times (1-E)(P_c - P_2)$
		防控场景下潜在经济损失总量(F_2)	$F_{22} = Q_1 \times I \times E \times P_c + Q_1 \times I \times (1-E)(P_c - P_2)$
可挽回潜在经济损失		可挽回潜在经济损失(F_3)	$F_3 = F_1 - F_2$

(三)潜在经济损失

在不防控场景下,通过对产量下降引起的经济损失、质量下降引起的经济损失和经济损失总量进行模拟可以得出,在不防控场景下,产量下降引起的经济损失量在 14408.09 万～119706.70 万元,质量下降引起的经济损失在 4008.69 万～120335.06 万元,经济损失总量在 32327.35 万～228531.87 万元(表 7-1-10)。不防控场景下,南瓜市场价格水平是对埃塞俄比亚寡鬃实蝇对中国南瓜产业造成的潜在经济损失影响最大的输入变量;埃塞俄比亚寡鬃实蝇对南瓜的为害率对结果影响第二;埃塞俄比亚寡鬃实蝇适生区南瓜年产量对结果几乎没有影响(图 7-1-7)。

在防控场景下,通过对防控费用支出量、投入防控后经济损失量和经济损失总量进行模拟,可以得出,在防控场景下,防控费用支出量在 2150.68 万～14960.99 万元,投入防控后经济损失量在 22230.97 万～201385.87 万元,经济损失总量在 27149.56 万～210676.48 万元(表 7-1-11)。防控场景下,埃塞俄比亚寡鬃实蝇对南瓜的为害率、南瓜受埃塞俄比亚寡鬃实蝇为害后产量损失率是对结果影响较大的输入变量;埃塞俄比亚寡鬃实蝇适生区南瓜种植面积对结果影响可以忽略不计(图 7-1-8)。

因此，投入防控后，可挽回经济损失总量在 1730.48 万～37398.98 万元(表 7-1-12)。对投入防控后可挽回经济损失影响最大的变量是埃塞俄比亚寡鬃实蝇对南瓜的为害率(图 7-1-9)。

表 7-1-10 不防控场景下埃塞俄比亚寡鬃实蝇对我国南瓜产业的潜在经济损失 万元

标记	输出项	公式	最小值	平均值	最大值
F_{11}	产量下降引起的潜在经济损失	$F_{11} = Q_1 \times I \times R \times P_c$	14408.09	47131.09	119706.70
F_{12}	质量下降引起的潜在经济损失	$F_{12} = Q_1 \times I \times (1-R)(P_c - P_2)$	4008.69	39445.09	120335.06
F_1	潜在经济损失总量	$F_1 = F_{11} + F_{12}$	32327.35	97206.81	228531.87

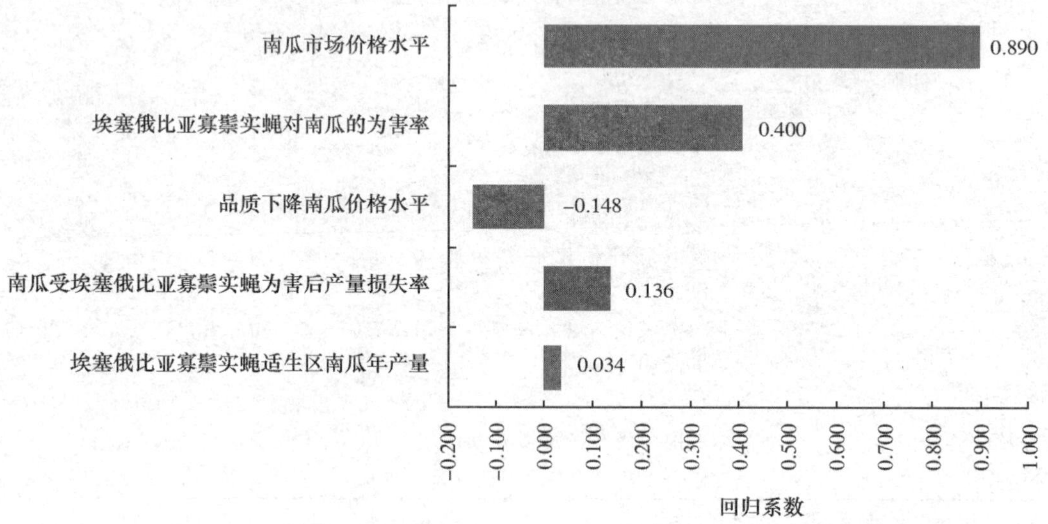

图 7-1-7 不防控场景下埃塞俄比亚寡鬃实蝇对我国南瓜产业潜在经济损失的变量灵敏性

表 7-1-11 防控场景下埃塞俄比亚寡鬃实蝇对我国南瓜产业的潜在经济损失 万元

标记	输出项	公式	最小值	平均值	最大值
F_{21}	防控费用支出量	$F_{21} = S \times I \times C$	2150.68	7070.10	14960.99
F_{22}	投入防控后潜在经济损失	$F_{22} = Q_1 \times I \times E \times P_c + Q_1 \times I \times (1-E)(P_c - P_2)$	22230.97	78634.02	201385.87
F_2	潜在经济损失总量	$F_2 = F_{21} + F_{22}$	27149.56	86370.05	210676.48

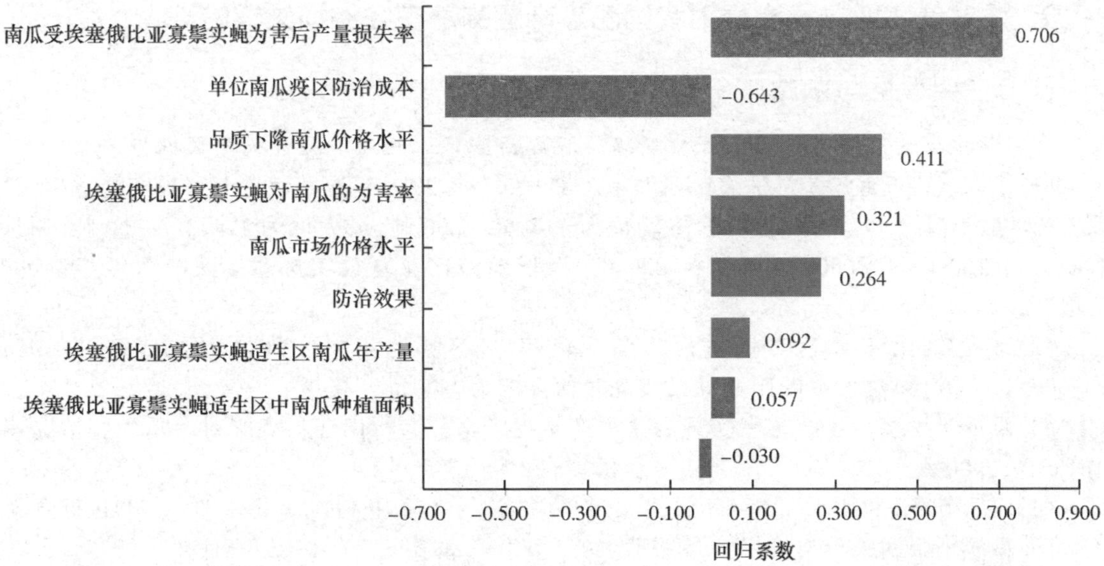

图 7-1-8　防控场景下埃塞俄比亚寡鬃实蝇对我国南瓜产业的潜在经济损失的变量灵敏性

表 7-1-12　投入防控后可挽回埃塞俄比亚寡鬃实蝇对我国南瓜产业的潜在经济损失　万元

场景	标记	输出项	公式	最小值	平均值	最大值
可挽回潜在经济损失	F_3	可挽回潜在经济损失总量	$F_3 = F_1 - F_2$	1730.48	13948.81	37398.98

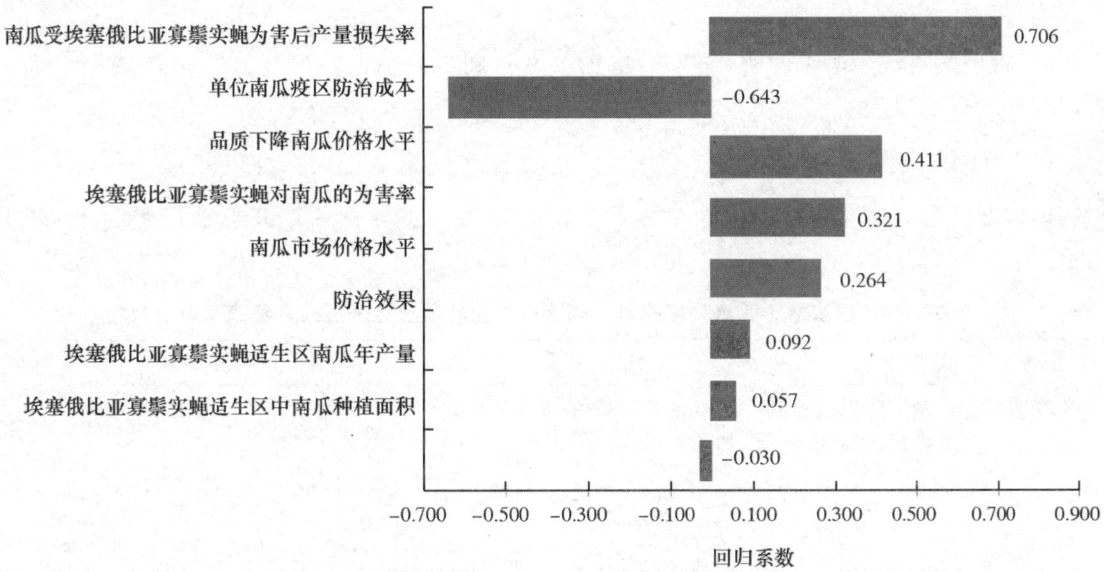

图 7-1-9　投入防控后可挽回埃塞俄比亚寡鬃实蝇对我国南瓜产业潜在经济损失的变量灵敏性

五、埃塞俄比亚寡鬃实蝇对我国西瓜产业的潜在经济损失评估

(一)主要数据与来源

1. 不防控场景下埃塞俄比亚寡鬃实蝇对我国西瓜产业的经济损失模型数据与来源

(1)埃塞俄比亚寡鬃实蝇适生区西瓜年产量　2012—2016 年埃塞俄比亚寡鬃实蝇适生区西瓜年产量最小值为 11147150.00 吨，平均值为 11806640.00 吨，最大值为 12449270.00 吨。利用 Pert(11147150.00,11806640.00,12449270.00)对埃塞俄比亚寡鬃实蝇适生区西瓜年产量进行模拟。

(2)埃塞俄比亚寡鬃实蝇对西瓜的为害率　参照南亚果实蝇，利用 Pert(30.00%,60.00%,90.00%)对埃塞俄比亚寡鬃实蝇对西瓜的为害率进行模拟。

(3)西瓜受埃塞俄比亚寡鬃实蝇为害后产量损失率　参照南亚果实蝇对南瓜为害情况，利用 Pert(10.00%,40.00%,70.00%)进行模拟。

(4)西瓜市场价格水平　参照瓜实蝇(第十一章第一节)，利用 Pert(0.56,3.70,8.34)进行模拟。

(5)品质下降西瓜价格水平　参照瓜实蝇(第十一章第一节)，利用 Pert(0.56,2.24,3.70)进行模拟。

2. 防控场景下埃塞俄比亚寡鬃实蝇对我国西瓜产业的经济损失模型数据与来源

(1)埃塞俄比亚寡鬃实蝇适生区中西瓜种植面积　同埃塞俄比亚寡鬃实蝇适生区西瓜年产量类似，埃塞俄比亚寡鬃实蝇适生区西瓜种植面积最小值为 284885.30 公顷，平均值为 291557.24 公顷，最大值为 297322.75 公顷。因此，利用 Pert(284885.30,291557.24,297322.75)进行模拟。

(2)单位面积西瓜疫区防控成本　参照瓜实蝇(第十一章第一节)，利用 Pert(6.00,159.92,450.00)进行模拟。

(3)防控效果　参照瓜实蝇(第十一章第一节)，利用 Pert(45.00%,78.00%,90.00%)对防控效果进行模拟。

(二)评估模型与参数设置

埃塞俄比亚寡鬃实蝇对中国西瓜产业的潜在经济损失评估模型及参数设置如表 7-1-13 所示。

表 7-1-13　埃塞俄比亚寡鬃实蝇对中国西瓜产业的潜在经济损失评估模型及参数

	模型	输入变量	模型参数
不防控场景	产量下降引起的潜在经济损失(F_{11})	埃塞俄比亚寡鬃实蝇适生区西瓜产量(Q_1)	Pert(11147150.00,11806640.00,12449270.00)吨
		埃塞俄比亚寡鬃实蝇对西瓜为害率(I)	Pert(30.00%,60.00%,90.00%)
		西瓜受埃塞俄比亚寡鬃实蝇为害后产量损失率(R)	Pert(10.00%,40.00%,70.00%)
		西瓜市场价格水平(P_c)	Pert(0.56,3.70,8.34)元
		产量下降引起的潜在经济损失(F_{11})	$F_{11}=Q_1\times I\times R\times P_c$

续表 7-1-13

	模型	输入变量	模型参数
	质量下降引起的潜在经济损失(F_{12})	疫区单位面积品质下降西瓜产量(Q_2)	$Q_2 = Q_1 \times I \times (1 - R)$
		品质下降西瓜价格水平(P_2)	Pert(0.56,2.24,3.70)元
		质量下降引起的潜在经济损失(F_{12})	$F_{12} = Q_1 \times I \times (1 - R)(P_c - P_2)$
		不防控场景下潜在经济损失总量(F_1)	$F_1 = F_{11} + F_{12}$
防控场景	防控费用(F_{21})	埃塞俄比亚寡鬃实蝇适生区中西瓜种植面积(S)	Pert (284885.30,291557.24,297322.75)公顷
		单位西瓜疫区防控成本(C)	Pert(6.00,159.92,450.00)
		防控费用支出量(F_{21})	$F_{21} = S \times I \times C$
	投入防控潜在经济损失(F_{22})	单位适生区面积产量(A)	$A = \frac{Q_1}{S}$
		防控效果(M)	Pert(45.00%,78.00%,90.00%)
		效益校正系数(D)	2.00
		经济损害允许水平(E)	$E = \frac{C}{(A \times P_c \times M)} \times D \times 100\%$
		投入防控后潜在经济损失(F_{22})	$F_{22} = Q_1 \times I \times E \times P_c + Q_1 \times I \times (1 - E)(P_c - P_2)$
		防控场景下潜在经济损失总量(F_2)	$F_{22} = Q_1 \times I \times E \times P_c + Q_1 \times I \times (1 - E)(P_c - P_2)$
可挽回潜在经济损失		可挽回潜在经济损失(F_3)	$F_3 = F_1 - F_2$

(三)潜在经济损失

在不防控场景下，通过对产量下降引起的经济损失、质量下降引起的经济损失和经济损失总量进行模拟可以得出，在不防控场景下，产量下降引起的经济损失量在 362341.37 万～2237468.38 万元，质量下降引起的经济损失在 98632.34 万～2101538.67 万元，经济损失总量在 726009.00 万～4022240.47 万元(表 7-1-14)。不防控场景下，西瓜市场价格水平是对埃塞俄比亚寡鬃实蝇对中国西瓜产业造成的潜在经济损失影响最大的输入变量；埃塞俄比亚寡鬃实蝇对西瓜的为害率对结果影响第二；埃塞俄比亚寡鬃实蝇适生区西瓜年产量对结果几乎没有影响(图 7-1-10)。

在防控场景下，通过对防控费用支出量、投入防控后经济损失量和经济损失总量进行模拟，可以得出，在防控场景下，防控费用支出量在 13735.27 万～90813.93 万元，投入防控后经济损失量在 283482.80 万～3410626.117 万元，经济损失总量在 327263.67 万～3467302.72 万元(表 7-1-15)。防控场景下，埃塞俄比亚寡鬃实蝇对西瓜的为害率、西瓜受埃塞俄比亚寡鬃实蝇为害后产量损失率是对结果影响较大的输入变量；埃塞俄比亚寡鬃实蝇适生区西瓜种植面积对结果影响可以忽略不计(图 7-1-11)。

因此,投入防控后,可挽回经济损失总量在 135749.14 万～983049.26 万元(表 7-1-16)。对投入防控后可挽回经济损失影响最大的变量是埃塞俄比亚寡鬃实蝇对西瓜的为害率(图 7-1-12)。

表 7-1-14 不防控场景下埃塞俄比亚寡鬃实蝇对我国西瓜产业的潜在经济损失 万元

标记	输出项	公式	最小值	平均值	最大值
F_{11}	产量下降引起的潜在经济损失	$F_{11}=Q_1\times I\times R\times P_c$	362341.37	1013452.81	2237468.38
F_{12}	质量下降引起的潜在经济损失	$F_{12}=Q_1\times I\times(1-R)(P_c-P_2)$	98632.34	801706.78	2101538.67
F_1	潜在经济损失总量	$F_1=F_{11}+F_{12}$	726009.00	1982452.11	4022240.47

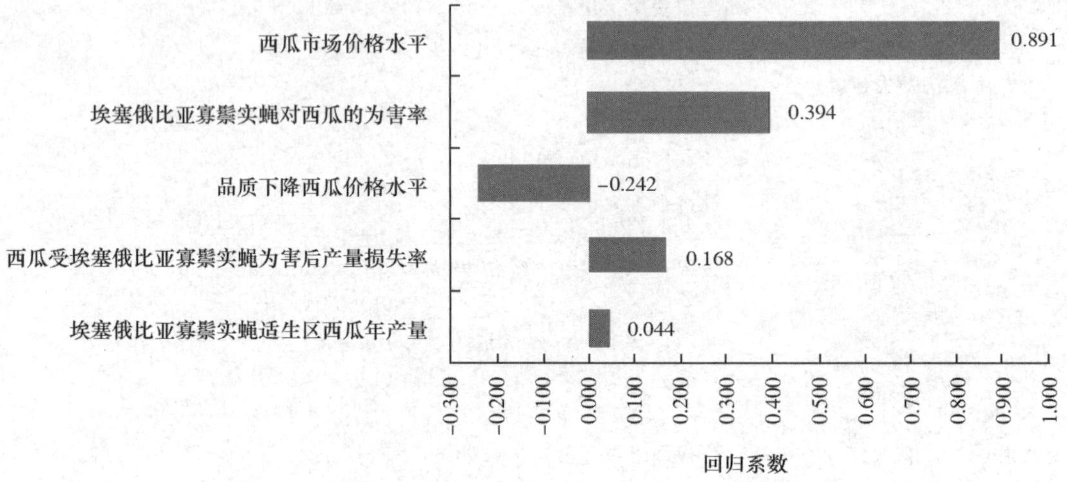

图 7-1-10 不防控场景下埃塞俄比亚寡鬃实蝇对我国西瓜产业潜在经济损失的变量灵敏性

表 7-1-15 防控场景下埃塞俄比亚寡鬃实蝇对我国西瓜产业的潜在经济损失 万元

标记	输出项	公式	最小值	平均值	最大值
F_{21}	防控费用支出量	$F_{21}=S\times I\times C$	13735.27	44561.94	90813.93
F_{22}	投入防控后潜在经济损失	$F_{22}=Q_1\times I\times E\times P_c+Q_1\times I\times(1-E)(P_c-P_2)$	283482.797	1443144.78	3410626.12
F_2	潜在经济损失总量	$F_2=F_{21}+F_{22}$	327263.67	1489602.76	3467302.72

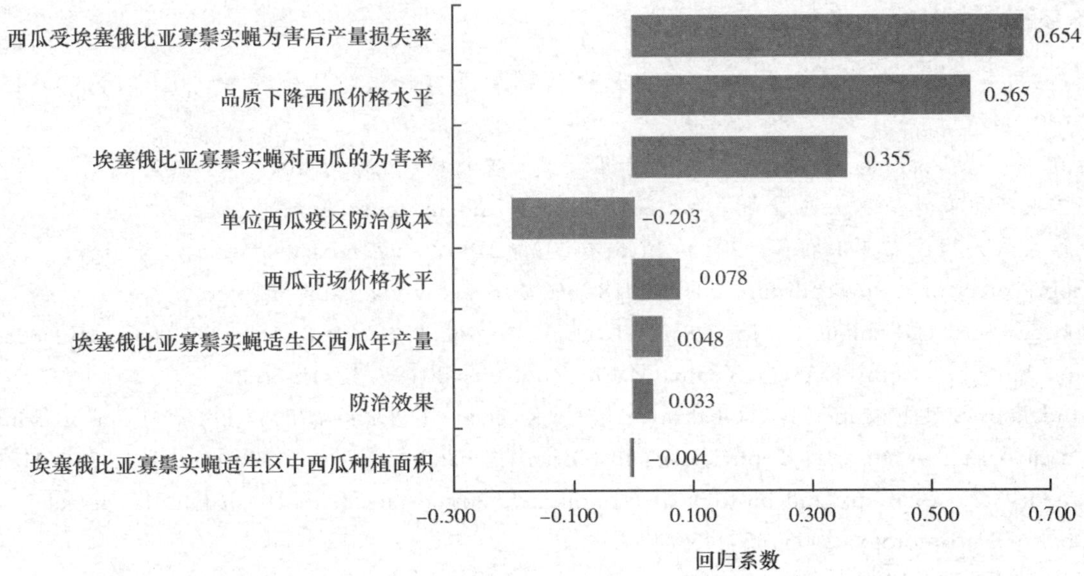

图 7-1-11 防控场景下埃塞俄比亚寡鬃实蝇对我国西瓜产业的潜在经济损失的变量灵敏性

表 7-1-16 投入防控后可挽回埃塞俄比亚寡鬃实蝇对我国西瓜产业的潜在经济损失 万元

场景	标记	输出项	公式	最小值	平均值	最大值
可挽回潜在经济损失	F_3	可挽回潜在经济损失总量	$F_3 = F_1 - F_2$	135749.14	449432.61	983049.26

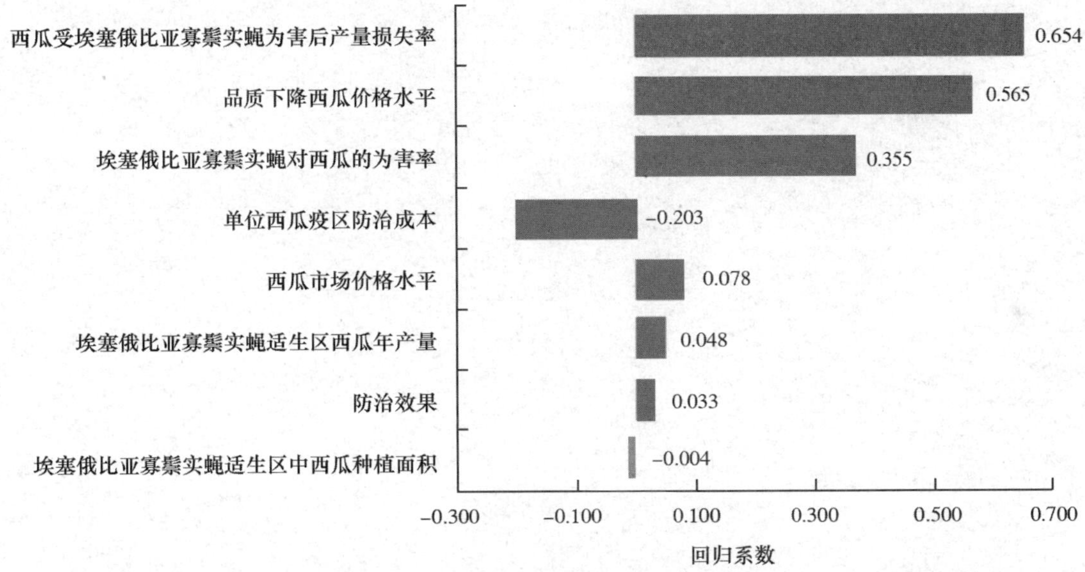

图 7-1-12 投入防控后可挽回埃塞俄比亚寡鬃实蝇对我国西瓜产业潜在经济损失的变量灵敏性

参考文献

李志红，秦誉嘉．有害生物风险分析定量评估模型及其比较．植物保护，2018，44(5)：139-150．

梁帆，赵菊鹏，梁广勤，等．我国截获小南瓜实蝇．植物检疫，2006，20(4)：261-262．

全国农产品商务信息公共服务平台．2018．http：//nc.mofcom.gov.cn/．

中华人民共和国农业农村部．2018．http：//202.127.42.157/moazzys/shucai_cx.aspx．

Crop Protection Compendium．2012/2018-5-9．http：//www.cabi.org/cpc．

Doorenweerd C，Leblanc L，Norrbom A L，et al．A global checklist of the 932 fruit fly species in the tribe Dacini(Diptera，Tephritidae)．ZooKeys，2018，730：19-56．

Kandakoor S B，Rashmi M A，Chakravarthy A K，et al．Is *Dacus ciliatus* Loew also a predominant fruit fly(Diptera：Tephritidae) in North Karnataka? Current Biotica，2013：213-216．

Kapoor，V．Taxonomy and biology of economically important fruit flies of India．Israel Journal of Entomology，2005，35：459-475．

Viraktamath，C，Mallik，B，Chandrashekar，S，et al．Insect Pests and diseases on Gherkins and their Management．Technical Bulletin，University of Agricultural Sciences，Bangalore，2003，India 23p．

第八章　新小条实蝇属重要种类的潜在经济损失

第一节　番茄实蝇

一、番茄实蝇概况

番茄实蝇[*Neoceratitis cyanescens* (Bezzi)]，隶属于双翅目(Diptera)，实蝇科(Tephritidae)，新小条实蝇属(*Neoceratitis*)。番茄实蝇被我国列为进境检疫性有害生物，在我国进境检疫中曾有截获。

番茄实蝇起源于马达加斯加，目前主要分布于非洲地区，包括马达加斯加、毛里求斯和马约特岛、留尼汪岛等地区(CABI,2019)。番茄实蝇在我国的潜在地理分布研究显示，至2020年，其适生区北界达西藏南部、云南中部及广东北部，适生区的面积增加至全国面积的6.23%(李志红,2015)。根据报道显示，番茄实蝇主要为害茄科植物中的番茄(CABI,2019)。根据中华人民共和国农业农村部种植业管理司数据库显示，番茄在我国大多数地区均有种植，新疆、河北、山东等地区为主产区。

二、番茄实蝇对我国番茄产业的潜在经济损失评估

(一)主要数据与来源

1. 不防控场景下番茄实蝇对我国番茄产业的经济损失模型数据与来源

(1)番茄实蝇适生区番茄年产量(Q_1)　据中华人民共和国农业农村部种植业管理司数据库2012—2016年各省份番茄产量数据，折算出番茄实蝇适生区年产量最小值为1497500.00吨，平均值为1620350.00吨，最大值为1769230.00吨。

(2)番茄实蝇对番茄的为害率(I)及为害后产量损失率(R)　番茄实蝇相关的生物生态学报道较少，因此在此合并为害率与为害后的损失率数据。根据Brévault和Quilici对番茄受番茄实蝇为害进行的田间调查，在不进行化学防控的情境下，果园的损失水平将达到25.00%～50.00%，平均值为37.50%。

(3)番茄市场价格水平(P_c)　根据全国农产品商务信息公共服务平台，收集2017年番茄实蝇适生区各省份所有市场的番茄月平均价格，共计72个价格数据。经分析，得出番茄市场价格最小值为1.76元/千克，平均值为3.61元/千克，最大值为5.40元/千克。

(4)品质下降番茄价格水平(P_2)　对于品质下降番茄市场价格水平，我们采取番茄市场价格的一半作为数据集，得出品质下降番茄市场价格最小值为1.76元/千克，平均值为2.92元/千克，最大值为3.60元/千克。

2.防控场景下番茄实蝇对我国番茄产业的经济损失模型数据与来源

(1)番茄实蝇适生区中番茄种植面积(S) 同番茄实蝇适生区番茄产量类似,根据中华人民共和国农业农村部种植业管理司数据库,得出2012—2016年番茄实蝇适生区番茄种植面积最小值为86370.00公顷,平均值为95360.00公顷,最大值为104210.00公顷。

(2)单位面积番茄疫区防控成本 以简阳县太平乡番茄种植农户为例,单位面积番茄疫区防控费用为2400.00元/公顷。

(3)防控效果 以简阳县太平乡番茄种植农户为例,当单位面积番茄疫区防控费用为2400.00元/公顷时,达到的防控效果为90.00%。

(二)评估模型与参数设置

番茄实蝇对中国番茄产业的潜在经济损失评估模型及参数设置如表8-1-1所示。

表8-1-1 番茄实蝇对中国番茄产业的潜在经济损失评估模型及参数

	模型	输入变量	模型参数
不防控场景	产量下降引起的潜在经济损失(F_{11})	番茄实蝇适生区番茄产量(Q_1)	Pert(1497500.00,1620350.00,1769230.00)吨
		番茄实蝇对番茄为害率(I)	100.00%
		番茄受番茄实蝇为害后产量损失率(R)	Pert(25.00%,37.50%,50.00%)
		番茄市场价格水平(P_c)	Pert(1.76,3.61,5.40)元
		产量下降引起的潜在经济损失(F_{11})	$F_{11}=\dfrac{Q_1\times I\times R\times P_c}{(1-IR)}$
	质量下降引起的潜在经济损失(F_{12})	疫区单位面积品质下降番茄产量(Q_2)	$Q_2=\dfrac{Q_1\times I\times(1-R)}{(1-IR)}$
		品质下降番茄价格水平(P_2)	Pert(1.76,2.92,3.60)元
		质量下降引起的潜在经济损失(F_{12})	$F_{12}=\dfrac{Q_1\times I\times(1-R)(P_c-P_2)}{(1-IR)}$
		不防控场景下潜在经济损失总量(F_1)	$F_1=F_{11}+F_{12}$
防控场景	防控费用(F_{21})	番茄实蝇适生区中番茄种植面积(S)	Pert(86370.00,95360.00,104210.00)公顷
		单位番茄疫区防控成本(C)	2400.00元/公顷
		防控费用支出量(F_{21})	$F_{21}=S\times I\times C$
	投入防控潜在经济损失(F_{22})	单位适生区面积产量(A)	$A=\dfrac{Q_1}{S}$
		防控效果(M)	0.90
		效益校正系数(D)	2.00
		经济损害允许水平(E)	$E=\dfrac{C}{(A\times P_c\times M)}\times D\times 100\%$

续表 8-1-1

模型	输入变量	模型参数
	投入防控后潜在经济损失(F_{22})	$F_{22}=\frac{Q_1\times I\times E\times P_c}{(1-IE)}+\frac{Q_1\times I\times(1-E)(P_c-P_2)}{(1-IE)}$
	防控场景下潜在经济损失总量(F_2)	$F_{22}=\frac{Q_1\times I\times E\times P_c}{(1-IE)}+\frac{Q_1\times I\times(1-E)(P_c-P_2)}{(1-IE)}$
可挽回潜在经济损失	可挽回潜在经济损失(F_3)	$F_3=F_1-F_2$

(三)潜在经济损失

在不防控场景下,番茄产量下降引起的番茄实蝇潜在经济损失在 115435.43 万～863913.37 万元,番茄质量下降引起的番茄实蝇潜在经济损失在 3.90 万～534762.98 万元,番茄实蝇对番茄的潜在经济损失总量在 143740.59 万～1266015.59 万元(表 8-1-2)。在不防控场景下,番茄市场价格水平是影响番茄实蝇对我国番茄产业潜在经济损失的最大变量,番茄受番茄实蝇为害后产量损失率次之,番茄实蝇适生区番茄年产量和品质下降番茄价格水平的影响较小(图 8-1-1)。

在防控场景下,番茄实蝇防控费用支出量在 20760.89 万～24992.66 万元,投入防控后番茄实蝇对番茄的潜在经济损失在 51305.17 万～590688.06 万元,番茄实蝇对番茄的潜在经济损失总量在 72254.61 万～614372.12 万元(表 8-1-3)。在防控场景下,番茄实蝇对我国番茄产业潜在经济损失影响最大的变量是番茄市场价格,其次是品质下降番茄价格水平,番茄实蝇适生区番茄种植面积和产量对结果影响可以忽略不计(图 8-1-2)。

投入防控后,可挽回的经济损失在 56077.27 万～785733.86 万元(表 8-1-4)。对投入防控后可挽回经济损失影响最大的变量是番茄受番茄实蝇为害后产量损失率和番茄市场价格水平(图 8-1-3)。

表 8-1-2 不防控场景下番茄实蝇对我国番茄产业的潜在经济损失 万元

标记	输出项	公式	最小值	平均值	最大值
F_{11}	产量下降引起的潜在经济损失	$F_{11}=\frac{Q_1\times I\times R\times P_c}{(1-IR)}$	115435.43	356445.21	863913.37
F_{12}	质量下降引起的潜在经济损失	$F_{12}=\frac{Q_1\times I\times(1-R)(P_c-P_2)}{(1-IR)}$	3.90	162096.25	534762.98
F_1	潜在经济损失总量	$F_1=F_{11}+F_{12}$	143740.59	537672.49	1266015.59

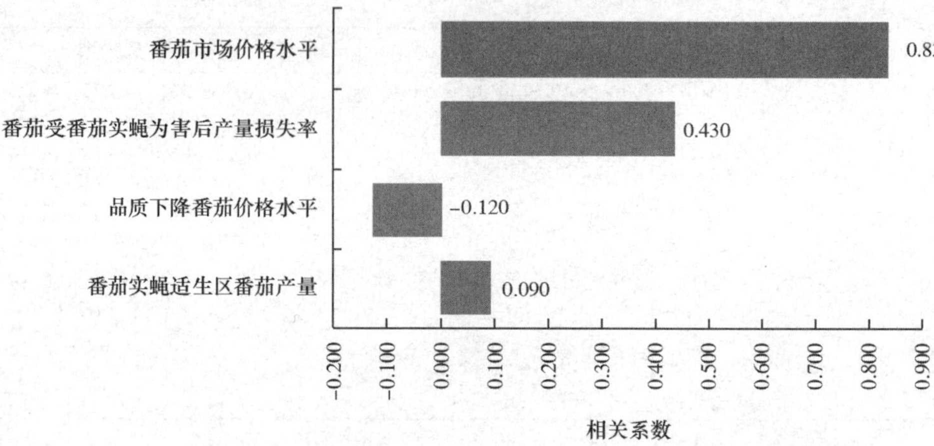

图 8-1-1 不防控场景下番茄实蝇对我国番茄产业潜在经济损失的变量灵敏性

表 8-1-3 防控场景下番茄实蝇对我国番茄产业的潜在经济损失 万元

标记	输出项	公式	最小值	平均值	最大值
F_{21}	防控费用支出量	$F_{21}=S\times I\times C$	20760.89	22880.48	24992.66
F_{22}	投入防控后潜在经济损失	$F_{22}=\frac{Q_1\times I\times E\times P_c}{(1-IE)}+\frac{Q_1\times I\times(1-E)(P_c-P_2)}{(1-IE)}$	51305.17	217666.32	590688.06
F_2	潜在经济损失总量	$F_2=F_{21}+F_{22}$	72254.61	240547.83	614372.12

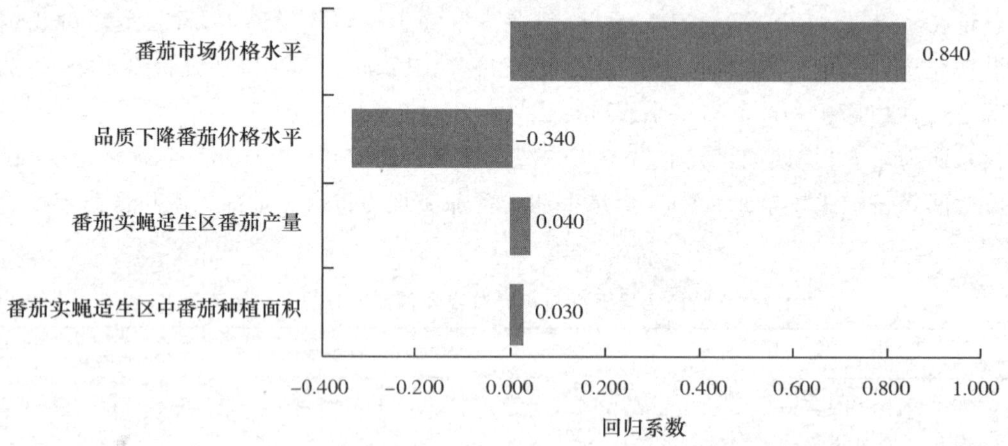

图 8-1-2 防控场景下番茄实蝇对我国番茄产业的潜在经济损失的变量灵敏性

表 8-1-4 投入防控后可挽回番茄实蝇对我国番茄产业的潜在经济损失 万元

场景	标记	输出项	公式	最小值	平均值	最大值
可挽回潜在经济损失	F_3	可挽回潜在经济损失总量	$F_3=F_1-F_2$	56077.27	297124.66	785733.86

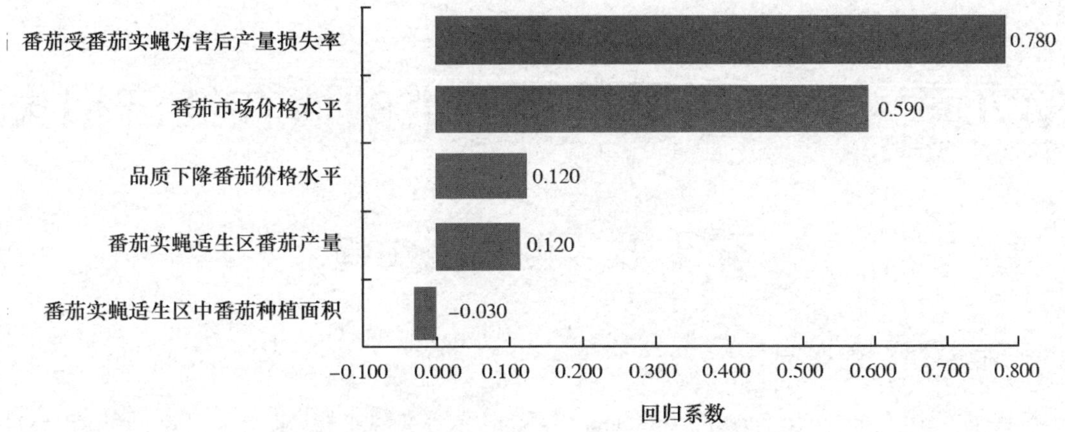

图 8-1-3　投入防控后可挽回番茄实蝇对我国番茄产业潜在经济损失的变量灵敏性

参考文献

李志红．生物入侵防控：重要经济实蝇潜在地理分布研究．北京：中国农业大学出版社，2015.

Brévault T，Quilici S. Oviposition preference in the oligophagous tomato fruit fly，*Neoceratitis cyanescens*. Entomologia experimentalis et applicata，2009，133(2)：165－173.

CABI. 2019. https://www.cabi.org/ISC/datasheet/8726.

第九章　绕实蝇属重要种类的潜在经济损失

第一节　樱桃绕实蝇

一、樱桃绕实蝇概况

樱桃绕实蝇[*Rhagoletis cerasi* (Linnaeus)]，也称欧洲樱桃实蝇，隶属于双翅目(Diptera)，实蝇科(Tephritidae)，绕实蝇属(*Rhagoletis*)，被我国列入《中华人民共和国进境植物检疫性有害生物名录》。

樱桃绕实蝇在欧洲的30个国家和亚洲的8个国家和地区均有分布且分别于2016和2017年入侵到加拿大和美国；在我国尚未发生(刘玮琦等，2019)。樱桃绕实蝇在我国的潜在地理分布研究显示，至2030年，其适生区域总体增加，主要体现在新疆、青海、西藏、四川等地区，而山东的适生区减少。樱桃绕实蝇的寄主主要包括忍冬(*Lonicera* spp.)和樱桃(*Prunus* spp.)两大种类，其中欧洲甜樱桃是其最主要的寄主。根据张福兴等(2012)的研究可知，我国甜樱桃栽培区域东起胶东半岛，西至新疆、西藏，南起云南、贵州、四川，北至黑龙江、内蒙古，遍布全国23个省(自治区、直辖市)，可分为环渤海湾、陇海铁路沿线、西南西北高海拔以及分散栽培区4个产区。其中环渤海湾产区的种植面积和产量均占全国的3/4左右，山东则是我国甜樱桃生产的第一大省。

本研究旨在评估樱桃绕实蝇对我国甜樱桃产业的潜在经济损失。

二、樱桃绕实蝇对我国甜樱桃产业的潜在经济损失评估

(一)主要数据与来源

(1)樱桃绕实蝇适生性结果来源于秦誉嘉等(2019)基于CLIMEX获得的适生性分析结果。

(2)樱桃绕实蝇适生区甜樱桃年产量数据来源于FAOSTAT(2019)数据库及张福兴(2012)等对我国各省甜樱桃种植面积和产量占比的研究，并结合了樱桃绕实蝇适生性结果。

(3)樱桃绕实蝇对甜樱桃的为害率数据来源于文献(USDA-APHIS-PPQ，2107)。

(4)受樱桃绕实蝇为害的甜樱桃单位种植面积产量损失率数据来源于文献(刘玮琦等，2019)。

(5)甜樱桃的市场价格水平数据来源于全国农产品商务信息公共服务平台(2019)。

(6)品质下降甜樱桃的价格水平取自甜樱桃的市场价格水平中价格偏低的一半的价格。

(7)适生区甜樱桃种植面积数据来源于FAOSTAT(2019)数据库及张福兴(2012)等对我国各省甜樱桃种植面积和产量占比的研究，并结合了樱桃绕实蝇适生性结果。

(8)单位甜樱桃疫区防控成本、防控效果、效益校正系数等数据来源于文献(郭雁君等，2017；刘玮琦等，2019)。

(二)评估模型与参数设置

樱桃绕实蝇对中国甜樱桃产业的潜在经济损失评估模型及参数设置如表 9-1-1 所示。

表 9-1-1　樱桃绕实蝇对中国甜樱桃产业的潜在经济损失评估模型及参数

	模型	输入变量	模型参数
不防控场景	产量下降引起的潜在经济损失(F_{11})	樱桃绕实蝇适生区甜樱桃产量(Q_1)	Pert(14010.00,15330.00,16650.00)吨
		樱桃绕实蝇对甜樱桃为害率(I)	Pert(10.00%,55.00%,100.00%)
		甜樱桃受樱桃绕实蝇为害后产量损失率(R)	Pert(60.00%,80.00%,100.00%)
		甜樱桃市场价格水平(P_c)	Pert(8.17,55.00,118.00)元/千克
		产量下降引起的潜在经济损失(F_{11})	$F_{11}=Q_1\times I\times R\times P_c$
	质量下降引起的潜在经济损失(F_{12})	疫区单位面积品质下降甜樱桃产量(Q_2)	$Q_2=Q_1\times I\times(1-R)$
		品质下降甜樱桃价格水平(P_2)	Pert(8.17,30.00,54.00)元/千克
		质量下降引起的潜在经济损失(F_{12})	$F_{12}=Q_1\times I\times(1-R)\times(P_c-P_2)$
		不防控场景下潜在经济损失总量(F_1)	$F_1=F_{11}+F_{12}$
防控场景	防控费用(F_{21})	樱桃绕实蝇适生区中甜樱桃种植面积(S)	Pert(4470.00,4890.00,5310.00)公顷
		单位甜樱桃疫区防控成本(C)	2400.00 元/公顷
		防控费用支出量(F_{21})	$F_{21}=S\times I\times C$
	投入防控潜在经济损失(F_{22})	单位适生区面积产量(A)	$A=\dfrac{Q_1}{S}$
		防控效果(M)	Pert(72.00%,83.50%,95.00%)
		效益校正系数(D)	2.00
		经济损害允许水平(E)	$E=\dfrac{C}{(A\times P_c\times M)}\times D\times 100\%$
		投入防控后潜在经济损失(F_{22})	$F_{22}=Q_1\times I\times E\times P_c+Q_1\times I\times(1-E)\times(P_c-P_2)$
		防控场景下潜在经济损失总量(F_2)	$F_2=F_{21}+F_{22}$
可挽回潜在经济损失		可挽回潜在经济损失(F_3)	$F_3=F_1-F_2$

(三)潜在经济损失

在不防控场景下,甜樱桃产量下降引起的樱桃绕实蝇潜在经济损失在 12824.57 万～75424.70 万元,甜樱桃质量下降引起的樱桃绕实蝇潜在经济损失在 475.09 万～14393.15 万元,樱桃绕实蝇对甜樱桃的潜在经济损失总量在17303.60万～88217.51万元(表9-1-2)。在不防控场景下,甜樱桃市场价格水平是影响樱桃绕实蝇对我国甜樱桃产业潜在经济损失的最大变量,其次是樱桃绕实蝇对甜樱桃的为害率,而甜樱桃受樱桃绕实蝇为害后产量损失率、樱桃绕实蝇适生区甜樱桃年产量以及品质下降甜樱桃价格水平对结果的影响均较小(图9-1-1)。

在防控场景下,樱桃绕实蝇防控费用支出量在316.72万～977.36万元,投入防控后樱桃绕实蝇对甜樱桃的潜在经济损失在4237.37万～63847.32万元,樱桃绕实蝇对甜樱桃的潜在经济损失总量在4081.33万～64682.88万元(表9-1-3)。在防控场景下,樱桃绕实蝇对我国甜樱桃产业潜在经济损失影响最大的变量是甜樱桃市场价格水平,其次是樱桃绕实蝇对甜樱桃的为害率、品质下降甜樱桃价格水平以及樱桃绕实蝇适生区甜樱桃年产量,樱桃绕实蝇适生区甜樱桃种植面积和防控效果对结果影响可以忽略不计(图9-1-2)。

投入防控后,可挽回的经济损失在7012.75万～34177.24万元(表9-1-4)。对投入防控后可挽回经济损失影响最大的变量是樱桃绕实蝇对甜樱桃的为害率,其次是品质下降甜樱桃价格水平、甜樱桃受樱桃绕实蝇为害后产量损失率以及樱桃绕实蝇适生区甜樱桃年产量,甜樱桃市场价格水平对结果也有一定影响(图9-1-3)。

表9-1-2 不防控场景下樱桃绕实蝇对我国甜樱桃产业的潜在经济损失 万元

标记	输出项	公式	最小值	平均值	最大值
F_{11}	产量下降引起的潜在经济损失	$F_{11}=Q_1\times R\times P_c$	12824.57	35835.21	75424.70
F_{12}	质量下降引起的潜在经济损失	$F_{12}=Q_1\times I\times(1-R/I)(P_c-P_2)$	475.09	4235.52	14393.15
F_1	潜在经济损失总量	$F_1=F_{11}+F_{12}$	17303.60	43469.58	88217.51

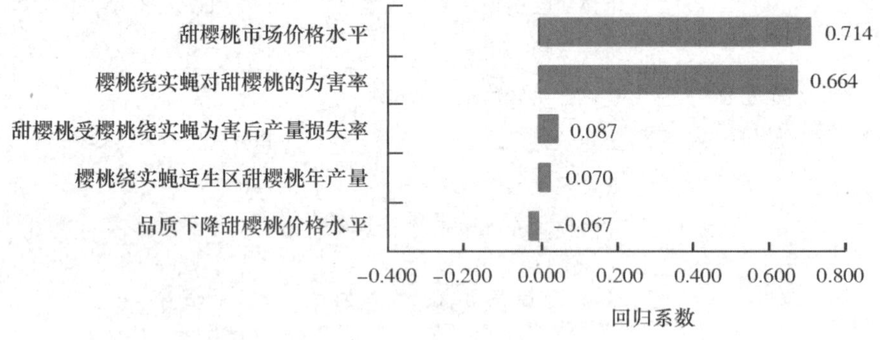

图9-1-1 不防控场景下樱桃绕实蝇对我国甜樱桃产业潜在经济损失的变量灵敏性

表9-1-3 防控场景下樱桃绕实蝇对我国甜樱桃产业的潜在经济损失 万元

标记	输出项	公式	最小值	平均值	最大值
F_{21}	防控费用支出量	$F_{21}=S\times I\times C$	316.72	645.31	977.36
F_{22}	投入防控后潜在经济损失	$F_{22}=Q_1\times I\times E\times P_c+Q_1\times I\times(1-E)(P_c-P_2)$	4237.37	24258.70	63847.32
F_2	潜在经济损失总量	$F_2=F_{21}+F_{22}$	4801.33	24863.60	64682.88

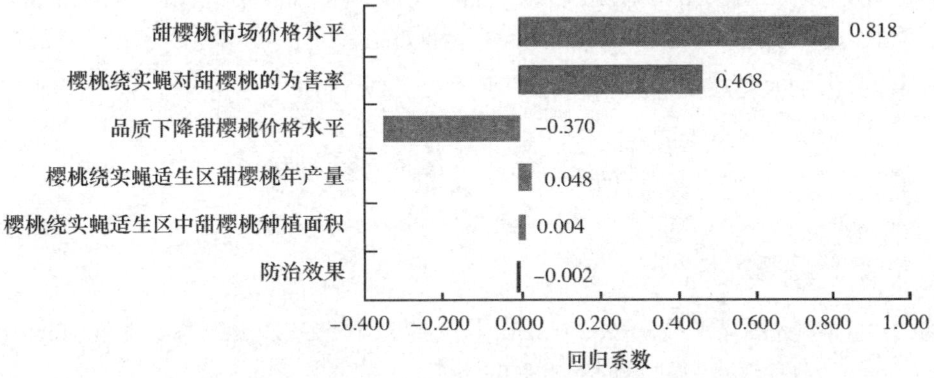

图 9-1-2　防控场景下樱桃绕实蝇对我国甜樱桃产业的潜在经济损失的变量灵敏性

表 9-1-4　投入防控后可挽回樱桃绕实蝇对我国甜樱桃产业的潜在经济损失　万元

场景	标记	输出项	公式	最小值	平均值	最大值
可挽回潜在经济损失	F_3	可挽回潜在经济损失总量	$F_3 = F_1 - F_2$	7012.75	17203.80	34177.24

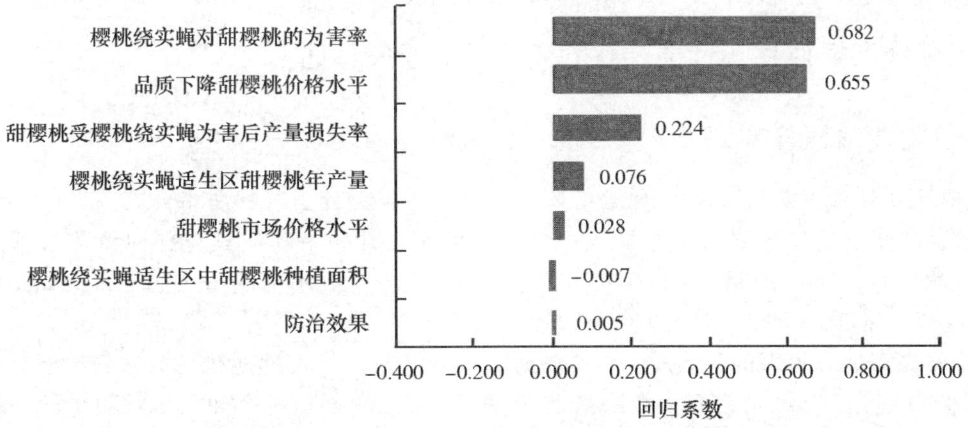

图 9-1-3　投入防控后可挽回樱桃绕实蝇对我国甜樱桃产业潜在经济损失的变量灵敏性

参考文献

郭雁君，吉前华，蒋惠，等. 不同诱杀方法对砂糖橘实蝇的防控效果和效益分析. 广东农业科学，2017，44(7)：112-116

刘玮琦，陈超，袁淑珍，等. 欧洲樱桃实蝇风险评估及管理对策. 植物检疫，2019，33(01)：75-78.

秦誉嘉，蓝帅，卢国彩，等. 气候变化条件下樱桃绕实蝇在中国的潜在地理分布预测. 植物保护学报，2019，46(1)：63-70.

全国农产品商务信息公共服务平台. 2019. http://nc.mofcom.gov.cn/

张福兴，孙庆田，张序，等. 我国大樱桃产业现状与发展对策. 烟台果树，2012(3)：3-5.

FAOSTAT. 2019. http://www.fao.org/faostat/en/#home.

USDA-APHIS-PPQ. *Rhagoletis cerasi*（Linnaeus）European cherry fruit fly. https：// www.aphis.usda.gov/plant_health/plant_pest_info/fruit_flies/downloads/rhagoletis-cerasi-report.pdf. 2017.（accessed 24 February 2018）.

第二节　苹绕实蝇

一、苹绕实蝇概况

苹绕实蝇[*Rhagoletis pomonella*（Walsh）]，隶属于双翅目（Diptera），实蝇科（Tephritidae），绕实蝇属（*Rhagoletis*），被我国列为进境检疫性害虫。

苹绕实蝇分布于北美洲的哥斯达黎加、加拿大、美国、墨西哥，南美洲的哥伦比亚和亚洲的阿富汗，在我国暂无分布报道（CABI，2017）。苹绕实蝇在我国的潜在地理分布研究显示，至2020年，其适生区除我国海南省以外，在全国各个省、自治区、直辖市均有分布（李志红，2015）。苹绕实蝇为多食性害虫，主要寄主为苹果，也为害山楂、杏、桃、李、石榴等水果（陈乃中，2009）。根据中华人民共和国农业农村部种植业管理司数据库显示，以产量而言，苹果主产区为四川、江苏、新疆、辽宁、甘肃、河北、山西、河南、山东、陕西等。

本研究评估苹绕实蝇对我国苹果产业的潜在经济损失。

二、苹绕实蝇对我国苹果产业的潜在经济损失评估

（一）主要数据与来源

1.不防控场景下苹绕实蝇对我国苹果产业的经济损失模型数据与来源

（1）苹绕实蝇适生区苹果年产量（Q_1）　据中华人民共和国农业农村部种植业管理司数据库2012—2016年苹果产量数据，苹绕实蝇适生区年产量最小值为36675560.00吨，平均值38928340.00吨，最大值为41245100.00吨。

（2）苹绕实蝇对苹果的为害率（I）　根据Prokopy对苹绕实蝇对桃的为害情况进行的调查研究结果表明，在未经处理时，苹果被害率可能达80.00%～98.20%，平均值为89.10%（Prokopy，1975）。

（3）苹果受苹绕实蝇为害后产量损失率（R）　根据Geng等的研究结果，苹果受苹绕实蝇为害后产量损失率在78.00%～100.00%，平均值为89.00%（Geng et al.，2011）。

（4）苹果市场价格水平（P_c）　根据全国农产品商务信息公共服务平台，收集各省份所有市场的各品种苹果月平均价格，共计591个价格数据。经分析，得出苹果市场价格最小值为2.82元/千克，平均值为6.53元/千克，最大值为11.76元/千克。

（5）品质下降苹果价格水平（P_2）　对于品质下降苹果市场价格水平，我们采取苹果市场价格的一半作为数据集，得出品质下降苹果市场价格最小值为2.82元/千克，平均值为5.39元/千克，最大值为6.53元/千克。

2.防控场景下苹绕实蝇对我国苹果产业的经济损失模型数据与来源

（1）苹绕实蝇适生区中苹果种植面积（S）　根据中华人民共和国农业农村部种植业管理司数据库，得出2012—2016年苹绕实蝇适生区苹果种植面积最小值为2016380.00公顷，平均值为2225600.00公顷，最大值为2410920.00公顷。

(2)单位面积苹果疫区防控成本 根据美国佛罗里达州治理地中海实蝇的案例，每公顷苹绕实蝇防控费用折算约为3000.00元人民币(陈明忠和肖良，1997)。

(3)防控效果 根据常规防控效果要求，假设单位面积苹果疫区防控费用为3000.00元/公顷时，达到的防控效果为85.00%。

(二)评估模型与参数设置

苹绕实蝇对中国苹果产业的潜在经济损失评估模型及参数设置如表9-2-1所示。

表9-2-1 苹绕实蝇对中国苹果产业的潜在经济损失评估模型及参数

模型		输入变量	模型参数
不防控场景	产量下降引起的潜在经济损失(F_{11})	苹绕实蝇适生区苹果产量(Q_1)	Pert(36675560.00,38928340.00,41245100.00)吨
		苹绕实蝇对苹果为害率(I)	Pert(80.00%,89.10%,98.20%)
		苹果受苹绕实蝇为害后产量损失率(R)	Pert(78.00%,89.00%,100.00%)
		苹果市场价格水平(P_c)	Pert(2.82,6.53,11.76)元/千克
		产量下降引起的潜在经济损失(F_{11})	$F_{11}=Q_1\times I\times R\times P_c$
	质量下降引起的潜在经济损失(F_{12})	疫区单位面积品质下降苹果产量(Q_2)	$Q_2=Q_1\times I\times(1-R)$
		品质下降苹果价格水平(P_2)	Pert(2.82,5.39,6.53)元/千克
		质量下降引起的潜在经济损失(F_{12})	$F_{12}=Q_1\times I\times(1-R)(P_c-P_2)$
		不防控场景下潜在经济损失总量(F_1)	$F_1=F_{11}+F_{12}$
防控场景	防控费用(F_{21})	苹绕实蝇适生区中苹果种植面积(S)	Pert(2016380.00,2225600.00,2410920.00)公顷
		单位苹果疫区防控成本(C)	3000.00元/公顷
		防控费用支出量(F_{21})	$F_{21}=S\times I\times C$
	投入防控潜在经济损失(F_{22})	单位适生区面积产量(A)	$A=\frac{Q_1}{S}$
		防控效果(M)	0.85
		效益校正系数(D)	2.00
		经济损害允许水平(E)	$E=\frac{C}{(A\times P_c\times M)}\times D\times 100\%$
		投入防控后潜在经济损失(F_{22})	$F_{22}=Q_1\times I\times E\times P_c+Q_1\times I\times(1-E)(P_c-P_2)$
		防控场景下潜在经济损失总量(F_2)	$F_{22}=Q_1\times I\times E\times P_c+Q_1\times I\times(1-E)(P_c-P_2)$
可挽回潜在经济损失		可挽回潜在经济损失(F_3)	$F_3=F_1-F_2$

(三)潜在经济损失

在不防控场景下，苹果产量下降引起的苹绕实蝇潜在经济损失在 7646875.33 万～40429601.77 万元，苹果质量下降引起的苹绕实蝇潜在经济损失在 139.53 万～23095113.21 万元，苹绕实蝇对苹果的潜在经济损失总量在 9908438.71 万～58820101.72 万元(表 9-2-2)。在不防控场景下，苹果市场价格水平是影响苹绕实蝇对我国苹果产业潜在经济损失的最大变量，苹绕实蝇对苹果的为害率、品质下降苹果价格水平、苹绕实蝇适生区苹果年产量次之，产量损失率影响最小(图 9-2-1)。

在防控场景下，苹绕实蝇防控费用支出量在 496499.53 万～695070.21 万元，投入防控后苹绕实蝇对苹果的潜在经济损失在 1310073.87 万～29097874.74 万元，苹绕实蝇对苹果的潜在经济损失总量在 1813688.58 万～29712848.37 万元(表 9-2-3)。在防控场景下，苹绕实蝇对我国苹果产业潜在经济损失影响最大的变量是苹果市场价格，其次是品质下降苹果价格水平(图 9-2-2)。

投入防控后，可挽回的经济损失在 7512459.04 万～31881033.91 万元(表 9-2-4)。对投入防控后可挽回经济损失影响最大的变量是苹果市场价格水平和苹绕实蝇对苹果的为害率(图 9-2-3)。

表 9-2-2　不防控场景下苹绕实蝇对我国苹果产业的潜在经济损失　万元

标记	输出项	公式	最小值	平均值	最大值
F_{11}	产量下降引起的潜在经济损失	$F_{11}=Q_1\times I\times R\times P_c$	7646875.33	20945196.39	40429601.77
F_{12}	质量下降引起的潜在经济损失	$F_{12}=Q_1\times I\times(1-R)(P_c-P_2)$	139.53	4108773.21	23095113.21
F_1	潜在经济损失总量	$F_1=F_{11}+F_{12}$	9908438.71	26688939.94	58820101.72

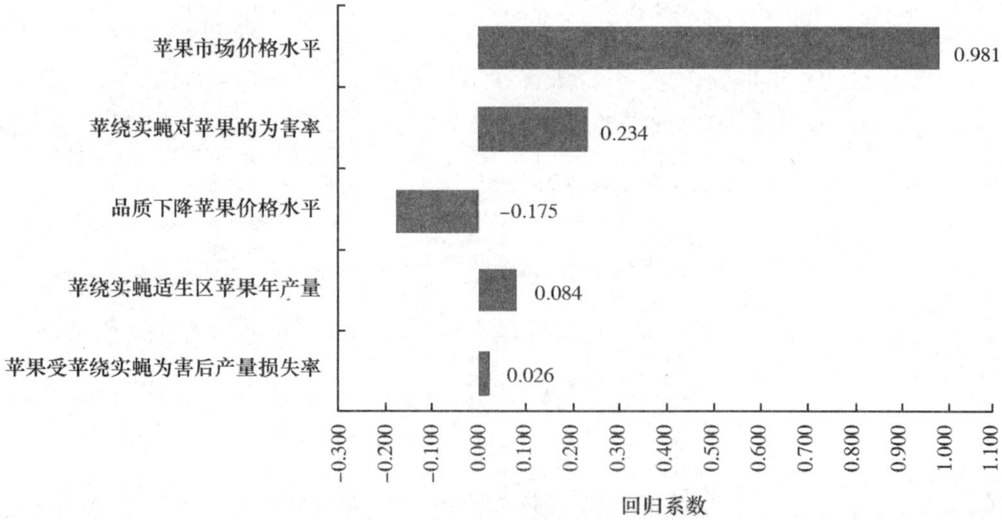

图 9-2-1　不防控场景下苹绕实蝇对我国苹果产业潜在经济损失的变量灵敏性

表 9-2-3 防控场景下苹绕实蝇对我国苹果产业的潜在经济损失 万元

标记	输出项	公式	最小值	平均值	最大值
F_{21}	防控费用支出量	$F_{21}=S\times I\times C$	496499.53	593839.17	695070.21
F_{22}	投入防控后潜在经济损失	$F_{22}=Q_1\times I\times E\times P_c+Q_1\times I\times(1-E)(P_c-P_2)$	1310073.87	9232463.00	29097874.74
F_2	潜在经济损失总量	$F_2=F_{21}+F_{22}$	1813688.58	9826320.27	29712848.37

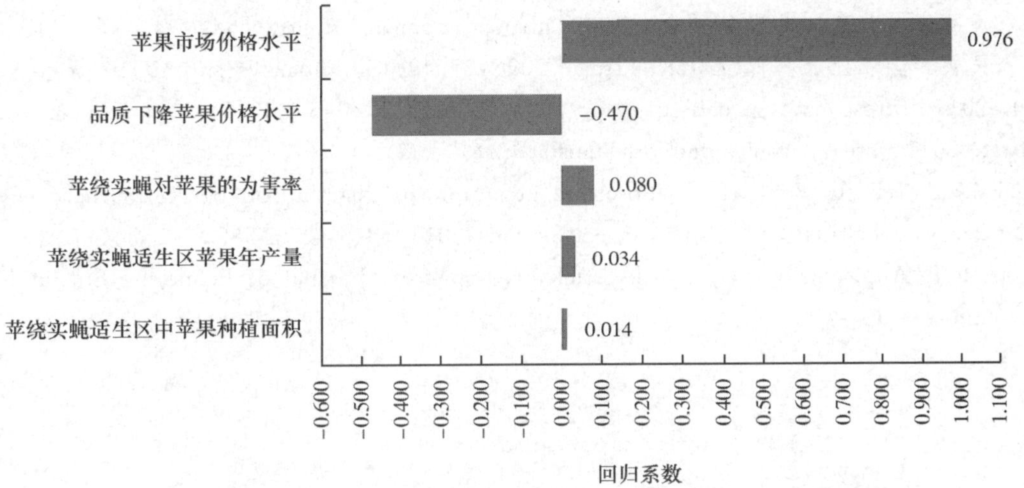

图 9-2-2 防控场景下苹绕实蝇对我国苹果产业的潜在经济损失的变量灵敏性

表 9-2-4 投入防控后可挽回苹绕实蝇对我国苹果产业的潜在经济损失 万元

场景	标记	输出项	公式	最小值	平均值	最大值
可挽回潜在经济损失	F_3	可挽回潜在经济损失总量	$F_3=F_1-F_2$	7512459.04	16862619.67	31881033.91

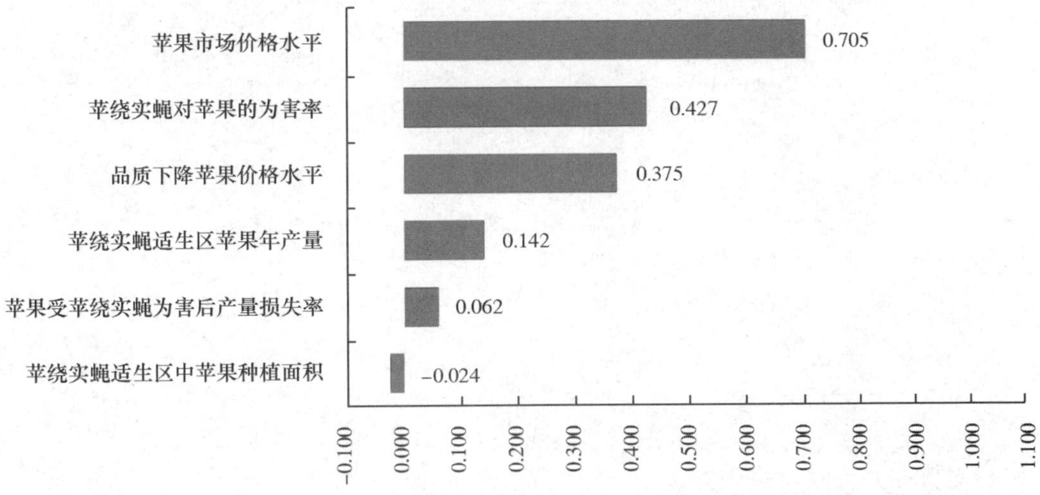

图 9-2-3 投入防控后可挽回苹绕实蝇对我国苹果产业潜在经济损失的变量灵敏性

参考文献

陈明忠，肖良．美国佛罗里达州暴发地中海实蝇后采取的紧急措施．世界农业，1997(10)：30-32.

陈乃中．中国进境植物检疫性有害生物(昆虫卷)．北京：中国农业出版社，2009.

李志红．生物入侵防控：重要经济实蝇潜在地理分布研究．北京：中国农业大学出版社，2015.

全国农产品商务信息公共服务平台．2018．http://nc.mofcom.gov.cn/.

中华人民共和国农业农村部．2018．http://202.127.42.157/moazzys/shucai_cx.aspx.

CABI．2017．https://www.cabi.org/cpc/abstract/20173373945.

FAOstat．2017．http://www.fao.org/faostat/en/#data.

Geng J, Li Z, Rajotte E G, et al. Potential geographical distribution of *Rhagoletis pomonella* (Diptera: Tephritidae) in China. Insect Science, 2011, 18(5): 575-582.

Prokopy R J. Apple maggot control by sticky red spheres. Journal of Economic Entomology, 1975, 68(2): 197-198.

第十章 长尾实蝇属重要种类的潜在经济损失

第一节 番木瓜长尾实蝇

一、番木瓜长尾实蝇概况

番木瓜长尾实蝇[*Toxotrypana curvicauda*(Garstaecker)]，隶属于双翅目(Diptera)、实蝇科(Tephritidae)、长尾实蝇属(*Toxotrypana*)，被我国列为进境检疫性有害生物。

番木瓜长尾实蝇分布于加勒比海的波多黎各、多米尼加共和国、特立尼达和多巴哥、古巴、巴哈马，中美洲的墨西哥、危地马拉、巴拿马、哥斯达黎加，南美洲的阿根廷、哥伦比亚、委内瑞拉，北美洲美国的得克萨斯州南部和佛罗里达州、亚洲的印度西部等地(Selman et al.，2005；陈乃中，2009；吴佳教等，2009；GBIF，2018)。番木瓜长尾实蝇在我国的潜在地理分布研究显示，至2020年，其在我国的适生区北界北移至四川中北部，海南、广西高度适生区增大明显，适生区面积比例将增加到15.03%，其中低度适生区面积所占比例增加到12.41%，中度适生区略增加到2.16%，高度适生区增加到0.46%(李志红，2015)。番木瓜长尾实蝇主要寄主为番木瓜，可能还有杧果。在我国，番木瓜主要分布在广东、海南、广西、四川、云南、福建和台湾等地(周鹏等，2010)。

本研究评估番木瓜长尾实蝇对我国番木瓜产业的潜在经济损失。

二、番木瓜长尾实蝇对我国番木瓜产业的潜在经济损失评估

(一)主要数据与来源

1.不防控场景下番木瓜长尾实蝇对我国番木瓜产业的经济损失模型数据与来源

(1)番木瓜长尾实蝇适生区番木瓜年产量(Q_1) 根据FAO查得2012—2016年番木瓜种植数据，并结合番木瓜长尾实蝇适生性结果，折算出2012—2016年适生区产量数据。番木瓜长尾实蝇适生区番木瓜年产量最小值为114840.00吨，平均值为118220.00吨，最大值为125750.00吨。

(2)番木瓜长尾实蝇对番木瓜的为害率(I) 据《Habitat Manipulation to Reduce Papaya Fruit Fly(Diptera：Tephritidae) Damage：Orchard Design，Use of Trap Crops and Border Trapping/Oviposition by *Toxotrypana curvicauda* in Small to Medium-Size Cuaguayote and Papaya Fruits with Low Sugar Content Gavião River》一文，番木瓜长尾实蝇对番木瓜的为害率为11.50%～50.00%，平均值为30.75%(Aluja et al.，1997)。

(3)番木瓜受实蝇为害后产量损失率(R) 据《Papaya Fruit Fly(suggested common name)，*Toxotrypana curvicauda* Gerstaecker(Insecta：Diptera：Tephritidae)》一文，番木瓜受实蝇为害后产量损失率为2.00%～30.00%，平均值为16.00%(Selman et al.，2005)。

(4)番木瓜市场价格水平(P_c) 根据全国农产品商务信息公共服务平台，收集2017年全

国所有市场的番木瓜月平均价格，共325个价格数据。得出番木瓜市场价格最小值为4.00元/千克，中位数为9.00元/千克，最大值为15.14元/千克。

(5)品质下降的番木瓜价格水平(P_2)　对于品质下降的番木瓜市场价格水平，我们采取番木瓜市场价格的一半作为数据集。得出品质下降的番木瓜市场价格最小值为4.00元/千克，中位数为7.71元/千克，最大值为9.00元/千克。

2.防控场景下番木瓜长尾实蝇对我国番木瓜产业的经济损失数据与来源

(1)番木瓜长尾实蝇适生区中番木瓜种植面积(S)　根据FAO查得2012—2016年番木瓜种植数据，并结合番木瓜长尾实蝇适生性结果，折算出2012—2016年适生区番木瓜种植面积数据。番木瓜长尾实蝇适生区中番木瓜种植面积最小值为5470.00公顷，平均值为5750.00公顷，最大值为6240.00公顷。

(2)单位面积实蝇疫区防控成本　不同防控方法成本不同，根据张小亚等在《柑橘大实蝇诱杀方法研究及防治效果初步评估》一文中所述，结合套袋成本市场价格，单位面积疫区实蝇防控成本为495.00～2190.00元/公顷(张小亚，2007)。

(3)防控效果　不同防控方法对实蝇防控效果不同，综合多篇文献，防控效果约为85.00%(张小亚，2007；廖宪成，2013；潘飞，2014；胡光灿，2014；李磊，2015；赖敏，2016)。

(二)评估模型与参数设置

番木瓜长尾实蝇对中国番木瓜产业的潜在经济损失评估模型及参数设置如表10-1-1所示。

表10-1-1　番木瓜长尾实蝇对中国番木瓜产业的潜在经济损失评估模型及参数

	模型	输入变量	模型参数
不防控场景	产量下降引起的潜在经济损失(F_{11})	番木瓜长尾实蝇适生区番木瓜产量(Q_1)	Pert(114840.00，118220.00，125750.00)吨
		番木瓜长尾实蝇对番木瓜为害率(I)	Pert(11.50%，30.75%，50.00%)
		番木瓜受番木瓜长尾实蝇为害后产量损失率(R)	Pert(2.00%，16.00%，30.00%)
		番木瓜市场价格水平(P_c)	Pert(4.00，9.00，15.14)元
		产量下降引起的潜在经济损失(F_{11})	$F_{11}=\frac{Q_1\times I\times R\times P_c}{(1-IR)}$
	质量下降引起的潜在经济损失(F_{12})	疫区单位面积品质下降番木瓜产量(Q_2)	$Q_2=\frac{Q_1\times I\times(1-R)}{(1-IR)}$
		品质下降番木瓜价格水平(P_2)	Pert(4.00，7.71，9.00)元
		质量下降引起的潜在经济损失(F_{12})	$F_{12}=\frac{Q_1\times I\times(1-R)(P_c-P_2)}{(1-IR)}$
		不防控场景下潜在经济损失总量(F_1)	$F_1=F_{11}+F_{12}$
防控场景	防控费用(F_{21})	番木瓜长尾实蝇适生区中番木瓜种植面积(S)	Pert(5470.00，5750.00，6240.00)公顷
		单位番木瓜疫区防控成本(C)	495.00～2190.00元/公顷
		防控费用支出量(F_{21})	$F_{21}=S\times I\times C$

续表 10-1-1

模型	输入变量	模型参数
投入防控潜在经济损失(F_{22})	单位适生区面积产量(A)	$A=\frac{Q_1}{S}$
	防控效果(M)	0.85
	效益校正系数(D)	2.00
	经济损害允许水平(E)	$E=\frac{C}{(A\times P_c\times M)}\times D\times 100\%$
	投入防控后潜在经济损失(F_{22})	$F_{22}=\frac{Q_1\times I\times E\times P_c}{(1-IE)}+\frac{Q_1\times I\times(1-E)(P_c-P_2)}{(1-IE)}$
	防控场景下潜在经济损失总量(F_2)	$F_{22}=\frac{Q_1\times I\times E\times P_c}{(1-IE)}+\frac{Q_1\times I\times(1-E)(P_c-P_2)}{(1-IE)}$
可挽回潜在经济损失	可挽回潜在经济损失(F_3)	$F_3=F_1-F_2$

(三)潜在经济损失

在不防控场景下，番木瓜产量下降引起的番木瓜长尾实蝇潜在经济损失在 1963.49 万～11146.09 万元，番木瓜质量下降引起的番木瓜长尾实蝇潜在经济损失在 869.88 万～20882.42 万元，番木瓜长尾实蝇对番木瓜的潜在经济损失总量在 4645.88 万～30257.37 万元(表 10-1-2)。在不防控场景下，番木瓜市场价格水平是影响番木瓜长尾实蝇对我国番木瓜产业潜在经济损失的最大变量，番木瓜长尾实蝇对番木瓜的为害率、番木瓜受番木瓜长尾实蝇为害后产量损失率次之，番木瓜长尾实蝇适生区番木瓜年产量的影响可忽略不计(图 10-1-1)。

在防控场景下，番木瓜长尾实蝇防控费用支出量在 92.00 万～434.00 万元，投入防控后番木瓜长尾实蝇对番木瓜的潜在经济损失在 1516.14 万～23832.06 万元，番木瓜长尾实蝇对番木瓜的潜在经济损失总量在 1737.26 万～24133.57 万元(表 10-1-3)。在防控场景下，番木瓜长尾实蝇对我国番木瓜产业潜在经济损失影响最大的变量是番木瓜市场价格，其次是番木瓜长尾实蝇对番木瓜的为害率，单位面积疫区防控成本、番木瓜长尾实蝇适生区番木瓜年产量和番木瓜长尾实蝇适生区中番木瓜种植面积对结果影响可以忽略不计(图 10-1-2)。

投入防控后，可挽回的经济损失在 1224.30 万～8559.81 万元(表 10-1-4)。对投入防控后可挽回经济损失影响最大的变量是番木瓜长尾实蝇对番木瓜的为害率和番木瓜受番木瓜长尾实蝇为害后产量损失率(图 10-1-3)。

表 10-1-2　不防控场景下番木瓜长尾实蝇对我国番木瓜产业的潜在经济损失　　万元

标记	输出项	公式	最小值	平均值	最大值
F_{11}	产量下降引起的潜在经济损失	$F_{11}=\frac{Q_1\times I\times R\times P_c}{(1-IR)}$	1963.49	5214.85	11146.09
F_{12}	质量下降引起的潜在经济损失	$F_{12}=\frac{Q_1\times I\times(1-R)(P_c-P_2)}{(1-IR)}$	869.88	7782.27	20882.42
F_1	潜在经济损失总量	$F_1=F_{11}+F_{12}$	4645.88	13673.85	30257.37

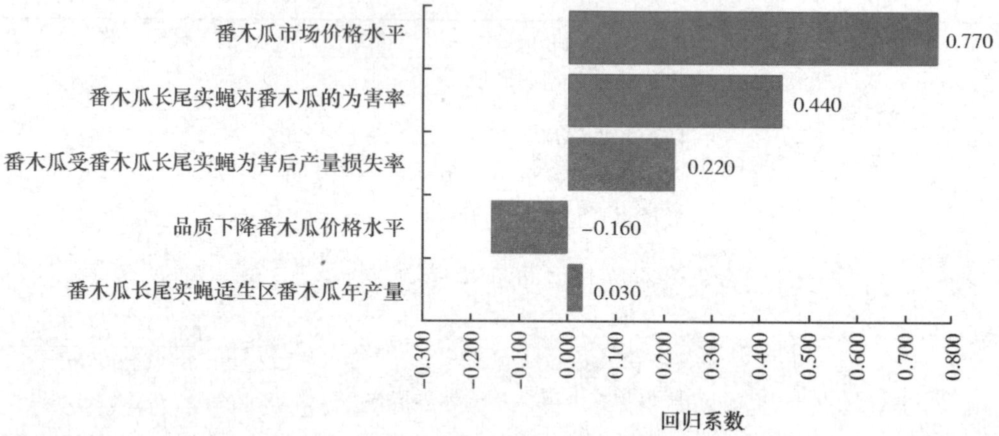

图 10-1-1　不防控场景下番木瓜长尾实蝇对我国番木瓜产业潜在经济损失的变量灵敏性

表 10-1-3　防控场景下番木瓜长尾实蝇对我国番木瓜产业的潜在经济损失　万元

标记	输出项	公式	最小值	平均值	最大值
F_{21}	防控费用支出量	$F_{21}=S\times I\times C$	92.00	225.52	434.00
F_{22}	投入防控后潜在经济损失	$F_{22}=\frac{Q_1\times I\times E\times P_c}{(1-IE)}+\frac{Q_1\times I\times(1-E)(P_c-P_2)}{(1-IE)}$	1516.14	9289.51	23832.06
F_2	潜在经济损失总量	$F_2=F_{21}+F_{22}$	1737.26	9520.10	24133.57

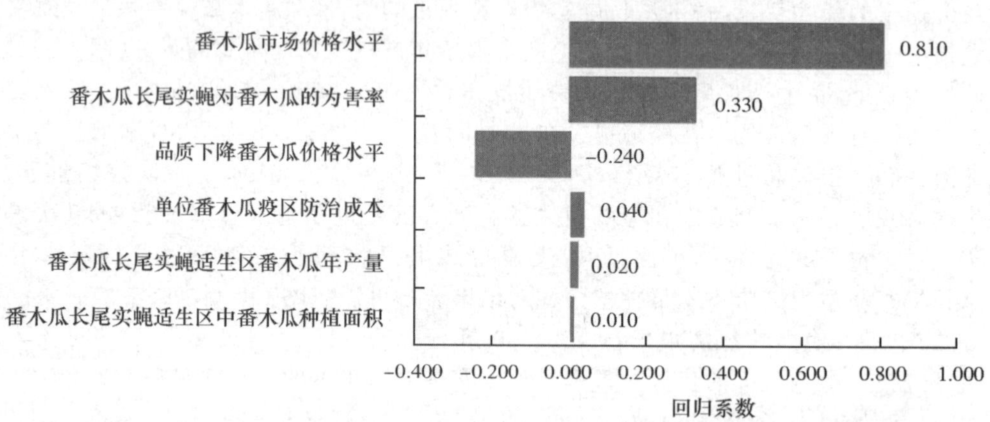

图 10-1-2　防控场景下番木瓜长尾实蝇对我国番木瓜产业的潜在经济损失的变量灵敏性

表 10-1-4　投入防控后可挽回番木瓜长尾实蝇对我国番木瓜产业的潜在经济损失　万元

场景	标记	输出项	公式	最小值	平均值	最大值
可挽回潜在经济损失	F_3	可挽回潜在经济损失总量	$F_3=F_1-F_2$	1224.30	3968.72	8559.81

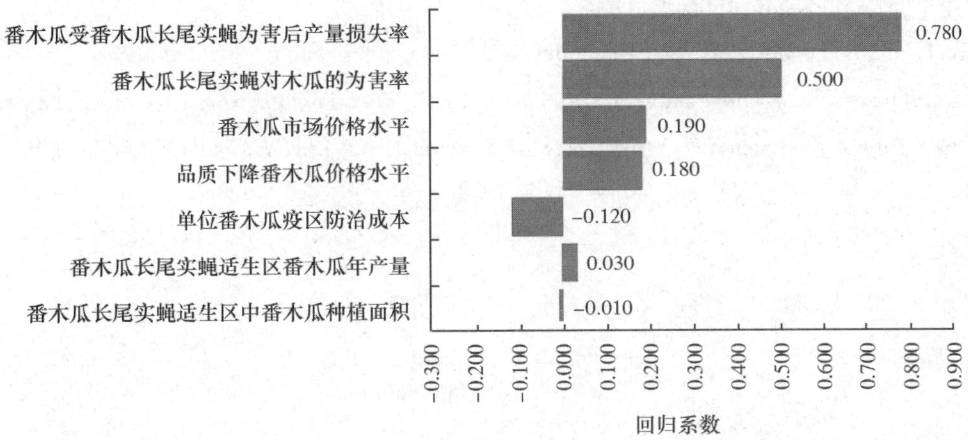

图 10-1-3　投入防控后可挽回番木瓜长尾实蝇对我国番木瓜产业潜在经济损失的变量灵敏性

参考文献

陈乃中. 中国进境植物检疫性有害生物(昆虫卷). 北京：中国农业出版社,2009.

胡光灿,李萍,易继平,等. 不同防控方式对柑橘大实蝇防治效果比较. 中国植保导刊,2014,34(6)：23-25.

赖敏,曾东强,刘晓亮. 溴氰菊酯和氯氰菊酯作为产卵驱避剂在瓜实蝇防治中的应用技术研究. 植物检疫,2016,30(6)：21-26.

李磊,陈泰运,牛黎明,等. 苦瓜套袋防治瓜实蝇和南瓜实蝇的效果评价. 植物保护,2015,41(6)：225-229.

李志红. 生物入侵防控：重要经济实蝇潜在地理分布研究. 北京：中国农业大学出版社,2015.

廖宪成,谢培超,卢进才,等. 五种防控措施对柑桔园桔小实蝇的防治效果观察. 广西植保,2013,26(3)：10-11.

潘飞,肖彤斌,秦双,等. 瓜实蝇为害对苦瓜产量的影响及其防治指标研究. 中国植保导刊,2014,34(10):12-15.

吴佳教,梁帆,梁广勤. 实蝇类重要害虫鉴定图册. 广州：广东科技出版社,2009.

张小亚,张长禹,韩庆海,等. 柑橘大实蝇诱杀方法研究及防治效果初步评估. 中国植保导刊,2007(1)：5-8.

周鹏,沈文涛,言普,等. 我国番木瓜产业发展的关键问题及对策. 热带生物学报,2010,1(3)：257-264.

Aluja M,Jimenez A,Camino M,et al. Habitat manipulation to reduce papaya fruit fly (Diptera：Tephritidae) damage：orchard design, use of trap crops and border trapping. Journal of Economic Entomology,1997,90(6):1567-1576.

FAO, http://www.fao.org/home/en/

GBIF, Gbif. https://www.gbif.org/occurrence/

Selman L, Heppner J. B and Fasulo T. R, Papay Fruit Fly, *Toxtotrypana curvicauda* Gerstaecker (Insecta Diptera Tephritidae), University of Florida IFAS Extension EENY-021, 2005.

第十一章　镞实蝇属重要种类的潜在经济损失

第一节　瓜实蝇

一、瓜实蝇概况

瓜实蝇[*Zeugodacus cucurbitae* (Coquillett)]，隶属于双翅目(Diptera)，实蝇科(Tephritidae)，镞实蝇属(*Zeugodacus*)，被我国列为进境检疫性害虫和重点管理的外来入侵物种。

瓜实蝇广泛分布于亚热带30多个国家和地区，在我国局部分布于南方地区，包括福建、江苏、广东、海南、广西、云南、贵州、四川、湖南和台湾等地(CABI,2017)。瓜实蝇在我国的潜在地理分布研究显示，至2020年，其适生区北界达北京北部、河北中北部及辽宁东南部，适生区的面积增加至全国面积的37.04%(李志红,2015)。瓜实蝇是蔬菜、水果的重要害虫，寄主多达100余种，主要是苦瓜、黄瓜、南瓜、西瓜等葫芦科作物(欧剑峰等,2008)。根据中华人民共和国农业农村部种植业管理司数据库和联合国粮食及农业组织数据库显示(FAO,2017)，苦瓜种植区分布在我国广东、广西、福建、贵州、四川等省份，主要集中在华南地区；黄瓜在我国各省均有种植，其中河北、辽宁、山东、河南、湖南是主要生产区；南瓜主产区为河北、山东、云南等省份；西瓜在我国各省均有种植，新疆、甘肃、山东、江苏等地为主产区。

本研究分别评估瓜实蝇对我国苦瓜、黄瓜、南瓜和西瓜的潜在经济损失。

二、瓜实蝇对我国苦瓜产业的潜在经济损失评估

(一)主要数据与来源

1.不防控场景下瓜实蝇对我国苦瓜产业的经济损失模型数据与来源

(1)瓜实蝇适生区苦瓜年产量(Q_1)　据张白鸽课题组2015年的苦瓜产量实地调查数据和中华人民共和国农业农村部种植业管理司数据库1992—1994年苦瓜产量数据，折算出2013—2015年各省份苦瓜年产量数据(张白鸽,2016)。瓜实蝇适生区年产量最小值为1361280.00吨，平均值为3829620.00吨，最大值为4266670.00吨。

(2)瓜实蝇对苦瓜的为害率(I)　根据李人柯对广州地区苦瓜受瓜实蝇为害进行的调查研究结果表明，为害高峰时，苦瓜被害率达30.60%～45.20%，平均值为37.80%(李人柯,1997)。

(3)苦瓜受瓜实蝇为害后产量损失率(R)　由于品种和季节差异，瓜实蝇为害苦瓜后，苦瓜受瓜实蝇为害后产量损失率在30.00%～100.00%，平均值为65.00%(Dhillon,2005)。

(4)苦瓜市场价格水平(P_c)　根据全国农产品商务信息公共服务平台，收集2017年瓜实蝇适生区各省份所有市场的苦瓜月平均价格，共计286个价格数据。经分析，得出苦瓜市场价

格最小值为 1.80 元/千克，平均值为 5.51 元/千克，最大值为 20.74 元/千克。

(5)品质下降苦瓜价格水平(P_2)　对于品质下降苦瓜市场价格水平，我们采取苦瓜市场价格的一半作为数据集，得出品质下降苦瓜市场价格最小值为 1.80 元/千克，平均值为 4.00 元/千克，最大值为 5.50 元/千克。

2.防控场景下瓜实蝇对我国苦瓜产业的经济损失模型数据与来源

(1)瓜实蝇适生区中苦瓜种植面积(S)　同瓜实蝇适生区苦瓜产量类似，根据张白鸽课题组和中华人民共和国农业农村部种植业管理司数据库(张白鸽，2016)，得出 2013—2015 年瓜实蝇适生区苦瓜种植面积最小值为 34030.00 公顷，平均值为 95740.00 公顷，最大值为 106670.00 公顷。

(2)单位面积苦瓜疫区防控成本　以海南瓜类种植农户为例，单位面积苦瓜疫区防控费用为 7500.00 元/公顷(潘飞，2014)。

(3)防控效果　当单位面积苦瓜疫区防控费用为 7500.00 元/公顷时，达到的防控效果为 85.00%(潘飞，2014)。

(二)评估模型与参数设置

瓜实蝇对中国苦瓜产业的潜在经济损失评估模型及参数设置如表 11-1-1 所示。

表 11-1-1　瓜实蝇对中国苦瓜产业的潜在经济损失评估模型及参数

	模型	输入变量	模型参数
不防控场景	产量下降引起的潜在经济损失(F_{11})	瓜实蝇适生区苦瓜产量(Q_1)	Pert(1361280.00,3829620.00,4266670.00)吨
		瓜实蝇对苦瓜为害率(I)	Pert(30.60%,37.80%,45.20%)
		苦瓜受瓜实蝇为害后产量损失率(R)	Pert(30.00%,65.00%,100.00%)
		苦瓜市场价格水平(P_c)	Pert(1.80,5.51,20.74)元
		产量下降引起的潜在经济损失(F_{11})	$F_{11}=\dfrac{Q_1\times I\times R\times P_c}{(1-IR)}$
	质量下降引起的潜在经济损失(F_{12})	疫区单位面积品质下降苦瓜产量(Q_2)	$Q_2=\dfrac{Q_1\times I\times(1-R)}{(1-IR)}$
		品质下降苦瓜价格水平(P_2)	Pert(1.80,4.00,5.50)元
		质量下降引起的潜在经济损失(F_{12})	$F_{12}=\dfrac{Q_1\times I\times(1-R)(P_c-P_2)}{(1-IR)}$
		不防控场景下潜在经济损失总量(F_1)	$F_1=F_{11}+F_{12}$
防控场景	防控费用(F_{21})	瓜实蝇适生区中苦瓜种植面积(S)	Pert(34030.00,95740.00,106670.00)公顷
		单位苦瓜疫区防控成本(C)	7500.00 元/公顷
		防控费用支出量(F_{21})	$F_{21}=S\times I\times C$

续表 11-1-1

	模型	输入变量	模型参数
	投入防控潜在经济损失(F_{22})	单位适生区面积产量(A)	$A=\frac{Q_1}{S}$
		防控效果(M)	0.85
		效益校正系数(D)	2.00
		经济损害允许水平(E)	$E=\frac{C}{(A\times P_c\times M)}\times D\times 100\%$
		投入防控后潜在经济损失(F_{22})	$F_{22}=\frac{Q_1\times I\times E\times P_c}{(1-IE)}+\frac{Q_1\times I\times(1-E)(P_c-P_2)}{(1-IE)}$
		防控场景下潜在经济损失总量(F_2)	$F_{22}=\frac{Q_1\times I\times E\times P_c}{(1-IE)}+\frac{Q_1\times I\times(1-E)(P_c-P_2)}{(1-IE)}$
可挽回潜在经济损失		可挽回潜在经济损失(F_3)	$F_3=F_1-F_2$

(三)潜在经济损失

在不防控场景下,苦瓜产量下降引起的瓜实蝇潜在经济损失在 275449.37 万～1815222.97 万元,苦瓜质量下降引起的瓜实蝇潜在经济损失在 20236.92 万～682812.51 万元,瓜实蝇对苦瓜的潜在经济损失总量在 440757.51 万～2348173.45 万元(表 11-1-2)。在不防控场景下,苦瓜市场价格水平是影响瓜实蝇对我国苦瓜产业潜在经济损失的最大变量,苦瓜受瓜实蝇为害后产量损失率、瓜实蝇适生区苦瓜年产量次之,品质下降苦瓜价格水平的影响可忽略不计(图 11-1-1)。

在防控场景下,瓜实蝇防控费用支出量在 17860.96 万～30706.96 万元,投入防控后瓜实蝇对苦瓜的潜在经济损失在 109218.38 万～1390753.08 万元,瓜实蝇对苦瓜的潜在经济损失总量在 133742.41 万～1416106.91 万元(表 11-1-3)。在防控场景下,瓜实蝇对我国苦瓜产业潜在经济损失影响最大的变量是苦瓜市场价格,其次是品质下降苦瓜价格水平,瓜实蝇适生区苦瓜种植面积对结果影响可以忽略不计(图 11-1-2)。

投入防控后,可挽回的经济损失在 223259.26 万～1067075.85 万元(表 11-1-4)。对投入防控后可挽回经济损失影响最大的变量是苦瓜受瓜实蝇为害后产量损失率和苦瓜市场价格水平(图 11-1-3)。

表 11-1-2 不防控场景下瓜实蝇对我国苦瓜产业的潜在经济损失 万元

标记	输出项	公式	最小值	平均值	最大值
F_{11}	产量下降引起的潜在经济损失	$F_{11}=\frac{Q_1\times I\times R\times P_c}{(1-IR)}$	275449.37	757951.11	1815222.97
F_{12}	质量下降引起的潜在经济损失	$F_{12}=\frac{Q_1\times I\times(1-R)(P_c-P_2)}{(1-IR)}$	20236.92	206248.56	682812.51
F_1	潜在经济损失总量	$F_1=F_{11}+F_{12}$	440757.51	1094323.54	2348173.45

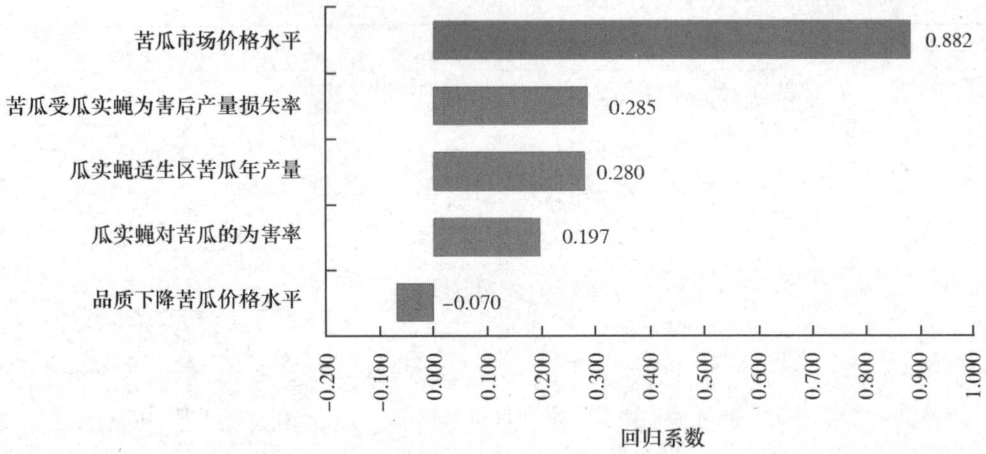

图 11-1-1 不防控场景下瓜实蝇对我国苦瓜产业潜在经济损失的变量灵敏性

表 11-1-3 防控场景下瓜实蝇对我国苦瓜产业的潜在经济损失 万元

标记	输出项	公式	最小值	平均值	最大值
F_{21}	防控费用支出量	$F_{21} = S \times I \times C$	17860.96	25063.27	30706.96
F_{22}	投入防控后潜在经济损失	$F_{22} = \frac{Q_1 \times I \times E \times P_c}{(1-IE)} + \frac{Q_1 \times I \times (1-E)(P_c - P_2)}{(1-IE)}$	109218.38	533611.85	1390753.08
F_2	潜在经济损失总量	$F_2 = F_{21} + F_{22}$	133742.41	558365.08	1416106.91

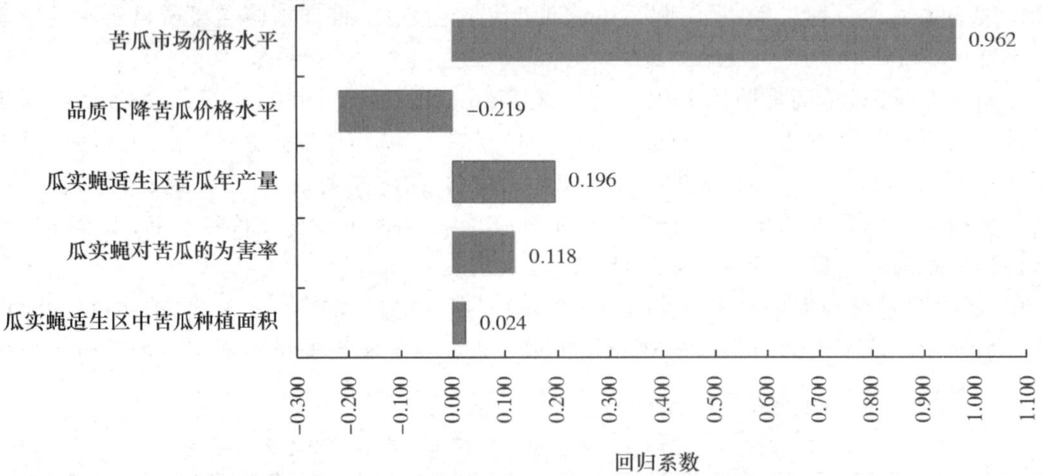

图 11-1-2 防控场景下瓜实蝇对我国苦瓜产业的潜在经济损失的变量灵敏性

表 11-1-4 投入防控后可挽回瓜实蝇对我国苦瓜产业的潜在经济损失 万元

场景	标记	输出项	公式	最小值	平均值	最大值
可挽回潜在经济损失	F_3	可挽回潜在经济损失总量	$F_3 = F_1 - F_2$	223259.26	524115.16	1067075.85

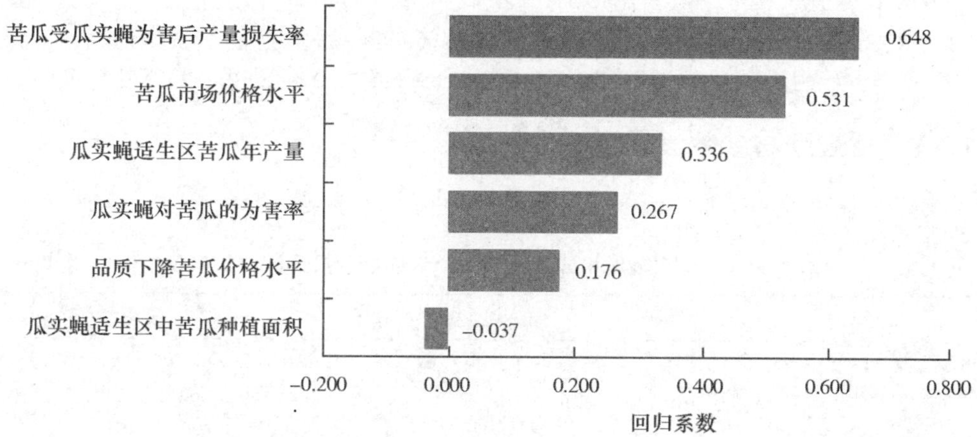

图 11-1-3　投入防控后可挽回瓜实蝇对我国苦瓜产业潜在经济损失的变量灵敏性

三、瓜实蝇对我国黄瓜产业的潜在经济损失评估

(一)主要数据与来源

1. 不防控场景下瓜实蝇对我国黄瓜产业的经济损失模型数据与来源

(1)瓜实蝇适生区黄瓜年产量(Q_1)　根据中华人民共和国农业农村部种植业管理司数据库，2012—2016 年瓜实蝇适生区黄瓜年产量最小值为 41109890.00 吨，平均值为 44167370.00 吨，最大值为 47205560.00 吨。采用 Pert(41109890.00，44167370.00，47205560.00)进行模拟。

(2)瓜实蝇对黄瓜的为害率(I)　根据文献资料可知，瓜果由落花后至成熟阶段均可被瓜实蝇为害，为害率在 10.00%～40.00%(彭乃俊，2004)。根据数据特点，利用 Pert(10.00%，25.00%，40.00%)对瓜实蝇对黄瓜的为害率进行模拟。

(3)黄瓜受瓜实蝇为害后产量损失率(R)　瓜类受瓜实蝇为害后产量损失率的范围在 30.00%～100.00%(Dhillon et al.，2005)，瓜的种类以及季节不同，损失率将有所不同。由于缺乏瓜实蝇对黄瓜为害情况的研究，本研究中涉及的瓜类受瓜实蝇为害后产量损失率范围均认为在 30.00%～100.00%。根据数据特点，利用 Pert(30.00%，65.00%，100.00%)进行模拟。

(4)黄瓜市场价格水平(P_c)　根据全国农产品商务信息公共服务平台，收集 2017 年瓜实蝇适生区各省份所有市场的黄瓜月平均价格，共计 1464 个价格数据。经分析，得出黄瓜市场价格为 0.99～10.19 元/千克，平均值为 3.26 元/千克。利用 Pert(0.99，3.26，10.19)进行模拟。

(5)品质下降黄瓜价格水平(P_2)　品质下降黄瓜市场价格水平，我们采取黄瓜市场价格的一半作为数据集，共计 732 个价格数据。利用 Pert(0.99，2.53，3.26)进行模拟。

2. 防控场景下瓜实蝇对我国黄瓜产业的经济损失模型数据与来源

(1)瓜实蝇适生区中黄瓜种植面积　根据中华人民共和国农业农村部种植业管理司数据库，2012—2016 年瓜实蝇适生区黄瓜种植面积最小值为 963713600.00 公顷，平均值为 996836880.00 公顷，最大值为 1051456620.00 公顷。利用 Pert(963713600.00，996836880.00，1051456620.00)进行模拟。

(2)单位面积黄瓜疫区防控成本　根据湖南省田间防控瓜类实蝇的防控成本及防控效果调查结果，在实蝇一个生长周期(一年)内为防控实蝇为害所采取的防控成本为 6.00～450.00

元/亩,平均值为 156.92 元/亩。利用 Pert(6.00,159.92,450.00)进行模拟。

(3)防控效果　根据调查结果显示,在投入防控措施后,防控效果最小值为 45.00%,平均值为 78.00%,最大值为 90.00%。利用 Pert(45.00%,78.00%,90.00%)进行模拟。

(二)评估模型与参数设置

瓜实蝇对中国黄瓜产业的潜在经济损失评估模型及参数设置如表 11-1-5 所示。

表 11-1-5　瓜实蝇对中国黄瓜产业的潜在经济损失评估模型及参数

	模型	输入变量	模型参数
不防控场景	产量下降引起的潜在经济损失(F_{11})	瓜实蝇适生区黄瓜产量(Q_1)	Pert(41109890.00,44167370.00,47205560.00)吨
		瓜实蝇对黄瓜为害率(I)	Pert(10.00%,25.00%,40.00%)
		黄瓜受瓜实蝇为害后产量损失率(R)	Pert(30.00%,65.00%,100.00%)
		黄瓜市场价格水平(P_c)	Pert(0.99,3.26,10.19)元
		产量下降引起的潜在经济损失(F_{11})	$F_{11}=\dfrac{Q_1\times I\times R\times P_c}{(1-IR)}$
	质量下降引起的潜在经济损失(F_{12})	疫区单位面积品质下降黄瓜产量(Q_2)	$Q_2=\dfrac{Q_1\times I\times(1-R)}{(1-IR)}$
		品质下降黄瓜价格水平(P_2)	Pert(0.99,2.53,3.26)元
		质量下降引起的潜在经济损失(F_{12})	$F_{12}=\dfrac{Q_1\times I\times(1-R)(P_c-P_2)}{(1-IR)}$
		不防控场景下潜在经济损失总量(F_1)	$F_1=F_{11}+F_{12}$
防控场景	防控费用(F_{21})	瓜实蝇适生区中黄瓜种植面积(S)	Pert(963713600.00,996836880.00,1051456620.00)公顷
		单位黄瓜疫区防控成本(C)	Pert(6.00,159.92,450.00)
		防控费用支出量(F_{21})	$F_{21}=S\times I\times C$
	投入防控潜在经济损失(F_{22})	单位适生区面积产量(A)	$A=\dfrac{Q_1}{S}$
		防控效果(M)	Pert(45.00%,78.00%,90.00%)
		效益校正系数(D)	2.00
		经济损害允许水平(E)	$E=\dfrac{C}{(A\times P_c\times M)}\times D\times 100\%$
		投入防控后潜在经济损失(F_{22})	$F_{22}=\dfrac{Q_1\times I\times E\times P_c}{(1-IE)}+\dfrac{Q_1\times I\times(1-E)(P_c-P_2)}{(1-IE)}$
		防控场景下潜在经济损失总量(F_2)	$F_{22}=\dfrac{Q_1\times I\times E\times P_c}{(1-IE)}+\dfrac{Q_1\times I\times(1-E)(P_c-P_2)}{(1-IE)}$
可挽回潜在经济损失		可挽回潜在经济损失(F_3)	$F_3=F_1-F_2$

(三)潜在经济损失

在不防控场景下,瓜实蝇对中国黄瓜产量下降引起的经济损失量在1116362.33万～7476932.38万元,质量下降引起的经济损失在70177.60万～2668443.85万元,经济损失总量在1790353.53万～9740730.67万元(表11-1-6)。不防控场景下,黄瓜市场价格水平、瓜实蝇对黄瓜的为害率是瓜实蝇对中国黄瓜造成的经济损失影响最大的输入变量。黄瓜受瓜实蝇为害后产量损失率对结果的影响次之。瓜实蝇适生区黄瓜年产量对结果的影响忽略不计(图11-1-4)。

为防控瓜实蝇为害黄瓜,投入防控费用支出量在19118.80万～133321.89万元,投入防控后经济损失量在751768.70万～9679757.75万元,经济损失总量在798645.74万～9773536.28万元(表11-1-7)。防控场景下,单位黄瓜疫区防控成本、黄瓜受瓜实蝇为害后产量损失率是对结果影响最大的输入变量。瓜实蝇对黄瓜的为害率对结果影响次之。瓜实蝇适生区黄瓜的种植面积对结果几乎没有影响(图11-1-5)。

投入防控后,可以挽回经济损失在178718.58万～3087587.86万元(表11-1-8)。对投入防控后可挽回经济损失影响最大的变量是单位黄瓜疫区防控成本。瓜实蝇对黄瓜的为害率对结果影响次之。瓜实蝇适生区黄瓜的种植面积对结果几乎没有影响(图11-1-6)。

表11-1-6　不防控场景下瓜实蝇对我国黄瓜产业的潜在经济损失　　万元

标记	输出项	公式	最小值	平均值	最大值
F_{11}	产量下降引起的潜在经济损失	$F_{11}=\dfrac{Q_1\times I\times R\times P_c}{(1-IR)}$	1116362.33	3095614.27	7476932.38
F_{12}	质量下降引起的潜在经济损失	$F_{12}=\dfrac{Q_1\times I\times(1-R)(P_c-P_2)}{(1-IR)}$	70177.60	753038.91	2668443.85
F_1	潜在经济损失总量	$F_1=F_{11}+F_{12}$	1790353.53	4422113.11	9740730.67

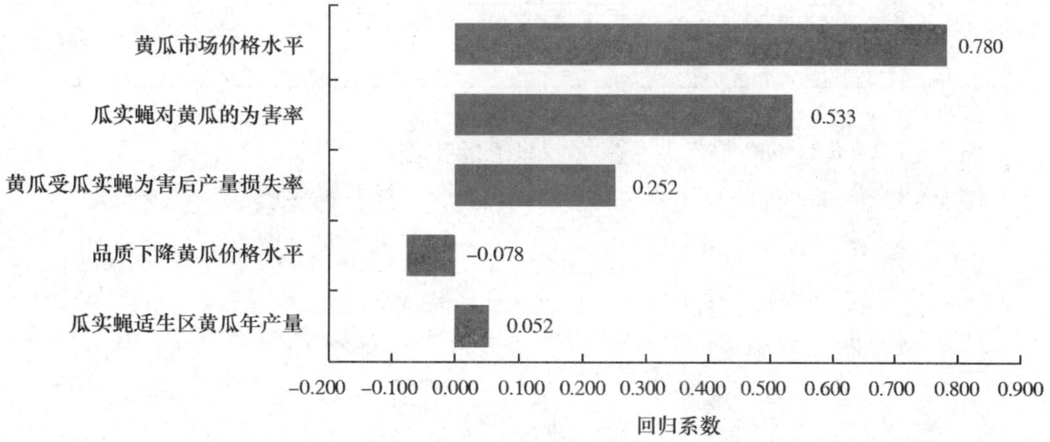

图11-1-4　不防控场景下瓜实蝇对我国黄瓜产业潜在经济损失的变量灵敏性

表 11-1-7　防控场景下瓜实蝇对我国黄瓜产业的潜在经济损失　万元

标记	输出项	公式	最小值	平均值	最大值
F_{21}	防控费用支出量	$F_{21}=S\times I\times C$	19118.80	62968.23	133321.89
F_{22}	投入防控后潜在经济损失	$F_{22}=\dfrac{Q_1\times I\times E\times P_c}{(1-IE)}+\dfrac{Q_1\times I\times(1-E)(P_c-P_2)}{(1-IE)}$	751768.70	3278490.91	9679757.75
F_2	潜在经济损失总量	$F_2=F_{21}+F_{22}$	798645.74	3344471.52	9773536.28

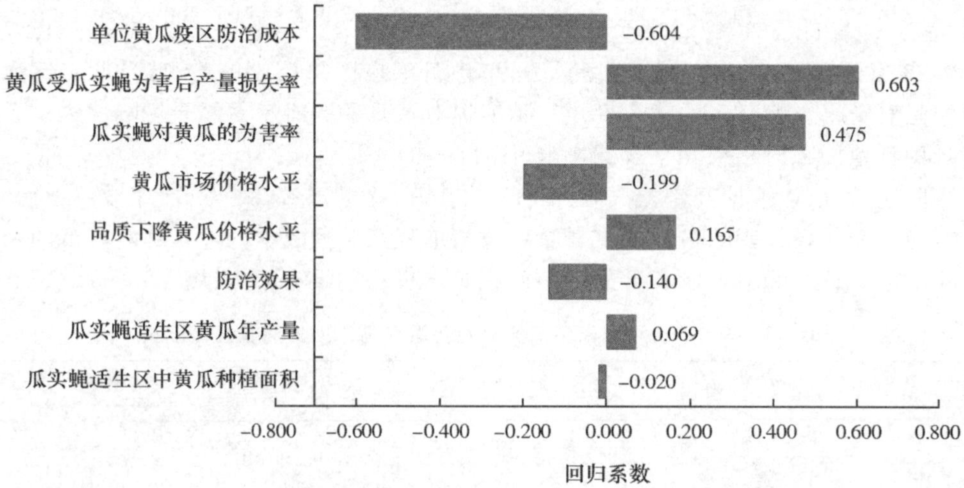

图 11-1-5　防控场景下瓜实蝇对我国黄瓜产业的潜在经济损失的变量灵敏性

表 11-1-8　投入防控后可挽回瓜实蝇对我国黄瓜产业的潜在经济损失　万元

场景	标记	输出项	公式	最小值	平均值	最大值
可挽回潜在经济损失	F_3	可挽回潜在经济损失总量	$F_3=F_1-F_2$	178718.58	1162370.70	3087587.86

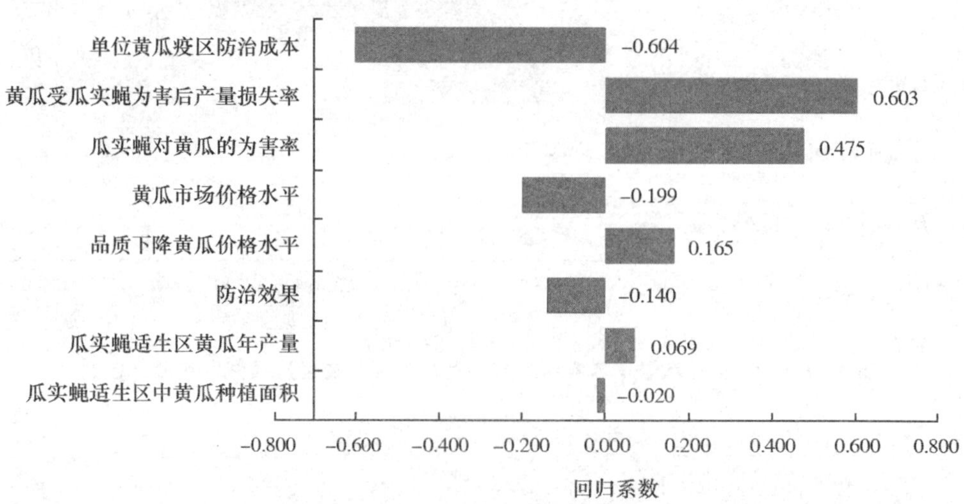

图 11-1-6　投入防控后可挽回瓜实蝇对我国黄瓜产业潜在经济损失的变量灵敏性

四、瓜实蝇对我国南瓜产业的潜在经济损失评估

(一)主要数据与来源

1.不防控场景下瓜实蝇对我国南瓜产业的经济损失模型数据与来源

(1)瓜实蝇适生区南瓜年产量(Q_1) 根据FAO数据库,2012—2016年瓜实蝇适生区南瓜年产量为2611510.00～2903490.00吨,平均值为2742780.00吨。

(2)瓜实蝇对南瓜的为害率(I) 根据田间实际为害情况,瓜实蝇对南瓜的为害率在60.00%～87.00%,平均值为74.00%。

(3)南瓜受瓜实蝇为害后产量损失率(R) 同瓜实蝇对黄瓜为害后产量损失率类似。

(4)南瓜市场价格水平(P_c) 根据全国农产品商务信息公共服务平台,收集2017年瓜实蝇适生区各省份所有市场的南瓜月平均价格,共计816个价格数据。经分析,得出南瓜市场价格为0.41～7.21元/千克,平均值为2.02元/千克。

(5)品质下降南瓜价格水平(P_2) 对于品质下降南瓜市场价格水平,我们采取南瓜市场价格的一半作为数据集,共计408个价格数据。

2.防控场景下瓜实蝇对我国南瓜产业的经济损失模型数据与来源

(1)瓜实蝇适生区中南瓜种植面积(S) 瓜实蝇适生区南瓜种植面积为141683.19～157505.19公顷,平均值为148418.24公顷。

(2)单位面积南瓜疫区防控成本(C) 由于瓜实蝇的寄主范围很广,田间防控时通常不考虑单一寄主,因此单位面积南瓜疫区防控成本同单位面积黄瓜疫区防控成本相同。

(3)防控效果(M) 同上。

(二)评估模型与参数设置

瓜实蝇对中国南瓜产业的潜在经济损失评估模型及参数设置如表11-1-9所示。

表11-1-9 瓜实蝇对中国南瓜产业的潜在经济损失评估模型及参数

模型		输入变量	模型参数
不防控场景	产量下降引起的潜在经济损失(F_{11})	瓜实蝇适生区南瓜产量(Q_1)	Pert(2611510.00,2742780.00,2903490.00)吨
		瓜实蝇对南瓜为害率(I)	Pert(60.00%,74.00%,87.00%)
		南瓜受瓜实蝇为害后产量损失率(R)	Pert(30.00%,65.00%,100.00%)
		南瓜市场价格水平(P_c)	Pert(0.41,2.02,7.21)元
		产量下降引起的潜在经济损失(F_{11})	$F_{11}=\dfrac{Q_1\times I\times R\times P_c}{(1-IR)}$
	质量下降引起的潜在经济损失(F_{12})	疫区单位面积品质下降南瓜产量(Q_2)	$Q_2=\dfrac{Q_1\times I\times(1-R)}{(1-IR)}$
		品质下降南瓜价格水平(P_2)	Pert(0.41,1.59,2.02)元
		质量下降引起的潜在经济损失(F_{12})	$F_{12}=\dfrac{Q_1\times I\times(1-R)(P_c-P_2)}{(1-IR)}$
		不防控场景下潜在经济损失总量(F_1)	$F_1=F_{11}+F_{12}$

续表 11-1-9

	模型	输入变量	模型参数
防控场景	防控费用(F_{21})	瓜实蝇适生区中南瓜种植面积(S)	Pert (141683.19,148418.24,157505.19)公顷
		单位南瓜疫区防控成本(C)	Pert(6.00,159.92,450.00)
		防控费用支出量(F_{21})	$F_{21}=S\times I\times C$
	投入防控潜在经济损失(F_{22})	单位适生区面积产量(A)	$A=\frac{Q_1}{S}$
		防控效果(M)	Pert(45.00%,78.00%,90.00%)
		效益校正系数(D)	2.00
		经济损害允许水平(E)	$E=\frac{C}{(A\times P_c\times M)}\times D\times 100\%$
		投入防控后潜在经济损失(F_{22})	$F_{22}=\frac{Q_1\times I\times E\times P_c}{(1-IE)}+\frac{Q_1\times I\times(1-E)(P_c-P_2)}{(1-IE)}$
		防控场景下潜在经济损失总量(F_2)	$F_{22}=\frac{Q_1\times I\times E\times P_c}{(1-IE)}+\frac{Q_1\times I\times(1-E)(P_c-P_2)}{(1-IE)}$
可挽回潜在经济损失		可挽回潜在经济损失(F_3)	$F_3=F_1-F_2$

(三)潜在经济损失

在不防控场景下,瓜实蝇对中国南瓜产量下降引起的经济损失量在 184271.11 万～1668502.15 万元,质量下降引起的经济损失在 16897.42 万～499501.11 万元,经济损失总量在 339054.17 万～2087018.86 万元(表 11-1-10)。不防控场景下,南瓜市场价格水平、南瓜受瓜实蝇为害后产量损失率是对结果影响较大的输入变量。瓜实蝇对南瓜为害率对结果影响次之。瓜实蝇适生区南瓜年产量对结果影响忽略不计(图 11-1-7)。

为防控瓜实蝇对南瓜的为害,投入防控费用支出量在 9105.15 万～53756.64 万元,投入防控后经济损失量在 109241.65 万～797228.12 万元,经济损失总量在 129317.65 万～831657.39 万元(表 11-1-11)。防控场景下,南瓜受瓜实蝇为害后产量损失率、南瓜市场价格水平对结果影响最大。瓜实蝇适生区南瓜种植面积对结果影响忽略不计(图 11-1-8)。

投入防控后,可挽回经济损失在 129734.33 万～1399831.39 万元(表 11-1-12)。对投入防控后可挽回经济损失影响最大的变量是南瓜受瓜实蝇为害后产量损失率(图 11-1-9)。

表 11-1-10 不防控场景下瓜实蝇对我国南瓜产业的潜在经济损失 万元

标记	输出项	公式	最小值	平均值	最大值
F_{11}	产量下降引起的潜在经济损失	$F_{11}=\frac{Q_1\times I\times R\times P_c}{(1-IR)}$	184271.11	600949.13	1668502.15
F_{12}	质量下降引起的潜在经济损失	$F_{12}=\frac{Q_1\times I\times(1-R)(P_c-P_2)}{(1-IR)}$	16897.42	168970.29	499501.11
F_1	潜在经济损失总量	$F_1=F_{11}+F_{12}$	339054.17	908924.75	2087018.86

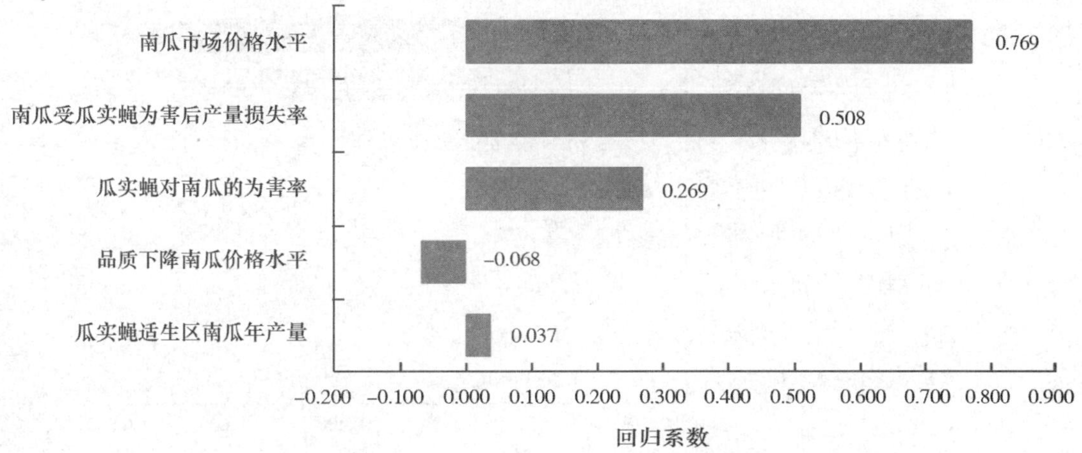

图 11-1-7　不防控场景下瓜实蝇对我国南瓜产业潜在经济损失的变量灵敏性

表 11-1-11　防控场景下瓜实蝇对我国南瓜产业的潜在经济损失　　万元

标记	输出项	公式	最小值	平均值	最大值
F_{21}	防控费用支出量	$F_{21}=S\times I\times C$	9105.15	28582.62	53756.64
F_{22}	投入防控后潜在经济损失	$F_{22}=\frac{Q_1\times I\times E\times P_c}{(1-IE)}+\frac{Q_1\times I\times(1-E)(P_c-P_2)}{(1-IE)}$	109241.65	358927.68	797228.12
F_2	潜在经济损失总量	$F_2=F_{21}+F_{22}$	129317.65	389879.08	831657.39

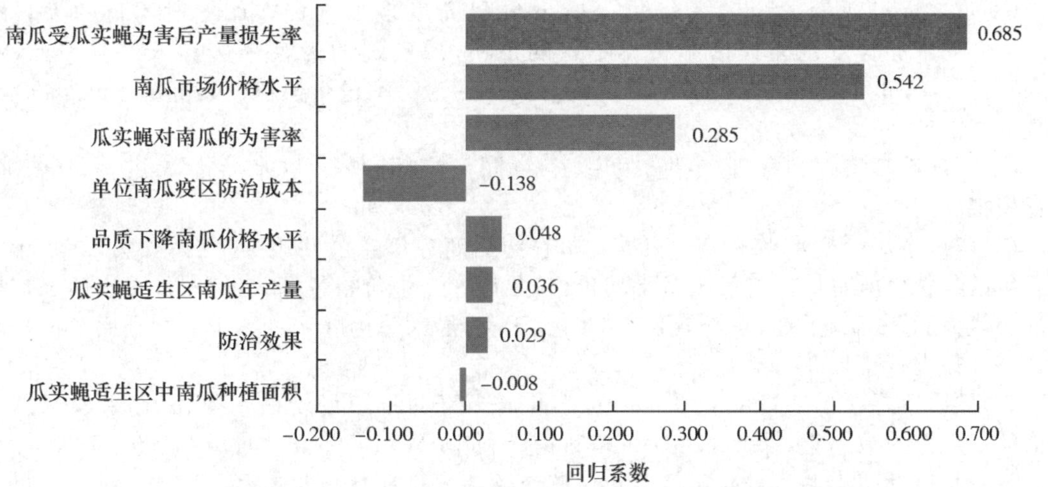

图 11-1-8　防控场景下瓜实蝇对我国南瓜产业的潜在经济损失的变量灵敏性

表 11-1-12　投入防控后可挽回瓜实蝇对我国南瓜产业的潜在经济损失　　万元

场景	标记	输出项	公式	最小值	平均值	最大值
可挽回潜在经济损失	F_3	可挽回潜在经济损失总量	$F_3=F_1-F_2$	129734.33	506072.62	1399831.39

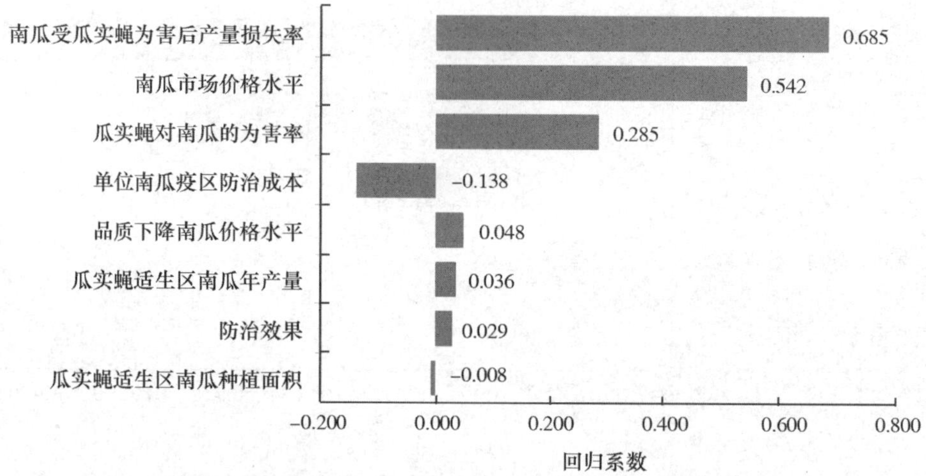

图 11-1-9 投入防控后可挽回瓜实蝇对我国南瓜产业潜在经济损失的变量灵敏性

五、瓜实蝇对我国西瓜产业的潜在经济损失评估

(一)主要数据与来源

1. 不防控场景下瓜实蝇对我国西瓜产业的经济损失模型数据与来源

(1)瓜实蝇适生区西瓜年产量(Q_1) 根据 FAO 数据库,2012—2016 年瓜实蝇适生区西瓜年产量最小值为 26282010.00 吨,平均值为 27836920.00 吨,最大值为 29352080.00 吨。利用 Pert(26282010.00,27836920.00,29352080.00)对瓜实蝇适生区西瓜年产量进行模拟。

(2)瓜实蝇对西瓜的为害率(I) Singh 等研究发现瓜实蝇在印度对西瓜的为害率为 28.55%,周永亮等发现防控措施做得不好的田块,瓜实蝇的为害率达 90.00%,因此,利用 Pert(28.55%,59.00%,90.00%)对瓜实蝇对西瓜的为害率进行模拟(Dhillon et al.,2005; 周永亮等,2016)。

(3)西瓜受瓜实蝇为害后产量损失率(R) 同上,利用 Pert(30.00%,65.00%,100.00%)进行模拟。

(4)西瓜市场价格水平(P_c) 根据全国农产品商务信息公共服务平台,收集 2017 年瓜实蝇适生区各省份所有市场的西瓜月平均价格,共计 348 个价格数据。经分析,得出西瓜市场价格最小值为 0.56 元/千克,平均值为 3.70 元/千克,最大值为 8.34 元/千克。利用 Pert(0.56,3.70,8.34)进行模拟。

(5)品质下降西瓜价格水平(P_2) 对于品质下降西瓜市场价格水平,我们采取西瓜市场价格的一半作为数据集,共计 174 个价格数据。利用 Pert(0.56,2.24,3.70)进行模拟。

2. 防控场景下瓜实蝇对我国西瓜产业的经济损失模型数据与来源

(1)瓜实蝇适生区中西瓜种植面积(S) 同瓜实蝇适生区西瓜年产量类似,瓜实蝇适生区西瓜种植面积最小值为 671683.73 公顷,平均值为 687414.40 公顷,最大值为 701007.93 公顷。因此,利用 Pert(671683.73,687414.40,701007.93)进行模拟。

(2)单位面积西瓜疫区防控成本(C) 同上,利用 Pert(6.00,159.92,450.00)对单位面积西瓜疫区防控成本进行模拟。

(3)防控效果(M) 同上,利用 Pert(45.00%,78.00%,90.00%)对防控效果进行模拟。

(二)评估模型与参数设置

瓜实蝇对中国西瓜产业的潜在经济损失评估模型及参数设置如表 11-1-13 所示。

表 11-1-13　瓜实蝇对中国西瓜产业的潜在经济损失评估模型及参数

模型		输入变量	模型参数
不防控场景	产量下降引起的潜在经济损失(F_{11})	瓜实蝇适生区西瓜产量(Q_1)	Pert(26282010.00,27836920.00,29352080.00)吨
		瓜实蝇对西瓜为害率(I)	Pert(28.55%,59.00%,90.00%)
		西瓜受瓜实蝇为害后产量损失率(R)	Pert(30.00%,65.00%,100.00%)
		西瓜市场价格水平(P_c)	Pert(0.56,3.70,8.34)元
		产量下降引起的潜在经济损失(F_{11})	$F_{11}=\dfrac{Q_1\times I\times R\times P_c}{(1-IR)}$
	质量下降引起的潜在经济损失(F_{12})	疫区单位面积品质下降西瓜产量(Q_2)	$Q_2=\dfrac{Q_1\times I\times(1-R)}{(1-IR)}$
		品质下降西瓜价格水平(P_2)	Pert(0.56,2.24,3.70)元
		质量下降引起的潜在经济损失(F_{12})	$F_{12}=\dfrac{Q_1\times I\times(1-R)(P_c-P_2)}{(1-IR)}$
		不防控场景下潜在经济损失总量(F_1)	$F_1=F_{11}+F_{12}$
防控场景	防控费用(F_{21})	瓜实蝇适生区中西瓜种植面积(S)	Pert(671683.73,687414.40,701007.93)公顷
		单位西瓜疫区防控成本(C)	Pert(6.00,159.92,450.00)
		防控费用支出量(F_{21})	$F_{21}=S\times I\times C$
	投入防控潜在经济损失(F_{22})	单位适生区面积产量(A)	$A=\dfrac{Q_1}{S}$
		防控效果(M)	Pert(45.00%,78.00%,90.00%)
		效益校正系数(D)	2.00
		经济损害允许水平(E)	$E=\dfrac{C}{(A\times P_c\times M)}\times D\times 100\%$
		投入防控后潜在经济损失(F_{22})	$F_{22}=\dfrac{Q_1\times I\times E\times P_c}{(1-IE)}+\dfrac{Q_1\times I\times(1-E)(P_c-P_2)}{(1-IE)}$
		防控场景下潜在经济损失总量(F_2)	$F_{22}=\dfrac{Q_1\times I\times E\times P_c}{(1-IE)}+\dfrac{Q_1\times I\times(1-E)(P_c-P_2)}{(1-IE)}$
可挽回潜在经济损失		可挽回潜在经济损失(F_3)	$F_3=F_1-F_2$

(三)潜在经济损失

在不防控场景下,瓜实蝇对中国西瓜产量下降引起的经济损失量在 2107630.63 万～

17383751.28 万元，质量下降引起的经济损失在 182368.98 万～5156186.39 万元，经济损失总量在 3369515.31 万～21546712.50 万元（表 11-1-14）。不防控场景下，西瓜市场价格水平、瓜实蝇对西瓜的为害率是对结果影响较大的输入变量。西瓜受瓜实蝇为害后产量损失率对结果影响次之。瓜实蝇适生区西瓜年产量对结果影响忽略不计（图 11-1-10）。

为防控瓜实蝇对西瓜为害，投入防控费用支出量在 31865.88 万～212538.72 万元，投入防控后经济损失量在 670636.85 万～8165448.95 万元，经济损失总量在 766832.21 万～8300251.76 万元（表 11-1-15）。防控场景下，瓜实蝇对西瓜的为害率、西瓜受瓜实蝇为害后产量损失率对结果影响最大。瓜实蝇适生区西瓜年产量、防控效果对结果影响忽略不计（图 11-1-11）。

因此，投入防控后，可挽回经济损失在 1849229.71 万～14827463.37 万元（表 11-1-16）。对投入防控后可挽回经济损失影响最大的变量是瓜实蝇对西瓜的为害率（图 11-1-12）。

表 11-1-14　不防控场景下瓜实蝇对我国西瓜产业的潜在经济损失　　万元

标记	输出项	公式	最小值	平均值	最大值
F_{11}	产量下降引起的潜在经济损失	$F_{11}=\dfrac{Q_1\times I\times R\times P_c}{(1-IR)}$	2107630.63	6299879.80	17383751.28
F_{12}	质量下降引起的潜在经济损失	$F_{12}=\dfrac{Q_1\times I\times(1-R)(P_c-P_2)}{(1-IR)}$	182368.98	1662017.15	5156186.39
F_1	潜在经济损失总量	$F_1=F_{11}+F_{12}$	3369515.31	8920860.66	21546712.50

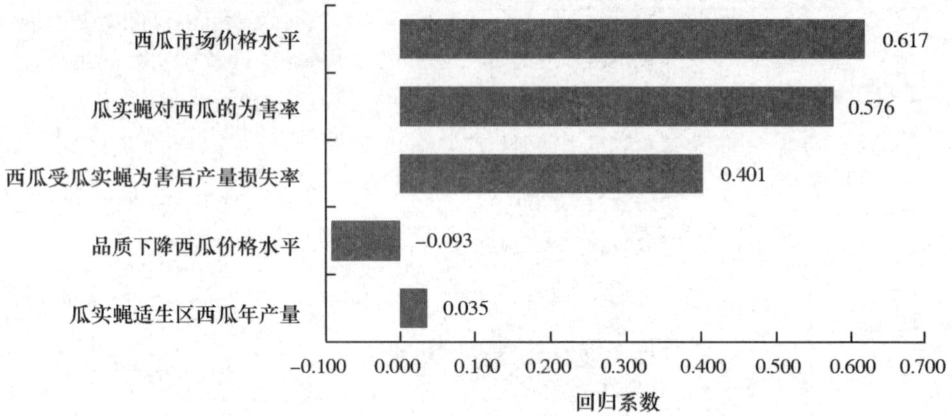

图 11-1-10　不防控场景下瓜实蝇对我国西瓜产业潜在经济损失的变量灵敏性

表 11-1-15　防控场景下瓜实蝇对我国西瓜产业的潜在经济损失　　万元

标记	输出项	公式	最小值	平均值	最大值
F_{21}	防控费用支出量	$F_{21}=S\times I\times C$	31865.88	103613.40	212538.72
F_{22}	投入防控后潜在经济损失	$F_{22}=\dfrac{Q_1\times I\times E\times P_c}{(1-IE)}+\dfrac{Q_1\times I\times(1-E)(P_c-P_2)}{(1-IE)}$	670636.85	3438514.53	8165448.95
F_2	潜在经济损失总量	$F_2=F_{21}+F_{22}$	766832.21	3547880.98	8300251.76

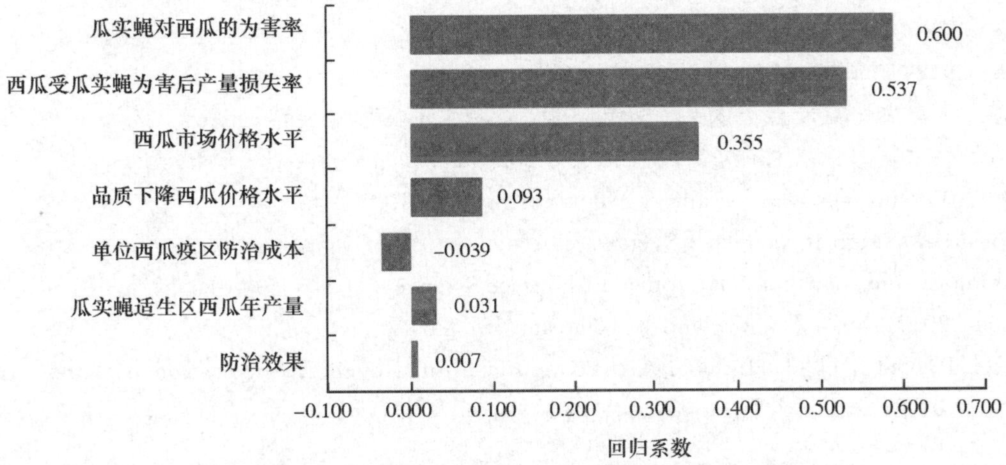

图 11-1-11　防控场景下瓜实蝇对我国西瓜产业的潜在经济损失的变量灵敏性

表 11-1-16　投入防控后可挽回瓜实蝇对我国西瓜产业的潜在经济损失　　万元

场景	标记	输出项	公式	最小值	平均值	最大值
可挽回潜在经济损失	F_3	可挽回潜在经济损失总量	$F_3 = F_1 - F_2$	1849229.71	5166180.04	14827463.37

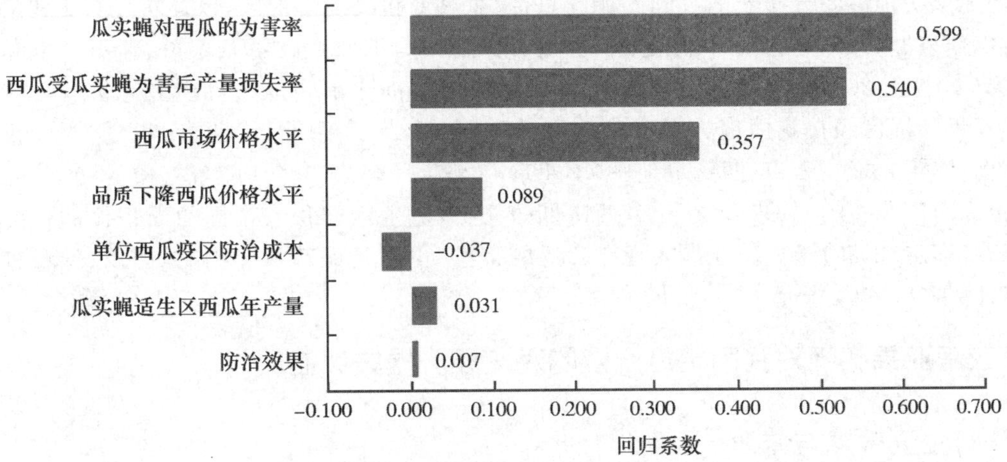

图 11-1-12　投入防控后可挽回瓜实蝇对我国西瓜产业潜在经济损失的变量灵敏性

参考文献

李人柯. 瓜实蝇的为害与防控. 中国蔬菜,1997,1(3): 26-27.

李志红. 生物入侵防控: 重要经济实蝇潜在地理分布研究. 北京: 中国农业大学出版社, 2015.

欧剑峰,黄鸿,吴华,等. 瓜实蝇国内研究概况. 长江蔬菜,2008(13): 33-34.

潘飞,肖彤斌,秦双,等. 瓜实蝇为害对苦瓜产量的影响及其防治指标研究. 中国植保导刊, 2014,34(10): 14-15.

全国农产品商务信息公共服务平台. 2018. http://nc.mofcom.gov.cn/.
孙宏禹,秦誉嘉,方焱,等. 基于@RISK 的瓜实蝇对我国苦瓜产业的潜在经济损失评估. 植物检疫,2018,32(6):64-69.
张白鸽. 华南陆地苦瓜生产体系的氮素调控. 北京:中国农业大学,2016.
中华人民共和国农业农村部. 2018. http://202.127.42.157/moazzys/shucai_cx.aspx.
CABI. 2017. https://www.cabi.org/cpc/abstract/20173373945.
Dhillon M K,Singh R,Naresh J S,et al. The melon fruit fly,*Bactrocera cucurbitae*: a review of its biology and management. Journal of Insect Science,2005,5(1):40.
FAOstat. 2017. http://www.fao.org/faostat/en/#data.
Pedigo L P,And S H H,Higley L G. Economic injury levels in theory and practice. Annual Review of Entomology,1986,31(1): 341-368.

第二节 南亚果实蝇

一、南亚果实蝇概况

南亚果实蝇(*Zeugodacus tau*),双翅目(Diptera),实蝇科(Tephritidae),镞实蝇属(*Zeugodacus*)(Doorenweerd et al.,2018),被我国列为进境检疫性害虫。

南亚果实蝇主要分布于旧大陆的亚洲热带、亚热带和暖温带地区,以及澳大利亚和南太平洋地区(汪兴鉴,1995),包括日本、越南、老挝、柬埔寨、马来西亚、泰国、不丹、斯里兰卡和印度等国家(李小珍,2007)。在中国,1849 年南亚果实蝇在福建福州地区首次被记录有分布。目前,南亚果实蝇已经在我国南方各省市均有分布,包括浙江、湖北、江西、广东、广西、四川、福建、湖南、四川、贵州、云南、西藏等地区(李小珍,2007)。至 2020 年,随着气候的变化,由于适生区范围向河北省的北部以及辽宁省西南部的北扩,适生区面积占全国的面积比例将增加至 40.23%(李志红,2015)。南亚果实蝇有广泛的寄主,主要是葫芦科作物,如甜瓜、丝瓜、南瓜、苦瓜(汪兴鉴,1996)。

二、南亚果实蝇对我国苦瓜产业的潜在经济损失评估

(一)主要数据与来源

1. 不防控场景下南亚果实蝇对我国苦瓜产业的经济损失模型数据与来源

(1)南亚果实蝇适生区苦瓜年产量　根据中华人民共和国农业农村部种植业管理司数据库并结合张白鸽课题组 2015 年的苦瓜产量实地调查数据,得出在 2013—2015 年期间,南亚果实蝇适生区年产量最小值为 1361230.00 吨,平均值为 3829620.00 吨,最大值为 4266670.00 吨。利用 Pert(1361230.00,3829620.00,4266670.00)对南亚果实蝇适生区苦瓜年产量进行模拟。

(2)南亚果实蝇对苦瓜的为害率　根据李小珍对苦瓜受南亚果实蝇为害进行的调查研究结果表明,在 6 月下旬南亚果实蝇为害高峰时,苦瓜被害率达 14.09%~70.56%,平均值为 45.80%(李小珍,2007)。数据分析后,我们采用 Pert 分布对南亚果实蝇对苦瓜的为害率进行模拟,即 Pert(14.09%,45.80%,70.56%)。

(3)苦瓜受南亚果实蝇为害后产量损失率　南亚果实蝇世代重叠明显，以成虫产卵于幼嫩的瓜果中，孵化出幼虫蛀食瓜果，使之失去经济价值，严重时造成大量落瓜落果，损失一般在10.00%～70.00%（冉峰等，2012）。采用Pert分布对数据进行模拟，即Pert(10.00%，40.00%，70.00%)。

(4)苦瓜市场价格水平　同第一节，采用Pert(1.80，5.51，20.74)进行模拟。

(5)品质下降苦瓜价格水平

同第一节，利用Pert(1.80，4.00，5.51)进行模拟。

2.防控场景下南亚果实蝇对我国苦瓜产业的经济损失模型数据与来源

(1)南亚果实蝇适生区中苦瓜种植面积　同南亚果实蝇适生区苦瓜产量类似，根据张白鸽课题组和中华人民共和国农业农村部种植业管理司数据库，得出2013—2015年南亚果实蝇适生区苦瓜种植面积最小值为34031.98公顷，平均值为95740.56公顷，最大值为106666.67公顷。利用Pert分布进行拟合，即Pert(34031.98，95740.56，106666.67)。

(2)单位面积苦瓜疫区防控成本　同第一节，利用Pert(6.00，159.92，450.00)进行模拟。

(3)防控效果　同第一节，利用Pert(45.00%，78.00%，90.00%)对防控效果进行模拟。

(二)评估模型与参数设置

南亚果实蝇对中国苦瓜产业的潜在经济损失评估模型及参数设置如表11-2-1所示。

表11-2-1　南亚果实蝇对中国苦瓜产业的潜在经济损失评估模型及参数

模型		输入变量	模型参数
不防控场景	产量下降引起的潜在经济损失(F_{11})	南亚果实蝇适生区苦瓜产量(Q_1)	Pert(1361230.00，3829620.00，4266670.00)吨
		南亚果实蝇对苦瓜为害率(I)	Pert(14.09%，45.80%，70.56%)
		苦瓜受南亚果实蝇为害后产量损失率(R)	Pert(10.00%，40.00%，70.00%)
		苦瓜市场价格水平(P_c)	Pert(1.80，5.51，20.74)元
		产量下降引起的潜在经济损失(F_{11})	$F_{11}=\dfrac{Q_1\times I\times R\times P_c}{(1-IR)}$
	质量下降引起的潜在经济损失(F_{12})	疫区单位面积品质下降苦瓜产量(Q_2)	$Q_2=\dfrac{Q_1\times I\times(1-R)}{(1-IR)}$
		品质下降苦瓜价格水平(P_2)	Pert(1.80，4.00，5.51)元
		质量下降引起的潜在经济损失(F_{12})	$F_{12}=\dfrac{Q_1\times I\times(1-R)(P_c-P_2)}{(1-IR)}$
		不防控场景下潜在经济损失总量(F_1)	$F_1=F_{11}+F_{12}$
防控场景	防控费用(F_{21})	南亚果实蝇适生区中苦瓜种植面积(S)	Pert(34031.98，95740.56，106666.67)公顷
		单位苦瓜疫区防控成本(C)	Pert(6.00，159.92，450.00)
		防控费用支出量(F_{21})	$F_{21}=S\times I\times C$
	投入防控潜在经济损失(F_{22})	单位适生区面积产量(A)	$A=\dfrac{Q_1}{S}$
		防控效果(M)	Pert(45.00%，78.00%，90.00%)

续表 11-2-1

模型	输入变量	模型参数
	效益校正系数(D)	2.00
	经济损害允许水平(E)	$E=\dfrac{C}{(A\times P_c\times M)}\times D\times 100\%$
	投入防控后潜在经济损失(F_{22})	$F_{22}=\dfrac{Q_1\times I\times E\times P_c}{(1-IE)}+\dfrac{Q_1\times I\times(1-E)(P_c-P_2)}{(1-IE)}$
	防控场景下潜在经济损失总量(F_2)	$F_{22}=\dfrac{Q_1\times I\times E\times P_c}{(1-IE)}+\dfrac{Q_1\times I\times(1-E)(P_c-P_2)}{(1-IE)}$
可挽回潜在经济损失	可挽回潜在经济损失(F_3)	$F_3=F_1-F_2$

(三)潜在经济损失

在不防控场景下，通过对产量下降引起的经济损失、质量下降引起的经济损失和经济损失总量进行模拟可以得出，在不防控场景下，产量下降引起的经济损失量在 143787.98 万～1385446.98 万元，质量下降引起的经济损失在 40708.26 万～1289656.84 万元，经济损失总量在 288125.44 万～2567146.72 万元(表 11-2-2)。在不防控场景下，苦瓜市场价格水平是南亚果实蝇对我国苦瓜产业造成的潜在经济影响最大的输入变量；南亚果实蝇对苦瓜的为害率对结果的影响次之；品质下降苦瓜价格水平对结果影响忽略不计(图 11-2-1)。

在防控场景下，通过对防控费用支出量、投入防控后经济损失量和经济损失总量进行模拟，可以得出，在防控场景下，防控费用支出量在 2800.85 万～21475.38 万元，投入防控后经济损失量在 84124.96 万～1712407.58 万元，经济损失总量在 93699.87 万～1724662.48 万元(表 11-2-3)。在防控场景下，苦瓜受南亚果实蝇为害后产量损失率、南亚果实蝇对苦瓜的为害率是对结果影响最大的输入变量；苦瓜市场价格对结果影响次之；南亚果实蝇适生区中苦瓜种植面积以及防控效果对结果影响最小(图 11-2-2)。

因此，投入防控后，可挽回经济损失总量在 112999.58 万～991221.34 万元(表 11-2-4)。对投入防控后可挽回经济损失影响最大的变量是苦瓜受南亚果实蝇为害后产量损失率(图 11-2-3)。

表 11-2-2　不防控场景下南亚果实蝇对我国苦瓜产业的潜在经济损失　　万元

标记	输出项	公式	最小值	平均值	最大值
F_{11}	产量下降引起的潜在经济损失	$F_{11}=\dfrac{Q_1\times I\times R\times P_c}{(1-IR)}$	143787.98	481523.37	1385446.98
F_{12}	质量下降引起的潜在经济损失	$F_{12}=\dfrac{Q_1\times I\times(1-R)(P_c-P_2)}{(1-IR)}$	40708.26	397448.72	1289656.84
F_1	潜在经济损失总量	$F_1=F_{11}+F_{12}$	288125.44	968945.77	2567146.72

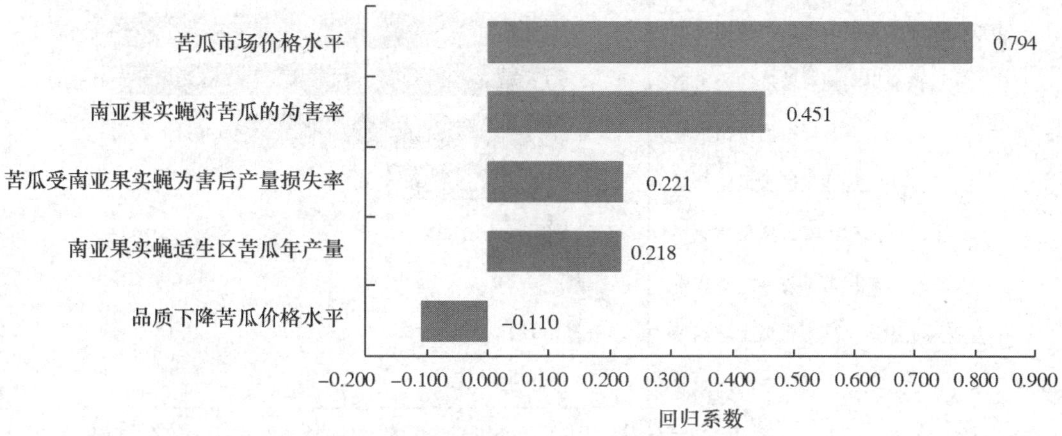

图 11-2-1　不防控场景下南亚果实蝇对我国苦瓜产业潜在经济损失的变量灵敏性

表 11-2-3　防控场景下南亚果实蝇对我国苦瓜产业的潜在经济损失　　万元

标记	输出项	公式	最小值	平均值	最大值
F_{21}	防控费用支出量	$F_{21}=S\times I\times C$	2800.85	9640.83	21475.38
F_{22}	投入防控后潜在经济损失	$F_{22}=\frac{Q_1\times I\times E\times P_c}{(1-IE)}+\frac{Q_1\times I\times(1-E)(P_c-P_2)}{(1-IE)}$	84124.96	579507.71	1712407.58
F_2	潜在经济损失总量	$F_2=F_{21}+F_{22}$	93699.87	589569.37	1724662.48

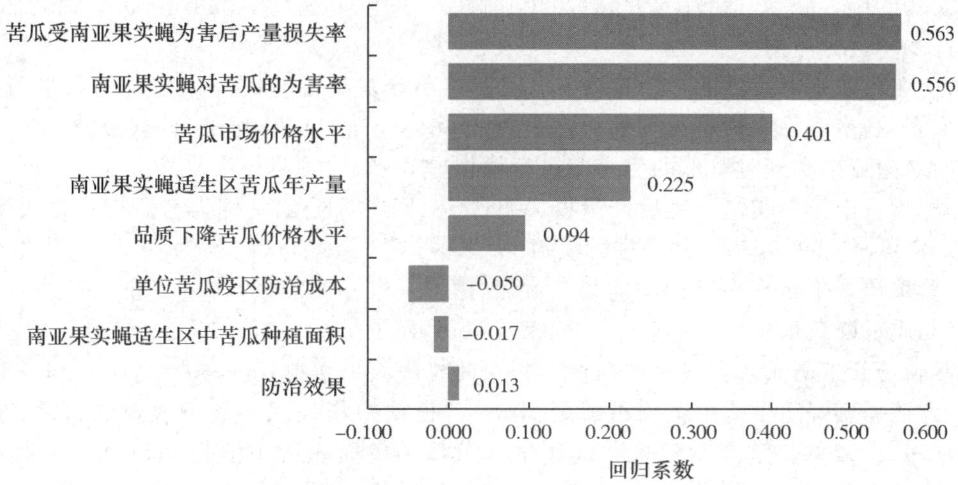

图 11-2-2　防控场景下南亚果实蝇对我国苦瓜产业的潜在经济损失的变量灵敏性

表 11-2-4　投入防控后可挽回南亚果实蝇对我国苦瓜产业的潜在经济损失　　万元

场景	标记	输出项	公式	最小值	平均值	最大值
可挽回潜在经济损失	F_3	可挽回潜在经济损失总量	$F_3=F_1-F_2$	112999.58	362894.23	991221.34

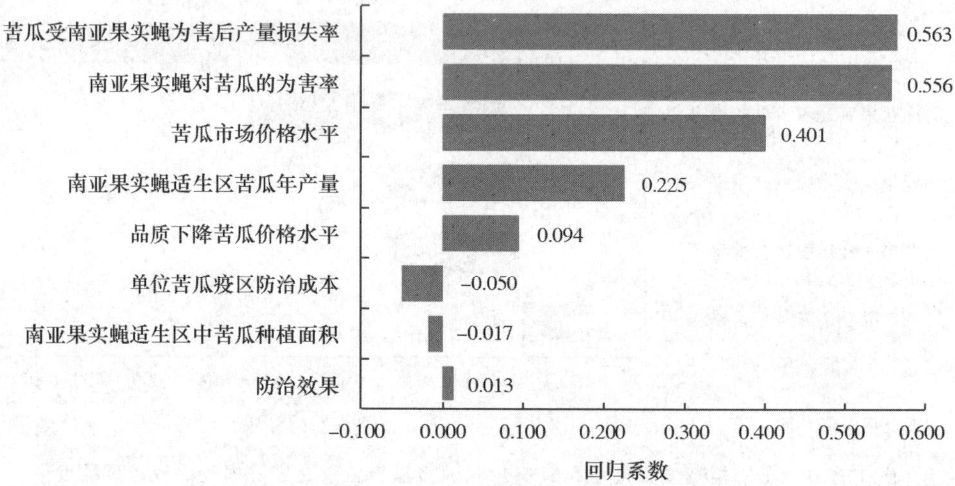

图 11-2-3　投入防控后可挽回南亚果实蝇对我国苦瓜产业潜在经济损失的变量灵敏性

三、南亚果实蝇对我国黄瓜产业的潜在经济损失评估

(一)主要数据与来源

1. 不防控场景下南亚果实蝇对我国黄瓜产业的经济损失模型数据与来源

(1)南亚果实蝇适生区黄瓜年产量(Q_1)　根据中华人民共和国农业农村部种植业管理司数据库，2012—2016 年南亚果实蝇适生区黄瓜年产量最小值为 43058740.00 吨，平均值为 46321970.00 吨，最大值为 49496270.00 吨。采用 Pert（43058740.00，46321970.00，49496270.00)进行模拟。

(2)南亚果实蝇对黄瓜的为害率(I)　根据李小珍对黄瓜受南亚果实蝇为害进行的调查研究结果表明，南亚果实蝇对黄瓜的为害率为 3.06%～56.11%，利用 Pert(3.06%，16.01%，56.11%)对南亚果实蝇对黄瓜的为害率进行模拟(李小珍，2007)。

(3)黄瓜受南亚果实蝇为害后产量损失率(R)　同黄瓜受瓜实蝇为害后产量损失率，利用 Pert(10.00%，40.00%，70.00%)进行模拟。

(4)黄瓜市场价格水平(P_c)　同第三章，利用 Pert(0.99，3.26，10.19)进行模拟。

(5)品质下降黄瓜价格水平(P_2)　同第三章，利用 Pert(0.99，2.53，3.26)进行模拟。

2. 防控场景下南亚果实蝇对我国黄瓜产业的经济损失模型数据与来源

(1)南亚果实蝇适生区中黄瓜种植面积(S)　根据中华人民共和国农业农村部种植业管理司数据库，2012—2016 年南亚果实蝇适生区黄瓜种植面积最小值为 998620.00 公顷，平均值为 1032690.00 公顷，最大值为 1089500.00 公顷。利用 Pert(998620.00，1032690.00，1089500.00)对南亚果实蝇适生区中黄瓜种植面积进行模拟。

(2)单位面积黄瓜疫区防控成本(C)　同第三章，利用 Pert(6.00，159.92，450.00)进行模拟。

(3)防控效果(M)　同第三章，利用 Pert(45.00%，78.00%，90.00%)对防控效果进行模拟。

(二)评估模型与参数设置

南亚果实蝇对我国黄瓜产业的潜在经济损失评估模型及参数设置如表 11-2-5 所示。

表 11-2-5　南亚果实蝇对中国黄瓜产业的潜在经济损失评估模型及参数

	模型	输入变量	模型参数
不防控场景	产量下降引起的潜在经济损失(F_{11})	南亚果实蝇适生区黄瓜产量(Q_1)	Pert(43058740.00,46321970.00,49496270.00)吨
		南亚果实蝇对黄瓜为害率(I)	Pert(3.06%,16.01%,56.11%)
		黄瓜受南亚果实蝇为害后产量损失率(R)	Pert(10.00%,40.00%,70.00%)
		黄瓜市场价格水平(P_c)	Pert(0.99,3.26,10.19)元
		产量下降引起的潜在经济损失(F_{11})	$F_{11}=\dfrac{Q_1\times I\times R\times P_c}{(1-IR)}$
	质量下降引起的潜在经济损失(F_{12})	疫区单位面积品质下降黄瓜产量(Q_2)	$Q_2=\dfrac{Q_1\times I\times(1-R)}{(1-IR)}$
		品质下降黄瓜价格水平(P_2)	Pert(0.99,2.53,3.26)元
		质量下降引起的潜在经济损失(F_{12})	$F_{12}=\dfrac{Q_1\times I\times(1-R)(P_c-P_2)}{(1-IR)}$
		不防控场景下潜在经济损失总量(F_1)	$F_1=F_{11}+F_{12}$
防控场景	防控费用(F_{21})	南亚果实蝇适生区中黄瓜种植面积(S)	Pert(998620.00,1032690.00,1089500.00)公顷
		单位黄瓜疫区防控成本(C)	Pert(6.00,159.92,450.00)
		防控费用支出量(F_{21})	$F_{21}=S\times I\times C$
	投入防控潜在经济损失(F_{22})	单位适生区面积产量(A)	$A=\dfrac{Q_1}{S}$
		防控效果(M)	Pert(45.00%,78.00%,90.00%)
		效益校正系数(D)	2.00
		经济损害允许水平(E)	$E=\dfrac{C}{(A\times P_c\times M)}\times D\times 100\%$
		投入防控后潜在经济损失(F_{22})	$F_{22}=\dfrac{Q_1\times I\times E\times P_c}{(1-IE)}+\dfrac{Q_1\times I\times(1-E)(P_c-P_2)}{(1-IE)}$
		防控场景下潜在经济损失总量(F_2)	$F_{22}=\dfrac{Q_1\times I\times E\times P_c}{(1-IE)}+\dfrac{Q_1\times I\times(1-E)(P_c-P_2)}{(1-IE)}$
可挽回潜在经济损失		可挽回潜在经济损失(F_3)	$F_3=F_1-F_2$

(三)潜在经济损失

在不防控场景下，产量下降引起的经济损失量在 337917.99 万～4399405.44 万元，质量下降引起的经济损失在 90222.88 万～3892358.59 万元，经济损失总量在 661540.31 万～8073554.98 万元(表 11-2-6)。在不防控场景下，南亚果实蝇对黄瓜的为害率、黄瓜的市场价格水平是南亚果实蝇对中国黄瓜产业造成的潜在经济损失影响最大的变量；南亚果实蝇适生区黄瓜年产量对结果影响可忽略不计(图 11-2-4)。

在防控场景下，防控费用支出量在 11665.89 万～134689.34 万元，投入防控后经济损失量在 251644.77 万～5762087.99 万元，经济损失总量在 284984.98 万～5848755.46 万元(表 11-2-7)。在防控场景下，南亚果实蝇对黄瓜的为害率是对结果影响最大的输入变量；黄瓜受南亚果实蝇为害后产量损失率对结果影响次之；南亚果实蝇适生区中黄瓜的种植面积对结果几乎没有影响(图 11-2-5)。

因此，投入防控后，可挽回经济损失总量在 197581.66 万～2703693.49 万元(表 11-2-8)。对投入防控后可挽回经济损失影响最大的变量是南亚果实蝇对黄瓜的为害率(图 11-2-6)。

表 11-2-6　不防控场景下南亚果实蝇对我国黄瓜产业的潜在经济损失　　万元

标记	输出项	公式	最小值	平均值	最大值
F_{11}	产量下降引起的潜在经济损失	$F_{11}=\frac{Q_1\times I\times R\times P_c}{(1-IR)}$	337917.99	1354118.45	4399405.44
F_{12}	质量下降引起的潜在经济损失	$F_{12}=\frac{Q_1\times I\times(1-R)(P_c-P_2)}{(1-IR)}$	90222.88	971342.25	3892358.59
F_1	潜在经济损失总量	$F_1=F_{11}+F_{12}$	661540.31	2609430.95	8073554.98

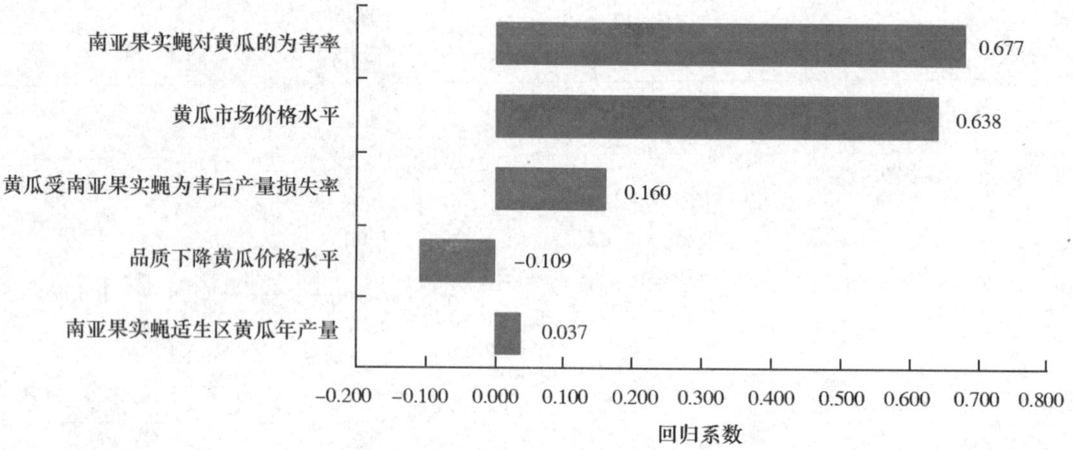

图 11-2-4　不防控场景下南亚果实蝇对我国黄瓜产业潜在经济损失的变量灵敏性

表 11-2-7　防控场景下南亚果实蝇对我国黄瓜产业的潜在经济损失　　万元

标记	输出项	公式	最小值	平均值	最大值
F_{21}	防控费用支出量	$F_{21}=S\times I\times C$	11665.89	48592.40	134689.34
F_{22}	投入防控后潜在经济损失	$F_{22}=\frac{Q_1\times I\times E\times P_c}{(1-IE)}+\frac{Q_1\times I\times(1-E)(P_c-P_2)}{(1-IE)}$	251644.77	1628819.95	5762087.99
F_2	潜在经济损失总量	$F_2=F_{21}+F_{22}$	284984.98	1682112.34	5848755.46

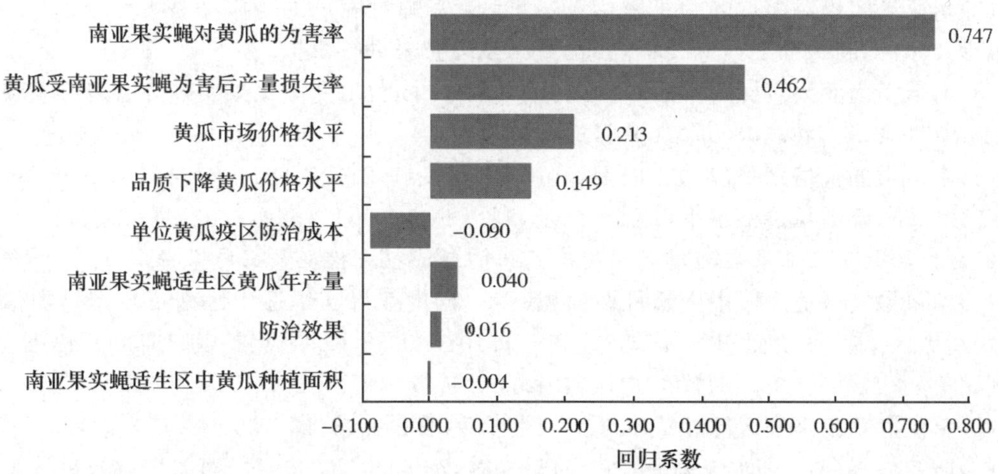

图 11-2-5　防控场景下南亚果实蝇对我国黄瓜产业的潜在经济损失的变量灵敏性

表 11-2-8　投入防控后可挽回南亚果实蝇对我国黄瓜产业的潜在经济损失　　万元

场景	标记	输出项	公式	最小值	平均值	最大值
可挽回潜在经济损失	F_3	可挽回潜在经济损失总量	$F_3=F_1-F_2$	197581.66	840964.46	2703693.49

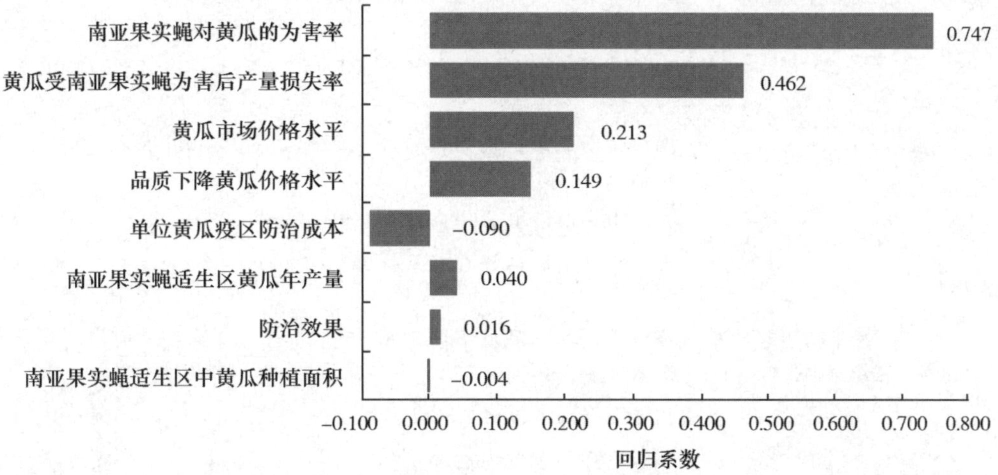

图 11-2-6　投入防控后可挽回南亚果实蝇对我国黄瓜产业潜在经济损失的变量灵敏性

四、南亚果实蝇对我国南瓜产业的潜在经济损失评估

(一)主要数据与来源

1. 不防控场景下南亚果实蝇对我国南瓜产业的经济损失模型数据与来源

(1)南亚果实蝇适生区南瓜年产量(Q_1)　2012—2016 年南亚果实蝇适生区南瓜年产量为 2836430.00～3153550.00 吨，平均值为 2979000.00 吨。利用 Pert(2836430.00，2979000.00，3153550.00)进行模拟。

(2)南亚果实蝇对南瓜的为害率(I) 南亚果实蝇对南瓜的为害率在19.73%～73.10%(李小珍,2007),利用Pert(19.73%,43.52%,73.10%)进行模拟。

(3)南瓜受南亚果实蝇为害后产量损失率(R) 同黄瓜受南亚果实蝇为害后产量损失率,利用Pert(10.00%,40.00%,70.00%)进行模拟。

(4)南瓜市场价格水平(P_c) 同上,利用Pert(0.41,2.03,7.21)进行模拟。

(5)品质下降南瓜价格水平(P_2) 同上,利用Pert(0.41,1.59,2.02)进行模拟。

2.防控场景下南亚果实蝇对我国南瓜产业的经济损失模型数据与来源

(1)南亚果实蝇适生区中南瓜种植面积(S) 同南亚果实蝇适生区南瓜年产量类似,南亚果实蝇适生区南瓜种植面积为153885.38～171070.03公顷,平均值为161200.48公顷。因此,利用Pert(153885.38,161200.48,171070.03)进行模拟。

(2)单位面积南瓜疫区防控成本(C) 同上,利用Pert(6.00,159.92,450.00)进行模拟。

(3)防控效果(M) 同上,利用Pert(45.00%,78.00%,90.00%)对防控效果进行模拟。

(二)评估模型与参数设置

南亚果实蝇对我国南瓜产业的潜在经济损失评估模型及参数设置如表11-2-9所示。

表11-2-9 南亚果实蝇对中国南瓜产业的潜在经济损失评估模型及参数

	模型	输入变量	模型参数
不防控场景	产量下降引起的潜在经济损失(F_{11})	南亚果实蝇适生区南瓜产量(Q_1)	Pert(2836430.00,2979000.00,3153550.00)吨
		南亚果实蝇对南瓜为害率(I)	Pert(19.73%,43.52%,73.10%)
		南瓜受南亚果实蝇为害后产量损失率(R)	Pert(10.00%,40.00%,70.00%)
		南瓜市场价格水平(P_c)	Pert(0.41,2.03,7.21)元
		产量下降引起的潜在经济损失(F_{11})	$F_{11}=\frac{Q_1\times I\times R\times P_c}{(1-IR)}$
	质量下降引起的潜在经济损失(F_{12})	疫区单位面积品质下降南瓜产量(Q_2)	$Q_2=\frac{Q_1\times I\times(1-R)}{(1-IR)}$
		品质下降南瓜价格水平(P_2)	Pert(0.41,1.59,2.02)元
		质量下降引起的潜在经济损失(F_{12})	$F_{12}=\frac{Q_1\times I\times(1-R)(P_c-P_2)}{(1-IR)}$
		不防控场景下潜在经济损失总量(F_1)	$F_1=F_{11}+F_{12}$
防控场景	防控费用(F_{21})	南亚果实蝇适生区中南瓜种植面积(S)	Pert(153885.38,161200.48,171070.03)公顷
		单位南瓜疫区防控成本(C)	Pert(6.00,159.92,450.00)
		防控费用支出量(F_{21})	$F_{21}=S\times I\times C$

续表 11-2-9

模型		输入变量	模型参数
	投入防控潜在经济损失(F_{22})	单位适生区面积产量(A)	$A=\frac{Q_1}{S}$
		防控效果(M)	Pert(45.00%,78.00%,90.00%)
		效益校正系数(D)	2.00
		经济损害允许水平(E)	$E=\frac{C}{(A\times P_c\times M)}\times D\times 100\%$
		投入防控后潜在经济损失(F_{22})	$F_{22}=\frac{Q_1\times I\times E\times P_c}{(1-IE)}+\frac{Q_1\times I\times(1-E)(P_c-P_2)}{(1-IE)}$
		防控场景下潜在经济损失总量(F_2)	$F_{22}=\frac{Q_1\times I\times E\times P_c}{(1-IE)}+\frac{Q_1\times I\times(1-E)(P_c-P_2)}{(1-IE)}$
可挽回潜在经济损失		可挽回潜在经济损失(F_3)	$F_3=F_1-F_2$

(三)潜在经济损失

在不防控场景下，产量下降引起的经济损失量在 41917.50 万～411271.98 万元，质量下降引起的经济损失在 12663.68 万～379394.37 万元，经济损失总量在 95005.68 万～760940.94 万元(表 11-2-10)。在不防控场景下，南瓜市场价格水平是对结果影响最大的输入变量；其次是南亚果实蝇对南瓜的为害率；南亚果实蝇适生区南瓜年产量对结果的影响可忽略不计(图 11-2-7)。

在防控场景下，防控费用支出量在 5507.32 万～38270.34 万元，投入防控后经济损失量在 61812.37 万～545911.16 万元，经济损失总量在 73922.07 万～570120.97 万元(表 11-2-11)。在防控场景下，南瓜受南亚果实蝇为害后产量损失率是对结果影响最大的输入变量；南亚果实蝇适生区中南瓜种植面积对结果影响可忽略不计(图 11-2-8)。

因此，投入防控后，可挽回经济损失总量在 9850.11 万～253065.38 万元(表 11-2-12)。对投入防控后可挽回经济损失影响最大的变量是南瓜受南亚果实蝇为害后产量损失率(图 11-2-9)。

表 11-2-10　不防控场景下南亚果实蝇对我国南瓜产业的潜在经济损失　　万元

标记	输出项	公式	最小值	平均值	最大值
F_{11}	产量下降引起的潜在经济损失	$F_{11}=\frac{Q_1\times I\times R\times P_c}{(1-IR)}$	41917.50	146521.20	411271.98
F_{12}	质量下降引起的潜在经济损失	$F_{12}=\frac{Q_1\times I\times(1-R)(P_c-P_2)}{(1-IR)}$	12663.68	123295.63	379394.37
F_1	潜在经济损失总量	$F_1=F_{11}+F_{12}$	95005.68	303399.39	760940.94

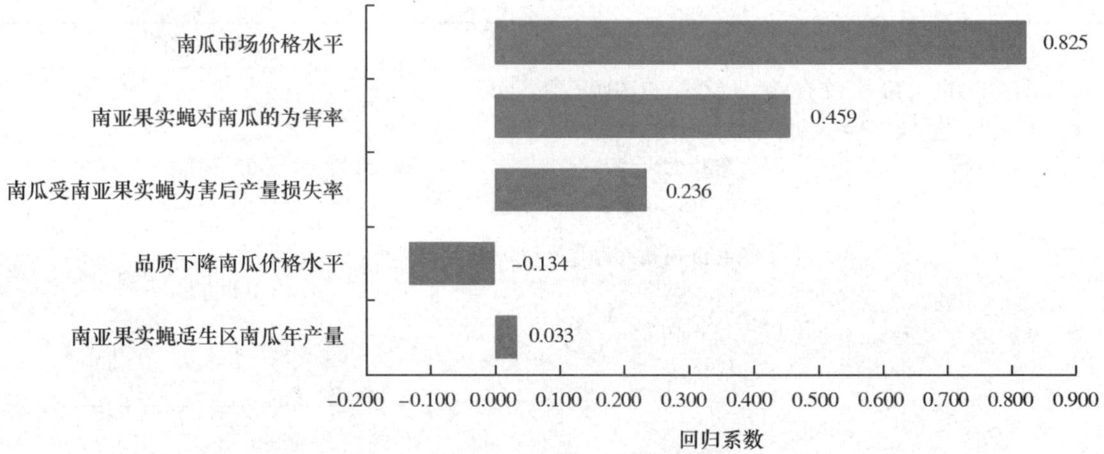

图 11-2-7　不防控场景下南亚果实蝇对我国南瓜产业潜在经济损失的变量灵敏性

表 11-2-11　防控场景下南亚果实蝇对我国南瓜产业的潜在经济损失　　万元

标记	输出项	公式	最小值	平均值	最大值
F_{21}	防控费用支出量	$F_{21}=S\times I\times C$	5507.32	18088.61	38270.34
F_{22}	投入防控后潜在经济损失	$F_{22}=\frac{Q_1\times I\times E\times P_c}{(1-IE)}+\frac{Q_1\times I\times(1-E)(P_c-P_2)}{(1-IE)}$	61812.37	216849.28	545911.16
F_2	潜在经济损失总量	$F_2=F_{21}+F_{22}$	73922.07	236762.36	570120.97

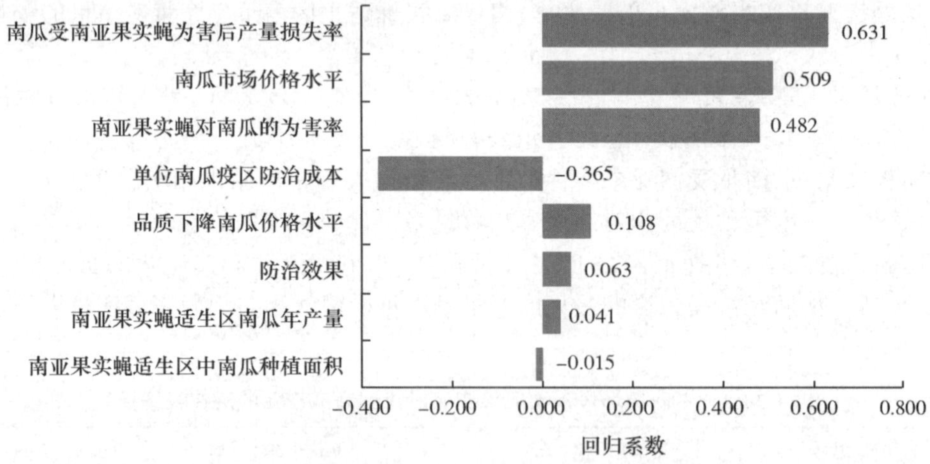

图 11-2-8　防控场景下南亚果实蝇对我国南瓜产业的潜在经济损失的变量灵敏性

表 11-2-12　投入防控后可挽回南亚果实蝇对我国南瓜产业的潜在经济损失　　万元

场景	标记	输出项	公式	最小值	平均值	最大值
可挽回潜在经济损失	F_3	可挽回潜在经济损失总量	$F_3=F_1-F_2$	9850.11	77484.07	253065.38

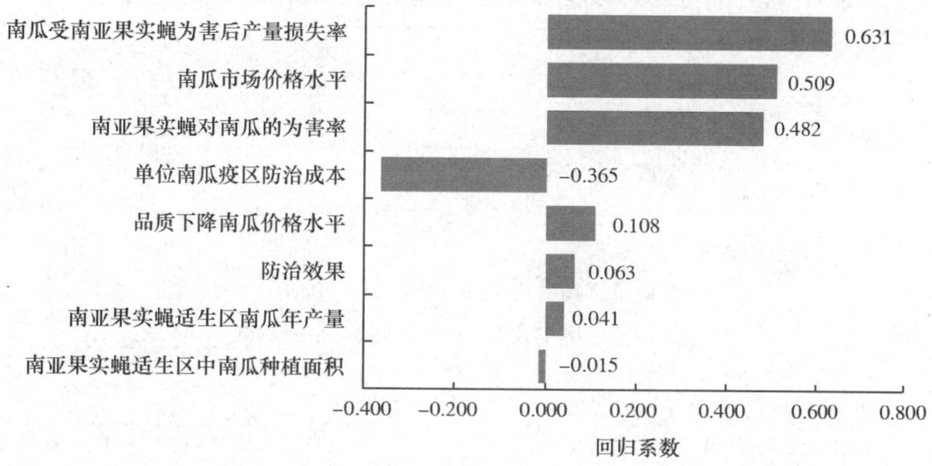

图 11-2-9 投入防控后可挽回南亚果实蝇对我国南瓜产业潜在经济损失的变量灵敏性

五、南亚果实蝇对我国西瓜产业的潜在经济损失评估

(一)主要数据与来源

1. 不防控场景下南亚果实蝇对我国西瓜产业的经济损失模型数据与来源

(1)南亚果实蝇适生区西瓜年产量(Q_1) 2012—2016 年南亚果实蝇适生区西瓜年产量为 28545490.00～31879970.00 吨,平均值为 30234320.00 吨。利用 Pert(28545490.00, 30234320.00,31879970.00)进行模拟。

(2)南亚果实蝇对西瓜的为害率(I) 通过在田间对南亚果实蝇进行防控试验,可知南亚果实蝇对西瓜的为害率范围在 30.00%～90.00%(施伟,2010;付翠玉和陈朝阳,1992)。利用 Pert(30.00%,60.00%,90.00%)进行模拟。

(3)西瓜受南亚果实蝇为害后产量损失率(R) 同上,利用 Pert(10.00%,40.00%, 70.00%)进行模拟。

(4)西瓜市场价格水平(P_c) 利用 Pert(0.56,3.70,8.34)进行模拟。

(5)品质下降西瓜价格水平(P_2) 利用 Pert(0.56,2.24,3.70)进行模拟。

2. 防控场景下南亚果实蝇对我国西瓜产业的经济损失模型数据与来源

(1)南亚果实蝇适生区中西瓜种植面积(S) 南亚果实蝇适生区西瓜种植面积为 729531.22～761380.91 公顷,平均值为 746616.66 公顷。因此,利用 Pert(729531.22, 746616.66,761380.91)进行模拟。

(2)单位面积西瓜疫区防控成本(C) 同上,利用 Pert(6.00,159.92,450.00)进行模拟。

(3)防控效果(M) 同上,利用 Pert(45.00%,78.00%,90.00%)对防控效果进行模拟。

(二)评估模型与参数设置

南亚果实蝇对我国西瓜产业的潜在经济损失评估模型及参数设置如表 11-2-13 所示。

表 11-2-13　南亚果实蝇对中国西瓜产业的潜在经济损失评估模型及参数

	模型	输入变量	模型参数
不防控场景	产量下降引起的潜在经济损失(F_{11})	南亚果实蝇适生区西瓜产量(Q_1)	Pert(28545490.00,30234320.00,31879970.00)吨
		南亚果实蝇对西瓜为害率(I)	Pert(30.00%,60.00%,90.00%)
		西瓜受南亚果实蝇为害后产量损失率(R)	Pert(10.00%,40.00%,70.00%)
		西瓜市场价格水平(P_c)	Pert(0.56,3.70,8.34)元
		产量下降引起的潜在经济损失(F_{11})	$F_{11}=\frac{Q_1\times I\times R\times P_c}{(1-IR)}$
	质量下降引起的潜在经济损失(F_{12})	疫区单位面积品质下降西瓜产量(Q_2)	$Q_2=\frac{Q_1\times I\times(1-R)}{(1-IR)}$
		品质下降西瓜价格水平(P_2)	Pert(0.56,2.24,3.70)元
		质量下降引起的潜在经济损失(F_{12})	$F_{12}=\frac{Q_1\times I\times(1-R)(P_c-P_2)}{(1-IR)}$
		不防控场景下潜在经济损失总量(F_1)	$F_1=F_{11}+F_{12}$
防控场景	防控费用(F_{21})	南亚果实蝇适生区中西瓜种植面积(S)	Pert(729531.22,746616.66,761380.91)公顷
		单位西瓜疫区防控成本(C)	Pert(6.00,159.92,450.00)
		防控费用支出量(F_{21})	$F_{21}=S\times I\times C$
	投入防控潜在经济损失(F_{22})	单位适生区面积产量(A)	$A=\frac{Q_1}{S}$
		防控效果(M)	Pert(45.00%,78.00%,90.00%)
		效益校正系数(D)	2.00
		经济损害允许水平(E)	$E=\frac{C}{(A\times P_c\times M)}\times D\times 100\%$
		投入防控后潜在经济损失(F_{22})	$F_{22}=\frac{Q_1\times I\times E\times P_c}{(1-IE)}+\frac{Q_1\times I\times(1-E)(P_c-P_2)}{(1-IE)}$
		防控场景下潜在经济损失总量(F_2)	$F_{22}=\frac{Q_1\times I\times E\times P_c}{(1-IE)}+\frac{Q_1\times I\times(1-E)(P_c-P_2)}{(1-IE)}$
可挽回潜在经济损失		可挽回潜在经济损失(F_3)	$F_3=F_1-F_2$

(三)潜在经济损失

在不防控场景下,产量下降引起的经济损失量在 1095268.65 万～8801962.50 万元,质量下降引起的经济损失在 338216.15 万～7148805.74 万元,经济损失总量在 2282417.23 万～15057563.97 万元(表 11-2-14)。不防控场景下,西瓜市场价格水平是对结果影响最大的输入变量;南亚果实蝇对西瓜的为害率对结果影响次之;南亚果实蝇适生区西瓜年产量对结果影响忽略不计(图 11-2-10)。

在防控场景下,防控费用支出量在 35300.61 万～232506.01 万元,投入防控后经济损失量在 759401.71 万～8916222.15 万元,经济损失总量在 865136.88 万～9048175.57 万元(表 11-2-15)。防控场景下,西瓜受南亚果实蝇为害后产量损失率对结果影响最大;防控效果对结果影响可忽略不计(图 11-2-11)。

因此,投入防控后,可挽回经济损失总量在 764483.90 万～7121185.78 万元(表 11-2-16)。对投入防控后可挽回经济损失影响最大的变量是西瓜受南亚果实蝇为害后产量损失率(图 11-2-12)。

表 11-2-14　不防控场景下南亚果实蝇对我国西瓜产业的潜在经济损失　　万元

标记	输出项	公式	最小值	平均值	最大值
F_{11}	产量下降引起的潜在经济损失	$F_{11}=\dfrac{Q_1\times I\times R\times P_c}{(1-IR)}$	1095268.65	3403376.55	8801962.50
F_{12}	质量下降引起的潜在经济损失	$F_{12}=\dfrac{Q_1\times I\times(1-R)(P_c-P_2)}{(1-IR)}$	338216.15	2720802.12	7148805.74
F_1	潜在经济损失总量	$F_1=F_{11}+F_{12}$	2282417.23	6670634.71	15057563.97

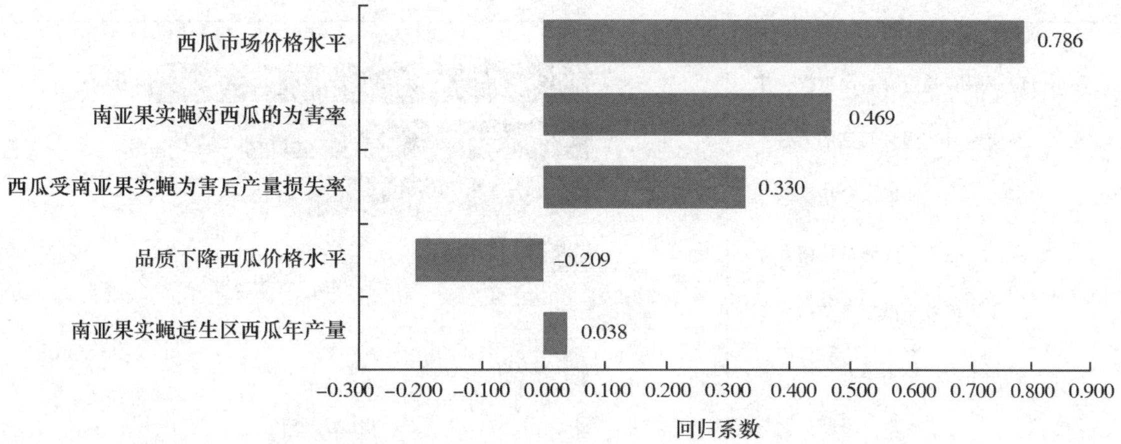

图 11-2-10　不防控场景下南亚果实蝇对我国西瓜产业潜在经济损失的变量灵敏性

表 11-2-15　防控场景下南亚果实蝇对我国西瓜产业的潜在经济损失　　万元

标记	输出项	公式	最小值	平均值	最大值
F_{21}	防控费用支出量	$F_{21}=S\times I\times C$	35300.61	113998.88	232506.01
F_{22}	投入防控后潜在经济损失	$F_{22}=\dfrac{Q_1\times I\times E\times P_c}{(1-IE)}+\dfrac{Q_1\times I\times(1-E)(P_c-P_2)}{(1-IE)}$	759401.71	3798534.98	8916222.15
F_2	潜在经济损失总量	$F_2=F_{21}+F_{22}$	865136.88	3914914.29	9048175.57

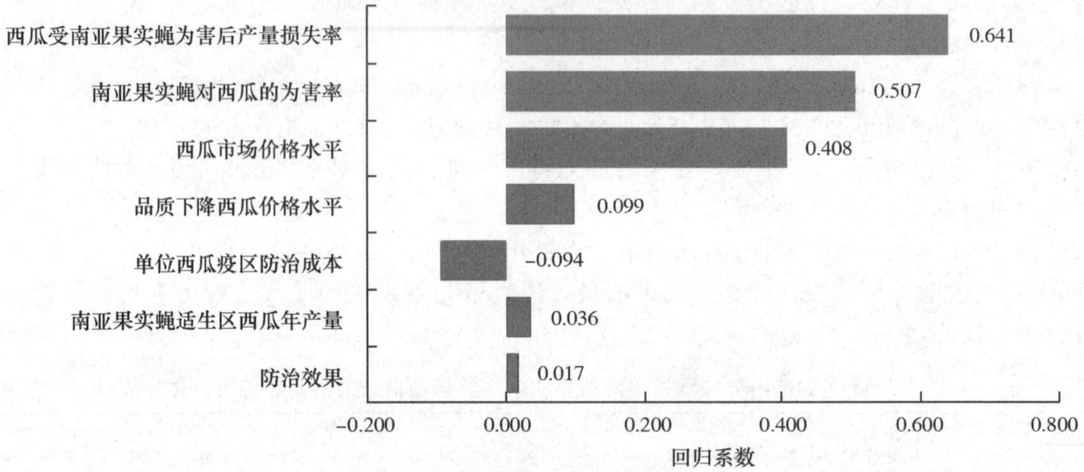

图 11-2-11　防控场景下南亚果实蝇对我国西瓜产业的潜在经济损失的变量灵敏性

表 11-2-16　投入防控后可挽回南亚果实蝇对我国西瓜产业的潜在经济损失　　万元

场景	标记	输出项	公式	最小值	平均值	最大值
可挽回潜在经济损失	F_3	可挽回潜在经济损失总量	$F_3 = F_1 - F_2$	764483.90	2615654.47	7121185.78

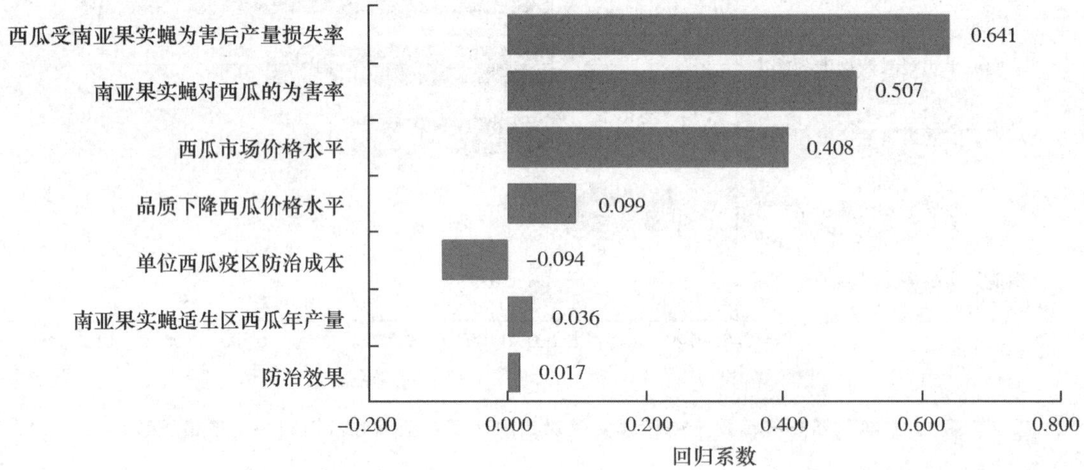

图 11-2-12　投入防控后可挽回南亚果实蝇对我国西瓜产业潜在经济损失的变量灵敏性

参考文献

方焱,李志红,秦萌,等. 南亚果实蝇对我国南瓜产业的潜在经济损失评估. 植物检疫,2015,28-33.

付翠玉,陈朝阳. 南瓜实蝇生活习性及其防控试验. 植物保护,1992,18(1):23-24.

李小珍. 南亚果实蝇种群特征及其对食料和热胁迫的生理调控机制. 西南大学,2007.

李志红,秦誉嘉. 有害生物风险分析定量评估模型及其比较. 植物保护,2018,44(05):139-150.

李志红．生物入侵防控：重要经济实蝇潜在地理分布研究．北京：中国农业大学出版社，2015．

全国农产品商务信息公共服务平台．2018．http://nc.mofcom.gov.cn/．

冉峰，陈智明．南亚果实蝇的发生为害与综合防控策略．科学种养，2012(7)：31-31．

施伟．南亚果实蝇分子生物学研究概况．植物检疫，2010，24(6)：40-41．

汪兴鉴．果实蝇属重要害虫的厘订名录和分亚属及种检索表(续)．植物检疫，1996(3)：5-103．

张白鸽．华南露地苦瓜生产体系的氮素调控．2016．

中华人民共和国农业农村部．2018．http://202.127.42.157/moazzys/shucai_cx.aspx．

Doorenweerd C，Leblanc L，Norrbom A L，et al．A global checklist of the 932 fruit fly species in the tribe Dacini(Diptera，Tephritidae)．ZooKeys，2018，730：19-56．

第十二章　重要经济实蝇潜在经济损失综合分析及入侵防控措施讨论

第一节　重要经济实蝇为害指数与防控效率综合分析

一、重要经济实蝇对我国 16 种寄主植物的为害指数及防控效率

本研究所涉及的重要经济实蝇对我国 16 种寄主植物的为害指数和防控效率如图 12-1-1 所示。从为害指数来看，不同寄主的为害指数差异大，重要经济实蝇对香蕉的为害指数最高，为 3.79；对油橄榄的为害指数最低，为 0.85；对苹果、杧果等寄主的为害指数较高，对枣、梨等寄主的为害指数相对较低。从防控效率来看，不同寄主的防控效率差异大，其中番茄的防控效率最高，为 101.76；油橄榄的防控效率最低，为－0.33。

本研究所涉及的重要经济实蝇对我国 16 种寄主植物均具有潜在重大为害，包括可有多种实蝇潜在为害的 11 种寄主植物，即柑橘、杧果、苹果、桃、香蕉、梨、番茄、西瓜、苦瓜、黄瓜、南瓜，也包括仅考虑了一种实蝇潜在为害的 5 种寄主植物，即枣、樱桃、木瓜、油橄榄和辣椒。

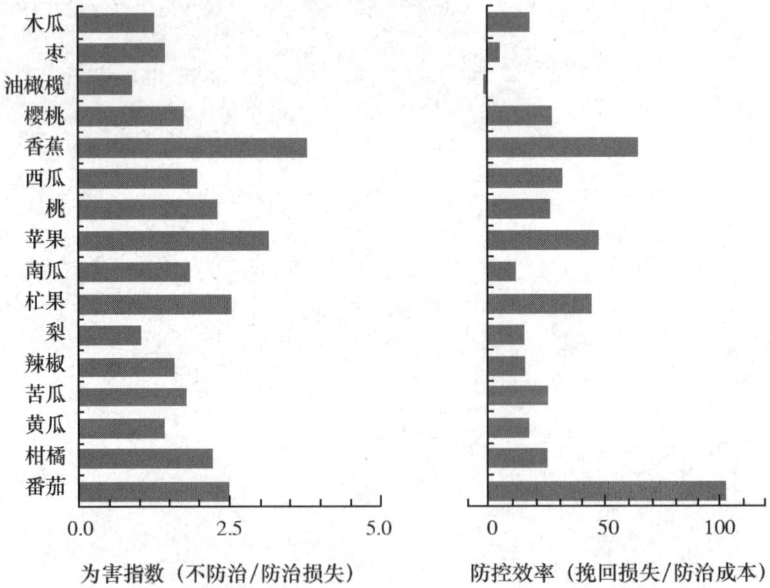

图 12-1-1　重要经济实蝇对我国 16 种寄主的为害指数与防控效率

二、22 种重要经济实蝇对我国寄主植物的为害指数及防控效率

本研究所涉及的 22 种重要经济实蝇对寄主植物的为害指数和防控效率如图 12-1-2 所

示。从为害指数来看，不同实蝇的为害指数差异大，其中橘小实蝇造成的为害指数最高，为 4.48；油橄榄果实蝇造成的为害指数最低，为 0.85；番石榴果实蝇、苹果绕实蝇造成的为害指数较高，另外 18 种实蝇造成的为害指数相对较低。不同种类的实蝇防控效率差异很大，其中橘小实蝇防控效率最高，为 108.86；油橄榄果实蝇防控效率最低，为－0.33。

本研究所涉及的 22 种重要经济实蝇对我国的寄主植物均具有潜在重大为害。包括可对多种寄主植物潜在为害的 8 种实蝇，即橘小实蝇、番石榴果实蝇、昆士兰果实蝇、地中海实蝇、纳塔尔小条实蝇、埃塞俄比亚寡鬃实蝇、瓜实蝇及南亚果实蝇；也包括仅考虑了一种寄主植物潜在为害的 14 种实蝇，即苹绕实蝇、西印度按实蝇、杧果小条实蝇、樱桃绕实蝇、墨西哥按实蝇、番茄实蝇、枣实蝇、蜜柑大实蝇、橘大实蝇、桃果实蝇、杧果实蝇、辣椒实蝇、番木瓜长尾实蝇及油橄榄果实蝇。

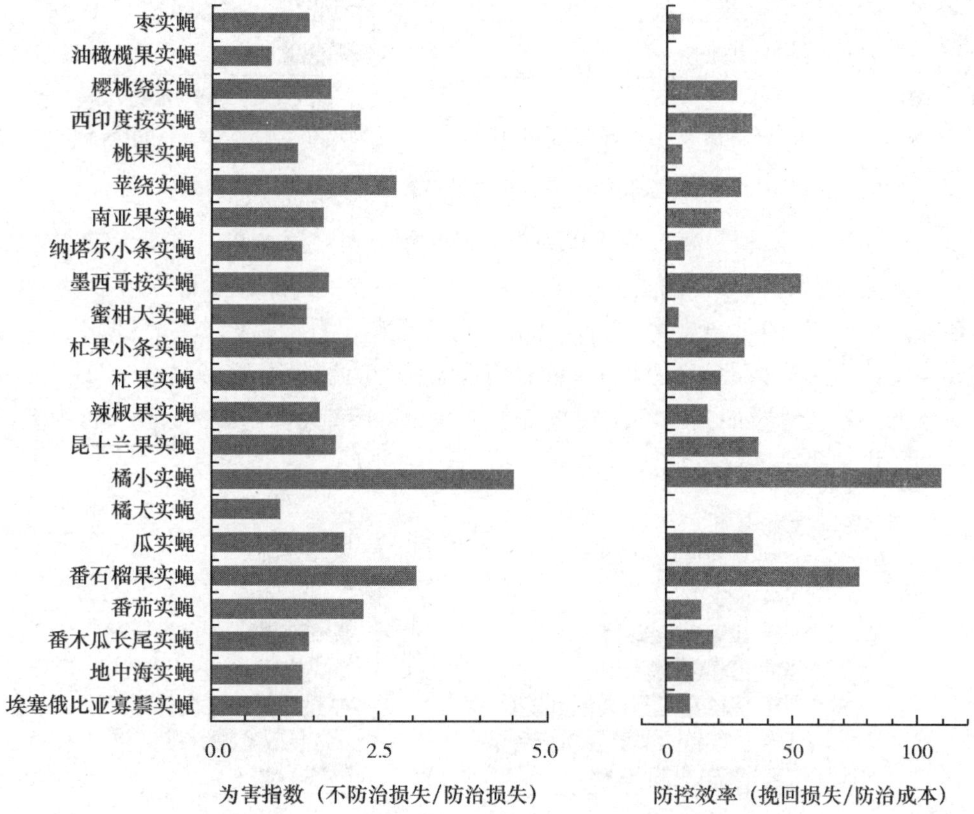

图 12-1-2　22 种重要经济实蝇对我国寄主植物的为害指数与防控效率

三、多种重要经济实蝇对我国同一寄主植物的为害指数及防治效率

本研究所涉及的可有多种重要经济实蝇潜在为害的我国 11 种寄主植物，如柑橘、杧果、苹果、桃、香蕉、梨、番茄、西瓜、苦瓜、黄瓜、南瓜，分别有 3～8 种实蝇具有重大潜在为害。

本研究所涉及的 22 种重要经济实蝇中有 8 种实蝇对我国柑橘具有重大潜在为害，分别是纳塔尔小条实蝇、地中海实蝇、蜜柑大实蝇、昆士兰果实蝇、橘大实蝇、橘小实蝇、番石榴果实蝇及墨西哥按实蝇(图 12-1-3)。其中,橘小实蝇的为害指数最高,为 88.65;地中海实蝇的为害指数最低,为 1.00;番石榴果实蝇为害指数较高,另外 5 种实蝇的为害指数相对较低。不同种类的实蝇的防控效率差异很大,番石榴果实蝇防控效率最高,为 485.39;橘大实蝇防控效率最低,为 0.10。

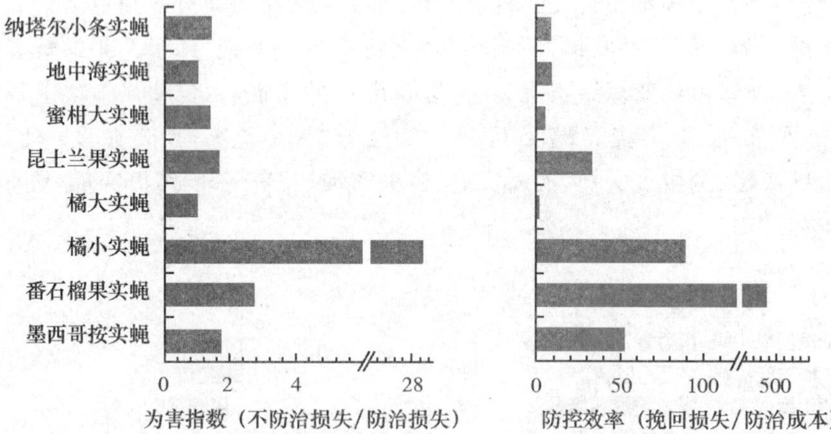

图 12-1-3　8 种重要经济实蝇对我国柑橘的为害指数与防控效率

本研究所涉及的 22 种重要经济实蝇中有 8 种实蝇可对我国杧果具有重大潜在为害,分别是纳塔尔小条实蝇、杧果小条实蝇、地中海实蝇、昆士兰果实蝇、杧果实蝇、橘小实蝇、番石榴果实蝇及西印度按实蝇(图 12-1-4)。其中,橘小实蝇的为害指数最高,为 3.41;地中海实蝇和纳塔尔小条实蝇的为害指数最低,为 0.46;番石榴果实蝇的为害指数较高,另外 4 种实蝇的为害指数相对较低。不同种类的实蝇的防控效率差异大,橘小实蝇的防控效率最高,为 86.75;地中海实蝇和纳塔尔小条实蝇的防控效率最低,为—1.73。

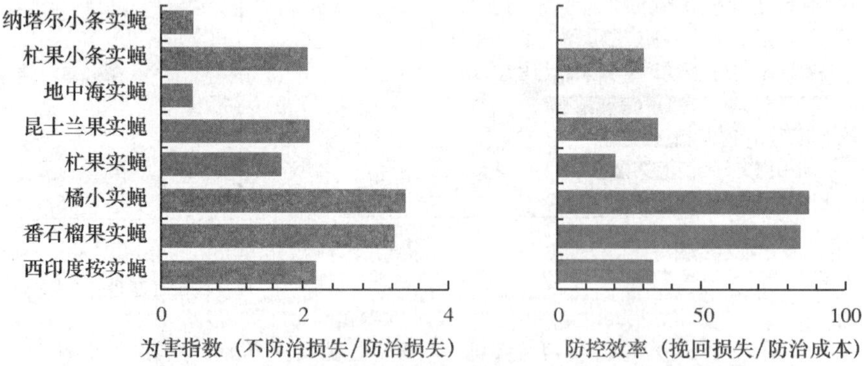

图 12-1-4　8 种重要经济实蝇对我国杧果的为害指数与防控效率

本研究所涉及的 22 种重要经济实蝇中有 6 种实蝇对我国苹果具有重大潜在为害,分别是苹绕实蝇、纳塔尔小条实蝇、地中海实蝇、昆士兰果实蝇、橘小实蝇及番石榴果实蝇(图 12-1-5)。其中,橘小实蝇的为害指数最高,为 4.03;纳塔尔小条实蝇的为害指数最低,为 1.50;苹绕实蝇、番石榴果实蝇造成的为害指数较高,昆士兰果实蝇、地中海实蝇为害指数相对较低。不同种类的实蝇的防控效率差异大,橘小实蝇的防控效率最高,为 141.69;纳塔尔小条实蝇的防控效率最低，为 3.59。

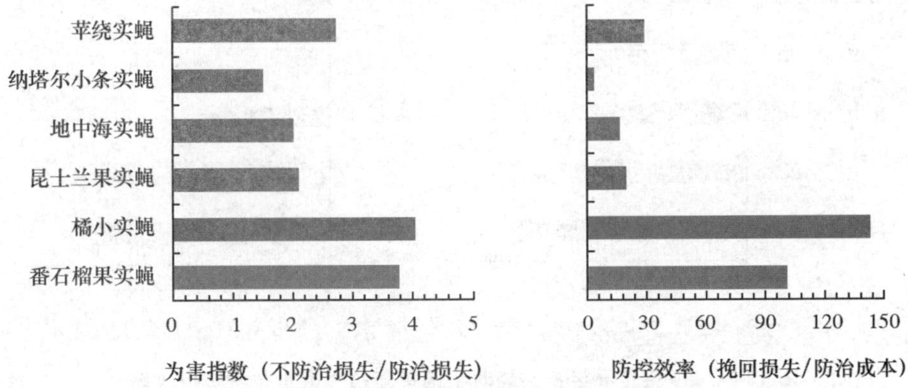

图 12-1-5　6 种重要经济实蝇对我国苹果的为害指数与防控效率

本研究所涉及的 22 种重要经济实蝇中有 6 种实蝇对我国桃具有重大潜在为害，分别是纳塔尔小条实蝇、地中海实蝇、桃果实蝇、昆士兰果实蝇、橘小实蝇及番石榴果实蝇(图 12-1-6)。其中，橘小实蝇的为害指数最高，为 3.14；纳塔尔小条实蝇的为害指数最低，为 1.06；番石榴果实蝇造成的为害指数较高，地中海实蝇、桃果实蝇和昆士兰果实蝇的为害指数相对较低。不同种类的实蝇的防控效率也差异很大，橘小实蝇的防控效率最高，为 111.64；纳塔尔小条实蝇的防控效率最低，为 0.36。

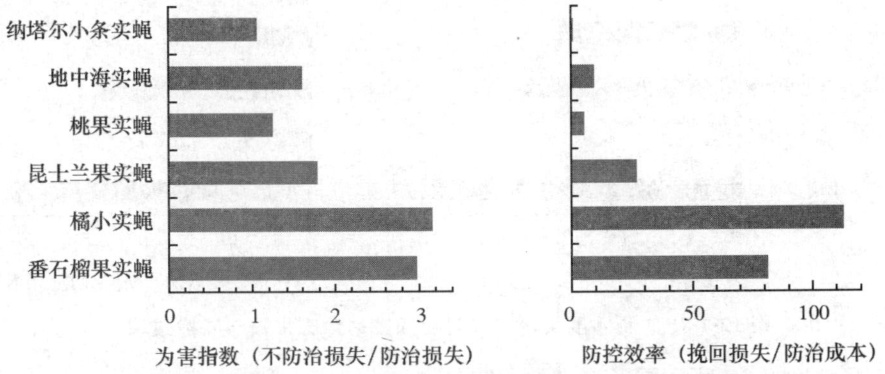

图 12-1-6　6 种重要经济实蝇对我国桃的为害指数与防控效率

本研究所涉及的 22 种重要经济实蝇中有 5 种实蝇对我国香蕉具有重大潜在为害，分别是纳塔尔小条实蝇、地中海实蝇、昆士兰果实蝇、橘小实蝇及番石榴果实蝇(图 12-1-7)。其中，橘小实蝇的为害指数最高，为 4.79；地中海实蝇的为害指数最低，为 2.27；番石榴果实蝇造成的为害指数较高，昆士兰果实蝇和纳塔尔小条实蝇的为害指数相对较低。不同种类实蝇的防控效率差异很大，橘小实蝇的防控效率最高，为 127.14；地中海实蝇的防控效率最低，为 17.28。

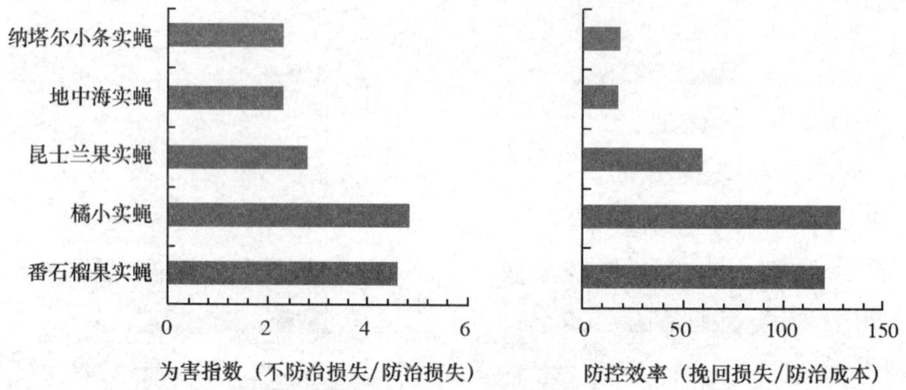

图 12-1-7　5 种重要经济实蝇对我国香蕉的为害指数与防控效率

本研究所涉及的 22 种重要经济实蝇中有 5 种实蝇对我国梨具有重大潜在为害，分别是纳塔尔小条实蝇、地中海实蝇、昆士兰果实蝇、橘小实蝇及番石榴果实蝇（图 12-1-8）。其中番石榴果实蝇的为害指数最高，为 2.95；橘小实蝇的为害指数最低，为 0.29；昆士兰果实蝇和地中海实蝇造成的为害指数较高，纳塔尔小条实蝇的为害指数相对较低。不同种类实蝇的防控效率也差异很大，番石榴果实蝇的防控效率最高，为 61.52；纳塔尔小条实蝇的防控效率最低，为 4.48。

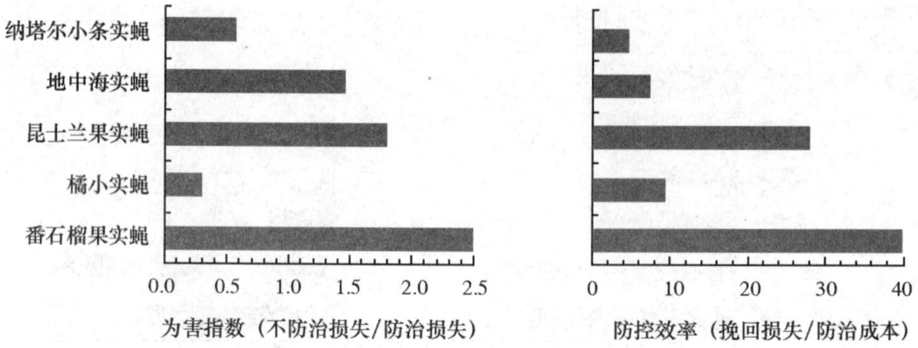

图 12-1-8　5 种重要经济实蝇对我国梨的为害指数与防控效率

本研究所涉及的 22 种重要经济实蝇中有 6 种实蝇对我国番茄具有重大潜在为害，分别是番茄实蝇、纳塔尔小条实蝇、地中海实蝇、昆士兰果实蝇、橘小实蝇及番石榴果实蝇（图 12-1-9）。其中，橘小实蝇的为害指数最高，为 3.28；地中海实蝇的为害指数最低，为 1.59；番石榴果实蝇造成的为害指数较高，番茄实蝇、纳塔尔小条实蝇和昆士兰果实蝇的为害指数相对较低。不同种类的实蝇的防治效率差异很大，橘小实蝇的防治效率最高，为 206.35；番茄实蝇的防治效率最低，为 12.98。

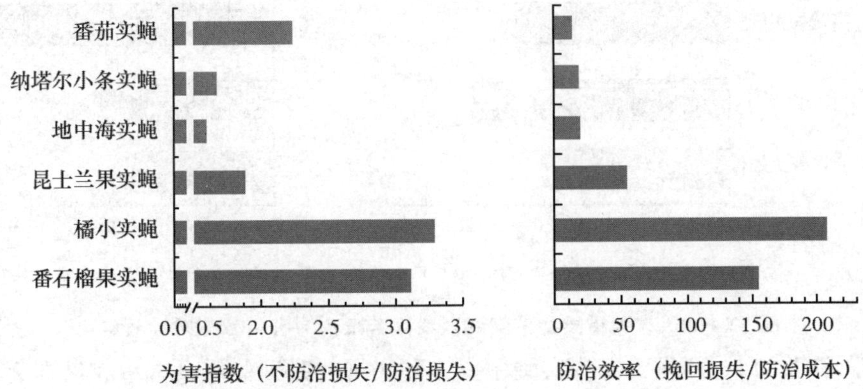

图 12-1-9　6 种重要经济实蝇对我国番茄的为害指数与防控效率

本研究所涉及的 22 种重要经济实蝇中有 3 种实蝇对我国西瓜具有重大潜在为害，分别是南亚果实蝇、瓜实蝇及埃塞俄比亚寡鬃实蝇（图 12-1-10）。其中，瓜实蝇的为害指数最高，为 2.51；埃塞俄比亚寡鬃实蝇为害指数最低，为 1.33；南亚果实蝇的为害指数相对较低。不同种类的实蝇的防控效率也存在差异，瓜实蝇防控效率最高，为 49.86；埃塞俄比亚寡鬃实蝇防控效率最低，为 10.09。

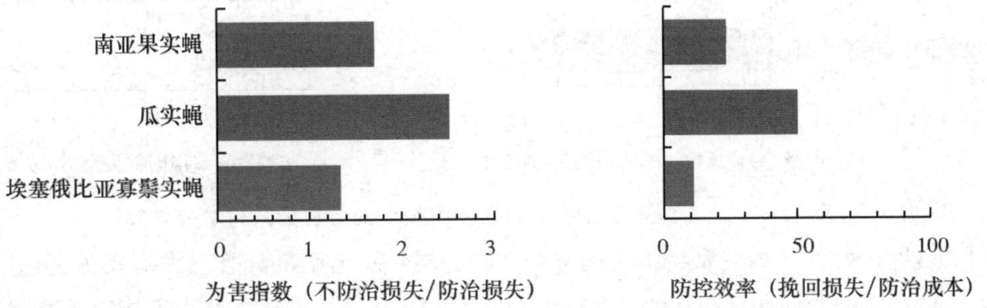

图 12-1-10　3 种重要经济实蝇对我国西瓜的为害指数与防控效率

本研究所涉及的 22 种重要经济实蝇中有 3 种实蝇对我国苦瓜具有重大潜在为害，分别是南亚果实蝇、瓜实蝇及埃塞俄比亚寡鬃实蝇（图 12-1-11）。其中，瓜实蝇的为害指数最高，为 1.96；埃塞俄比亚寡鬃实蝇为害指数最低，为 1.43；南亚果实蝇的为害指数较高。不同种类的实蝇的防控效率存在差异，南亚果实蝇防控效率最高，为 37.64；埃塞俄比亚寡鬃实蝇防控效率最低，为 17.72。

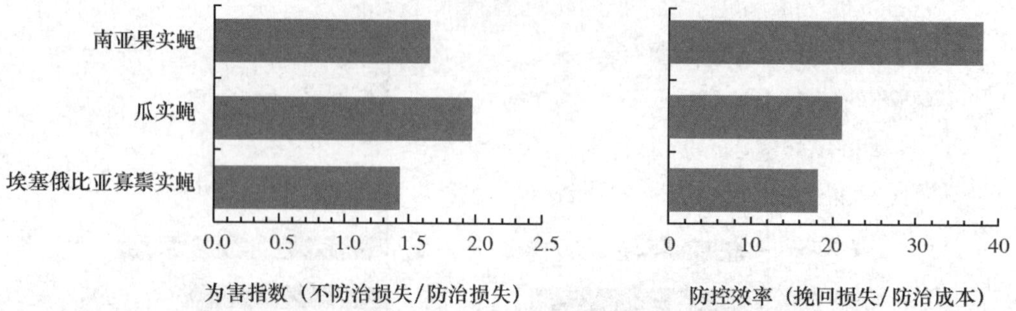

图 12-1-11　3 种重要经济实蝇对我国苦瓜的为害指数与防控效率

本研究所涉及的 22 种重要经济实蝇中有 3 种实蝇对我国黄瓜具有重大潜在为害,分别是南亚果实蝇、瓜实蝇及埃塞俄比亚寡鬃实蝇(图 12-1-12)。其中,南亚果实蝇的为害指数最高,为 1.55;瓜实蝇和埃塞俄比亚寡鬃实蝇的为害指数较高,分别为 1.32 和 1.39。不同种类的实蝇的防控效率存在差异,瓜实蝇防控效率最高,为 18.46;埃塞俄比亚寡鬃实蝇防控效率最低,为 7.53。

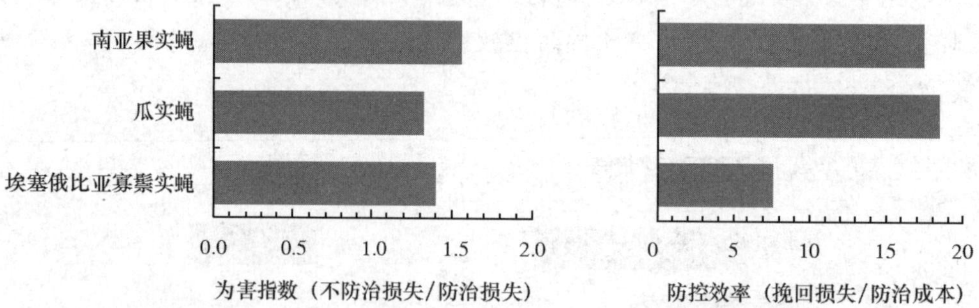

图 12-1-12　3 种重要经济实蝇对我国黄瓜的为害指数与防控效率

本研究所涉及的 22 种重要经济实蝇中有 3 种实蝇对我国南瓜具有重大潜在为害,分别是橘小实蝇、番石榴果实蝇及西印度按实蝇(图 12-1-13)。其中,番石榴果实蝇的为害指数最高,为 2.33;西印度按实蝇为害指数最低,为 1.12;橘小实蝇的为害指数相对较低。不同种类的实蝇的防控效率存在差异,番石榴果实蝇防控效率最高,为 17.71;西印度按实蝇防控效率最低,为 1.97。

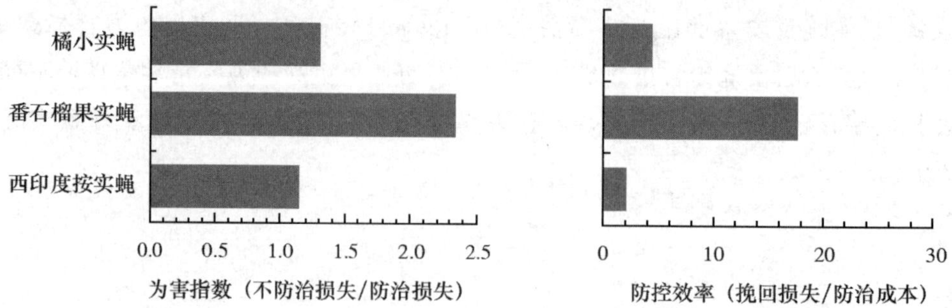

图 12-1-13　3 种重要经济实蝇对我国南瓜的为害指数与防控效率

第二节　重要经济实蝇入侵防控措施讨论

重要经济实蝇入侵防控得到 FAO 及 NPPOs 等高度重视，其定量风险评估及风险防控措施受到特别关注。中国、美国、澳大利亚等进行了较为深入的研究。

如前所述，2015 年《生物入侵防控：重要经济实蝇潜在地理分布研究》出版（李志红，2015）。该研究是在国际先进农业科学技术项目“重要农业害虫入侵风险定量评估技术的引进与示范应用”（2012-Z15）及国家科技支撑计划课题“入侵物种风险评估与早期预警技术”（2006BAD08A15）等资助下，由中国农业大学与原国家质量监督检验检疫总局、中国检验检疫科学研究院、原广东出入境检验检疫局技术中心等单位有关师生及专家通力合作，在广泛收集重要经济实蝇国内外相关资料及深入分析其寄主为害、地理分布、环境因子影响等生物生态学特性的基础上，采用 CLIMEX 地点比较模型预测与 ArcGIS 插值分析相结合的方法，针对 42 种重要经济实蝇的潜在地理分布进行的较为系统的研究。该研究明确了重要经济实蝇在我国的适生范围和适生程度，并提出了实蝇类害虫入侵防控措施建议。

本研究在收集、整理重要经济实蝇潜在地理分布、寄主植物、为害损失与防控费用等基础上，通过构建重要经济实蝇潜在经济损失评估模型，采用@RISK 系统地预测了 22 种实蝇对我国 16 种代表性寄主植物的潜在经济损失，并通过构建为害指数与防控效率两个指数综合分析了重要经济实蝇对我国寄主植物的潜在为害。在 22 种重要经济实蝇中，既包括在我国尚无分布报道的 14 种实蝇（墨西哥按实蝇、西印度按实蝇、昆士兰果实蝇、杧果实蝇、桃果实蝇、油橄榄果实蝇、地中海实蝇、纳塔尔小条实蝇、杧果小条实蝇、埃塞俄比亚寡鬃实蝇、苹绕实蝇、樱桃绕实蝇、番茄实蝇及番木瓜长尾实蝇），又包括在我国已有分布报道的 8 种实蝇（橘小实蝇、蜜柑大实蝇、橘大实蝇、番石榴果实蝇、辣椒实蝇、枣实蝇、瓜实蝇和南亚果实蝇），涉及实蝇科 9 个属的重要害虫。涉及的我国 16 种寄主植物，包括柑橘、杧果、苹果、桃、香蕉、梨、枣、樱桃、西瓜、木瓜、油橄榄、番茄、苦瓜、黄瓜、南瓜和辣椒，涉及南北方的主要水果和蔬菜种类。研究结果显示，上述重要经济实蝇对我国寄主植物的潜在经济损失大，具有重大潜在为害，应进一步加强入侵防控措施。本研究在 2015 年所提出的实蝇类害虫入侵防控措施建议基础上，结合重要经济实蝇对我国代表性寄主植物的潜在经济损失和潜在为害，分析、讨论进一步加强重要经济实蝇入侵防控的三方面建议。

一、进一步加强重要经济实蝇入侵防控的科学研究

1. 关注重要经济实蝇种类与寄主研究

近年来，重要经济实蝇复合体（species complex）种类界定以及寄主地位（host status）判定成为实蝇入侵防控领域的热点问题。针对复合体，尽管橘小实蝇复合体中部分种类、地中海实蝇 FARQ 复合体的研究取得了一定进展，但实蝇的复合体问题仍未全面解决，需要进一步加强探索，三代测序与生物信息技术的发展为解决该问题提供了一种途径。根据重要经济实蝇疫情发展并结合风险评估结果（潜在地理分布和潜在经济损失评估），建议针对亚太及非洲地区的果实蝇属橘小实蝇复合体、镞实蝇属南亚果实蝇复合体、小条实蝇属地中海实蝇复合体进一步加强国际合作，全面开展复合体种类界定研究，解决科学难题。针对重要经济实蝇寄主地位，ISPM 37 对自然寄主、条件寄主及非寄主均有明确定义并规定了判定方法，不同寄主类别

对应不同的植物检疫措施，因此受到全球关注。根据国内外实蝇寄主地位判定研究进展、潜在经济损失及入侵防控实际需求，建议针对我国已有发生且对国际果蔬贸易影响较大的橘小实蝇、番石榴果实蝇、瓜实蝇、南亚果实蝇、蜜柑大实蝇、橘大实蝇，依据国际标准，系统性开展寄主地位判定研究，为重要经济实蝇全球入侵防控提供科学依据。

2. 关注重要经济实蝇入侵溯源研究

随着橘小实蝇、地中海实蝇等重要经济实蝇的扩散，基于种群遗传结构研究的实蝇入侵溯源的问题引起更多关注。代表性地区、丰富的种群、足量的样品是实蝇种群遗传结构研究的基本保障，在此基础上所得出的有关实蝇入侵来源、扩散路径的结论才更具科学性和权威性，也才能为有关部门提供更为可靠的决策支持（李志红，2015）。通过国际合作，基于基因序列和微卫星技术的橘小实蝇全球种群遗传结构研究取得了新的进展。目前，中国农业大学李志红教授团队与中国检验检疫科学研究院及国内外专家合作，在国家自然基金课题的资助下正在开展“基于全基因组重测序的橘小实蝇种群遗传结构与入侵溯源研究”（项目号：31972341）。根据重要经济实蝇潜在地理分布、潜在经济损失评估等定量风险评估结果以及入侵溯源研究前沿、我国实蝇入侵溯源需求，除上述橘小实蝇外，蜜柑大实蝇、番石榴果实蝇、瓜实蝇、南亚果实蝇等同样亟需开展基于全基因组重测序的种群遗传结构和入侵溯源基础研究，其中蜜柑大实蝇是否起源于日本、南亚果实蝇是否起源于中国等问题尤其需要探究，建议我国有关部门统筹考虑国家自然科学基金国际合作项目的立项工作，协调国内外研究力量，开展更高水平的科学研究。

3. 关注重要经济实蝇入侵机制研究

不同类群或种类的实蝇，其入侵机制会有所差异，这需要开展更为系统性的科学研究工作。所谓系统性的研究，就是要针对某一类群或某一种实蝇，以全球生态系统为背景，从气候适应、寄主选择、种间互利、种间竞争等方面进行顶层设计并开展一系列的研究工作，在此基础上更为科学地揭示该类或该种实蝇的入侵机制，从而为实蝇入侵防控技术研究及防控措施制定奠定坚实的科学基础（李志红，2015）。目前，中国农业大学李志红教授团队与广州海关技术中心、复旦大学等专家合作，在国家自然基金课题的资助下正在开展“橘小实蝇自然种群温度耐受差异的基因表达与表观遗传机制”（项目号：32172394）研究。根据入侵机制研究前沿、我国当前所面对的实蝇入侵问题以及重要经济实蝇潜在地理分布、潜在经济损失评估等定量风险结果，建议有关部门统筹考虑有关实蝇类害虫入侵机制研究的重点项目立项工作，协调全国研究队伍，除橘小实蝇外，针对已入侵我国的重要实蝇以及尚未入侵但具有较高入侵风险的番石榴果实蝇、蜜柑大实蝇、枣实蝇、樱桃绕实蝇、桃果实蝇等，开展基于组学（Omics）的入侵机制创新性研究。

二、进一步加强重要经济实蝇入侵防控的技术创新

1. 关注重要经济实蝇风险分析技术创新

有害生物风险分析技术，特别是定量风险分析技术，引起全球植物检疫等入侵防控领域的特别关注。重要经济实蝇呈现全球扩张的趋势，种类多、数量大、扩散广，很多实蝇能够入侵同一个国家，我国也遭受了多种实蝇的入侵威胁。针对不同种类的实蝇，不同的寄主植物能够产生不同的响应，不同的环境也能够影响实蝇的为害和造成的损失。准确评价重要经济实蝇的入侵风险，并提出合理的防控措施能够为 FAO 及 NPPOs 等提供科学依据和决策支持。本研

究所建立的重要经济实蝇潜在经济损失评估模型尚不够完善，潜在经济损失评价考虑的因子尚较粗略，实蝇种类尚有待进一步补充（如甜瓜迷实蝇等，本研究未能收集到该种实蝇的田间为害、防治投入等基础数据），需要今后进一步加强创新。我国“十四五”重点研发计划已针对风险预警给予立项，中国农业科学院刘万学研究员正在主持执行“重大外来入侵物种前瞻性风险预警和实时控制关键技术研究”项目（2021YFC2600400）。根据重要经济实蝇入侵防控及技术创新需求，建议针对甜瓜迷实蝇等重要经济实蝇进一步开展其对我国代表性寄主植物潜在经济损失研究，针对我国进出口柑橘、杧果、樱桃、苹果、梨、西瓜等植物产品进一步开展针对重要经济实蝇的抽样技术研究，针对PRA进一步加强模型和软件研发以及智能化，推进我国PRA技术的创新。

2.关注重要经济实蝇检测鉴定技术创新

现代生物技术和现代信息技术的飞速发展给植物检疫带来了深刻的影响，促进了重要经济实蝇检测鉴定技术的进步。通过重要经济实蝇检测鉴定技术，能够快速、精准发现并确定实蝇的种类，特别是检疫性实蝇和外来入侵实蝇。基于分子生物学的重要经济实蝇检测鉴定技术研发发展迅速，尽管目前ISPMs实蝇鉴定标准中多为传统的形态学鉴定，笔者认为随着实蝇分子鉴定技术的便捷性提高，该类技术将具有更好的应用前景。重要经济实蝇检测鉴定技术主要涉及DNA条形码（DNA barcoding）、聚合酶链式反应（polymerase chain reaction，PCR）、实时荧光定量PCR（quantitative Real-time PCR，qPCR）、环介导等温扩增（loop-mediated isothermal amplification，LAMP）、DNA芯片（DNA chip）及集成流路芯片等（李志红和杨汉春，2021）。我国“十四五”重点研发计划已针对外来有害生物检测鉴定技术给予立项，上海海关动植物与食品检验检疫技术中心印丽萍研究员正在主持执行“外来病虫害高效检测关键技术与装备研发”项目（2021YFD1400100）。结合国际有害生物检测鉴定技术发展、我国重要经济实蝇潜在地理分布及潜在经济损失研究结果及检疫鉴定需求，建议在解决了实蝇复合体的基础上，进一步加大对重要经济实蝇近似种（如橘小实蝇、番石榴果实蝇与杨桃实蝇等、蜜柑大实蝇与橘大实蝇、枣实蝇与甜瓜迷实蝇等、樱桃绕实蝇与苹绕实蝇等、西印度按实蝇与墨西哥按实蝇等）开展基于重组酶聚合酶扩增技术（recombinase polymerase amplification，RPA）或重组酶介导链替换核酸扩增技术（recombinase aided amplification，RAA）的可视化鉴定技术研发。

3.关注重要经济实蝇检疫处理技术创新

实蝇检疫处理技术，受到全球植物检疫机构、有关研究部门及企业的高度关注。目前，实蝇检疫处理技术主要是控温处理技术（temperature treatment techniques）和辐照处理技术（irradiation treatment techniques），其中控温处理技术又可划分为热处理技术（heat treatment techniques）和冷处理技术（cold treatment techniques）。当前，在植物检疫处理技术研究与应用中，死亡机率值8.7（对应的死亡概率为99.99％，95％置信水平，需处理30000个有害生物个体）也已被采用。中国检验检疫科学研究院、广州海关技术中心、天津海关技术中心等在实蝇检疫辐照处理技术及控温处理技术方面多有探索，相关研究结果已被ISPMs采纳。中国检验检疫科学研究院詹国平研究员正在主持执行国家质量基础设施体系“农食产品质量控制及分级国际标准研究”项目（2021YFF0601900），包括针对重要实蝇的检疫处理技术研发。根据溴甲烷替代技术发展、我国重要经济实蝇潜在为害以及口岸截获实蝇情况，建议针对柑橘、杧果、梨、苹果、西瓜等南北果蔬以及蜜柑大实蝇、橘大实蝇、橘小实蝇、番石榴果实蝇、瓜实蝇等，系统性开展气调+辐照复合处理、气调+控温复合处理技术研发，为果蔬进出口重要经济实蝇检疫处理提供技术支持。

4. 关注重要经济实蝇疫情监测技术创新

实蝇疫情监测技术受到国内外普遍关注。在重要经济实蝇疫情监测技术的支持下，能够掌握本国或本地区具经济重要性实蝇的种类、发生状况，及时监控可能入侵的外来有害实蝇的入侵动态，为外来有害实蝇的入侵和本地实蝇的扩散提供预警服务，为及时启动防控实蝇的应急行动计划提供依据。实蝇监测技术主要包括三类调查技术，即发生调查技术（detection survey techniques）、定界调查技术（delimiting survey techniques）和监测调查技术（monitoring survey techniques）。2013 年，原广东出入境检验检疫局检验检疫技术中心根据国际通用的实蝇诱捕器要求，设计并生产了一种具有自主知识产权的新式综合型实蝇诱捕器（吴佳教等，2013），已获实用新型专利并在全国实蝇疫情监测中推广应用。根据国内外害虫监测技术研发进展、我国重要经济实蝇潜在为害以及边境地区特殊需求，建议针对橘小实蝇、番石榴果实蝇、蜜柑大实蝇、甜瓜迷实蝇、枣实蝇等，在开展基于纳米新材料的实蝇诱剂自主研发的基础上，进一步研发实蝇田间疫情监测智能装备，实现重要经济实蝇的高效诱捕、自动识别、智能计数与统计分析，建设基于大数据（big data）分析的新一代全国实蝇疫情智能监测系统，为全球实蝇疫情监测提供中国方案和技术支持。

三、进一步加强重要经济实蝇入侵防控的系统管理

1. 关注重要经济实蝇入侵防控的法规建设

法规是做好重要经济实蝇入侵防控工作的基础，包括国际相关法规和我国相关法规。从国际相关法规来看，FAO 专门制定了《国际植物保护公约》以规范、促进全球范围内植物检疫的发展，同时制订一系列 ISPMs 规范全球实蝇检疫具体工作，涉及重要经济实蝇风险分析、检测鉴定、检疫处理、疫情监测等各个方面。从我国相关法规来看，2020 年 10 月 17 日《中华人民共和国生物安全法》由第十三届全国人民代表大会常务委员会第二十二次会议通过，并由主席令予以公布，自 2021 年 4 月 15 日起已开始施行；《中华人民共和国进出境动植物检疫法》于 1991 年 10 月 30 日由主席令公布，并于 1992 年 4 月 1 日起开始施行；《植物检疫条例》于 1983 年 1 月 3 日由国务院发布，并于 1992 年 5 月 13 日第一次修订，2017 年 10 月 7 日第二次修订并自发布之日起施行，适用于在我国领域内的植物检疫活动；同时，还有 4 个国家级检疫性有害生物名录或名单，即《中华人民共和国禁止携带、邮寄进境的动植物及其产品名录》《中华人民共和国进境植物检疫性有害生物名录》《全国农业植物检疫性有害生物名单》《全国林业检疫性有害生物名单》，包括重要经济实蝇种类；另外，重要经济实蝇也被一些省（直辖市、自治区）列为补充检疫性有害生物。根据实蝇类害虫风险评估结果（如潜在地理分布、潜在经济损失等）以及全球实蝇入侵防控需求，建议：(1) 进一步加强 FAO-IPPC 重要经济实蝇相关 ISPMs 的制修订，(2) 进一步加强我国重要经济实蝇入侵防控国家标准的制修订，(3) 进一步修订我国植物检疫性有害生物名录（包括进境检疫性实蝇、全国检疫性实蝇、省（自治区、直辖市）检疫性实蝇），做好实蝇类害虫种类检疫地位的动态调整工作（如尽快修订进境植物检疫性有害生物名录，特别是检疫性实蝇的种类及学名；将番石榴果实蝇等种类补充为全国植物检疫性有害生物，加强防控），及时实施进境和全国农林业检疫管理。

2.关注重要经济实蝇入侵防控的分类监管

当前,重要经济实蝇全球扩散风险日益加大,其入侵防控工作面临更加严峻的挑战。重要经济实蝇入侵防控是植物有害生物入侵防控中的一部分,预防入侵与控制扩散同等重要。我国植物有害生物入侵防控工作划分为口岸防控和国内防控两大部分,由海关总署、农业农村部、自然资源部和生态环境部等部委进行管理(李尉民,2020)。根据全球实蝇种类及为害、潜在地理分布及潜在经济损失等,同时结合我国现有防控工作基础,笔者建议加强我国进境检疫、农林业检疫与田间治理之间的实蝇入侵防控协作,在定量风险评估的基础上,将入侵扩散风险高的重要经济实蝇划分为尚无分布、局部分布、较广分布 3 个类别,采取不同对策和措施加强入侵防控分类监管。针对尚未入侵我国的重要经济实蝇,如樱桃绕实蝇、苹绕实蝇、桃果实蝇、甜瓜迷实蝇、地中海实蝇、杧果小条实蝇、纳塔尔小条实蝇、西印度按实蝇、埃塞俄比亚寡鬃实蝇等,防控的关键是在于实施严格的进境检疫措施,如检疫准入、入境审批、境外预检、现场查验、实验室检测、检疫处理、疫情监测、应急处置等,拒之于国门之外。针对在我国已有分布但分布局限的实蝇种类,如枣实蝇、番石榴果实蝇、蜜柑大实蝇、辣椒果实蝇等,同时抓好进境检疫措施和国内检疫措施是入侵防控的关键点,一方面拒之于国门之外,另一方面将其根除或控制在一定的范围之内。针对在我国分布较广且潜在为害大的实蝇种类,如橘小实蝇、橘大实蝇、瓜实蝇、南亚果实蝇等,同时强化进境检疫、出境检疫和田间治理措施是防控的关键,从而预防其传入、传出我国及在我国进一步扩散、为害,既要保护果蔬生产、又要促进出口贸易。

3.关注重要经济实蝇入侵防控的国际合作

生物入侵防控离不开国际合作。自 2013 年以来,我国相继提出"一带一路"倡议(the belt and road initiative)、构建人类命运共同体(building a human community with shared destiny),受到全球的高度关注,同时也为植物检疫等生物入侵防控国际合作指明了前进的方向。2018—2019 年,FAO-IPPC 在广西南宁和陕西西安分别组织召开高级别会议,深入研讨"一带"及"一路"的植物检疫合作。在 FAO-IPPC 中国南南合作项目的框架下,先后启动两项 IPPC 全球能力建设项目—全球推广系统方法项目(STDF rolling out systems approach globally project)和加强发展中缔约方能力全球项目(the global project on strengthening the capacity of developing contracting parties,简称 CPs),例如 2019—2023 年 IPPC 聘请中国农业大学教授担任首席科学家并带领中国团队在斯里兰卡开展重要经济实蝇检疫与治理示范项目。同时,我国与"一带一路"沿线多个国家签署、实施了诸多协议,涉及诸多水果和蔬菜产品的进出口贸易,如柑橘、杧果、樱桃、苹果、梨、香蕉、甜瓜、西瓜、甜椒、红辣椒等,并做好重要经济实蝇入侵防控国际合作,有力地推动了双边及多边合作,促进了相关贸易的发展(李志红和杨汉春,2021)。根据全球和我国重要经济实蝇入侵防控当前工作及未来发展需求,笔者建议我国生物入侵防控管理机构更多关注重要经济实蝇入侵防控的国际合作:(1)进一步加强与 FAO-IPPC 的合作,加大有关实蝇入侵防控的国际植物检疫措施标准制修订工作的参与力度,推进重要经济实蝇入侵防控国际合作。(2)牵头建立重要经济实蝇入侵防控全球联动机制,深化与"一带一路"沿线国家(地区)的实蝇防控国际合作,发挥我国技术优势,带动发展中国家合作伙伴加大实蝇防控能力建设,展现大国应有的责任与担当。(3)牵头创建国际实蝇入侵防控技术研发与培训中心,搭建国际合作交流平台,着重培养具有国际视野的高级专业人才,着重促进科学研究、技术研发及技术应用,共同努力、不断提升全球重要经济实蝇入侵防控工作水平。

参考文献

李尉民．国门生物安全．北京：科学出版社，2020.

李志红．生物入侵防控：重要经济实蝇潜在地理分布研究．北京：中国农业大学出版社，2015.

李志红，杨汉春．动植物检疫概论．北京：中国农业大学出版社，2021.